Gesundheit

Politik – Gesellschaft – Wirtschaft

Herausgegeben von
E.-W. Luthe, Wolfenbüttel/Oldenburg, Deutschland
J. N. Weatherly, Berlin, Deutschland

Der Gesundheitssektor ist in politischer, ökonomischer und gesellschaftlicher Hinsicht eine einzige Herausforderung. In entwickelten Gesellschaften wird er zunehmend zum eigentlichen Motor für wirtschaftliches Wachstum, enthält er als Kostentreiber gleichzeitig viel politischen Sprengstoff und ist er für die Zukunft einer alternden Gesellschaft schlechthin konstitutiv. Vor allem aber ist der Gesundheitssektor viel mehr als bloße Krankenbehandlung: als *Prävention, Rehabilitation* und *Pflege* verweist er auf den gesamten ihn umgebenden sozialen Kontext, als *Organisation* auf ein in steter Veränderung begriffenes System der Koordination und Vernetzung von Behandlungsleistungen und als *medizinisches Experimentierfeld* auf die Grenzen dessen, was von Politik und Gesellschaft noch verantwortet werden kann. Der Gesundheitssektor ist nach allem ein Thema, das nicht nur Medizinern vorbehalten sein kann und zweifellos auch Politiker, Juristen, Betriebs- und Volkswirte, Sozialwissenschaftler sowie zahlreiche weitere Disziplinen betrifft. Mit wachsender Einsicht in die Komplexität des Gegenstandes aber ist mittlerweile deutlich geworden, dass auch dies nicht reicht. Wer den Gesundheitssektor verstehen und hier wirksam handeln will, für den ist der isolierte Blickwinkel einer einzigen Fachdisziplin grundsätzlich unzureichend. Mehr denn je ist der kombinierte Sachverstand gefragt. Dies ist für die neue Buchreihe tonangebend. Leitbild ist der *interdisziplinäre Diskurs* auf der Suche nach Lösungen für einen in der Gesamtheit seiner Strukturen und Prozesse nur noch schwer zu durchdringenden Gesellschaftsbereich. In dieser Hinsicht wäre bereits viel gewonnen, wenn es gelänge, einen Blick über den eigenen Tellerrand zu werfen und divergierende Perspektiven zusammenzuführen.

Ein Dankesgruß in die Zukunft sei bereits jetzt an alle Leser und Autoren gerichtet, die mit konstruktiver Kritik, Anregungen, Verbesserungsvorschlägen und natürlich eigenen Publikationen einen persönlichen Beitrag zum Gelingen der Buchreihe und damit letztlich zur Fortentwicklung des Gesundheitssektors leisten wollen.

Herausgegeben von
Prof. Dr. Ernst-Wilhelm Luthe
Institut für angewandte Rechts- und Sozialforschung (IRS)
Ostfalia Hochschule und Universität Oldenburg
Wolfenbüttel/Oldenburg, Deutschland

Dr. John N. Weatherly
NEWSTAND Management Akademie
Berlin, Deutschland

Weitere Bände in dieser Reihe http://www.springer.com/series/11770

Elke Dahlbeck · Josef Hilbert
(Hrsg.)

Gesundheitswirtschaft als Motor der Regionalentwicklung

Herausgeber
Elke Dahlbeck
Gelsenkirchen, Deutschland

Josef Hilbert
Gelsenkirchen, Deutschland

Gesundheit
ISBN 978-3-658-06625-3   ISBN 978-3-658-06626-0 (eBook)
DOI 10.1007/978-3-658-06626-0

Die Deutsche Nationalbibliothek verzeichnet diese Publikation in der Deutschen Nationalbibliografie; detaillierte bibliografische Daten sind im Internet über http://dnb.d-nb.de abrufbar.

Springer VS
© Springer Fachmedien Wiesbaden 2017
Das Werk einschließlich aller seiner Teile ist urheberrechtlich geschützt. Jede Verwertung, die nicht ausdrücklich vom Urheberrechtsgesetz zugelassen ist, bedarf der vorherigen Zustimmung des Verlags. Das gilt insbesondere für Vervielfältigungen, Bearbeitungen, Übersetzungen, Mikroverfilmungen und die Einspeicherung und Verarbeitung in elektronischen Systemen.
Die Wiedergabe von Gebrauchsnamen, Handelsnamen, Warenbezeichnungen usw. in diesem Werk berechtigt auch ohne besondere Kennzeichnung nicht zu der Annahme, dass solche Namen im Sinne der Warenzeichen- und Markenschutz-Gesetzgebung als frei zu betrachten wären und daher von jedermann benutzt werden dürften.
Der Verlag, die Autoren und die Herausgeber gehen davon aus, dass die Angaben und Informationen in diesem Werk zum Zeitpunkt der Veröffentlichung vollständig und korrekt sind. Weder der Verlag noch die Autoren oder die Herausgeber übernehmen, ausdrücklich oder implizit, Gewähr für den Inhalt des Werkes, etwaige Fehler oder Äußerungen. Der Verlag bleibt im Hinblick auf geografische Zuordnungen und Gebietsbezeichnungen in veröffentlichten Karten und Institutionsadressen neutral.

Lektorat: Katrin Emmerich

Gedruckt auf säurefreiem und chlorfrei gebleichtem Papier

Springer VS ist Teil von Springer Nature
Die eingetragene Gesellschaft ist Springer Fachmedien Wiesbaden GmbH
Die Anschrift der Gesellschaft ist: Abraham-Lincoln-Str. 46, 65189 Wiesbaden, Germany

Inhalt

Elke Dahlbeck und Josef Hilbert
Einleitung: Gesundheitswirtschaft als Motor der Regionalentwicklung 1

I Regionale Gesundheitswirtschaft – Allgemeine Grundlagen und Methoden

Elke Dahlbeck und Josef Hilbert
1   20 Jahre regionale Gesundheitswirtschaftsinitiativen:
    Stand und Perspektiven 9
1.1 Einleitung 9
1.2 Entwicklung der Zukunftsbranche Gesundheitswirtschaft 11
1.3 Entstehung und Entwicklung der Gesundheitsregionen 16
1.4 Wirkungen regionaler Gesundheitswirtschaftsaktivitäten 26
1.5 Zusammenfassung und Ausblick: Gesundheitsregionen vor dem
     Durchstarten? 30

*Thomas Stahlecker, Tanja Bratan, Mirja Meyborg,
Katharina Gudd und Thomas Reiß*
2   Gesundheitsregionen als regionale Innovationssysteme? 35
2.1 Einleitung und Zielsetzung 35
2.2 Regionale Innovationssysteme 36
2.3 Fragestellungen 39
2.4 Empirische Befunde 40
2.5 Die Gesundheitsregionen im Überblick 41
2.6 Akteure und Netzwerkstrukturen 42
2.7 Lernprozesse 44

2.8 Konstituierende Merkmale von Innovationssystemen im
 Gesundheitswesen 46
2.9 Schlussfolgerungen und Ausblick 48

Arno Brandt, Nina Heinecke und Hans-Ulrich Jung
3 Regionalwirtschaftliche Bedeutung der Gesundheitswirtschaft
 in Deutschland 53
3.1 Volkswirtschaftliche Bedeutung der Gesundheitswirtschaft 54
3.2 Regionale Schwerpunkte der Gesundheitswirtschaft in Deutschland 58
3.3 Jobmotor Gesundheitswirtschaft – Regionale Beschäftigungsdynamik 65
3.4 Entwicklungskorridore des regionalen Strukturwandels der
 Gesundheitswirtschaft in Deutschland 67
3.5 Zusammenfassung 70

Alfons Hollederer
4 Regionale Disparitäten zwischen den Bundesländern und
 nordrhein-westfälischen Kreisen bei Gesundheitsvariablen
 im Mikrozensus 2009 73
4.1 Einleitung 73
4.2 Methode 74
4.3 Ergebnisse 76
4.3.1 Gesundheitsunterschiede zwischen den Bundesländern 76
4.3.2 Gesundheitsunterschiede in der Erwerbsbevölkerung zwischen den
 nordrhein-westfälischen Kreisen und kreisfreien Städten 78
4.4 Diskussion und Fazit 83

II Strukturelle Rahmenbedingungen für die Entwicklung
 von Gesundheitsregionen

Claudia Braczko
5 Industriepolitik und Gesundheitswirtschaftspolitik:
 Gegensätze oder komplementäre Geschwister?
 Ein Orientierungsgespräch zwischen Josef Hilbert
 und Dieter Rehfeld 89

Michael Böckelmann und Lena Guth
6 Wachstum entlang der Wertschöpfungskette als regionale
 Alternative zu Konzernstrukturen 103
6.1 Hintergrund 103
6.2 Kurzvorstellung: Gesundheitswirtschaft im Landkreis Osnabrück
 am Beispiel des Kurortes Bad Rothenfelde 105
6.3 Vorstellung der Schüchtermann-Unternehmensgruppe 106
6.4 Wachstumsmöglichkeiten für Kliniken 107
6.4.1 Ordnungspolitische Rahmenbedingungen 107
6.4.2 Investitionsfähigkeit der Krankenhäuser auf dem deutschen
 Krankenhausmarkt 108
6.4.3 Wachstum entlang der Wertschöpfungskette als regionale Alternative
 zu Konzernstrukturen 110
6.5 Ausblick 118

Josef Hilbert, Uwe Borchers, Maren Grautmann und
Petra Rambow-Bertram
7 Gesundheitsregionen und ihre institutionalisierte Kooperation
 im Netzwerk Deutsche Gesundheitsregionen (NDGR e. V.) 121
7.1 Einleitung 121
7.2 Das NDGR in seinen Grundstrukturen 122
7.3 Die NDGR-Mitglieder und ihre Vielfalt 124
7.4 Das NDGR und seine Aktivitäten 126
7.5 Überlegungen zu Wirkungen 128
7.6 Perspektiven und Schlussfolgerungen 131

Stefan Müller-Mielitz, Kerstin Steenberg, Nicole Kuhn und
Andreas J. W. Goldschmidt
8 Kosten-Nutzen-Analysen zur Beurteilung von
 Gesundheitsregionen – Geht das? 135
8.1 Einleitung 135
8.2 Sinn und Zweck von Gesundheitsregionen unter ökonomischen
 Gesichtspunkten 137
8.2.1 Was ist eine Gesundheitsregion? 137
8.2.2 Systematik der Gesundheitsregion 138
8.2.3 Beispiel: Universitätsklinik Heidelberg 138
8.3 Fragestellung 139
8.4 Vorbereitende Überlegungen 141
8.4.1 Definition des Untersuchungsgegenstandes 141

8.4.2	Festlegung der Betrachtungsperspektive	141
8.4.3	Definition des Ziels	142
8.4.4	Festlegung von messbaren Outputs bzw. Outcomes	142
8.5	Durchführung der Kosten-Nutzen-Analyse (KNA)	144
8.5.1	Werkzeuge der Kostenbestimmung	145
8.5.2	Werkzeuge zur Nutzenmessung	147
8.5.3	Werkzeuge der Inputermittlung	149
8.5.4	Werkzeuge der Outputermittlung	150
8.6	Input-Output-Tabelle als Meta-Analyse	151
8.7	Differenzierung zwischen Output und Outcome	152
8.8	Ergebnis und Ausblick	154

Malte Bödeker, Timo Deiters, Albert Eicher, Alfons Hollederer, Florian Pfister und Manfred Wildner

9	Gesundheitsregionen^{plus} in Bayern: Synergien im regionalen Gesundheitsmanagement	161
9.1	Einleitung	161
9.2	Vorgängerprojekte	162
9.3	Konzeptionelle Grundlagen der Gesundheitsregionen^{plus}	163
9.3.1	Struktur der Gesundheitsregionenplus	164
9.3.2	Handlungszyklus der Gesundheitsregionen^{plus}	165
9.4	Verbreitung der Gesundheitsregionen^{plus} in Bayern	166
9.5	Schwerpunktsetzungen der Gesundheitsregionen^{plus}	168
9.6	Fallbeispiel: Gesundheitsregionen^{plus} Bamberg	169
9.7	Diskussion und Fazit	171

III Innovationschancen und -blockaden der regionalen Gesundheitswirtschaft

Marc Neu und Elke Dahlbeck

10	Soziale und gesundheitliche Ungleichheit: Empirische Befunde und Herausforderungen für regionale Akteure	177
10.1	Einleitung	177
10.2	Sozialstrukturelle Typisierung der Kreise und kreisfreien Städte NRWs	178
10.2.1	Datenbasis und methodisches Vorgehen	178
10.2.2	Typisierung der Kreise und kreisfreien Städte NRWs: Sechs Gebietstypen in NRW	181

10.3	Gesundheit und Sozialstruktur: Verknüpfung der Gesundheitsindikatoren mit den sechs Gebietstypen NRWs	187
10.4	Fazit	195

Rolf G. Heinze und Rasmus C. Beck

11	Gesundheit und Wohnen im Quartier als Zukunftsfeld – Regionale Gestaltungsperspektiven in einer älter werdenden Gesellschaft	201
11.1	Die Gesundheitswirtschaft als heimlicher „Gewinner" des Strukturwandels	201
11.2	Open Innovation als neues Paradigma	202
11.3	Das Ruhrgebiet: Strukturwandel und neue Leitmärkte	204
11.4	Zum Aufbau zukunftsfähiger Leitmärkte: Gestalten statt verwalten	207
11.5	Das Ruhrgebiet als Vorreiterregion für integrierte Versorgungsstrukturen	209
11.6	Rückwirkungen auf die Wirtschaftsförderungspolitik	214
11.7	Zusammenfassung	217

Manfred Hopfeld

12	Gesundheitswirtschaft: Erfahrungen transplantieren – Interview mit Prof. Dr. med. Dr. h.c. (mult.) Horst Klinkmann und Lars Bauer	221

Wolfgang Blank und Thomas Karopka

13	Regionale Gesundheitswirtschaft im internationalen Kontext am Beispiel des Ostseeraums	231
13.1	Hintergrund	231
13.2	Innovation in der Gesundheitswirtschaft	234
13.3	Soziale Innovation und neue Ansätze in der Innovationspolitik	235
13.4	Ein Ökosystem-Innovationsansatz für die Gesundheitswirtschaft	236
13.5	Mangelnde Bildung in „Entrepreneurship skills"	237
13.6	Die Rolle des öffentlichen Sektors im Innovationsmanagement	239
13.7	Accelerace Life – Eine Nordisch-Baltische Initiative für die Unterstützung von Life-Science-Start-ups	240
13.8	Regulierung und Zertifizierung	240
13.9	Zusammenarbeit & Kommunikations-Infrastruktur	241
13.10	Zusammenfassung und Ausblick	241

*Saskia Hynek, Monika Roth, Gwendolyn Schmitt, Ulf Werner und
Helmut Hildebrandt*

14	Soziale Gesundheitswirtschaft als Motor regionaler Entwicklung: Chancen und Voraussetzungen	245
14.1	Einleitung	245
14.2	Gesundes Kinzigtal – Funktionsbedingungen	246
14.2.1	Konzept und Organisation des Versorgungsmodells	246
14.2.2	Finanzierung des Versorgungsmodells	247
14.2.3	Versorgung eingeschriebener Patienten	247
14.2.4	Evaluation des Versorgungsmodells	249
14.2.5	Leitbild Triple Aim	249
14.2.6	Langfristige Versorgung in der Region sichern	251
14.2.7	Regionalentwicklung – jenseits des engeren Kerns der medizinischen Versorgung	252
14.3	Ausblick	256

Autorenverzeichnis 261

Einleitung: Gesundheitswirtschaft als Motor der Regionalentwicklung

Elke Dahlbeck und Josef Hilbert

Die Gesundheitswirtschaft ist in den letzten 20 Jahren eine wichtige Säule der Regionalwirtschaft geworden. Die Branche ist nicht nur ein bedeutender – und konjunkturell weniger abhängiger – Wertschöpfungs- und Beschäftigungsträger, sondern ein wichtiger Motor für Innovationen sowohl innerhalb der Branche als auch darüber hinaus in andere Branchen oder Cluster. Dementsprechend ist der Leitmarkt Gesundheit mittlerweile ein fester Bestandteil der regionalen Innovationsstrategien von Bundesländern oder auch einzelnen Regionen. Die Sichtweise auf die Gesundheitswirtschaft hat sich verändert. Wurde früher von der Kostenexplosion im Gesundheitssektor gesprochen, wird heute stärker die regionalwirtschaftliche Bedeutung in den Vordergrund gerückt: Der erweiterte Blick auf die Gesundheitswirtschaft als regionalwirtschaftlich bedeutende Branche, Leitmarkt oder Cluster beginnt damit, die Gesundheitserhaltung und Wiederherstellung der Gesundheit und der Lebensqualität der Bürgerinnen und Bürger in den Mittelpunkt zu stellen und für Synergien mit sozialpolitischen und strukturpolitischen Zielen fruchtbar zu machen. Eine idealtypische Wertschöpfungskette in der Gesundheitswirtschaft sollte entlang der Bedürfnisse der Patientinnen und Patienten ausgerichtet sein. Der Kern der Gesundheitswirtschaft ist dementsprechend nicht industriell geprägt, sondern liegt in den personenbezogenen Dienstleistungen des Gesundheitswesens und der Altenhilfe, also den Bereichen und Professionen, die im direkten Kontakt mit den Patienten stehen. Diese waren und sind bis heute nicht nur die wichtigsten Beschäftigungstreiber; mit dem fortschreitenden demografischen Wandel werden in diesen Branchen neue Lösungen gefunden werden müssen, um die Versorgungsqualität in einer älter werdenden Gesellschaft aufrechtzuerhalten bzw. weiter zu optimieren. Hierbei geht es nicht nur um neue Produkte und Dienstleistungen, sondern insbesondere um neue Lösungen für Versorgungsprozesse. Diese gestalten nicht nur die regionale Versorgung, sondern sichern auch eine Weiterentwicklung der regionalen Gesundheitswirtschaft.

Der Buchband zeigt die Bandbreite der Gesundheitswirtschaft als Motor der Regionalentwicklung auf. Im ersten Teil erfolgt ein Überblick über allgemeine Grundlagen und Methoden zur Einordnung und Bewertung regionaler Gesundheitswirtschaft. So geben die Herausgeber des Bandes Elke Dahlbeck und Josef Hilbert einen Überblick über die Entstehung und Entwicklung von Gesundheitsregionen in den letzten 20 Jahren. Die Autoren führen hierbei nicht nur die unterschiedlichen Entstehungsprozesse regionaler Gesundheitsinitiativen auf – bottom-up versus top-down-Initiativen – sondern wagen den Versuch, die thematische Bandbreite der einzelnen Gesundheitsinitiativen entlang der entwickelten „Triangel" der drei gesundheitswirtschaftlichen Zielkategorien, „Mehr und bessere Gesundheit und Lebensqualität", „mehr Wirtschafts- und Beschäftigungswachstum", sowie „bessere Arbeit(-sbedingungen)" zu kategorisieren. Dahlbeck und Hilbert kommen zu dem Schluss, dass erste Erfolge auf der regionalen Ebene spürbar sind, eine systematische Einordnung und Bewertung der regionalen Initiativen – insbesondere in Hinblick auf das prioritäre Ziel der Erhöhung der Lebensqualität vor Ort – noch aussteht.

Der nachfolgende Artikel „Gesundheitsregionen als regionale Innovationssysteme?" von Thomas Stahlecker, Tanja Bratan, Mirja Meyborg, Katharina Gudd und Thomas Reiß stellt zentrale Ergebnisse der Evaluation der „Gesundheitsregionen der Zukunft" vor. Die Autoren untersuchen die Entstehung und Entwicklung von den im Rahmen des BMBF-Wettbewerbs geförderten „Gesundheitsregionen der Zukunft: Fortschritt durch Forschung und Innovation" aus innovationstheoretischer Perspektive. Hierbei werden zum einen die Akteurs- und Netzwerkstrukturen in den Fokus genommen und die Frage der verschiedenen Lernprozesse diskutiert, zum anderen die konstituierenden Merkmale der Gesundheitsregionen analysiert. Zum Abschluss wird der Frage nachgegangen, ob die Strukturen in den Regionen systemischer Natur sind und damit als Grundlage regionaler Innovationssysteme anzusehen sind. Die Autoren kommen zu dem Schluss, dass trotz der großen Unterschiede in den acht untersuchten Regionen die geschaffenen Netzwerkstrukturen als Grundlage regionaler Innovationssysteme anzusehen sind und sich das Konzept der regionalen Innovationssysteme grundsätzlich – jedoch mit spezifischen Anpassungen auch eignet, die durch das Gesundheitssystem stark regulierten Gesundheitsregionen zu analysieren.

Arno Brandt, Nina Heinecke und Hans-Ulrich Jung stellen in ihrem Artikel „Regionalwirtschaftliche Bedeutung der Gesundheitswirtschaft in Deutschland" die hohe volkswirtschaftliche Bedeutung der Gesundheitswirtschaft heraus. Entlang ausgewählter Indikatoren zur regionalen Beschäftigungssituation identifizieren die Autoren u.a. regional herausragende Spezialisierungen, wie z.B. die Region Tuttlingen für den Bereich der Medizintechnik, die Region Weilheim im Bereich Pharmazeutische Industrie oder auch die Region Garmisch-Patenkirchen für den

Bereich der Akut- und Rehakliniken. Aufbauend auf den empirischen Erkenntnissen zeichnen die Autoren Entwicklungskorridore des regionalen Strukturwandels der Gesundheitswirtschaft in Deutschland und kommen zu dem Schluss, dass insbesondere die urbanen Standorte mit einer ausdifferenzierten und hochspezialisierten Gesundheitswirtschaft die Gewinner des gesundheitswirtschaftlichen Strukturwandels sein werden.

Alfons Hollederer stellt in seinem Aufsatz „Regionale Disparitäten zwischen den Bundesländern und nordrhein-westfälischen Kreisen bei Gesundheitsvariablen im Mikrozensus 2009" die starken regionalen Gesundheitsunterschiede heraus. Diese korrelieren stark mit der vor Ort herrschenden sozialen Ungleichheit, wie der Autor entlang ausgewählter Indikatoren, z. B. der Arbeitslosenquote sowie dem Krankenstand, dem Raucheranteil oder auch dem Anteil von Adipösen, darstellt. Der Autor regt an, die regionalen Unterschiede stärker für die Bedarfsplanung und für die Formulierung zielgruppenspezifischer Präventionsstrategien für einzelne Regionen nutzbar zu machen. Er plädiert für eine kleinräumige Gesundheitsberichterstattung als Basis für ein kommunales Gesundheitsmanagement. Hierfür böte der Mikrozensus als flächendeckende Stichprobe eine gute Basis und sollte mit weiteren Gesundheitsitems gefüllt werden.

Den zweiten Teil des Buches, der die strukturellen Rahmenbedingungen für die Entwicklung der Gesundheitswirtschaft umfasst, eröffnet Claudia Braczko im Rahmen eines Orientierungsgesprächs mit Josef Hilbert und Dieter Rehfeld zum Thema „Industriepolitik und Gesundheitswirtschaftspolitik: Gegensätze oder komplementäre Geschwister". Dieter Rehfeld führt hierbei aus, dass die Industriepolitik vor einer Neuausrichtung steht mit dem Ziel, diese reflexions- und strategiefähig zu machen. Fünf Aspekte hält er hierbei für maßgeblich: 1. ein breites Innovationskonzept, 2. Qualifizierung als Schlüsselgröße, 3. einen industriellen Kern als Innovationstreiber, wobei hier eine stärkere Vernetzung von Produktion und Dienstleistung entlang der Wertschöpfungsketten ausschlaggebend ist, 4. die Überwindung des Triple-Helix-Konzept durch veränderte Beteiligungsformen weiterer Akteure sowie 5. einen breiten Wissensfluss. Den Regionen kommt im Rahmen der Industriepolitik eine immer wichtigere Rolle zu. Am Beispiel Gesundheitswirtschaft führt Josef Hilbert dieses beispielhaft auf. Er beklagt, dass Industrie- und Technologiepolitik Gesundheit als reines Anwendungsfeld gesehen haben und nicht als eigenes System mit eigenen Verhandlungs- und Vernetzungslogiken und aus diesem Grund Innovationsblockaden immer wieder hervorgerufen wurden und plädiert für einen stärkeren Wissenstransfer und Vernetzungsaustausch zwischen Produktion und den stark wachsenden personenbezogenen Dienstleistungen, umso passgenaue Innovationen für das Wohl der Patientinnen und Patienten in den Regionen zu ermöglichen.

Michael Böckelmann und Lena Guth greifen in ihren Beitrag „Wachstum entlang der Wertschöpfungskette als regionale Alternative zu Konzernstrukturen" am Beispiel der Schüchtermann-Schiller'schen Kliniken Wachstumsmöglichkeiten für Kliniken auf. Die Autoren beschreiben die Grenzen der Möglichkeiten von Kliniken im stationären Bereich selbst zu expandieren (Krankenhauslandesplanung), stellen aber heraus, dass eine Markterweiterung entlang der Wertschöpfungskette von der Prävention über die Akutversorgung und Rehabilitation eine günstige Möglichkeit für Kliniken ist, ihre Aktivitäten regional weiter auszubauen. Am Beispiel des integrierten Herzzentrums, welches die Kliniken aufgebaut haben, ist eine sektorübergreifende Versorgungskette etabliert worden, die den Patienten einen nahtlosen Übergang ermöglicht. Damit hat sich nicht nur die Qualität der Versorgung deutlich verbessert, was auch in Patientenbefragungen und externen Rankings deutlich wird, sondern die Behandlungsprozesse sind wirtschaftlicher und wirksamer geworden.

In dem Beitrag „Gesundheitsregionen und ihre institutionalisierte Kooperation im Netzwerk Deutsche Gesundheitsregionen (NDGR e. V.)" von Josef Hilbert, Uwe Borchers, Maren Grautmann und Petra Rambow-Bertram werden die Ziele, Strukturen und Arbeiten des NDGR e. V. aufgeführt und erläutert. Der Dachverband der Gesundheitsregionen vertritt 21 Mitgliedsorganisationen. Ziel des Vereins ist es, die Gesundheitswirtschaft weiter zu fördern: Vernetzung der Gesundheitsakteure, Kommunikation nach innen und Sprachrohr nach außen insbesondere durch Veranstaltungen sowie Anstoß konkreter Projekte sind die Hauptaktivitäten des NDGR. Der noch junge Verein hat sich perspektivisch das Ziel gesetzt, seinen Wirkungskreis noch weiter auszudehnen und den Erfahrungsaustausch weiter für die Entwicklung der Gesundheitswirtschaft zu fördern.

Stefan Müller-Mielitz, Kerstin Steenberg, Nicole Kuhn und Andreas J. W. Goldschmidt zeigen in ihrem Beitrag „Kosten-Nutzen-Analysen zur Beurteilung von Gesundheitsregionen – Geht das?" Möglichkeiten und Wege, aber auch weitere Forschungsbedarfe für eine umfassende Kostennutzenanalyse von Gesundheitsregionen auf. Entlang unterschiedlicher Perspektiven (Geldgeber oder auch Geldnehmer) bestimmen sie sowohl für die Kosten als auch für den Nutzen einzelne Faktoren. Im Ergebnis kommen die Autoren zu dem Schluss, dass eine Kosten-Nutzen-Analyse entlang der Faktoren möglich ist, diese jedoch qualitativ aufgewertet werden muss und in die quantifizierbare Systematik überführt werden kann.

In dem Aufsatz „Gesundheitsregionen[plus] in Bayern: Synergien im regionalen Gesundheitsmanagement" von Malte Bödeker, Timo Deiters, Albert Eicher, Alfons Hollederer, Florian Pfister und Manfred Wildner werden die konzeptionellen Grundlage, die Verbreitung sowie die Schwerpunktsetzungen des Förderprogramms beschrieben. Ziel des landesweiten Programms ist, das Gesundheitsmanagement systematisch aus den Bedarfen der Regionen heraus weiterzuentwickeln. Die Schwerpunkte werden insbesondere auf die Bereiche Gesundheitsförderung/Prävention sowie Gesundheitsversorgung gelegt. Mittlerweile konnten 32 Gesundheitsregionen[plus] aufgebaut werden. Damit erreicht das Programm bereits 42 % der 96 Landkreise und kreisfreien Städte in Bayern. Ein weiterer Ausbau wird angestrebt.

Der abschließende dritte Teil „Innovationschancen aber auch -blockaden" wird durch den Beitrag von Elke Dahlbeck und Marc Neu „Soziale und gesundheitliche Ungleichheit: Empirische Befunde und Herausforderungen für regionale Akteure" eröffnet. Die Autoren zeigen die sozialen und gesundheitlichen Unterschiede in den 54 Kreisen und kreisfreien Nordrhein-Westfalens auf und machen deutlich, dass insbesondere die Städte des nördlichen Ruhrgebiets überdurchschnittlich von verschiedenen Problemlagen betroffen sind. Doch auch innerhalb der Städte sind vielfältige Unterschiede zwischen den einzelnen Quartieren zu beobachten und so fordern die Autoren eine integrierte Gesundheits- Bildungs- und Sozialberichterstattung, die die Akteure vor Ort befähigt passgenaue Angebote für eine optimierte Versorgung zu entwickeln. Am Beispiel eines gesundheitsbezogenen Quartiersmanagement in zwei Stadtteilen Leverkusens werden Chancen aber auch Herausforderungen für Lösungen im Quartier aufgezeigt.

Rasmus Beck und Rolf G. Heinze zeigen in ihrem Beitrag „Gesundheit und Wohnen im Quartier als Zukunftsfeld – Regionale Gestaltungsperspektiven in einer älter werdenden Gesellschaft" Wege für das Ruhrgebiet auf, dem strukturellen und demografischen Wandel aktiv zu beggnen. Der Leitmarkt Gesundheit kann sich durch den Ausbau der integrierten und sektorübergreifenden Versorgung (im Quartier) weiterentwickeln und durch neue Innovationen, z. B. durch den Einsatz von „Informations- und Kommunikationstechnologien", durch haushaltsnahe Dienstleistungen, also durch kombinierten Einsatz von Produkten und Dienstleistungen für ein Leben im Alter nicht nur den Verbleib in den eigenen vier Wänden auch bei Hilfebedürftigkeit ermöglichen, sondern auch die Wettbewerbsfähigkeit des Ruhrgebiets in diesem Bereich weiter stärken.

Manfred Hopfeld befragt in seinem Gespräch „Gesundheitswirtschaft: Erfahrungen transplantieren" Horst Klinkmann und Lars Bauer zur Entwicklung der Gesundheitswirtschaft in Mecklenburg-Vorpommern. Horst Klinkmann erläutert die wichtigsten Pfeiler der stark „top-down" getragenen Entwicklung der vergangenen Jahre, wie die Etablierung von BioConValley, dem Kuratorium Gesundheitswirtschaft, dem Masterplan Gesundheitswirtschaft mit den dort festgelegten Handlungsfeldern sowie der Branchenkonferenz Gesundheitswirtschaft, die sich seit 2005 fest etabliert hat. Als wichtige Chance für die Gesundheitswirtschaft in MV sehen die Gesprächspartner den weiteren Ausbau des Gesundheitstourismus.

So stößt MV beispielsweise mit der Idee, einen „Heilwald" zu etablieren, bereits auf reges Interesse innerhalb der EU.

Wolfgang Blank und Thomas Karopka zeigen in ihrem Beitrag „Regionale Gesundheitswirtschaft im internationalen Kontext am Beispiel des Ostseeraums" die verschiedenen EU-Strategien zur Förderung einer „Gesundheitsregion Ostsee" auf. Auf Initiative des Landes Mecklenburg-Vorpommern wurde dieses Programm 2009 in den Aktionsplan der EU-Ostseestrategie aufgenommen. Entlang ausgewählter Beispiele zeigen die Autoren Innovationschancen aber auch -herausforderungen für die Weiterentwicklung der Gesundheitswirtschaft rund um den Ostseeraum. So ist festzustellen, dass so gut wie alle Ostseeanrainer das Thema Gesundheitswirtschaft in ihre Entwicklungsstrategien aufgenommen haben und diese auch aktiv fördern. Aufgrund der unterschiedlichen Entwicklungspfade und Gesundheitssysteme sind länderübergreifende Initiativen jedoch immer mit Umsetzungs- und Anpassungsschwierigkeiten behaftet.

Der abschließende Beitrag von Saskia Hynek, Monika Roth, Gwendolyn Schmitt, Ulf Werner und Helmut Hildebrandt „Soziale Gesundheitswirtschaft als Motor regionaler Entwicklung: Chancen und Voraussetzungen" stellt das integrierte Vollversorgungsmodell „Gesundes Kinzigtal" vor. Ziel des innovativen Vorhabens in Südbaden ist es, die Lebensqualität der Menschen vor Ort zu verbessern, die Versorgung interdisziplinär und mit neuen Berufsrollen weiter zu optimieren und die Versorgung damit so zu organisieren, dass sie somit kostengünstiger und wirksamer ist. Die Besonderheiten dieses Modells sind nicht nur der ganzheitliche Ansatz von der Prävention über die Akutversorgung und Nachversorgung bzw. Rehabilitation. Eine weitere Besonderheit ist in dem zugrundeliegenden Finanzierungsmodell zu sehen, welches nicht auf der Anzahl der Leistungen, sondern auf den erzielten Gesundheitsnutzen der Bevölkerung basiert und somit Anreize für eine patientenorientierte Gesundheitsversorge und -versorgung setzt.

I
Regionale Gesundheitswirtschaft – Allgemeine Grundlagen und Methoden

1 20 Jahre regionale Gesundheitswirtschaftsinitiativen: Stand und Perspektiven

Elke Dahlbeck und Josef Hilbert

1.1 Einleitung

Seit Mitte der 1990er Jahre hat sich der Blick auf die Gesundheitsbranche erweitert. Wurde bis dahin Gesundheit nahezu ausschließlich als sozialpolitische Aufgabe gesehen, stieg nun die beschäftigungs-, wirtschafts- und strukturpolitische Aufmerksamkeit für die Entwicklungen in der Gesundheitsbranche. Insbesondere das Sondergutachten des Sachverständigenrats für die Konzertierte Aktion im Gesundheitswesen (SVR) „Gesundheitswesen in Deutschland – Kostenfaktor und Zukunftsbranche" (1996) hat einen Paradigmenwechsel mit Sicht auf das Gesundheitswesen hin zu einer Gesundheitswirtschaft eingeläutet. Dort heißt es in Hinblick auf die volkswirtschaftliche Bedeutung der Gesundheitswirtschaft:

> „Das Gesundheitswesen stellt einen erheblichen Wirtschafts- und Wachstumsfaktor in einer entwickelten Volkswirtschaft dar. Es dient nicht nur der Erhaltung, Wiederherstellung und Förderung der Gesundheit, sondern trägt mit seinen Dienstleistungen zur volkswirtschaftlichen Wertschöpfung mit den entsprechenden Wirkungen auf den Arbeitsmarkt bei. In anderen Bereichen des Wirtschaftslebens werden steigende Umsätze, Gewinne und Beschäftigtenzahlen als Erfolgsmeldung angesehen und kommen in die Schlagzeilen der Medien. Es überrascht daher, daß derartige Entwicklungen im Gesundheitswesen als personalintensiver Dienstleistungsbranche mit einem ausgeprägten Anteil an Hochtechnologieprodukten und mittelständischen Industriebetrieben in der Regel Kostenexplosion und Überangebot wahrgenommen werden. Sie verstärken den Ruf nach Reformen auch dann, wenn sich die Versorgung aufgrund des medizinischen Fortschritts verbessert." (SVR 1996, S. 211)

Teil dieses Perspektivenwechsels war auch, dass die Aufmerksamkeit von Wirtschaftsförderern und Regionalentwicklern für die Gesundheitswirtschaft erwachte. Während hier früher das Anwerben neuer Industrieansiedlungen im Mittelpunkt stand, stießen nun auch die endogenen Potenziale vor Ort auf verstärkte Beachtung.

Zwar werden personenbezogene Dienstleistungen, zu denen die Gesundheitsdienstleistungen zählen, nach dem Uno-actu-Prinzip vor Ort angeboten und konsumiert und eignen sich damit zunächst einmal nur eingeschränkt dazu, außerhalb der Region vermarktet zu werden. Jedoch haben sie insofern starke externe Effekte, da sie auf anspruchsvolle Vorleistungen oder auch Anwendungsfelder angewiesen sind; und diese können sowohl in der Region als auch außerhalb erstellt und bezogen werden. Eine Region, der es gelingt, eine gehobene Gesundheitsversorgung zu gewährleisten, kann erheblich davon profitieren, die dafür notwendigen Vorleistungen und Zulieferungen zu erstellen – etwa in der Forschung und Entwicklung, bei der Logistik oder in der Digitalisierung. Und darüber hinaus steigt auch die Aufmerksamkeit dafür, dass es Patientenwanderung geben kann und gibt, sprich, dass Patienten von außerhalb, ggf. sogar aus dem Ausland, Gesundheitseinrichtungen einer Gesundheitsregion aufsuchen und dort sowohl für eine bessere Auslastung als auch für Konsumnachfrage im Umfeld sorgen.

Die Gesundheitsbranche entwickelte sich damit zu einem wichtigen und hochattraktiven regionalwirtschaftlichen Innovations- und Gestaltungsfeld. Galt das Gesundheitswesen früher als Kostenfaktor für die Volkswirtschaft, wird die Gesundheitswirtschaft heute als Zukunftsbranche und als wichtiger Motor der Regionalentwicklung gesehen (Goldschmidt und Hilbert 2009). Die hohe volks- und regionalwirtschaftliche Bedeutung wird jedoch nicht nur aufgrund der Anzahl der Beschäftigten von deutschlandweit über 6,2 Mio. (vgl. Tabelle 1.1) deutlich. Dass die Gesundheitsbranche ein zentrales Fundament der Struktur- und Innovationspolitik geworden ist, wird auch darin ersichtlich, dass Gesundheit in den jeweiligen Innovationsstrategien der Bundesländer ein fester Bestandteil ist: denn in so gut wie jedem Bundesland ist Gesundheitswirtschaft als Cluster, Kompetenzfeld, Leitmarkt oder Wachstumsmarkt definiert und besonders hervorgehoben.

Im Folgenden wird zunächst die Entwicklung der Gesundheitswirtschaft der vergangenen Jahre nachgezeichnet. Aufbauend darauf erfolgt ein kurzer Blick zur Entwicklung der Gesundheitsregionen in Deutschland. Anschließend daran wird ein Ausblick zu den Chancen und Herausforderungen der Gesundheitswirtschaft als Motor der Regionalentwicklung aufgezeigt.

1.2 Entwicklung der Zukunftsbranche Gesundheitswirtschaft

Zu Beginn der Aktivitäten rund um die Gesundheitswirtschaft fehlten sowohl ein einheitliches Verständnis der Gesundheitswirtschaft, als auch quantitative Angaben über die wirtschaftliche Relevanz und Beschäftigungssituation. Das Gelsenkirchener Institut Arbeit und Technik (IAT) hat 1997 (vgl. Bandemer et al. 1997; Hilbert et al. 2002) ein sogenanntes „Zwiebelmodell" für die Gesundheitswirtschaft entwickelt, welches die Größe und Interdependenz dieses Wirtschaftsbereichs verdeutlicht und damit eine Grundlage für ein einheitliches Verständnis von Gesundheitswirtschaft entwickelt.

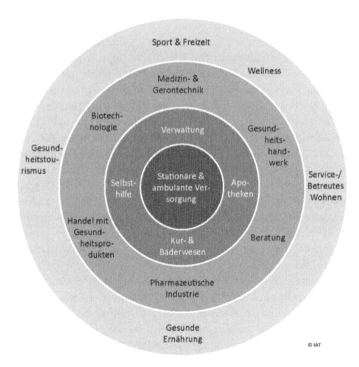

Abbildung 1.1 Zwiebelmodell der Gesundheitswirtschaft
Quelle: IAT

- In dieser Definition zählen zum *Kernbereich* neben den Krankenhäusern und Vorsorge- und Rehabilitationseinrichtungen die freien Arztpraxen, die Praxen nichtärztlicher medizinischer Berufe, Apotheken sowie stationäre, teilstationäre und ambulante Pflegeeinrichtungen.
- Die *Vorleistungs- und Zulieferindustrien* umfassen die so genannten Health Care Industries (Pharmazeutische Industrie, Medizin- und Gerontotechnik, Bio- und Gentechnologie), die Bereiche Forschung und Entwicklung, das Gesundheitshandwerk sowie den Groß- und Facheinzelhandel mit medizinischen und orthopädischen Produkten.
- Den *Randbereichen und Nachbarbranchen* verdankt die „engere" Gesundheitswirtschaft wesentliche Impulse durch die Verknüpfung mit den Angeboten aus anderen Bereichen des Dienstleistungssektors (Gesundheitstourismus, Wellness oder gesundheitsbezogene Sport- und Freizeitangebote)

Aufbauend auf dieser Definition hat sich in den vergangenen Jahren auch die Analyse zur wirtschaftlichen Bedeutung und Beschäftigungsrelevanz weiterentwickelt und vertieft. Erste Studien zur Bemessung der wirtschaftlichen Bedeutung des Gesundheitsmarktes sowie zur zukünftigen Entwicklung wurden bereits Ende der 1990er Jahre erarbeitet (Bandemer et al. 1998; DIW 2001). Erkundende Arbeiten zur Ermittlung der quantitativen Bedeutung der regionalen Gesundheitswirtschaft wurden in Nordrhein-Westfalen (NRW) (MWMTV 1997; Schneider et al. 2000; FFG et al. 2001), in Schleswig-Holstein (dsn 2000), in Berlin (Henke et al. 2002) und in Bremen (BAW et al. 2003) auf den Weg gebracht. Zudem wurden erste quantitativ vergleichende Länder- und Regionalanalysen erstellt (Dahlbeck et al. 2004a und 2004b). Parallel zu diesen Analysen wurde durch die Statistischen Ämter des Bundes und der Länder die Gesundheitsberichterstattung[1] weiterentwickelt, die damit dann eine wichtige Datengrundlage für die Beschreibung und Analyse der Gegebenheiten und Entwicklungstrends in der Gesundheitswirtschaft bildete und bis heute bildet.

Zur Bemessung der volkswirtschaftlichen Bedeutung der Gesundheitswirtschaft wurde vom Bundesministerium für Wirtschaft und Technologie (BMWi) ein Projekt zur Erstellung eines Satellitenkontos Gesundheitswirtschaft etabliert (Henke et al. 2009). Hier wurden zum ersten Mal wichtige Eckwerte zum Aufkommen und zu der Verwendung der Gesundheitswirtschaft in Anlehnung an die Volkswirtschaftliche Gesamtrechnung aufgezeigt. Aufbauend darauf hat das

---

1 Hierbei sind insbesondere die Gesundheitspersonal- sowie die Gesundheitsausgabenrechnung zu nennen. (http://www.gbe-bund.de/gbe10/pkg_isgbe5.prc_isgbe?p_uid=gast&p_aid=0&p_sprache=D)

BMWi ein weiteres Projekt zur Erstellung einer „Gesundheitswirtschaftlichen Gesamtrechnung 2000-2014" in Auftrag gegeben. Die Ergebnisse der Studie liegen seit Anfang des Jahres 2016 vor (Schneider et al. 2016) und stellen einen wichtigen Baustein dar, um die volkswirtschaftliche Bedeutung der Gesundheitswirtschaft der vergangenen Jahre nachzuzeichnen. Die folgende Tabelle zeigt ausgewählte Eckdaten aus der Gesundheitswirtschaftlichen Gesamtrechnung.

Tabelle 1.1 Kennzahlen der Gesundheitswirtschaft 2000/2008/2014

	Gesundheitswirtschaft			Veränderung
	2000	2008	2014*	Δ p.a ($\varnothing$) 2000-2014*
Bruttowertschöpfung in Mrd. Euro	177,1	229,1	279,1	3,3%
...*Anteil an Gesamtwirtschaft*	*9,6%*	*10,3%*	*11,1%*	*+1,5pP*
Exporte in Mrd. Euro	48,2	82,1	106,7	5,8%
...*Anteil an Gesamtwirtschaft*	*7,2%*	*7,0%*	*7,4%*	*+0,3pP*
Erwerbstätige in Mio.	4,9	5,5	6,2	1,8%
...*Anteil an Gesamtwirtschaft*	*12,3%*	*13,5%*	*14,8%*	*+2,4 Pp*

Quelle: Gesundheitswirtschaftliche Gesamtrechnung, Schneider et al. 2016, S. 38
* Das Jahr 2014 basiert teilweise auf prognostizierten Werten.

So beträgt die generierte Wertschöpfung der Gesundheitswirtschaft 2014 rund 279 Mrd. Euro. Der Anteil an der Gesamtwirtschaft liegt bei 11,1 %. Seit dem Jahr 2000 hat sich die Wertschöpfung in der Gesundheitswirtschaft um 102 Mrd. Euro (57,6 %) erhöht (Schneider et al. 2016, S. 42). Dies entspricht einem jährlich durchschnittlichen Wachstum von 3,3 %. Auch das reale Wirtschaftswachstum, also die preisbereinigte Entwicklung der Gesundheitswirtschaft, ist nach Berechnungen der Gesundheitswirtschaftlichen Gesamtrechnung durchweg positiv und liegt im Durchschnitt bei 2,2 % und damit deutlich über dem gesamtwirtschaftlichen Wachstumsdurchschnitt von 1,3 %. Besonders hervorzuheben ist die geringere konjunkturelle Abhängigkeit der Gesundheitsbranche, denn auch in Phasen der Rezession hatte die Gesundheitsbranche, wie 2008/2009, nur minimale Rückgänge zu verzeichnen und wirkte damit in konjunkturellen Abschwungzeiten stabilisierend.

Die Exportwerte lagen 2014 in der Gesundheitswirtschaft bei rund 106,7 Mrd. Euro. Seit dem Jahr 2000 haben sich die Exportwerte von 48,2 Mrd. Euro in der

Gesundheitswirtschaft mehr als verdoppelt (+121 %). Der Großteil der Exporte wird durch die Medizintechnik und die Pharmaindustrie getragen. Der Anteil an der Gesamtwirtschaft lag 2014 bei 7,4 %. Dieser Wert ist im Vergleichszeitraum relativ konstant, mit der Ausnahme des Jahres 2009, als in Folge des generellen konjunkturellen Einbruchs die Exportwerte der Gesamtwirtschaft einbrachen und der Anteil der konjunkturell unabhängigeren Gesundheitswirtschaft auf 8,2 % anstieg.

Die Anzahl der Erwerbstätigen lag 2014 bei rund 6,2 Mio. Der Anteil der Erwerbstätigen in der Gesundheitswirtschaft liegt mit 14,8 % oberhalb des entsprechenden Anteils der Bruttowertschöpfung von 11,1 %. Zurückzuführen ist dies auf den in den Kernbereichen hohen Anteil an personenbezogenen Dienstleistungen sowie dem dort überdurchschnittlich hohen Anteil an Teilzeitbeschäftigten. Seit dem Jahr 2000 hat sich die Anzahl der Erwerbstätigen um 1,3 Mio. (26,3 %) erhöht. Dies entspricht einem durchschnittlichen jährlichen Wachstum von 1,8 %.

Mit der Weiterentwicklung des Gesundheitssatellitenkontos zur Gesundheitswirtschaftlichen Gesamtrechnung können auch die Ausstrahleffekte der Gesundheitswirtschaft auf die Gesamtwirtschaft ermittelt werden. So generiert ein erwirtschafteter Euro in der Gesundheitswirtschaft mittels direkter, indirekter und induzierter Effekte 1,91 Euro Bruttowertschöpfung in der Gesamtwirtschaft. Bezogen auf die Erwerbstätigen liegen die Multiplikatorwirkungen der direkten, indirekten und induzierten Effekte bei 1,7 und damit leicht unterhalb der wirtschaftlichen Ausstrahleffekte. Als Ursachen hierfür ist die hohe Anzahl an personenbezogenen Dienstleistungen in der Gesundheitswirtschaft zu nennen, die eine geringere Arbeitsproduktivität aufweisen als die Vorleister- und Zulieferindustrie.

Bezogen auf den Konsum von Gesundheitsgütern, als eine Größe der Verwendungsseite der Gesundheitswirtschaftlichen Gesamtrechnung (in Anlehnung an die Volkswirtschaftliche Gesamtrechnung), ist zu konstatieren, dass für Gesundheitsprodukte und -dienstleistungen 2014 rund 378 Mrd. Euro ausgegeben wurden. Hiervon wurden 301 Mrd. Euro im ersten und 76 Mrd. Euro im zweiten Gesundheitsmarkt konsumiert. Seit 2008 ist hier ein Wachstum von 23,3 % auszumachen. Dies entspricht einem jährlichen Plus von 3,9 %.

Die Berechnungen zur Gesundheitswirtschaftlichen Gesamtrechnung liegen bislang nur auf Bundesebene vor. Derzeit sind die Statistischen Ämter der Länder dabei, ausgewählte Eckdaten hierfür auf Länderebene vergleichend zur Verfügung zu stellen (Dammers 2015). Bezogen auf die Beschäftigtendaten hat es hierzu in den letzten Jahren zahlreiche Forschungsstudien gegeben, sowohl auf Regionen- als auch Bundesebene.[2] Aufgeteilt auf die einzelnen Teilbereiche der Gesundheitswirtschaft

---

2 Vgl. dazu beispielhaft: Schneider et al. 2016; Bogai et al. 2015; Dahlbeck und Hilbert 2008.

1 20 Jahre regionale Gesundheitswirtschaftsinitiativen

ergibt sich folgendes Bild: Nach der oben beschrieben Abgrenzung arbeiteten in der Gesundheitswirtschaft 2015 6,2 Mio. Menschen, davon knapp 78 % in der ambulante und stationären Gesundheitsversorgung oder Altenhilfe, 10,4 % in Vorleistungs- und Zulieferbereichen, wie der Medizintechnik oder dem Handel mit Gesundheitsprodukten, und 2,8 % in den gesundheitsbezogenen Randbereichen.

Welche Höhe die Beschäftigungsrelevanz der Gesundheitswirtschaft für einzelne Länder mittlerweile einnimmt, wird in der folgenden Abbildung, die den Anteil der sozialversicherungspflichtig Beschäftigten in der Gesundheitswirtschaft an allen sozialversicherungspflichtig Beschäftigten zeigt, deutlich.

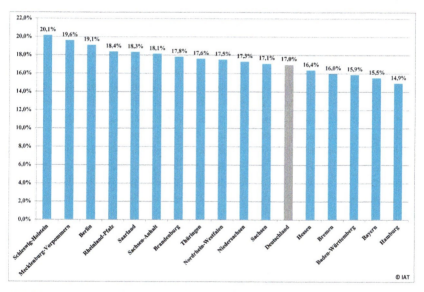

Abbildung 1.2 Anteil der sozialversicherungspflichtig Beschäftigten in der Gesundheitswirtschaft an der Gesamtwirtschaft 2015
Quelle: Beschäftigtenstatistik der Bundesagentur für Arbeit, Berechnung: IAT

In Schleswig-Holstein arbeitet mittlerweile jeder fünfte sozialversicherungspflichtig Beschäftigte in der Gesundheitswirtschaft, in Hamburg ist es jeder Siebte. Der bundesweite Anteil liegt bei 17 %. Deutschlandweit geht damit jedes sechste sozialversicherungspflichtige Arbeitsverhältnis auf die Gesundheitswirtschaft zurück.

Die in den letzten Jahren fortentwickelten Datengrundlagen spiegeln deutlich die regionalwirtschaftliche Bedeutung der Gesundheitswirtschaft wider. Neben den quantitativen Analysen zur regionalen Gesundheitswirtschaft lag ein wichtiger Fokus der anwendungsorientierten Gesundheitswirtschaftsforschung allerdings auch auf der Analyse inhaltlicher Schwerpunktbildungen sowie der damit verbundenen „Governance"-Strukturen[3]. Ziel war und ist es häufig, regionale Entwicklungsstrategien zu erarbeiten.

1.3 Entstehung und Entwicklung der Gesundheitsregionen

Die positiven Wachstumseffekte in der Gesundheitswirtschaft bei einer oft gleichzeitig rückläufigen Bedeutung traditioneller industrieller Branchen haben viele Regionen dazu bewogen, sich für die Weiterentwicklung der regionalen Gesundheitswirtschaft zu engagieren. Nicht zuletzt in strukturschwachen Gebieten, wie z. B. im Ruhrgebiet oder in Mecklenburg-Vorpommern, wurde die Gesundheitswirtschaft als wichtige Chance erkannt, den Strukturwandel aktiv zu gestalten. Doch nicht nur dort, sondern auch in prosperierenden Regionen haben sich Akteure zusammengefunden, um sich als Gesundheitsregion zu positionieren.

Anstoßend bei den Initiativen waren auf kommunaler oder regionaler Ebene oftmals Wirtschaftsförderer, in den Bundesländern bei den Landesregierungen zumeist die Verantwortlichen für Wirtschafts- und Strukturpolitik. Während auf kommunaler und regionaler Ebene Initiativen und Netzwerke eher durch das Engagement regionaler Akteure im Rahmen eines „Bottom-up"-Prozesses entstanden, wurde in vielen Bundesländern Gesundheitswirtschaft als Innovations- und Zukunftsfeld definiert und damit in die Struktur- und Clusterpolitik des Landes integriert. Damit einher ging ein Strategieprozess, der in vielen Fällen „top-down" durch die jeweilige Landespolitik gesteuert wurde. Für die operative Umsetzung wurde häufig ein Clustermanagement etabliert. Die jeweiligen Cluster- oder Netzwerkmanagements werden hierbei unterschiedlich finanziert. Während sich regionale Initiativen häufig zu Vereinen zusammenschließen und die Grundfinanzierung durch Mitgliedsbeiträge stellen, erfolgt auf Landesebene die Finanzierung – zumindest für einen befristeten Anschubzeitraum – durch öffentliche Mittel. Darüber hinaus werden von vielen Netzwerken Drittmittel eingeworben, somit wird unter dem Strich eine „Mischfinanzierung" aus privaten und öffentlichen Mitteln realisiert.

---

3 Worunter die Institutionen und Mechanismen zu verstehen sind, die sich um die Entwicklung, Steuerung, Regulierung und Wirkungsbeobachtung der regionalen Gesundheitswirtschaft kümmern.

Ein idealtypisches Beispiel für eine „Bottom-up"-Gesundheitsregion ist Ostwestfalen-Lippe (OWL). Hier engagieren sich bereits seit Mitte der 1990er Jahre Akteure aus der Region, um die Gesundheitswirtschaft unternehmensübergreifend strategisch weiterzuentwickeln. 1996 startete die Wirtschaftsentwicklungs- und Marketinggesellschaft der Stadt Bielefeld (WEGE) eine Veranstaltungsreihe zum Thema „Wirtschaftsfaktor Gesundheit. Chancen für den Standort Bielefeld." Im Rahmen der Veranstaltung sollte gemeinsam mit Expertinnen und Experten diskutiert werden, „[..],welche Innovations- und Entwicklungspotenziale für die Gesundheitswirtschaft zu erkennen sind und wie diese für die Standortentwicklung der Stadt Bielefeld genutzt werden können." (WEGE 1996, S. 1)

Anknüpfend an die Ergebnisse dieser Veranstaltung wurde das Institut Arbeit und Technik (IAT) beauftragt, eine Studie zur„ Marktbeobachtung und Produktentwicklung: Entwicklungspotenziale der Gesundheitswirtschaft in Bielefeld" zu erarbeiten. Die Studie beinhaltete sowohl die Bemessung der quantitativen Bedeutung der Gesundheitswirtschaft als auch die qualitative Analyse ausgewählter Handlungsfelder und aufbauend darauf die Entwicklung von Handlungsempfehlungen für die Region (Bandemer et al. 1997). Eine der zentralen Empfehlungen war der Aufbau eines Kompetenzzentrums sowie die stärkere Zusammenarbeit Bielefelds mit der Region Ostwestfalen-Lippe.

Aufbauend auf diesen Erkenntnissen haben sich 1999 rund 30 Akteure zusammengeschlossen und das Zentrum für Innovationen in der Gesundheitswirtschaft Ostwestfalen-Lippe (ZIG OWL) gegründet. Das ZIG versteht sich als Netzwerk-Dienstleister für seine Partner und ist zentraler Ansprechpartner für die Regionalentwicklung in OWL (Borchers et al. 2009) und hat seine Arbeitsschwerpunkte in den Bereichen Vernetzung, Informations- und Wissenstransfer, Projektentwicklung sowie der Vermarktung der Gesundheitsregion OWL.[4] Die Finanzierung der Netzwerkagentur für OWL erfolgt aus privaten wie aus öffentlichen Mitteln. Einen großen Sockel und ein langfristig stabile Basis bilden die Mitgliedsbeträge der mittlerweile 37 Mitglieder. Zudem erhält das ZIG – wie die fünf weiteren NRW-Gesundheitsregionen (Köln/Bonn, Ruhrgebiet, Münsterland, Südwestfalen und Aachen) – in bescheidenem Maße Unterstützung im Rahmen des Clustermanagements Gesundheitswirtschaft Nordrhein-Westfalen; honoriert wird damit, dass das ZIG landesweit eine Themenpatenschaft zu Fragen der „Vernetzten Versorgung" wahrnimmt. Und last but not least gelang es dem ZIG in den letzten Jahren immer wieder, zusammen mit Partnern aus Wissenschaft und Praxis öffentlich geförderte Entwicklungs- und Erprobungsprojekte einzuwerben; ein Beispiele hierfür ist etwa das Projekt „Reha der Zukunft – Brückenschläge", in dem

---

4 http://www.zig-owl.de/ueber-uns/netzwerkagentur/

es darum ging, neue Wege der patientenorientierten Zusammenarbeit zwischen der Akutmedizin im Ruhrgebiet und den stationären Reha-Angeboten in OWL zu entwickeln und zu erproben.

Das Profil der Region Ostwestfalen-Lippe hat sich in den vergangenen 20 Jahren weiter geschärft und baut auf den besonderen regionalen Stärken und Traditionen auf (vgl. Borchers et al. 2009):

- Mit den v. Bodelschwinghschen Anstalten Bethel und dem Evangelischen Johanneswerk hat Bielefeld besondere Kompetenzen in der Versorgung und Betreuung chronisch kranker und hilfebedürftiger Menschen.
- Insbesondere in den Bereichen Epilepsie (Bethel) sowie Kardiologie und Stoffwechselerkrankungen (Herz- und Diabeteszentrum in Bad Oeynhausen, welches auch Vorreiter im Bereich der Telemedizin ist), verfügt die Region über ausgewählte Spitzenmedizin.
- Eine besondere Tradition liegt in den 21 Kur- und Heilbädern. Damit stellt OWL die meisten stationären Angebote an Rehabilitation und Prävention in NRW.
- Die Region verfügt über nachhaltig gewachsene Strukturen in der Quartiersentwicklung für ein selbstbestimmtes Leben und versteht sich im Hinblick auf den Gesundheitsstandorts Haushalt als Vorreiterregion – sowohl bezogen auf den Einsatz neuster Technologien, als auch auf unterstützende niedrigschwelliger Dienstleistungen für ein längeres Leben in den eigenen vier Wänden.
- Darüber hinaus ist die Region ein wichtiger Forschungs-, Wissenschafts- und Qualifizierungsstandort. Neben der Fakultät für Gesundheitswissenschaften an der Universität Bielefeld bietet die Fachhochschule Bielefeld eine akademische Lehrerausbildung für Pflege- und Gesundheitsberufe an. Zudem bildet die Fachhochschule der Diakonie in Bethel Fach- und Führungskräfte aus. Mit dem Europäischen Zentrum für universitäre Studien in OWL besteht in Bad Meinberg bereits seit zehn Jahren die Senioren-Universität, die ein privates, von den älteren Studierenden selbst finanziertes akademisches und durch die Universität Bielefeld zertifiziertes Bildungsangebot für interessierte Menschen ab 50 Jahren bietet.[5]
- In jüngster Zeit – etwa seit 2015 – profiliert sich die Gesamtregion OWL als ehrgeiziger Kompetenzträger einer digitalisierten Wirtschaft. In diesem Kontext engagiert sich das ZIG zunehmend als Plattform für die Entwicklung, Erprobung und Umsetzung von Gesundheits- und Versorgungslösungen, die sich auf digitalisierte Techniken stützen.

---

5   Die Seniorenuniversität wurde vom ZIG entwickelt und dieses erhielt dabei eine Unterstützung durch das Land NRW.

Das ZIG engagiert sich auch über die eigene Region hinaus. So hat es etwa den Beginn des Clustermanagements „Gesundheitswirtschaft NRW" maßgeblich mitgeprägt. Zwischen 2008 und 2010 stellte das ZIG OWL das NRW-Clustermanagement und konnte seine Erfahrungen mit den anderen fünf Gesundheitsregionen in NRW austauschen (vgl. Borchers et al. 2009; Meier 2009) und weiterentwickeln.

Während die Initiative zur Gesundheitsregion in Ostwestfalen-Lippe durch die regionalen Akteure aus den verschiedenen Bereichen der Gesundheitswirtschaft getragen wurde, ist sie in anderen Regionen und Bundesländern stark von Seiten der Politik – also „top-down" – forciert worden. So wurde in Schleswig-Holstein bereits im Jahr 2000 eine Gesundheitsinitiative durch die Landesregierung gestartet. Schleswig-Holstein war damit eines der ersten Bundesländer, das die Gesundheitswirtschaft für sich entdeckte. In den Jahren 2000-2005 widmeten sich nach und nach nahezu alle Bundesländer dem Thema Gesundheitswirtschaft. Berlin-Brandenburg, Nordrhein-Westfalen sowie Mecklenburg-Vorpommern starteten in diesem Zeitraum ihre Initiativen. Für die Entwicklung einer „Clusterstrategie" wurden dazu in diesen Ländern Masterpläne oder Entwicklungskonzepte erarbeitet, die nicht nur die wirtschaftliche und beschäftigungspolitische Bedeutung der Gesundheitswirtschaft hervorheben sollten, sondern den Akteuren aus Politik, Verbänden, Wirtschaft und Wissenschaft einen strategischen Handlungsrahmen bieten konnten (vgl. dazu auch Dahlbeck et al. 2012; MGSFF NRW 2004/2005; Heinze et al. 2006) Von besonderer Bedeutung war dabei, dass in nahezu allen Ländern ressortübergreifende Steuerungsgruppen – zumeist bestehend aus den für die Gesundheitswirtschaft zuständigen Ressorts Gesundheit, Wirtschaft und Wissenschaft – entstanden, die die Initiativen begleiteten. Während z. B. in Mecklenburg-Vorpommern und Berlin-Brandenburg zur Umsetzung des Masterplans ein „Clustermanagement" eingerichtet wurde, hatte NRW bis zum Jahr 2008 zunächst darauf verzichtet. Hier entstanden während dieses Zeitraums gleichwohl weitere regionale Initiativen, wie die MedEcon Ruhr im Ruhrgebiet, die HealthRegion CologneBonn in der Region Köln/Bonn, die Gesundheitsregionen Aachen, Münsterland sowie die Brancheninitiative Gesundheitswirtschaft Südwestfalen. Mittlerweile sind Gesundheit und Life Sciences oder Gesundheitswirtschaft wichtige, nicht mehr wegzudenkende Bestandteil in den jeweiligen Innovationsstrategien der Länder.

Die Strategien und Ziele von Gesundheitsregionen sind nicht immer klar definiert und beschrieben. Auch fehlt bisher eine klare und von allen geteilte Definition darüber, was eine Gesundheitsregion auszeichnet. Fachlich reicht die Schwerpunktsetzung

- von den Bereichen Prävention/Gesundheitsförderung, wie z. B. bei den Gesunde-Städte-Netzwerken,

- der besseren Vernetzung gesundheitsbezogener Akteure auf kommunaler Ebene (Niedersachsen und Bayern, vgl. Bödeker et al. in diesem Band),
- der Entwicklung und Umsetzung einer populationsorientierten sektorübergreifenden Versorgung (vgl. Hynek et al. in diesem Band),
- über die Entwicklung ausgewählter Teilbereiche der Gesundheitswirtschaft (z. B. Medizintechnik in der Region Nürnberg/Erlangen),
- bis hin zu Ansätzen, welche die gesamte Breite der Gesundheitswirtschaft im Blick haben (z. B. Ruhrgebiet).

Einen ersten Überblick über die bereits Ende der 1990er Jahre zahlreich bestehenden regionalen Initiativen bieten Hilbert und Ittermann 1998, Hilbert et al. 2002 sowie Dahlbeck et al 2004a. Einen innovationsorientierten Zugang zur Systematisierung der Aktivitäten von Gesundheitsregionen bieten in diesem Band Stahlecker et al.

Nach Angaben von Dostal/Dostal (2013) gibt es derzeit 101 Gesundheitsregionen, von denen rund die Hälfte (46) auf Initiativen von öffentlichen Regional- und Wirtschaftsförderungen zurückgeht (Dostal und Dostal 2013, S. 55). Im Rahmen einer Befragung von 541 Akteuren aus der Gesundheitswirtschaft wurden neun Typen von Gesundheitsregionen definiert:

- Typ 1: Profilierung als Gesundheitstouristische Destination, bei Dostal/Dostal heißt dies: Region/Stadt mit aktiver spezifischer Vernetzung mit Gesundheitstourismus (einschließlich der Landschaft) für Gäste und Wohnbevölkerung;
- Typ 2: Sicherstellung der Versorgung, ausreichender Versorgungsangebote, bei Dostal/Dostal heißt dies: Vorhandensein von Versorgungsangeboten (Daseinsvorsorge) für die Wohnbevölkerung;
- Typ 3: Profilierung als Standort für Einrichtungen und Unternehmen, bei Dostal/Dostal heißt dies: (vernetzte) Region/Stadt mit wirtschaftlicher Bedeutung der Gesundheitsbranche (einschließlich Forschung);
- Typ 4: Optimierung der Versorgung „vor Ort", bei Dostal/Dostal heißt dies: Region/Stadt mit aktiver Vernetzung der Gesundheitsangebote (in der Regel bezogen auf den ersten Gesundheitsmarkt) für die Wohnbevölkerung;
- Typ 5: Prävention ausbauen, bei Dostal/Dostal heißt dies: Vernetzung zur Gesundheitsförderung/Prävention für die Wohnbevölkerung;
- Typ 6: Eine Plattform schaffen, bei Dostal/Dostal heißt dies: Netzwerk von Akteuren im Gesundheitswesen;
- Typ 7: Eine Kurregion profilieren, bei Dostal/Dostal heißt dies: mehrere Kurorte in einer Region/Kurort;
- Typ 8: Gemeinschaftswerbung, bei Dostal/Dostal heißt dies: Marketing- bzw. Werbebegriff (ohne erkennbare Umsetzung);

- Typ 9: Clusterpolitik auf Ländereben und auf kommunaler Ebene; bei Dostal/ Dostal heißt dies: Bundesland, Bezirk, Region, Landkreis (geografisches Einzugsgebiet allgemein/Stadt, lokales Einzugsgebiet allgemein).

Dieser ambitionierte Versuch, einen strukturierten Überblick über Gesundheitsregionen zu erhalten, stellt einen wichtigen Fortschritt bei der Analyse und Systematisierung von Gesundheitsregionen dar. Gleichwohl bleibt eine Menge an Fragen übrig: So sind die aufgeführten Typen weder eindeutig definiert und klar voneinander abgrenzbar, noch bietet die dort aufgeführte Breite der Themen in allen Fällen Transparenz über angestrebte Ziele und Strategien der Regionen und Städte.

Um einen weiteren Zugang zur Systematisierung und Charakterisierung von Gesundheitsregionen zu erlangen, wird im Folgenden der Versuch unternommen, die Hauptzielsetzungen zu konkretisieren, die in Gesundheitsregionen eine Rolle spielen. Die nachfolgende Systematisierung beruht nicht auf flächendeckenden Erhebungen, sondern auf Erkenntnissen, die die Autoren dieses Beitrages in über 15 Forschungs-, Entwicklungs- und Beratungsprojekten in und mit Gesundheitsregionen sammeln konnten:

1. *Mehr Gesundheit und Lebensqualität:* Prioritär hat Gesundheitswirtschaft dafür Sorge zu tragen, die Gesundheit und die Lebensqualität der Menschen zu erhalten bzw. zu erhöhen. Im Rahmen von Gesundheitsregionen geht es darum, die Gesundheitsangebote den regionalen Bedarfen anzupassen und diese optimal auf die Bedürfnisse der Patienten hin auszurichten sowie für gesunde Lebensverhältnisse und ein gesundes Verhalten zu sorgen. Gesundheit ist demnach ein Querschnittsbereich, der immer im Zusammenhang mit weiteren sozialen Aspekten – wie Bildung, Einkommen, Erwerbsstatus, Migrationshintergrund und Lebensraum – betrachtet werden muss.
2. *Stärkung der Wirtschaftsdynamik „vor Ort":* Die zweite Zielkategorie von Gesundheitswirtschaft ist die Generierung von Wirtschafts- und Beschäftigungseffekten (in der Region). Praktisch schlägt sich diese Zielsetzung etwa
   - in Aktivitäten zur Vermarktung der Gesundheitsangebote einer Region außerhalb derselben, also v. a. im Einwerben von Gastpatienten,
   - in der Ansprache von ansiedlungswilligen Unternehmen,
   - in gesundheitswirtschaftsbezogenen Maßnahmen zur Gründungsförderung oder auch
   - in Aktivitäten zum Ausbau von einschlägigen Forschungs-, Entwicklungs- und Transfereinrichtungen nieder.
3. *Mehr Arbeitsplätze mit besseren Arbeitsbedingungen:* Ende der 1990er, Anfang der 2000-Jahre stand bei den vielen regionalen Aktivitäten zur Gesundheits-

wirtschaft im Vordergrund, Arbeitsplätze zu schaffen, um so Arbeitslosigkeit zu dämpfen. Aufgrund der veränderten Arbeitsmarktlage müssen sich viele Gesundheitseinrichtungen mittlerweile eher darum kümmern, Arbeitskräfte zu halten und neu zu gewinnen. Eine wichtige Stellschraube hierzu ist, die Arbeitsbedingungen der in einer Region ansässigen Gesundheitseinrichtungen nachhaltig zu verbessern. In einem ganzheitlichen Verständnis (vgl. z. B. Tempel und Ilmarinen 2013) geht es also um gute Arbeitsbedingungen, eine ausreichende Qualifizierung und einen passgenauen Arbeitseinsatz, eine auf die Mitarbeiter und die Patienten orientierte Arbeitsorganisation und ebensolche Arbeitsabläufe sowie um Maßnahmen und Instrumente zur direkten Gesundheitsförderung am Arbeitsplatz. Damit entsprechende Ansätze gelingen, kann regionale Zusammenarbeit zwischen Betrieben, aber auch mit Gewerkschaften und Berufsorganisationen hilfreich sein.

Mit Schwerpunktsetzungen innerhalb dieses Zieltriangels haben sich viele Regionen in den letzten Jahren aufgestellt und Strategien für deren Umsetzung entwickelt. Eine sehr scharfe Einordnung der Regionen ist nicht einfach und außerdem auch zeitlichen Schwankungen unterworfen. Im Austausch mit zwei ausgewählten Gesundheitsregionen zeigte sich jedoch, dass die Triangel als Orientierungs- und Verortungsinstrument sehr hilfreich ist. Eine probeweise Einordnung der Mitgliedsregionen des Netzwerks Deutsche Gesundheitsregionen durch die Autoren des vorliegenden Beitrags ergab, dass die deutliche Mehrheit der Regionen entlang der Achse „Wirtschaftsdynamik" einerseits und „Gesundheit/Lebensqualität" andererseits einzuordnen sind. Erkennbar wurde aber auch, dass arbeitsbezogene Fragestellungen – vor allem mit Blick auf die Arbeitsbedingungen – bei einigen Regionen eine deutliche Schwerpunktsetzung erfahren. Allerdings handelt es sich hier erst um Aktivitäten aus der jüngeren Vergangenheit.

Im Folgenden sollen vier wichtige Zukunfts- und Handlungsfelder von Gesundheitsregionen – „Neue Versorgungsformen", "Arbeit und Qualifizierung", „Internationalisierung" sowie „Haushalt als Gesundheitsstandort" – kurz dargestellt werden:

Neue Versorgungsformen: Neue Versorgungsformen wie beispielsweise integrierte Versorgungskonzepte, Disease-Management-Programme oder Hausarztmodelle zielen darauf ab, die Grenzen zwischen den verschiedenen Sektoren im Gesundheitswesen zu überwinden und somit für die Patienten eine bessere und wirksamere Gesundheitsversorgung zu ermöglichen. Ziel ist, eine schnittstellenarme oder -freie Versorgung sicherzustellen. Obwohl integrierte Versorgungsmodelle bereits seit dem Jahr 2000 möglich sind, sind Modelle, in denen auch die Vergütungsstrukturen grundlegend verändert wurden, also nicht mehr auf Einzelleistungen basieren, sondern an Qualität und Outcome orientiert sind, nach wie vor eine Seltenheit

1 20 Jahre regionale Gesundheitswirtschaftsinitiativen

(Hildebrand et al. 2009, S. 155). Ein Grund ist darin zu sehen, dass die Organisation solcher Modelle sehr komplex ist und der Abstimmung vieler Akteure bedarf, deren finanzielle Risiken jedoch sehr unterschiedlich verteilt sind. Das wohl bekannteste Beispiel für ein populationsbezogenes integriertes Versorgungssystem ist das Modellprojekt „Gesundes Kinzigtal" (vgl. Hynek et al. in diesem Band).

Arbeit und Qualifizierung: Fragen zur Arbeit und Qualifikation spielten in den Anfangsjahren der Entstehung von Gesundheitsregionen nur eine untergeordnete Rolle. Dies hat sich allerdings geändert: spätestens seitdem breitflächig deutlich wurde, dass auf die Gesundheitswirtschaft massive Fachkräfteengpässe zukommen – und zwar sowohl bei den Ärztinnen und Ärzten als auch im Pflegebereich und in anderen Gesundheitsfachberufen.

Die Ursachen für die drohenden Engpässe werden oft im demografischen Wandel, sprich in der Alterung und Schrumpfung der Gesellschaft, gesehen. In letzter Zeit wird aber immer mehr erkannt, dass auch die Arbeitsbedingungen eine Rolle spielen. Die Arbeit in Krankenhäusern und Pflegeeinrichtungen ist häufig schlecht organisiert, oft belastend, wird meistens schlecht bezahlt und wenig wertgeschätzt (Evans et al. 2012; Bräutigam et al. 2014). Die Folge ist, dass die Attraktivität der Arbeitsplätze im Gesundheitssektor sinkt und sich potenziell interessierte Arbeitskräfte nach Arbeitsmöglichkeiten in anderen Wirtschaftsbereichen oder im Ausland umsehen.

In einigen deutschen Gesundheitsregionen wird vor diesem Hintergrund intensiv an Strategien zur Fachkräftesicherung gearbeitet. Eine große Rolle dabei spielt der Versuch, Arbeitskräfte aus dem Ausland anzuwerben oder seit letztem Jahr (2015) gezielt Flüchtlinge, die einen Gesundheitsberuf in ihrem Herkunftsland ausgeübt haben, schnellst möglichst in den Gesundheitsarbeitsmarkt zu integrieren. In Neubrandenburg in Mecklenburg-Vorpommern wurde eine Service-Stelle, ein sogenanntes „Health and Care Office" durch Förderungen des Landes etabliert. Flüchtlinge mit Erfahrungen in Gesundheitsberufen werden nach der Kompetenzerfassung gezielt in Greifswald oder Neubrandenburg untergebracht. Hier werden neben Sprachkursen und kulturellen Angeboten (Stadtführung, Einführung in die Bibliothek) sowie Anpassungsqualifizierungen, Besuche in Ärztehäusern und Krankenhäusern angeboten. Ziel ist eine langfristige Integration in Mecklenburg-Vorpommern. Eingebunden sind hierbei die Kassenärztliche Vereinigung und die Krankenhausgesellschaft des Landes Mecklenburg-Vorpommern.[6]

Noch weiter ausbaufähig sind Bemühungen, die Arbeitsorganisation in gesundheitsbezogenen Einrichtungen in Hinblick auf die Passgenauigkeit des Arbeits-

---

6 http://www.aerztezeitung.de/politik_gesellschaft/gp_specials/fluechtlinge/article/911287/mecklenburg-vorpommern-integration-qualifizierten-fluechtlingen.html

einsatzes der jeweiligen Beschäftigten sowie auf einen möglichen Technikeinsatz weiter zu optimieren. Eine aktuelle empirische Studie des IAT zur Digitalisierung in der Welt der Krankenhäuser zeigt, dass hier digitale Techniken zwar sehr dicht vertreten sind und auch intensiv genutzt werden. Gleichzeitig wird aber auch klar, dass es noch massive Probleme bei der Vernetzung und Koordination der vielfältigen Einsatzfelder gibt.

Parallel zu den umrissenen Aktivitäten erfolgt ein Um- und Ausbau von Qualifizierungsangeboten (Evans et al. 2012). Besondere Aufmerksamkeit erhalten in diesem Zusammenhang neue Möglichkeiten der akademischen Ausbildung in den Gesundheitsfachberufen (Pflege, Physiotherapie, Ergotherapie, Logopädie, Hebammenwesen). Als Teil der Gesundheitswirtschaftsaktivitäten in NRW wurde in Bochum eine öffentliche Hochschule für Gesundheit gegründet, die insbesondere bei Studierenden auf ein überwältigendes Interesse gestoßen ist. Die Herausforderung hier wird in Zukunft sein, ausreichend Arbeitsplätze für die neu eingeführten Qualifikationen bereitzustellen.

Internationalisierung: In der Gesundheitswirtschaft findet der größte Teil der Aktivitäten auf der quartiersbezogenen, lokalen und regionalen Ebene statt. Allerdings ist bereits jetzt erkennbar, dass sich die lokale und regionale Prägung zwar nicht grundlegend ändern, aber dennoch deutlich relativieren wird. Neben dem Trend der Schwerpunktbildung ist auch mit einem Bedeutungsgewinn der internationalen Zusammenarbeit zu rechnen (Bandemer et al. 2009).

Die Gründe für Letzteres sind vielfältig; enorme Schubkraft für eine stärkere Internationalisierung kommt daher, dass in großen Ländern wie China, Brasilien, Indien, Russland, der Türkei, aber auch in Teilen des arabischen Raums und etlichen Schwellenländern ein stark wachsendes Interesse an einer besseren Medizin und Gesundheitsversorgung zu beobachten ist und nicht zuletzt deshalb auf den Ausbau der internationalen Gesundheitszusammenarbeit gesetzt wird. Bei den Aktivitäten im Bereich der Internationalisierung geht es um mehr als den Export von Waren und Gütern aus den industriellen Vorleistungsbereichen, sondern um Wissens- transfer, Forschungsverbünde sowie den Export von Gesundheitsdienstleistungen, wie in der folgenden Auflistung deutlich gemacht wird:

- den Export von pharmazeutischen und medizinischen Produkten;
- die Kooperation in der Forschung und Entwicklung, etwa bei klinischen Studien im Pharmabereich oder in der Medizintechnik;
- die Zusammenarbeit bei der Behandlung von Patienten, was auch das Einwerben von Patiententouristen beinhaltet;

1 20 Jahre regionale Gesundheitswirtschaftsinitiativen

- die Mitwirkung an der Entwicklung, der Finanzierung und am Bau medizinischer Infrastrukturen – etwa bei Kliniken, mobilen Gesundheitsinfrastrukturen oder bei der Medizintechnik;
- die gemeinsame Entwicklung von integrierten Versorgungsstrukturen – ausgehend von vorhandenen Erfahrungen in den jeweiligen Ländern können Systemlösungen gefunden werden, deren Module dann jeweils für die Bedarfe des interessierten Landes miteinander verknüpft werden können;
- die Zusammenarbeit bei der Qualifizierung, die von der Übernahme ausgewählter Aus- und Weiterbildung in ganz speziellen Kompetenzbereichen (etwa: Wie wird ein Hausnotrufsystem betrieben?) bis hin zu kompletten Ausbildungs- und Studiengängen reichen kann.

Gesundheitsstandort Haushalt: Fortschritte bei der Gesunderhaltung und Heilung, aber auch Verbesserungen beim Leben mit chronischen Krankheiten sowie bei der Betreuung Pflegebedürftiger lassen sich mittel- und langfristig nur erreichen, wenn beides, die Gesundheitskompetenzen wie die gesundheitsbezogenen Handlungsmöglichkeiten von Bürgern und von Patienten und denjenigen, die mit ihnen zusammenleben, erhöht werden können. Für die Realisierung der quasi weltweit geteilten Maxime „ambulant vor stationär" ist dies eine unerlässliche Voraussetzung – gerade mit Blick auf die steigende Zahl älterer und pflegebedürftiger Menschen.

In Fachkreisen lassen sich unterschiedliche Ansätze zur Stärkung der Gesundheit in privaten Haushalten ausmachen (Heinze et al. 2011 oder auch Fachinger und Henke 2010). Zu nennen sind vor allem:

- finanzielle Anreize für pflegende Angehörige, Freunde oder Bekannte, etwa aus der Pflegeversicherung oder später bei den Rentenansprüchen;
- Aufbau von Infrastrukturen und Hilfsangeboten in Stadtteilen und Nachbarschaften (Quartiersmanagement);
- barrierefreie und gesundheitsgerechte Modernisierung von Wohnungen und Häusern;
- Förderung von generationsübergreifenden Wohnformen;
- Nutzung der modernen Informations- und Kommunikationsmedien (IuK), zum einen zur Patienteninformation und -begleitung, zum anderen zur Überwachung des Gesundheitszustandes („Telehealthmonitoring") und zur Verbesserung von Notruf- und Notfallinterventionsmöglichkeiten.

Vor allem das letztgenannte Handlungsfeld – oft ist von Telemedizin, E-Health oder Ambient (oder, im neueren Sprachgebrauch: Active) Assisted Living (AAL) die Rede – stieß sowohl in der Forschungspolitik auf Bundes- und Länderebene wie auch bei Gesundheitsregionen auf große Aufmerksamkeit und mündete in zahllosen Aktivitäten und Projekten. In Bremen etwa lag für mehrere Jahre der Hauptschwerpunkt der Bremer Wirtschaftsförderung im Handlungsfeld Gesundheit bei Gestaltungsprojekten zur Nutzung der IuK-Technologien für mehr Gesundheit daheim.

Wenngleich sich zahlreiche neue Ansätze zur Stärkung des Gesundheitsstandorts Haushalt in Pilotprojekten bewährt haben, gibt es große Probleme, sie auch in der Breite zu realisieren, wofür eine Vielzahl an Ursachen verantwortlich ist. Hierzu zählen u. a. die mangelnde Akzeptanz seitens der Nutzerinnen und Nutzer, technische Hürden und Probleme bei der Finanzierung (für einen Überblick am Beispiel Telehealth und Telecare siehe Merkel und Enste 2015, Merkel et al. 2016). Letzteres ist insbesondere mit Blick auf Deutschland hervorzuheben. Hier zeigt sich, dass sich die zuständigen Instanzen der deutschen Gesundheitspolitik (u. a. der Bewertungsausschuss für den Einheitlichen Bewertungsmaßstab) sehr schwer damit tun, telemedizinische Leistungen als erstattungsfähig anzuerkennen. Für Zurückhaltung bei der Umsetzung sorgt aber auch, dass die „Macher vor Ort" bei der Kommunikation über Innovationsprojekte manchmal die technischen Möglichkeiten mehr in den Vordergrund stellen als den konkreten Patientennutzen. Für zukünftige Gestaltungsarbeiten tun Gesundheitsregionen sicher gut daran, E-Health, Telemedizin und AAL nicht als Selbstzweck, sondern als Mittel zur Verbesserung von Versorgungslösungen darzustellen.

1.4 Wirkungen regionaler Gesundheitswirtschaftsaktivitäten

In den letzten Jahren konnten – wie vorne aufgeführt – die hohe volkswirtschaftliche Bedeutung der Gesundheitswirtschaft auf die Gesamtwirtschaft ermittelt werden. Auch wurden in zahlreichen Masterplänen, Entwicklungskonzepten usw. die Aktivitäten regionalen Initiativen unterstützt und begleitet. Eine umfangreiche Evaluation über die langfristigen Aus- und Wechselwirkungen regionaler Gesundheitsnetzwerke steht jedoch noch aus. Mit der Begleitforschung zum BMBF-Wettbewerb „Gesundheitsregionen der Zukunft: Fortschritt durch Forschung und Innovationen" (vgl. Stahlecker et al. in diesem Band) wurden hierzu wichtige erste Erkenntnisse geliefert. Allerdings können auch im Rahmen dieser Begleitforschung keine belastbaren Aussagen über langfristige und nachhaltige Wirkungen der Gesundheitsregionen erzielt werden. Eine Ausnahme bildet hier das „Gesunde

Kinzigtal", bei dem von Beginn an eine langfristige Evaluation integriert wurde (vgl. Hynek et al. in diesem Band).

Gestützt auf Eindrücke aus der Zusammenarbeit mit einigen Gesundheitsregionen und unterfüttert durch einige wenige empirische Informationen wollen die Autoren dieses Beitrags dennoch einige Hypothesen zu Wirkungen wagen. Sie sind als Startpunkt für eine vertiefende Befassung gedacht und deshalb ganz explizit als erste und vorläufige Orientierungen zu betrachten.

Gesundheitsregionen haben zum Paradigmenwechsel von „Gesundheit als Belastung für die Wirtschaft" zu „Gesundheit als Zukunftsbranche" beigetragen. Zwar kamen die Initialimpulse hierfür aus der Wissenschaft, jedoch haben sie erst durch Aktivitäten auf der regionalen Ebene an Durchsetzungskraft gewonnen. Niedergeschlagen hat sich dies v. a. in der Struktur-, Technologie- sowie Innovationspolitik. Es gibt kein Bundesland, in dem die Gesundheitswirtschaft nicht als Kompetenzfeld, Cluster oder Zukunftsfeld definiert und in den jeweiligen Innovationsstrategien enthalten ist. Auch die Auslobung der BMBF-Zukunftswettbewerbe „Gesundheitsregionen der Zukunft" (2009/2010) sowie „Gesundheitsregionen von morgen" (2013/2014) – analog zu dem „Spitzencluster-Wettbewerben" – zeigt die enorme Bedeutung der Branche für das Innovationsgeschehen in Deutschland.

Gesundheitsregionen sind eine wichtige Ressource für komplexe Innovationsprojekte. In etlichen Regionen gelangen kooperativ angelegte Erneuerungen und es wurde deutlich, dass Gesundheitsregionen eine ansonsten nicht zur Verfügung stehende Triebkraft und Plattform waren und oft auch im operativen Innovationsgeschäft eine Koordinations-, Moderations- und (formative) Evaluationsrolle wahrnahmen. Gesundheitsregionen wurden zu einer Bereicherung und Stärkung der Innovationslandschaft.

Allerdings wurde in den letzten Jahren auch deutlich, dass der Innovationskraft der Regionen Grenzen gesetzt sind. „Ins Stottern" gerät die Innovationsarbeit von Gesundheitsregionen v. a. dann, wenn es um Umsetzungsfragen, um die Diffusion geht. Dies liegt zum einen an den häufig sehr kurzen Projektförderphasen, in denen es noch nicht gelingt, Zulassungen für die Versorgung zu erhalten oder auch ein tragfähiges Finanzierungsmodell auf den Weg zu bringen. Zum anderen liegt dies aber auch an der Akteurskonstellation der Branche selbst: So verlangsamt das Aushandeln der verschiedenen Interessenslagen im Rahmen der Selbstverwaltung die Verbreitung von Innovationen, dies gilt sowohl für die Einführung von Produktinnovationen, als auch bei der Optimierung von Prozessinnovationen (z. B. der Delegation ärztlicher Leistungen im ländlichen Raum).

In Gesundheitsregionen steckt eine große Schubkraft für die Entwicklung und Umsetzung von integrierten Versorgungsstrukturen. Die Breite dieser Kraft zeigte sich 2016 bei der Ausschreibung des Innovationsfonds des Gemeinsamen Bundesauschuss, bei der es um „Neue Versorgungsformen" ging. Hier sind kooperativ angelegte, auf regionaler Ebene entwickelte Anträge in einem Ausmaß eingegangen, das alle Erwartungen übertraf. Das dort insgesamt beantragte Fördervolumen belief sich auf 880 Millionen Euro und überstieg die tatsächlich zur Verfügung stehende Fördersumme um ein Vielfaches.[7]

Bei Unternehmen und Einrichtungen der Gesundheitswirtschaft stoßen Gesundheitsregionen auf Interesse. In einer schriftlichen Befragung von 232 Unternehmen und Einrichtungen der Gesundheitswirtschaft Berlin-Brandenburg, die das IAT im Rahmen der Evaluationsarbeiten des „Masterplans Gesundheitswirtschaft Berlin-Brandenburg sowie seiner Strukturen" im Auftrag der gesundheitswirtschaftsbezogenen Ressorts der Länder Berlin und Brandenburg 2012 (Dahlbeck et al. 2012) durchgeführt hat[8], hielten knapp 60 % der Unternehmen die in der Region laufenden Masterplanarbeiten für ihr Unternehmen für wichtig oder sogar sehr wichtig. Interessant ist, dass die Einschätzung der Masterplanarbeit und des Clustermanagements noch höher ausfällt, wenn nicht nach der Relevanz für das eigene Unternehmen, sondern nach der für die Region gefragt wird. Hier antworteten immerhin 83,6 % mit „wichtig" oder „sehr wichtig". Und auch bei der Frage nach konkreten Wünschen an das Clustermanagement für die zukünftige Arbeit in der Gesundheitsregion wurde deutlich, dass ein hohes Interesse am Ausbau von Vernetzungsmöglichkeiten besteht; bei immerhin 40 % geht dies sogar soweit, dass sie auf konkrete Projektentwicklungen hoffen.

---

7   www.g-ba.de/institution/presse/pressemitteilungen/647/. Sobald eine Liste der geförderten Projekte vorliegt, kann analysiert werden, ob und welche Gesundheitsregionen in diesem Kontext ihre fachlichen, organisatorischen und moderativen Kompetenzen zur Geltung bringen konnten. Und vielleicht lässt sich dann auch ausmachen, was die Bedingungen für gute Aussichten bei der Suche nach neuen Versorgungslösungen sind.

8   Die Befragung erfolgte in einem zweistufigen Verfahren. Zum einen wurden 1.700 Unternehmen schriftlich postalisch angeschrieben. Zum anderen wurden noch einmal rund 1.100 Unternehmen und Einrichtungen der Gesundheitswirtschaft Berlin-Brandenburg via Email aufgefordert, sich an der Online-Befragung zu beteiligen. Die Befragung lief im Frühjahr 2012.

1 20 Jahre regionale Gesundheitswirtschaftsinitiativen

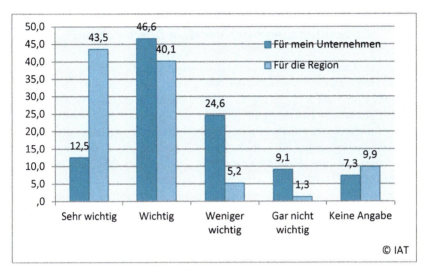

Abbildung 1.3 Relevanz eines Masterplans für das Unternehmen/Einrichtungen und die Region (n=232), Angaben in Prozent
Quelle: IAT

Abbildung 1.4 Wünsche an das Clustermanagement für weitere Angebote (n=75, Mehrfachantworten möglich)
Quelle: IAT

1.5 Zusammenfassung und Ausblick: Gesundheitsregionen vor dem Durchstarten?

Deutschland hat einen Paradigmenwechsel erlebt, der allerdings noch unvollendet ist. Heute wird bei der Suche nach der Zukunft der Gesundheit nicht mehr so häufig und nicht mehr so erschrocken an die Höhe wirtschaftlichen Kosten gedacht, sondern es wird verstärkt gesehen, dass Gesundheit ein Zukunftsbranche ist, die sowohl für die Gesundheit und Lebensqualität der Menschen als auch für den Arbeitsmarkt sowie für wirtschaftliche Entwicklung Vorteile bringen kann. Gesundheitsregionen sind ein operatives Standbein dieses Paradigmenwechsels.

Die Zukunft der Gesundheitswirtschaft braucht mehr patientenorientierte Zusammenarbeit zwischen den Einrichtungen und Unternehmen einer versäulten Anbieterlandschaft hinweg, aber auch zwischen den Gesundheitsanbietern und dem vor- und nachgelagerten Bereich, gerade auch der gesundheitsbezogenen Forschung und Entwicklung.

Zusammenarbeit über Sektorgrenzen hinweg ist etwas, das der deutschen Gesundheitswirtschaft „traditionell" schwerfällt. Gesundheitsregionen haben gezeigt, dass sie eine, vielleicht die wichtigste Plattform dafür sein können, die notwendige Schritte für mehr Zusammenarbeit zu initiieren, zu moderieren und zu organisieren und zur evaluieren. Sie sind so dabei, zu einem neuen Akteur der Governance im Innovationsfeld der Gesundheitswirtschaft zu werden und stoßen dabei – gerade auch in der Branche selbst – auf hohes Interesse und auf beachtliche Akzeptanz. Allerdings darf die Wirkung von Gesundheitsregionen nicht überschätzt werden. Bislang haben sie lediglich an vielen Einzelfällen gezeigt, dass mit Blick auf mehr Patientenorientierung und auf Zukunftsfähige neue Produkte und Dienstleitungen eine kooperationsbasierte Weiterentwicklung der Gesundheitswirtschaft möglich ist; eine breitflächige Wende in diese Richtung steht noch aus.

Mit Blick in die Zukunft ist keine sichere Prognose über die Weiterentwicklung der Gesundheitsregionen möglich. Nach den Aufbruchsjahren zu Beginn des letzten Jahrzehnts kamen Jahre der harten und oft ermüdenden Arbeit an und in den Innovationsbaustellen. Dabei hat sehr geholfen, dass es immer wieder Förderprogramme seitens der Bundes- und Landespolitik gab, die den Regionen Gestaltungs- und Profilierungsmöglichkeiten boten. Hier zeigte sich, dass starke Gesundheitsregionen von einem guten Zusammenspiel mit der Politik profitieren können. Für die Zukunft wird es deshalb bedeutsam sein, mit der Politik Wege zu finden, die Gestaltungsmöglichkeiten vor Ort zu stärken. Weitere Förderprogramme könnten dafür nützlich sein; auszukundschaften wäre ferner, ob und wie Gesundheitsregionen auch bei der Regulierung der Gesundheitspolitik auf dezentraler Ebene stärker eingebunden werden könnten. Die Übergabe von Regulierungsaufgaben an nicht-staatliche Akteure ist im deutschen Gesundheitswesen eine bekannte und – wenigstens im Grundsatz – bewährte Strategie. Bei neuen Aufgaben – etwa der Integration von Migranten in die Gesundheitsarbeitsmärkte – könnten im Zusammenspiel zwischen Politik und Regionen erste Schritte in eine solche Richtung gegangen werden.

Die Zukunft der Gesundheitsregionen hängt aber nicht nur von der Politik auf Bundes- und Landesebene ab, sie wird auch von den Gesundheitsregionen selbst mitgestaltet. Zum einen können sie sich weiter dadurch profilieren, dass sie ihre Innovationspotenziale und ihre konkreten Innovationsleistungen klarer zeigen, besser transparent machen. Dieses als Gemeinschaftsprozess möglichst vieler Gesundheitsregionen zu organisieren, das ist sicher eine wichtige Aufgabe der Interessenvertretungen der Gesundheitsregionen, also vor allem des Netzwerk Deutsche Gesundheitsregionen (vgl. Hilbert et al. in diesem Band) das dabei die Zusammenarbeit mit weiteren Akteuren suchen kann, etwa dem „Gesunde Städte Netzwerk" und dem Deutschen Industrie- und Handelskammertag (DIHK).

Zum anderen gibt es für Gesundheitsregionen auch vielfältige Möglichkeiten, sich im Verbund mit den eigenen Mitgliedern weiter zu stärken. Systematisiert nach analysierten Handlungsmöglichkeiten von Verbänden (vgl. Hilbert et al. in diesem Band) fängt dies an mit Aktivitäten zur wechselseitigen Selbstvergewisserung der eigenen Anliegen und zum wechselseitigen Austausch. Mit Kaminabenden und mit repräsentativen Empfängen, Veranstaltungen und sogar Kongressen haben viele Gesundheitsregionen hier oft positive Erfahrungen gemacht, die sich allerdings noch verbreitern und vertiefen lassen. Dies geht weiter mit dem Bereitstellen von exklusiven Dienstleistungen für Mitglieder, also etwa dem Transport von Kommunikationsbotschaften in Publikationen, der Eröffnung von Zugängen zu politischen Entscheidungsträgern oder zu vielversprechenden potentiellen Kooperationspartnern oder Kunden. Auch hier gibt es zahlreiche ermutigende Vorerfahrungen, die auf Aufarbeitung, Vertiefung und Verbreiterung warten. Und „last but not least" kann auch versucht werden, die Zusammenarbeit mit Dritten weiter auszubauen und sich so zu stärken. Dass es hier in Richtung Politik gute Anknüpfungspunkte gibt, wurde bereits herausgearbeitet. Bei der Zusammenarbeit mit Bürgerinnen und Bürgern, die eine hohe Affinität zu Gesundheitsthemen haben, und mit Patientenorganisationen scheint aber noch viel Luft nach oben zu sein. Auch hier gab es allererste Mut machende Brückenschläge, jedoch noch keinen systematischen Aufbau von nachhaltigen Kooperationsstrukturen.

Sicherlich wird die Zukunft der Gesundheitswirtschaft durch ein komplexes System von Institutionen und Strukturen bestimmt. Die Entstehung und Arbeit der Gesundheitsregionen zeigt jedoch, dass es innerhalb dieses oft kaum zu überschauenden Systems durchaus Gestaltungsmöglichkeiten gibt. Insbesondere auf der regionalen Ebene, bei der Suche nach den überfälligen Brückenschlägen zwischen den verschiedenen Säulen des Gesundheitswesens sowie nach bessere Zusammenarbeit bei den mehr und mehr geforderten komplexen Innovationen ergab und ergibt sich hier ein „Window of Opportunity". Ob es zu nachhaltigen und messbaren Veränderungen bei der Verbesserung der Gesundheit kommt, kann durch die Arbeit von Gesundheitsregionen beeinflusst werden und ist am Ende der „Lackmustest" für ihre Zukunftsfähigkeit.

Literatur

Bandemer, S. v., Hartmann, A., Hilbert, J., & Langer, D. (1997). *Marktbeobachtung und Produktentwicklung: Entwicklungspotentiale der Gesundheitswirtschaft in Bielefeld*, Geschäftsbereich 2, Wirtschaftsfaktor Gesundheit. Bielefeld: WEGE.

Bandemer, S. v., Hilbert, J., & Schulz, E. (1998). Zukunftsbranche Gesundheit und Soziales? Szenarien und Ansatzpunkte der Beschäftigungsentwicklung bei gesundheitsbezogenen und sozialen Diensten. In G. Bosch (Hrsg.), *Zukunft der Erwerbsarbeit: Strategien für Arbeit und Umwelt* (S. 412-435). Frankfurt: Campus-Verlag.

Bandemer, S. v., Breipohl, W., & Mavis-Richter, C. (2009). Internationalisierung der Gesundheitswirtschaft. In A. J. W. Goldschmidt & J. Hilbert, J. (Hrsg.), *Gesundheitswirtschaft in Deutschland. Die Zukunftsbranche* (S. 858-888). Wegscheid: Wikom.

BAW Institut für Wirtschaftsförderung/NIW Niedersächsisches Institut für Wirtschaftsforschung/Basys (2003). *Die regionalwirtschaftliche und arbeitsmarktpolitische Bedeutung der Gesundheitswirtschaft im Land Bremen*. Studie im Auftrag des Senators für Arbeit, Frauen, Gesundheit, Jugend und Soziales des Landes Bremens.

Bogai, D., Thiele, G., & Wiethöfer, D. (2015). *Die Gesundheitswirtschaft als regionaler Beschäftigungsmotor*. IAB-Bibliothek, 355, Nürnberg. Bielefeld: Bertelsmann-Verlag.

Borchers, U., Iseringhausen, O., Meier, B., & Wolters, P. (2009). Gesundheitswirtschaft in Ostwestfalen-Lippe. Strukturen und Strategien für eine innovative Regionalentwicklung. In A. J. W. Goldschmidt & J. Hilbert, J. (Hrsg.),*Gesundheitswirtschaft in Deutschland. Die Zukunftsbranche* (S. 584-596). Wegscheid: Wikom.

Bräutigam, C., Evans, M., Hilbert, J., & Öz, F. (2014). *Arbeitsreport Krankenhaus: eine Online-Befragung von Beschäftigten deutscher Krankenhäuser*. Düsseldorf: Hans-Böckler-Stiftung. Arbeit und Soziales: Arbeitspapier, Nr. 306.

Dahlbeck, E., Hilbert, J., & Potratz, W. (2004a). Gesundheitswirtschaftsregionen im Vergleich. In *Institut Arbeit und Technik: Jahrbuch 2003/2004* (S. 82-102). Gelsenkirchen.

Dahlbeck, E., Fretschner, R., Hilbert, J., & Potratz, W. (2004b). *Gesundheitswirtschaft in Dortmund: Bestandsaufnahme und Perspektiven*; Expertise im Auftrag der Wirtschafts- und Beschäftigungsförderung Dortmund. Manuskript. Gelsenkirchen: Inst. Arbeit und Technik.

Dahlbeck, E., & Hilbert, J. (2008). *Beschäftigungstrends in der Gesundheitswirtschaft im regionalen Vergleich*. Internet-Dokument. Gelsenkirchen: Inst. Arbeit und Technik. Forschung Aktuell, Nr. 06/2008.

Dahlbeck, E., Dörpinghaus, S., & Hilbert, J. (2012). *Evaluation des Masterplans „Gesundheitsregion Berlin-Brandenburg" sowie der Strukturen zur Umsetzung des Masterplans, Gutachten und Materialband im Auftrag der für die Gesundheitswirtschaft zuständigen Ressorts der Länder Berlin und Brandenburg*. Gelsenkirchen: IAT.

Dammers, D. (2015). Gesundheitsökonomische Gesamtrechnungen 2008-2013. In *Statistisches Monatsheft Rheinland-Pfalz* 11/2015, S. 1039-1047.

DIW – Deutsches Institut für Wirtschaftsforschung (2001). *Wirtschaftliche Aspekte der Märkte für Gesundheitsdienstleistungen. Ökonomische Chancen unter sich verändernden demographischen und wettbewerblichen Bedingungen in der Europäischen Union*. Gutachten im Auftrag des Bundesministeriums für Wirtschaft und Technologie.

Dostal, A., & Dostal, G. (2013). *Gesundheitsregionen und -städte in Deutschland. Befragung von Entscheidern des Gesundheitsmarktes im Spannungsdreieck von Daseinsvorsorge, Gesundheitstourismus, und Wirtschaftsförderung*. Vilsiburg.

dsn Projekte 2000: Die Gesundheitswirtschaft Schleswig-Holstein. Potenziale und Chancen aus wirtschaftspolitischer Sicht. Expertise für das Ministerium für Wirtschaft, Technologie, und Verkehr des Landes Schleswig-Holstein, Kiel.

Evans, M., Hilbert, J., Kluska, D., & Öz, F. (2012). Scheitert die Zukunft der Gesundheit an der Arbeit? Empirische Befunde zur Bewertung des Arbeitsalltags in den Gesundheitsberufen und ihre Bedeutung für die Arbeitsgestaltung. In J. Bovelet & A. Holzgreve (Hrsg.), *Klinik – Struktur – Versorgung* (S. 63-81). Berlin: Medizinisch Wissenschaftliche Verlagsgesellschaft.

Fachinger, U., & Henke, K.-D. (Hrsg.) (2010). *Der private Haushalt als Gesundheitsstandort: Theoretische und empirische Analysen*. Baden-Baden: Nomos.

FFG – Forschungsgesellschaft für Gerontologie e.V./ IAT-Institut Arbeit und Technik/ MHH – Medizinische Hochschule Hannover (2001). *Gesundheitswesen und Arbeitsmarkt NRW*. Studie im Auftrag des Ministeriums für Frauen, Jugend, Familie und Gesundheit des Landes Nordrhein-Westfalen.

Goldschmidt, A. J. W., & Hilbert, J. (Hrsg.) (2009). *Gesundheitswirtschaft in Deutschland. Die Zukunftsbranche*. Wegscheid: Wikom.

Heinze, R., Hilbert, J., Dahlbeck, E., Potratz, W., & Helmer-Denzel, A. (2006). *Masterplan: Gesundheitswirtschaft Mecklenburg-Vorpommern 2010*. Bochum / Gelsenkirchen: In WIS / Inst. Arbeit und Technik.

Heinze, R. G., Naegele, G., & Schneiders, K. (2011). *Wirtschaftliche Potentiale des Alters*. Stuttgart: Kohlhammer.

Henke, K-D., Mackenthun, B., & Schreyögg, J. (2002). *Gesundheitsmarkt Berlin. Perspektiven für Wachstum und Beschäftigung*. Eine Untersuchung im Auftrag der IHK Berlin.

Henke, K.-D., Neumann, K., & Schneider, M. (2009). *Erstellung eines Satellitenkontos für die Gesundheitswirtschaft in Deutschland*. Forschungsprojekt im Auftrag des Bundesministeriums für Wirtschaft und Technologie (BMWi), Kurzfassung des Abschlussberichts, 16. November 2009. Berlin: BMWi.

Hilbert, J., & Ittermann, P. (1998). *Innovationsbranche Gesundheit und Soziales. Kommunale und regionale Ansätze für mehr Wachstum und Beschäftigung*. Bericht gefördert von der Hans-Böckler-Stiftung.

Hilbert, J., Fretschner, R., & Dülberg, A. (2002). *Rahmenbedingungen und Herausforderungen für die Gesundheitswirtschaft*. IAT-Dokument, Gelsenkirchen.

Hildebrand, H., Richer-Reichhelm, M., Trojan, A., Glaeske, G., & Hesselmann, H. (2009). Die hohe Kunst der Anreize: Neue Vergütungsstrukturen im deutschen Gesundheitswesen und der Bedarf von Systemlösungen. In *Sozialer Fortschritt*, 58 (7), S. 154-160.

Meier, B. (2009). Gesundheitswirtschaft Nordrhein-Westfalen – Strukturen und Innovationen durch Clustermanagement fördern. In A. J. W. Goldschmidt & J. Hilbert (Hrsg.). *Gesundheitswirtschaft in Deutschland. Die Zukunftsbranche* (S. 566-583). Wegscheid: Wikom.

Merkel, S., & Enste, P. (2015). Barriers to the diffusion of telecare and telehealth in the EU: a literature review. In *Institution of Engineering and Technology: IET International Conference on Technologies for Active and Assisted Living (TechAAL)*, London, 5 Nov. 2015: conference proceedings (S. 6 ff.).

Merkel, S., Enste, P., Hilbert, J., Chen, K., Chan, A. H.-S., & Kwon, S. (2016). Technology acceptance and aging. In S. Kwon (ed.), *Gerontechnology: research, practice, and principles in the field of technology and aging* (chapter 16, S. 335-349). New York: Springer.

MGSFF – Ministerium für Gesundheit, Soziales, Frauen und Familie des Landes Nordrhein-Westfalen (2005) (Hrsg.). *Masterplan Gesundheitswirtschaft 2.0. Düsseldorf.*

MGSFF – Ministerium für Gesundheit, Soziales, Frauen und Familie des Landes Nordrhein-Westfalen (2004) (Hrsg.). *Masterplan Gesundheitswirtschaft 1.0. Düsseldorf.*

MWMTV – Ministerium für Wirtschaft, Mittelstand, Technologie und Verkehr des Landes Nordrhein-Westfalen (1997). *Health Care aus Nordrhein-Westfalen. Düsseldorf.*

SVR – Sachverständigenrat zur Begutachtung der Entwicklung im Gesundheitswesen (1996). *Gesundheitswesen in Deutschland. Kostenfaktor und Zukunftsbranche.* Band I: Demographie, Morbidität, Wirtschaftlichkeitsreserven und Beschäftigung. Baden-Baden.

Schneider, M., Ostwald, D.A., Karmann, A., Henke; K.-D., & Braeseke, G. et al. (2016). *Gesundheitswirtschaftliche Gesamtrechnung 2000-2014.* Gutachten für das Bundesministerium für Wirtschaft und Energie. Nomos Verlag, Baden-Baden.

Schneider, M., Hofmann, U., & Biene-Dietrich, P. (2000). *Gesundheitsökonomische Basisdaten für Nordrhein-Westfalen.* Gutachten für das Ministerium für Frauen, Jugend, Familie und Gesundheit des Landes Nordrhein-Westfalen.

Tempel, J., & Ilmarinen J. (2013). *Arbeitsleben 2025. Das Haus der Arbeitsfähigkeit im Unternehmen bauen.* VSA-Verlag, Hamburg.

WEGE – Wirtschaftsentwicklungs- und Marketinggesellschaft der Stadt Bielefeld (1996). *„Wirtschaftsfaktor Gesundheit. Chancen für den Standort Bielefeld.* Dokumentation zur Veranstaltung am 25.10.1996, Bielefeld.

Kontakt

Elke Dahlbeck, Institut Arbeit und Technik, Munscheidstr. 14,
45886 Gelsenkirchen
Email: dahlbeck@iat.eu

Josef Hilbert, Institut Arbeit und Technik, Munscheidstr. 14,
45886 Gelsenkirchen
Email: hilbert@iat.eu

Gesundheitsregionen als regionale Innovationssysteme? 2

Thomas Stahlecker, Tanja Bratan, Mirja Meyborg, Katharina Gudd und Thomas Reiß

2.1 Einleitung und Zielsetzung

Mit dem Wettbewerb „Gesundheitsregionen der Zukunft: Fortschritt durch Forschung und Innovation" erweiterte das Bundesministerium für Bildung und Forschung (BMBF) im Jahr 2009 die regionalisierte Innovationsförderung auf das Gesundheitswesen. Wie schon zuvor bei den Wettbewerben „BioRegio", „Spitzencluster" oder „Forschungscampus: öffentlich-private Partnerschaft für Innovation" bedient sich der Bund auch hierbei gezielt regionaler Strukturen und Potenziale in Wissenschaft und Wirtschaft, um auf dieser Grundlage technologische Entwicklungen, Innovationen oder Leitmärkte zu erschließen. Den Kern der Initiativen bilden Maßnahmen zur regional fokussierten Vernetzung aller am Innovationsprozess beteiligten Akteure. Räumliche sowie institutionelle Nähe zwischen den Akteuren werden hierbei als vorteilhaft angesehen, da durch persönliche Kontakte Wissensentstehung und Wissensflüsse erleichtert werden.

Das übergreifende Ziel des Förderschwerpunkts „Gesundheitsregionen der Zukunft" besteht in der Integration des in Deutschland noch stark fragmentierten Gesundheitswesens. Dies erstreckt sich über die Bereiche Forschung, Entwicklung und Versorgung sowie sektoral von der Hausarztpraxis, der Kliniken bis hin zur Gesundheitswirtschaft mit den Branchen Pharma, Bio- und Medizintechnik. Die spezifischen Ziele beziehen sich auf die Erschließung regionaler Innovationspotenziale im Gesundheitswesen durch die Stimulierung von FuE-Aktivitäten, die Etablierung und Flankierung regionaler Wertschöpfungsketten in der Gesundheitswirtschaft sowie die Verbesserung der medizinischen Versorgung. Es geht im Wesentlichen um die Steigerung von Qualität und Effizienz von Prozessen entlang der am Versorgungsprozess beteiligten Akteure. Bedingt durch die Mehrdimensionalität der Ziele, die Heterogenität der Akteure sowie die thematisch-inhaltliche

Breite der geförderten Gesundheitsregionen, ist der Förderschwerpunkt inhaltlich und strukturell als besonders weitreichend anzusehen.

Wie schon bei den vergleichbaren Regional-Wettbewerben des BMBF, steht die nachhaltige Vernetzung von Akteuren aus Wissenschaft, Wirtschaft und Intermediären im Mittelpunkt der Umsetzung. Zusätzlich spielen auch Partner aus der Versorgung eine wichtige Rolle. Die Grundannahmen des Förderschwerpunkts sowie die Förderlogik weisen deutliche Bezüge zu theoretischen Konzepten auf, die systemische Wettbewerbs- und Strukturvorteile sowie die Wichtigkeit sogenannter Mesopolitiken betonen. Neben dem Clusterkonzept ist diesbezüglich insbesondere das Konzept der regionalen Innovationssysteme zu nennen. Dieses bildet für den vorliegenden Beitrag den theoretisch-konzeptionellen Rahmen, um der zentralen Frage nachzugehen, ob es sich bei den geförderten Gesundheitsregionen um regionale Innovationsysteme handelt, die im Sinne des Förderschwerpunktes auf Nachhaltigkeit und strukturelle Kopplung der relevanten Akteure hindeuten und dabei Synergiepotenziale erschließen.

2.2 Regionale Innovationssysteme

Das Konzept regionaler Innovationssysteme (RIS) geht von der Grundannahme aus, dass räumliche und soziale Nähe zwischen den Akteuren von Innovationsprozessen eine bedeutende Voraussetzung für den Realisierungserfolg von Innovationen darstellt (Koschatzky 2001, S. 185). Die räumliche Konzentration von Wissensgebern und Wissensnehmern wird hierbei als förderlich für den Wissensaustausch und die Generierung von Lernprozessen, die wiederum die Grundlage für Innovationen bilden, angesehen. So können beispielsweise Regionen, die über einen hohen Bestand an wissensintensiven Unternehmen sowie (öffentlichen) Forschungseinrichtungen verfügen, ein besonders hohes Innovationpotenzial hervorbringen. Nach Cooke (1996, S. 12) sind RIS „...geographical distinctive, interlinked organizations supporting innovation and those conducting it, mainly firms". Der Tatsache Rechnung tragend, dass Regionen – verstanden als sub-nationale Raumeinheiten – weder autonom noch souverän agieren und in jeweils übergeordnete Strukturen und Funktionen eingebunden sind, betonen jüngere Arbeiten die Bedeutung der Vernetzung zu anderen, regionsexternen Wissensquellen, mit dem Ziel der Anwendung bzw. Kommerzialisierung und letztlich der Hervorbringung von Innovationen. Demnach besteht für Cooke et al. (2000) ein RIS aus „...interacting knowledge generation and exploitation sub-systems linked to global, national and other regional systems for commercialising new knowledge". Schließlich wird mit Blick auf die Aspekte der Wissensentstehung und -generierung die institutionelle Perspektive in den Mittelpunkt gestellt und die Bedeutung öffentlicher Organisationen wie Universitäten, Forschungseinrichtungen, Technologietransfereinrichtungen, Inkubatoren, Finanzierungseinrichtungen, beruflichen Bildungseinrichtungen oder weiteren Intermediären hervorgehoben (Cooke 2004).

Die systemische Perspektive regionaler Innovationssysteme weist Bezüge zu Innovationsnetzwerken mit ihren institutionellen Bindungen auf (Cooke und Morgan 1998). Derartige Bindungen als systemisch zu bezeichnen, setzt jedoch ein gewisses Maß an wechselseitiger Abhängigkeit, Interdependenz bzw. struktureller Kopplung voraus. Systemische Kopplungen sind am deutlichsten in solchen Branchen erkennbar, die durch große, international agierende Endproduzenten mit tiefen, regional verankerten Vorleistungs- und Zuliefererverflechtungen gekennzeichnet sind. Beispiele hierfür sind die Automobilindustrie oder der Flugzeugbau. RIS können demnach als komplexe territoriale Netzwerke formeller und informeller Art bezeichnet werden, die wechselseitige wirtschaftliche und technologische Abhängigkeiten aufweisen und fähig sind, Innovationen hervorzubringen und Synergiepotenziale zu aktivieren (vgl. Maillat und Lecoq 1992, S. 1). Vernetztes Handeln in formellen und informellen Netzwerken zwischen regionalen Akteuren fördert kollektives Handeln und verringert technologische Unsicherheiten. Im Ergebnis des kollektiven Handelns stehen neue Problemlösungen, Synergieeffekte und möglichweise geringere Transaktionskosten (Schätzl 2003).

Einhergehend mit der Bezugnahme auf Netzwerkbeziehungen als konstituierende Merkmale von RIS, heben wissensbasierte Ansätze die Bedeutung von Lernprozessen für die Wissensentstehung und -aneignung hervor. Beim Konzept der lernenden Regionen werden wie auch beim Netzwerkansatz Interaktionen zwischen den verschiedenen Akteuren in den Mittelpunkt gestellt. Die Interaktionen werden hierbei jedoch als Lernprozesse interpretiert, die auf der räumlichen Bindung des Wissens basieren und die die regionale Wissensbasis und Kompetenz permanent erhöhen und verändern (Koschatzky 2001). Verschiedene Lernformen, wie das „Learning by doing", welches auf den Lernprozess im Verlaufe des Produktionsprozesses oder generell praktischer Tätigkeiten in Produktion und Dienstleistungserbringung abzielt, oder das „Learning by interacting" (Lernprozesse, die durch die Kooperation zwischen den verschiedenen Partnern im Netzwerk angestoßen werden), können in ihrem Zusammenspiel den Erfolg lernender Regionen erklären. Darüber hinaus spielen aber auch die bestehenden Rahmenbedingungen, wie die Produktionsinfrastruktur, der Arbeitsmarkt und die soziale Infrastruktur, die (materielle) Kommunikationsinfrastruktur sowie das ökonomische Steuerungssystem eine wichtige Rolle (Florida 1995, S. 532-534). Schließlich wird der Fähigkeit und Bereitschaft der regionalen Akteure, Lernprozesse zu organisieren eine erfolgskritische Rolle beigemessen (Schätzl 2003). So kommt beispielsweise bei komplexen innovationspolitischen Maßnahmen des Bundes und der Länder der organisatorischen Umsetzung der jeweiligen Maßnahme eine große Bedeutung zu, insbesondere wenn heterogene Akteure in größere Verbundforschungsvorhaben oder Netzwerke eingebunden sind. Vor diesem Hintergrund bestehen deutliche Parallelitäten zwischen dem Ansatz der lernenden Regionen und dem in der Förderpolitik an Bedeutung gewinnenden Typus des „lernenden Programms", welches wie auch bei den lernenden Regionen auf die Organisation nachhaltiger Lernprozesse bei den Programmteilnehmenden fokussiert.

Die konzeptionelle Unschärfe des RIS-Konzeptes reflektierend als auch die seit dessen erstmaliger Erwähnung vorgelegte Empirie zur Erfassung oder „Messung" regionaler Innovationssysteme oder einzelner Teilbereiche hiervon (bspw. Kooperationsstrukturen) berücksichtigend, führte zur Erarbeitung unterschiedlicher Typen von RIS (Asheim und Coenen 2005; Asheim 1998; Cooke 1998; Asheim und Iskasen 2002). So zeichnen sich territorial eingebettete RIS primär durch Innovationsaktivitäten aus, die auf lokalisierten/regionalisierten Lernprozessen aufbauen, stimuliert durch eine Kombination aus geographischer und relationaler Nähe. Öffentliche Forschungseinrichtungen spielen als Wissensgeber bei diesem Typus keine entscheidende Rolle. Ein weiterer Typ regionaler Innovationssysteme, bezeichnet als netzwerkbasiertes RIS, zeichnet sich ebenfalls durch ein hohes Maß an lokalisierten und interaktiven Lernprozessen aus, allerdings spielt hierbei die institutionelle öffentliche oder öffentlich geförderte Infrastruktur eine wesentliche Rolle (z. B. auf regionale Bedürfnisse ausgerichtete Forschungsinfrastruktur, Bildungs- und Ausbildungseinrichtungen, Berufsschulen). Dieser RIS-Typ ist in einem gewissen Umfang „geplant" und berücksichtigt öffentlich-private Kooperationen in besonderer Weise. Politische Interventionen mit dem Ziel Innovationsaktivitäten und diesbezügliche Kooperationen zu initiieren, haben einen hohen Stellenwert (Asheim und Coenen 2005). Als dritter RIS-Typ ist schließlich das regionalisierte nationale Innovationssystem zu nennen. Hierbei sind wesentliche Bereiche der industriellen und der institutionellen Infrastruktur funktional in nationale oder internationale Innovationssysteme eingebunden. Innovationaktivitäten werden primär mit regionsexternen Akteuren vorangetrieben. Amin und Cohendet (2003) gehen davon aus, dass bei diesem Typus aufgrund funktionaler Ähnlichkeiten zwischen den regionalen und regions-externen Organisationen bzw. „Communities" die Zirkulation von innovationsrelevantem Wissen erleichtert wird. Generell stellt die Typologisierung eine wichtige Grundlage für die Beschreibung und Analyse regionaler Innovationssysteme dar und ermöglicht darüber hinaus auch die Benennung von Schlussfolgerungen für regionsspezifische Ansätze zur Gestaltbarkeit von RIS.

Neben netzwerk- und wissensökonomischen Theoriebezügen weist das RIS-Konzept weiterhin eine starke Politikorientierung auf. Ähnlich wie beim nationalen Innovationssystem, bildet Politik und Verwaltung eine zentrale Akteursgruppe im RIS-Konzept. Wie schon in der RIS-Typologisierung, insbesondere beim netzwerkbasierten RIS angelegt, können sowohl öffentliche Infrastrukturen als auch auf öffentlich-private Kooperationen abzielende politische Interventionen konstituierende Merkmale regionaler Innovationsysteme begründen. Die diesbezügliche Grundannahme beruht auf der zentralen Hypothese, dass regionale systemische Wettbewerbsvorteile durch die Innovations- und Netzwerkfähigkeit der ansässigen Akteure, insbesondere der Unternehmen entstehen. Demzufolge kommt der Intensivierung der intraregionalen Zusammenarbeit und generell der Überwindung der Systemfragmentierung eine entscheidende Rolle im Rahmen der regionalen Innovationsförderung zu (Koschatzky 2001, S. 178). Messner (1995, S. 45) spricht diesbezüglich von „selektiven Standortpolitiken" auf der Mesobene, also der Ebene der Institutionen und der überbetrieblichen Vernetzung (z. B. Infrastrukturpolitik, Technologiepolitik, Industriestrukturpolitik, Bildungspolitik, Regionalpolitik). Die Selektivität im mesopolitischen Bereich zielt im Gegensatz zur weitverbreiteten „Gießkannenförderung" auf die „Stärkung der Stärken" ab, um industrielle oder technologische Wachstumskerne mit hoher Dynamik und einer Ausstrahlungswirkung auf periphere bzw. weniger dynamische Regionen zu flankieren. Die Förderung von Gesundheitsregionen kann als eine Form selektiver Mesopolitiken begriffen werden, da der Förderschwerpunkt dezentral konzentrierte Potenziale gezielt adressiert, dabei interne und externe Vernetzungen fördert und gleichzeitig von einer hohen Signalwirkung für andere Regionen ausgeht.

2.3 Fragestellungen

Das RIS-Konzept hat in den vergangenen 20 Jahren als Analysekonzept vielfältige Anwendung in der Praxis gefunden. Dabei hat sich gezeigt, dass im jeweiligen Einzelfall eine empirische Überprüfung erforderlich ist. Im Falle der BMBF-Gesundheitsregionen bietet sich das Konzept in besonderer Weise an, da das Gesundheitswesen unter innovationsökonomischen Gesichtspunkten bisher in nur geringem Umfang Gegenstand der Innovationsforschung war und Gesundheitsregionen als interessanter Fall zur Erweiterung bzw. Ergänzung der Systemheuristik anzusehen sind. Insbesondere durch die Integration sowohl forschungs- als auch innovations-, versorgungs- und wirtschaftspolitischer Ziele in den Förderschwerpunkt, aber auch bedingt durch die thematische und strukturelle Komplexität des Gesundheitswesens im Allgemeinen und der Gesundheitsregionen im Besonderen, ergeben sich neue Perspektiven im Umgang mit und der Anwendung des RIS-Konzeptes. Wie im folgenden Kapitel näher dargestellt, sind bei den Gesundheitsregionen sehr unterschiedliche thematische Profile erkennbar, die in spezifischen Regionalkontexten entwickelt und umgesetzt werden. Auch ist die jeweilige Gewichtung der förderpolitischen Ziele zwischen den Regionen sehr unterschiedlich. Dies hat nicht nur Implikationen für die Organisation der Netzwerke vor Ort, sondern grundsätzlich auch mit Blick auf die Frage der Gestaltbarkeit von regionalen Innovationssystemen.

Vor diesem Hintergrund ist der vorliegende Beitrag im Fluchtpunkt von drei zentralen Forschungsfragen angesiedelt. Die erste Frage wendet sich zunächst den aufgebauten Akteurs- und Netzwerkstrukturen der Gesundheitsregionen zu und diskutiert die verschiedenen Lernprozesse – letztere verstanden als Erfahrungen mit der strategischen und operativen Steuerung der Netzwerke und Reaktion auf etwaige Hemmnisse. Darauf aufbauend wird zweitens die übergreifende Frage nach den konstituierenden Merkmalen der betrachteten Gesundheitsregionen gestellt und analysiert, welche regionalen und funktionalen Determinanten das Funktionieren von Gesundheitsregionen beeinflussen. Schließlich und drittens wird in der Zusammenführung der empirischen Ergebnisse der Frage nachgegangen, ob die in den betrachteten Gesundheitsregionen bisher geschaffenen Strukturen von systemischer Natur sind und damit als Grundlage regionaler Innovationssysteme anzusehen sind.

2.4 Empirische Befunde

Um die Forschungsfragen des vorliegenden Beitrags zu beantworten, wurden 23 Tiefeninterviews mit Schlüsselpersonen in insgesamt acht Gesundheitsregionen durchgeführt. Die Interviews wurden von den Autorinnen und Autoren dieses Beitrags in der auch vom BMBF geförderten Begleitforschung zum Wettbewerb „Gesundheitsregionen der Zukunft" im Zeitraum 2012-2014 geführt. Inhaltlich ging es dabei neben dem aktuellen Umsetzungsstand der Gesundheitsregionen insbesondere auch um deren Organisation, Strukturen und Merkmale als auch um bereits erzielte Ergebnisse aus den verschiedenen Aktivitäten. Der Schwerpunkt der Interviews lag darin, konstituierende Merkmale der jeweiligen Gesundheitsregion auszumachen, die auf ein regionales Innovationssystem hinweisen. Daneben konnten wir auf Ergebnisse aus einem regionenübergreifenden Workshop zurückgreifen, der sich mit dem Thema Netzwerkmanagement in den Gesundheitsregionen beschäftigt hat.

2.5 Die Gesundheitsregionen im Überblick

Die Begleitforschung zum BMBF-Förderschwerpunkt „Gesundheitsregionen der Zukunft" unterstützt die fünf „Gewinnerregionen" des Wettbewerbs „Gesundheitsregionen der Zukunft" sowie weitere Gesundheitsregionen der zweiten Wettbewerbsstufe bei der Umsetzung ihrer Projekte durch bedarfsgerechte Informationen, Workshop-Angebote und regionenübergreifende Netzwerkbildung. Die Gesundheitsregionen sind räumlich über Deutschland verteilt und verfolgen in ihren Projekten sehr heterogene Themen, die an den verschiedenen Sektoren des Gesundheitswesens ansetzen und ebenfalls sehr heterogene Patientenpopulationen adressieren. Die Region „FONTANE" erforscht u. a. im strukturschwachen ländlichen Raum Nordbrandenburgs die telemedizinische Versorgung von Herz-Kreislauf-Kranken. An der Ostseeküste wird im Rahmen der „Gesundheitsregion HICARE" ein Aktionsbündnis zur Bekämpfung multiresistenter Erreger geschaffen. Hier wird die Gesamtbevölkerung adressiert und viele Akteure aus der Medizintechnik und Pharmaindustrie sowie klinische Partner eingebunden. In der Region „Gesundes Kinzigtal" wird ein ganzheitlicher Ansatz zur integrierten Versorgung und Prävention verfolgt.

Durch die Vielseitigkeit der Gesundheitsregionen ergeben sich diverse Ausprägungen in den Zielsetzungen und Netzwerkstrukturen. Charakteristisch für die „Gewinnerregionen" ist hierbei die Fokussierung auf das vom BMBF geförderte Vorhaben. Es besteht ein thematischer Schwerpunkt, an dem in Kooperationen mit Partnern aus Wirtschaft und Wissenschaft gearbeitet wird. Die Erforschung und Entwicklung neuer Prozesse und Produkte und deren Anwendung zur Verbesserung der Patientenversorgung steht im Vordergrund. Einige der letztendlich nicht geförderten Regionen haben sich trotzdem weiterentwickelt und weisen ein breiteres Projektportfolio auf. Im Fokus stehen hierbei die Verbesserung der gesundheitlichen Versorgung in der Region allgemein, die Vernetzung der an der Versorgung beteiligten Akteure sowie die Förderung der Gesundheitswirtschaft. Auch bei den Gewinnerregionen sind in Zukunft Änderungen zu erwarten, wenn die Förderung ausläuft und eine thematische Weiterentwicklung nötig werden kann.

Die folgende Tab. 2.1 stellt die im Rahmen der empirischen Analyse berücksichtigten Gesundheitsregionen überblickartig dar.

Tabelle 2-1 Empirische Grundlage: Gesundheitsregionen im Überblick

Name	Region	Innovationsfeld	Förderung durch das BMBF als Gesundheitsregion der Zukunft
FONTANE	Nordbrandenburg, weitere	Telemedizinische Versorgung von Herz-Kreislauf-Patienten im ländlichen Raum	Ja (seit 2009)
REGiNA	Stuttgart, Tübingen, Neckar-Alb	Regenerative Medizin	Ja (seit 2009)
HICARE	Ostseeküste	Bekämpfung multiresistenter Erreger	Ja (seit 2010)
psychenet	Hamburg	Versorgung bei psychischen Erkrankungen	Ja (seit 2010)
INFOPAT	Metropolregion Rhein-Neckar	Patientengeführte elektronische Akte für an Darmkrebs und Diabetes erkrankte Menschen	Ja (seit 2010)
NordHessen	Nordhessen	Innovative Netzwerktätigkeiten zur Schärfung des Profil Nordhessens als Zentrum für Gesundheitsangebote	Nein
Gesundes Kinzigtal	Kinzigtal	Integrierte Versorgung und Prävention	Nein
GeLan	Dingolfing	Präventive und gesundheitsfördernde Versorgung an der Schnittstelle zwischen Lebenswelt und Arbeitswelt	Nein

2.6 Akteure und Netzwerkstrukturen

In jeder der näher betrachteten Gesundheitsregion sind Akteure aus Forschungseinrichtungen (z. B. Universitäten, Hochschulen), Wirtschaftsunternehmen (z. B. Medizintechnik-, Arzneimittel- und Softwarehersteller) sowie Versorgungseinrichtungen (z. B. Arztpraxen, Krankenhäuser, andere Gesundheitseinrichtungen wie psychotherapeutische Praxen und Pflegedienste) involviert. Universitätskliniken spielen häufig eine zentrale Rolle und sind sowohl in der Versorgung als auch der Forschung aktiv.

Darüber hinaus gibt es weitere Akteursgruppen, die in einigen aber nicht allen Regionen vertreten sind. Dazu gehören zum Beispiel Kostenträger (Krankenkassen),

2 Gesundheitsregionen als regionale Innovationssysteme?

öffentliche Einrichtungen (Handelskammern, Gesundheitsämter, Kassenärztliche Vereinigungen) sowie Vereine (Selbsthilfe, Technologie- und Methodenplattform für die vernetzte medizinische Forschung). Die Koordination der regionalen Konzepte ist bei unterschiedlichen Institutionen angesiedelt, beispielsweise bei einem Uniklinikum (FONTANE), der regionalen Wirtschaftsförderung (REGiNA), einem Regionalmanagement (NordHessen), einer Public-Private-Partnership (HICARE) oder wird in Form einer privaten Gesellschaft bewerkstelligt: einer Agentur für Gesundheitswirtschaft (psychenet) oder im Falle der Region Gesundes Kinzigtal als GmbH.

Wie im theoretischen Teil bereits dargelegt, wird dem Zusammenschluss von Unternehmen, Forschungseinrichtungen und Universitäten zu kooperativen Netzwerken eine zunehmende Bedeutung beigemessen. Dabei geht es unter anderem darum, einen optimalen Zugang zu verschiedenen Wissensressourcen zu schaffen, Synergieeffekte zu aktivieren und Innovationen hervorzubringen, insbesondere mit Blick auf die Sicherung und Stärkung der langfristigen Wettbewerbsfähigkeit. Im Falle des deutschen Gesundheitswesens, insbesondere der Gesundheitsregionen, bilden unter Beteiligung der verschiedenen Akteure kooperative Netzwerke eine wesentliche Grundlage für die Umsetzung regionaler Forschungs-, Technologie-, Innovations-, Versorgungskonzepte.

Vor dem Hintergrund der unterschiedlichen Akteurskonfigurationen sowie Zielsetzungen der Gesundheitsregionen handelt es sich bei den aufgebauten Netzwerkstrukturen um recht heterogene Organisationsformen. In unterschiedlicher Ausprägung ist eine Hierarchisierung der Strukturen in nahezu allen Gesundheitsregionen zu beobachten, was sich in der Dominanz einzelner Akteure bzw. Akteursgruppen oder „starker" Persönlichkeiten in den Netzwerken bemerkbar macht. Kennzeichnend für hierarchische Netzwerke ist oftmals eine strategische Leitung durch eine oder wenige Personen und gleichzeitig die Existenz einer mit weitreichenden „Befugnissen" ausgestatteten Koordinations- und operativen Managementinstanz (z. B. betreffend Mittelzuweisung, inhaltlicher Steuerung und Controlling der Aktivitäten). Eine der betrachteten Regionen charakterisiert sich beispielsweise selbst als recht hierarchisches Netzwerk, in dem die Akteursgruppe „Wirtschaft" eine gewisse Dominanz ausübt. Die starke Hierarchisierung drückt sich u. a. in der Struktur der Gesellschafter der die Aktivitäten koordinierenden GmbH aus. Eine weitere Gesundheitsregion bezeichnet sich ebenfalls als recht hierarchisch, mit einem auf der Leitungsebene relativ stark wissenschaftsgetriebenem Netzwerk. Eine entsprechend herausgehobene Stellung nehmen die beiden wissenschaftlichen Sprecher der Region ein. Beim eigentlichen Netzwerk bzw. den einzelnen Teilprojekten bestehen hingegen starke Interessen aus der Wirtschaft. Die Steuerung der Projekte erfolgt „Top-down" über eine eigens für die regionale

Gesundheitswirtschaft gegründete Gesellschaft, was sich gegen Ende der Förderperiode und der dann anstehenden Zusammenführung der Teilergebnisse als vorteilhaft herausstellen kann.

Weniger hierarchisch strukturierte Gesundheitsregionen zeichnen sich demgegenüber durch tendenziell dezentral sowie autonom agierende Akteure bzw. Akteursgruppen aus, bei denen es zudem oftmals keine einseitige Dominanz von Akteuren aus der Wissenschaft oder Wirtschaft gibt. Die Aktivitäten erfolgen in der Regel im Rahmen klar definierter und abgegrenzter thematischer Projekte. Das operative Management ist hingegen für die Integration der Teilprojekte bzw. den Wissensfluss zwischen den Teilprojekten zuständig und nimmt eher eine nach innen und außen moderierende Funktion ein. Eine Gesundheitsregion wäre beispielsweise dem Typ eines heterarchischen, dezentralen Netzwerks zuzuordnen, bei dem die Selbststeuerung über ein Koordinationsboard erfolgt, dem alle Mitglieder des Projektmanagements sowie Teilprojektleiter/innen und deren Vertreter/innen zugehörig sind. Eine andere Gesundheitsregion versteht sich schließlich aufgrund der Nicht-Dominanz einzelner Akteure aus der Wirtschaft oder Wissenschaft, der Einbindung zahlreicher kleiner und mittlerer Unternehmen bei einer gleichzeitig „starken" Projektkoordinierung durch eine Management GmbH als weder einseitig hierarchisch noch heterarchisch.

Bezugnehmend auf die im theoretischen Teil vorgestellte Typologisierung regionaler Innovationssysteme dominieren bei den Gesundheitsregionen im Wesentlichen zwei Typen. Zum einen finden sich territorial eingebettete RIS, die aufgrund der nur untergeordneten Rolle öffentlicher Forschungseinrichtungen in lediglich zwei Regionen realisiert sind. Von netzwerkbasierten RIS kann in den anderen Regionen gesprochen werden, da sowohl interaktive und lokalisierte Lernprozesse als auch „geplante" öffentlich-private Kooperationen, bei denen öffentliche Institutionen, insbesondere Forschungseinrichtungen, eine besondere Funktion übernehmen.

2.7 Lernprozesse

Ausgehend von den einzelnen Akteurskonfigurationen und aufgebauten Netzwerkstrukturen wurden im Rahmen der strategischen und operativen Steuerung der Netzwerke unterschiedliche Erfahrungen gemacht, die als Lernprozesse – auch im Sinne der Überwindung von Herausforderungen – interpretiert werden können. So ist zunächst zu beobachten, dass die Zusammenarbeit in den einzelnen Netzwerken bzw. die regionale und projektifizierte Arbeitsteilung jede Gesundheitsregion vor eine Reihe derartiger Herausforderungen stellt. Die Netzwerkarbeit umfasst dabei

2 Gesundheitsregionen als regionale Innovationssysteme?

häufig sehr unterschiedliche Interessengruppen, so dass gezielte Maßnahmen zur Erleichterung der Kooperation erforderlich werden. Die Überwindung kultureller Unterschiede, beispielsweise zwischen Forschung, Versorgung und Wirtschaft sowie wechselseitige Akzeptanz und Verständnis, das Überzeugen der einzelnen Akteure zur (interdisziplinären) Zusammenarbeit und eine Fokussierung auf ein gemeinsames Ziel können übergreifend als wesentliche Herausforderungen beobachtet werden.

Mit Blick auf die kurz- bis mittelfristige Existenz der Gesundheitsregionen besteht eine weitere zentrale Herausforderung darin, die Weiterfinanzierung der entwickelten Konzepte und damit der Aktivitäten der Region sicherzustellen. Dazu gehört vor allem auch die Finanzierung von Projektstellen. Das primäre Ziel der Regionen ist dabei nicht, die auslaufenden Fördermittel durch neue zu ersetzen, sondern neue Finanzierungsmöglichkeiten zu identifizieren und erschließen (z. B. im Rahmen von Verträgen zur integrierten Versorgung). Sind die entwickelten Konzepte jedoch erst einmal in der Versorgung angekommen, ist für die langfristige Nachhaltigkeit der Region eine inhaltliche Weiterentwicklung notwendig. Da der ursprüngliche Grund für die Existenz der Regionen nicht mehr besteht, sobald die dort entwickelten Innovationen etabliert werden konnten, müssen neue Ziele und Aufgaben definiert und übernommen werden, um die weitere Zusammenarbeit im bestehenden oder erweiterten Netzwerk rechtfertigen zu können. In diesem Sinne könnte durch die ursprüngliche Zielsetzung, Umsetzung und Finanzierung der Aktivitäten die Grundlage für die dynamische Weiterentwicklung des Innovationssystems gelegt worden sein.

Das Ende der Förderphase stellt jedoch erst einmal eine große Hürde für die Gesundheitsregionen dar. Verbunden mit der primären Frage zur zukünftigen Finanzierung muss auch geklärt werden, welche Aspekte der entwickelten Innovationen ohne öffentliche Förderung weitergeführt werden sollen und können. Die nicht geförderten Regionen mussten sich derartigen Fragen schon früher stellen und stehen nicht vor der Herausforderung, den Übergang von der Förderung in die Nicht-Förderung zu bestehen.

Wie bereits beschrieben, zeigte sich ein wesentlicher Lerneffekt hinsichtlich der frühzeitigen Einbindung solcher Partner, die nach dem Ende der Förderphase (bzw. bei Nicht-Förderung unmittelbar) wesentlich über die Zukunft des regionalen Innovationssystems mitentscheiden. Dazu gehören insbesondere die kommunale Politik und die Kostenträger. Einige Regionen stießen jedoch auf kommunaler Ebene an Grenzen der Umsetzbarkeit – hier zeigte sich, dass zur erfolgreichen Umsetzung mancher Innovationen Veränderungen im Gesundheitswesen notwendig sind, die auf regionaler Ebene nicht gelöst werden können und stattdessen Veränderungen auf Bundesebene erforderlich machen.

Auf operativer Ebene gilt es, Hemmnisse wie personelle Fluktuation und das Verlassen wichtiger Partner, die Etablierung und Umsetzung passfähiger Projektstrukturen, die Einhaltung zeitlicher Vorgaben, die Kommunikation zwischen heterogenen Akteuren (insbesondere an den Schnittstellen der Disziplinen oder disziplinenübergreifend) sowie den Umgang mit Anreizen zu meistern. Die Lernformen „Learning by doing" und „Learning by interacting" – also die Reaktion auf Probleme im Rahmen der Umsetzung der Regionalkonzepte – erscheinen als die gängigsten Methoden zum Aufbau praktischer Erfahrungswerte.

2.8 Konstituierende Merkmale von Innovationssystemen im Gesundheitswesen

Trotz der Heterogenität der acht beschriebenen Gesundheitsregionen lassen sich Gemeinsamkeiten sowohl bei charakteristischen Merkmalen als auch ihrem Selbstverständnis als Innovationssysteme feststellen.

Den Gesundheitsregionen liegt typischerweise ein räumlicher Bezug zugrunde. Während in der Regel keine feste Grenze der Regionen besteht, ist doch meist ein klarer regionaler Fokus erkennbar (z. B. Großraum Hamburg). Es bestehen häufig primär städtische oder städtisch-ländliche Systeme, aber auch rein ländliche Konstellationen sind vorhanden. Mit dem räumlichen Fokus ist auch eine Begrenzung der Regionalgröße gegeben. Diese wird als notwendig für die Handhabbarkeit einer Region gesehen, da ab einer gewissen Größe wichtige Merkmale wie eine gemeinsame Identität, Vertrauen durch persönliche Kontakte und die Orientierung an gemeinsamen Zielen abnehmen.

Bedingt durch den räumlichen Bezug resultieren die initiierten Projekte der Regionen (zumindest teilweise) entweder aus regionalen Stärken und/oder regionalen Bedarfen. So wählte z. B. die Region HICARE die Eindämmung multiresistenter Erreger (MRE) zum Schwerpunkt, da u. a. vor Ort entsprechende Kompetenzen aufgebaut worden waren, und die Nähe zu sowohl den skandinavischen Ländern, die mit ihren Bekämpfungsstrategien bereits weit fortgeschritten sind, als auch Osteuropa mit seiner aktuellen MRE-Problematik, ein Aktivwerden erforderte.

Ein weiteres Merkmal ist die Beteiligung aller innovationsrelevanten Partner. Zwar ist dies nicht immer gegeben, jedoch wird es meist als Defizit betrachtet, wenn wichtige Akteure, wie z. B. die Kommunalpolitik oder zentrale Leistungserbringer, nicht (ausreichend) eingebunden sind. In der Intensität der Einbindung der Partner lassen sich klare Unterschiede erkennen, und nicht alle Partner müssen eine zentrale Rolle einnehmen: hier kann zwischen dem Zentrum und der Peripherie unterschieden werden. Neben der Einbindung ist auch die tatsächliche Erfüllung der Funktion der einzelnen Partner im Innovationssystem wichtig. Allerdings werden solche Funktionen nicht immer explizit festgehalten. Die Rolle einzelner Akteure kann sich im Zeitverlauf verändern und in ihrer Bedeutung ab- und zunehmen. So scheint die Politik beispielsweise bei der Initiierung einer Gesundheitsregion als „Mobilisator" eine zentrale Rolle zu spielen und nimmt erst später bei einem Übergang in die Regelversorgung potenziell wieder eine Schlüsselposition ein. Auch lässt sich in den Gesundheitsregionen eine gewisse Dynamik durch das Hinzukommen neuer Partner und gelegentliches Ausscheiden bestehender Partner beobachten.

Für das Funktionieren einer Gesundheitsregion als regionales Innovationssystem sind persönliche Kontakte und Vertrauen zwischen den Akteuren von zentraler Bedeutung. Diese werden durch regelmäßige vor-Ort-Treffen – oftmals auch informeller Art – gefördert. Sie dienen insbesondere dem Austausch informellen Wissens und leisten so einen wichtigen Beitrag zu kollektiven Lernprozessen. Zusätzlich wurde in vielen Gesundheitsregionen eine IT-gestützte Kommunikationsplattform zum internen Austausch aufgebaut.

Die Steuerung des Innovationssystems ist als konstituierendes Merkmal unumstritten. Dazu gehören sowohl informelle Elemente (z. B. persönliche Kontakte) als auch formelle Steuerungsmechanismen (z. B. vertragliche Regelungen, regelmäßige Sitzungen und Deliverables). Um zwischen den unterschiedlichen Partnern mit ihren teilweise konfligierenden Interessen und Zielen vermitteln zu können, wird eine neutrale, unabhängige Moderation als unerlässlich angesehen. Diese kann mediatorisch eingreifen, Synergien schaffen und Lösungswege aufzeigen. Jedoch ist es nicht immer möglich, Win-Win Situationen zu schaffen. Dies liegt insbesondere daran, dass häufig andere Akteursgruppen von Innovationen profitieren, als diejenigen, die sie umsetzen sollen. In der derzeitigen Erstattungslogik werden solche Differenzen nicht ausreichend abgebildet um einen Ausgleich zu schaffen.

Innovationssysteme im Gesundheitswesen weisen damit Gemeinsamkeiten aber auch Unterschiede zu anderen Innovationssystemen auf. Die Regionalität spielt aufgrund des regionalen Versorgungsauftrags und einer begrenzten Patientenmobilität eine größere Rolle als in anderen Sektoren. Auch erscheint der persönliche Kontakt wichtiger, und die Orientierung an einem übergeordneten Ziel (Patientennutzen) ist ein gesundheitsspezifisches RIS-Merkmal. Aufgrund der Komplexität der Versorgung ist die Verzahnung der Akteure notwendiger, und es gilt, an einer größeren Zahl an Stellschrauben zu drehen um tatsächlich Erfolge zu erzielen.

2.9 Schlussfolgerungen und Ausblick

Am Beispiel von acht Gesundheitsregionen, die im Rahmen der Begleitforschung zum BMBF-Förderschwerpunkt unterstützt werden, wurde der Frage nachgegangen, ob sich bei den Regionen – im Sinne einer der Grundannahmen der Förderung – systemische Strukturen herausgebildet haben, die als Grundlage regionaler Innovationssysteme zu begreifen sind. Diesbezüglich wurde ausgehend von den im zweiten Abschnitt konturierten Merkmalen regionaler Innovationssysteme im empirischen Teil besonderes Augenmerk auf die Akteurskonfiguration der Regionen, die etablierten Netzwerke sowie die verschiedenen Lernformen – verstanden als die Fähigkeit aus den praktischen Erfahrungen in der strategischen und organisatorischen Umsetzung der Regionalkonzepte konkrete Handlungsalternativen abzuleiten – gerichtet. Zur Beschreibung und Interpretation der Netzwerke wurde auf vorliegende RIS-Typologien zurückgegriffen. Schließlich wurde die organisatorische und strategische Steuerung der Netzwerke näher betrachtet.

Aufgrund des speziellen Charakters des Förderschwerpunktes, der zum einen themenoffen ausgestaltet ist, zum anderen mehrere Ziele adressiert, zeichnen sich die Gesundheitsregionen durch ein hohes Maß an Heterogenität aus. Dies trifft ebenso auf die nicht vom BMBF geförderten Regionen untereinander und im Verhältnis zu den BMBF-geförderten Gesundheitsregionen zu. Insbesondere bei den aus dem Förderwettbewerb des BMBF entstandenen Regionen – in großem Umfang aber auch den weiteren Regionen – handelt es sich um selbstorganisierte Netzwerke mit einer weitgehenden strategischen und operativen Autonomie. Ein wesentliches Merkmal aller betrachteten Gesundheitsregionen ist somit zunächst ihre Entstehung als „Bottom-up"-Initiativen sowie ihre begrenzte räumliche Reichweite (territoriale oder regionale Einbettung).

In nahezu allen betrachteten Gesundheitsregionen ist es gelungen, die zentralen Akteure in die aufgebauten Netzwerke zu integrieren, um die selbstgesteckten Ziele zu adressieren. Unter funktionalen Gesichtspunkten erfüllen diese Akteure in arbeitsteiliger Weise unterschiedliche Forschungs-, Entwicklungs-, Versorgungs- und Dienstleistungsaufgaben, wobei je nach Zielsetzung der Regionen eher wissenschaftliche Akteure oder Unternehmen eingebunden sind. Neben den Kernakteuren werden oftmals weitere, randständige Akteure einbezogen, die bei Bedarf kleinere, temporär befristete Aufgaben übernehmen. Eine Besonderheit der Gesundheitsregionen ergibt sich durch die vielfache Einbindung von Kostenträgern (Krankenkassen) in die Netzwerke mit dem Ziel, die möglicherweise hervorbringenden Innovationen frühzeitig unter dem Aspekt des Übergangs in die Regelversorgung zu platzieren. Sowohl im Hinblick auf die synergetische Arbeitsteilung (und späteren Arbeitsvereinigung) im Innovationsprozess – und damit unter funktionalen Gesichtspunkten –, mit Blick auf die Akteurskonfiguration an der Schnittstelle Wissenschaft, Wirtschaft, Intermediäre (hierbei v. a. die Kostenträger) und schließlich auch unter dem Aspekt der Langfristigkeit des Engagement, sind bei nahezu allen Gesundheitsregionen Elemente regionaler Innovationssysteme erkennbar.

Die systemische Kopplung der Akteure findet in allen Regionen über konkrete FuE- und Innovationsprojekte statt, die im Falle der geförderten Gesundheitsregionen entweder Bestandteil der regionalen Konzepte sind oder im Falle der nicht vom BMBF-geförderten Regionen in der Form von regionalen, selbstfinanzierten Partnerschaften etabliert wurden. Die Koordination der Projektarbeiten sowie die strategische Steuerung der Netzwerke erfolgt in allen Regionen über eine zentrale Geschäftsstelle bzw. Managementorganisation, die damit die Funktion einer strategischen und operativen Klammer übernimmt. In einem stark regulierten „Markt" wie dem deutschen Gesundheitswesen lassen sich bei den betrachteten Gesundheitsregionen, so ein wesentliches Ergebnis der Untersuchung, sowohl Aspekte eines Marktversagens, als auch Systemversagens beobachten. Beides rechtfertigt die Intervention des Staates (des BMBF oder weiterer Akteure der öffentlichen Hand), deutet aber auch auf einen direkten Zusammenhang zwischen öffentlicher Förderung und Initiierung eines Systems hin. Diese These schließt unmittelbar an die Frage des „Lebenszyklus" einer Gesundheitsregion an, der Langfristigkeit der von einer Region zu erfüllenden Aufgabe (von vornherein in sich abgeschlossene Vorhaben vs. offene, langfristige Mission) und somit letztlich der strukturellen, funktionalen und finanziellen Nachhaltigkeit.

Zum jetzigen Zeitpunkt zeichnet sich vor diesem Hintergrund und v. a. aufgrund der großen Heterogenität der Gesundheitsregionen kein einheitliches Bild ab. Zum einen existiert eine Reihe von Gesundheitsregionen, die bereits über viele Jahre und unabhängig von umfangreichen Fördergeldern selbstorganisiert ein bestimmtes Ziel verfolgen. Hierbei sind durchaus systemische Strukturen (nachhaltig) aufgebaut worden, die einen regionalen Bedarf an Versorgungsleistungen adressieren. Auf der anderen Seite haben die BMBF-geförderten Gesundheitsregionen in den vergangenen Jahren beträchtliche Anstrengungen unternommen, um projektbezogene Partnerschaften zwischen vormals entkoppelten Akteuren zur Erreichung langfristiger Ziele aufzubauen. Diese Netzwerk(-strukturen) können aus jetziger Sicht – und bei allen Unterschieden im Einzelnen – durchaus als Grundlage regionaler Innovationssysteme angesehen werden. So sind neben den Strukturen und Synergiepotenzialen insbesondere auch die in allen Regionen zu beobachtenden Lernprozesse – im akademischen und praktischen Sinne – hervorzuheben, die in regionalen Innovationssystemen eine erfolgskritische Rolle spielen.

Vor dem Hintergrund der zentralen Fragestellungen des vorliegenden Beitrags stellt sich abschließend die Frage, ob das Konzept des regionalen Innovationssystems grundsätzlich geeignet ist, Gesundheitsregionen mit ihren spezifischen Merkmalen und Zielen angemessen zu beschreiben und zu analysieren. Auf der allgemeinen Ebene ist dies zunächst zu bejahen, da die Stärke der RIS-Heuristik gerade darin besteht, Akteurskonfigurationen und ihre Interdependenzen explizit und vergleichbar zu machen. Dies ist in Anbetracht der mehrfach erwähnten Heterogenität der Gesundheitsregionen sicherlich vorteilhaft und erleichtert die Analyse. Mit Blick auf die in der RIS-Heuristik benannten zentralen Akteursgruppen bleibt für den spezifischen Fall von Innovationssystemen im Gesundheitswesen, die ihre Innovationen nicht nur tendenziell wissenschafts- oder versorgungsgetrieben realisieren, sondern grundsätzlich in einem hoch regulierten Umfeld agieren, eine Anpassung bzw. Gewichtung um weitere Akteure und eine konkrete Benennung der regulativen Rahmenbedingungen offen. Unabhängig davon bestehen unter analytischen Gesichtspunkten für die Gesundheitsregionen ähnliche methodische Herausforderungen wie für andere Regionstypen bzw. Innovationssysteme, beispielsweise die Messung struktureller Kopplungen zwischen den Akteuren, der Nachweis der Bedeutung räumlicher Nähe für den Innovationserfolg oder die Messung von Synergiepotenzialen an den Schnittstellen der Disziplinen.

Literatur

Amin, A., & Cohendet, P. (2003). *Architectures of Knowledge*. Oxford: Oxford University Press.

Asheim, B. T. (1998). Territoriality and economics: in the substantial contribution of economic geography. In O. Jonsson & L.-O. Olander (Hrsg.), *Economic Geography in Transition* (S. 98-109), Band 74. The Swedish Geographical Yearbook, Lund.

Asheim, B. T., & Coenen, L. (2005). Knowledge bases and regional innovation systems: Comparing Nordic clusters. *Research Policy* 34: 1173-1190. DOI: 10.1016/j.respol.2005.03.013.

Asheim, B. T., & Isaksen, A. (2002). Regional innovation systems: the integration of local 'sticky' and global 'ubiquitous' knowledge. *Journal of Technology Transfer* 27: 77-86. DOI: 10.1023/A:1013100704794.

Cooke, P. (1996). Networking for Competitive Advantage. National Economic and Social Council, Dublin.

Cooke, P. (1998). Introduction: origins of the concept. In H.-J. Braczyk, P. Cooke & M. Heidenreich (Hrsg.), *Regional Innovation Systems* (S. 2-25), 1. Aufl. London: UCL Press.

Cooke, P., Boekholt, P., & Tödtling, F. (2000). *The governance of innovation in Europe, Regional Perspectives on Global Competitiveness*. London: Pinter.

Cooke, P. (2004). Evolution of regional innovation systems – emergency, theory, challenge for action. In P. Cooke, M. Heidenreich & H. J. Braczyk (Hrsg.), *Regional Innovation Systems* (S. 1-18), 2. Aufl. London: Routledge.
Cooke, P., & Morgan, K. (1998). *The Associational Economy: Firms, Regions and Innovation.* Oxford: Oxford University Press.
Florida, R. (1995). Toward the Learning Region. *Futures* 27: 527-536. DOI: 10.1016/0016-3287(95)00021-N.
Koschatzkym, K. (2001). *Räumliche Aspekte im Innovationsprozess. Ein Beitrag zur neuen Wirtschaftsgeographie aus Sicht der regionalen Innovationsforschung.* Münster: LIT-Verlag.
Maillat, D., & Lecoq, B. (1992). New technologies and transformation of regional structures in Europe: The role of the milieu. *Entrepreneurship & Regional Development* 4: 1-20. DOI: 10.1080/08985629200000001.
Messner, D. (1995). *Die Netzwerkgesellschaft. Wirtschaftliche Entwicklung und international Wettbewerbsfähigkeit als Probleme gesellschaftlicher Steuerung.* Köln: Weltforum-Verlag.
Schätzl, L. (2003). *Wirtschaftsgeographie I: Theorie,* 9. Aufl., Schöningh et al. Stuttgart: UTB.

Kontakt

Thomas Stahlecker, Fraunhofer-Institut für System- und Innovationsforschung ISI, Breslauer Str. 48, 76139 Karlsruhe
Email: thomas.stahlecker@isi.fraunhofer.de

Tanja Bratan, Fraunhofer-Institut für System- und Innovationsforschung ISI, Breslauer Str. 48, 76139 Karlsruhe
Email: tanja.bratan@isi.fraunhofer.de

Mirja Meyborg, Fraunhofer Institut für System- und Innovationsforschung ISI, Breslauer Str. 48, 76139 Karlsruhe
Email: Mirja.Meyborg@isi.fraunhofer.de

Katharina Gudd, Friedrich-Alexander-Universität Erlangen-Nürnberg, Lange Gasse 20, 90403 Nürnberg
Email: katharina.gudd@fau.de

Thomas Reiß, Fraunhofer-Institut für System- und Innovationsforschung ISI, Breslauer Str. 48, 76139 Karlsruhe
Email: thomas.reiss@isi.fraunhofer.de

Regionalwirtschaftliche Bedeutung der Gesundheitswirtschaft in Deutschland

3

Arno Brandt, Nina Heinecke und Hans-Ulrich Jung

Die Gesundheitswirtschaft hat in Deutschland in den zurückliegenden Jahrzehnten einen erheblichen Bedeutungszuwachs erfahren. Die beachtliche Dynamik der Wertschöpfung und Beschäftigung wird sich aller Voraussicht nach auch in absehbarer Zeit fortsetzen. Dafür spricht allein die demographische Entwicklung in Deutschland mit ihrem flächendeckenden Trend zur Alterung der Bevölkerung. Aber auch die Bereitschaft der Menschen, vermehrt privat in ihre Gesundheit zu investieren, nimmt mit wachsendem Wohlstand zu.

Das Gesundheitswesen wird längst nicht mehr nur als Kostenfaktor, sondern immer stärker auch als Investition in Humankapital und als Wachstumstreiber betrachtet. Vor diesem Hintergrund unternehmen unterschiedliche Regionen in Deutschland den Versuch, sich als Gesundheitsregionen zu positionieren und damit vom allgemeinen Trend einer dynamischen Entwicklung der Gesundheitswirtschaft zu profitieren. Die Regionen in Deutschland verfügen aber hinsichtlich ihrer Potenziale, sich als dynamische Standorte der Gesundheitswirtschaft zu positionieren, über unterschiedliche Startbedingungen. Im Folgenden soll nach einer kurzen Einführung in die Bedeutung der Gesundheitswirtschaft und der entsprechenden Rahmenbedingungen die regionale Struktur und Entwicklung dieses Wirtschaftsbereiches in Deutschland nachgezeichnet werden. Daran anschließend soll der Versuch unternommen werden, den zukünftig zu erwartenden Strukturwandel innerhalb der Gesundheitswirtschaft zu skizzieren.

3.1 Volkswirtschaftliche Bedeutung der Gesundheitswirtschaft

In den letzten Jahren hat sich das Verständnis der im Gesundheitswesen erbrachten Leistungen deutlich gewandelt – fort von einer reinen Betrachtung als Kostenfaktor hin zu einer integrierten Sichtweise als Wirtschaftszweig mit bedeutenden Beschäftigungs- und Wertschöpfungseffekten sowie einem hohen Innovationspotenzial. Gleichzeitig bleibt die Stellung der „Gesundheitswirtschaft" unter den meisten anderen Branchen eine besondere, da die bereitgestellten Güter und Dienstleistungen der Deckung eines Grundbedürfnisses dienen. Die Gesundheitswirtschaft leistet damit einen existenziellen Beitrag zum Wohlergehen der Bevölkerung, insbesondere mit Blick auf die Finanzierung aus den Sozialversicherungen, die allen Bürgern unabhängig vom Einkommen einen Zugang zu medizinisch notwendigen Versorgungsleistungen bietet.

Nicht nur aus der gesellschaftlichen Versorgungsperspektive, sondern auch aus ökonomischer Sicht ist das von der Gesundheitswirtschaft „produzierte Gut" Gesundheit von hoher Bedeutung. Ähnlich wie die Bildung erhöht es das Humanpotenzial und zwar vor allem durch die Reduzierung von krankheitsbedingten Ausfallzeiten der Beschäftigten und eine Verlängerung der potenziellen Lebensarbeitszeit. Die Gesundheit der Bürger ist damit nicht zuletzt ein wichtiger Standortfaktor in einer globalisierten Wirtschaft (vgl. Henke et al. 2011). Gerade im Vergleich zu weniger entwickelten Ländern, in denen die medizinische Versorgung noch keinen hohen Standard erreicht hat und die Lebenserwartungen relativ niedrig sind, zeigt sich der Stellenwert einer guten gesundheitlichen Versorgung für die Volkswirtschaft. Durch das höhere Humanpotenzial kann wiederum eine Steigerung des gesellschaftlichen Wohlstandsniveaus erreicht werden. Gesundheitsausgaben sind also nicht primär als Kosten, sondern als Investitionen in das Humanpotenzial zu betrachten.

Zur Gesundheitswirtschaft werden neben dem Kernbereich der ambulanten und stationären Gesundheitsversorgung und Pflege auch die Pharmazeutische Industrie, die sogenannte „Rote Biotechnologie", die Medizintechnik und das Gesundheitshandwerk als über Vorleistungsbeziehungen verflochtene Wirtschaftszweige gezählt. Als nachgelagerte Teilbranche muss der Handel mit Arzneimitteln und gesundheitsbezogenen Gütern berücksichtigt werden. Daneben haben sich – in vielen Fällen im Umfeld von Kur- und Rehabilitationseinrichtungen – verschiedene gesundheitsrelevante Freizeit- und Tourismusangebote etabliert (Wellness, Gesundheitstourismus). Beziehungen bestehen darüber hinaus zu Teilbereichen der Informations- und Kommunikationstechnologie (e-Health) und der Wohnungswirtschaft (Barrierefreiheit, Ambient Assisted Living). Bei der Gesundheitswirtschaft handelt es sich also um eine Querschnittsbranche, die sich aus sehr unterschiedlichen Teilbereichen (sowohl aus dem Verarbeitenden Gewerbe als auch aus dem Dienstleistungssektor) zusammensetzt.

Der demographische Wandel wirkt sich, vor allem aufgrund einer wachsenden Zahl älterer Menschen, deutlich auf die Nachfrage nach Gesundheitsleistungen aus. Die höchsten Gesundheitsausgaben im Lebensverlauf eines Menschen fallen in den letzten Lebensjahren aufgrund des gemeinsamen Auftretens verschiedener Erkrankungen an. Dabei rücken mit der Alterung der Bevölkerung vor allem chronisch-degenerative Krankheitsbilder, wie z. B. Herz-Kreislauf-Erkrankungen, bestimmte Krebsleiden oder auch im Alter gehäuft auftretende Verschleißerkrankungen des Bewegungsapparats, sehr viel stärker in den Vordergrund.

Dieser Wandel der Bedarfe wirkt aber in den meisten Bereichen nicht unmittelbar auf die Nachfrage in der Gesundheitswirtschaft ein, sondern wird von verschiedenen regulierenden Rahmenbedingungen beeinflusst. Vor allem im Kernbereich der Gesundheitsversorgung und Pflege sowie bei der Versorgung mit Medikamenten, werden die Bedarfe der Patienten zunächst durch Ärzte spezifiziert. Die tatsächlich daraus entstehende Nachfrage wird im Falle erstattungsfähiger Leistungen, die über die Leistungskataloge definiert sind, mit finanziellen Mitteln aus den Sozialversicherungen hinterlegt. Somit ist die Nachfrage nach Gesundheitsleistungen zunächst in weiten Bereichen nicht an die individuelle Kaufkraft und Ausgabepräferenzen gebunden.

Die steigende Leistungsnachfrage ist allerdings mit wachsenden Kosten seitens der Sozialversicherungen verbunden, die durch die Beitragszahler aufgebracht werden müssen. Da sich das Gewicht zwischen Beitragszahlern und Leistungsempfängern mit den Veränderungen der Bevölkerungsstruktur langfristig verschiebt, werden seit vielen Jahren diverse Anstrengungen zur Kostendämpfung unternommen. Dabei kommt es einerseits zu einem steigenden Kostendruck bei den Leistungserbringern, der unter Umständen das Hervorbringen von Prozess- und Produktinnovationen stimulieren kann. Zum anderen wurden Leistungsbegrenzungen (beispielsweise mit der Erhebung von Zuzahlungen durch die Patienten) eingeführt, die einen Teil der Nachfrage in den privaten Bereich verlagern. An dieser Stelle gewinnen die private Kaufkraft und die Präferenzen der Patienten für das Gut „Gesundheit" an Bedeutung. Dies zeigt sich besonders deutlich im Pflegebereich sowie bei gesundheitsorientierten Freizeitverhaltensweisen und Lebensstilen (z. B. Sport-und Wellnessdienstleistungen, Gesundheitstourismus, gesunde Lebensmittel, Nahrungsmittelergänzungs- und OTC-Produkte, Home-Care-Produkte etc.) (vgl. Jung et al. 2011).

Gleichzeitig werden durch den medizinisch-technischen Fortschritt neue Behandlungsmöglichkeiten eröffnet, die nicht nur das Spektrum des medizinisch Möglichen erweitern, sondern ggf. auch die Abgrenzung des „medizinisch Notwendigen" als zentrales Kriterium für die Kostenübernahme durch die Sozialversicherungen verschieben können. Dadurch entstehen laufend angebotsinduzierte Veränderungen bzw. Erweiterungen der Nachfrage nach Gesundheitsgütern und -leistungen. Insgesamt ist in den Jahren 2000 bis 2012 ein Anstieg der Gesundheitsausgaben um 41 % zu verzeichnen, die Ausgaben je Einwohner haben sich angesichts der alternden Bevölkerung nahezu verdoppelt. So wird derzeit gut ein Zehntel des BIP für Gesundheitsausgaben aufgewendet (rd. 300 Mrd. Euro). Damit steht Deutschland im internationalen Vergleich auf einem der vordersten Ränge. Der Großteil der Ausgaben wird dabei nach wie vor von den Sozialversicherungen getätigt (rd. 205 Mrd. Euro im Jahr 2012[1]), jedoch sind die Zuwächse bei den privaten Ausgaben[2] besonders hoch (ca. 62 % im Zeitraum 2000 bis 2012).

Trotz steigender Nachfrage im Inland sind die Pharmazeutische Industrie und die Medizintechnik in zunehmendem Maße auf den Export ausgerichtet. Insbesondere die Märkte in den Schwellenländern weisen ein ausgesprochen hohes Wachstum auf. Der stark regulierte Markt in Deutschland, der mit aufwändigen Verfahren zur Zulassung und Aufnahme in die Leistungskataloge erhebliche Eintrittsbarrieren aufweist und die Freiheiten bei der Preisbildung einschränkt, reicht allein nicht aus, damit sich die hohen Forschungs- und Entwicklungsinvestitionen amortisieren. Auch im Bereich der Gesundheitsdienstleistungen spielen Exporte eine zunehmende Rolle. Dabei steht allerdings bislang nicht die internationale Dimension im Vordergrund, sondern eher der überregionale Einzugsbereich spezialisierter Einrichtungen – z. B. von renommierten Fachkliniken, die von Patienten aus dem gesamten Bundesgebiet aufgesucht werden.

Durch die ausgesprochen positive Entwicklung sowohl beim inländischen Konsum als auch beim Export ist auch die Bruttowertschöpfung in der Gesundheitswirtschaft in den vergangenen Jahren kontinuierlich bis auf rund 260 Mrd. Euro im Jahr 2012 gewachsen. Auch im Krisenjahr 2009 entwickelte sich die Gesundheitswirtschaft positiv, was eine noch ausgeprägtere Rezession verhinderte. Mit ihrem stetigen Wachstum, das mit 3,5 % im Durchschnitt der Jahre 2006 bis 2012 deutlich über dem gesamtwirtschaftlichen Trend (2,1 %) liegt, trägt sie in einem spürbaren Umfang zur Stabilität und zum Wachstum bei (vgl. BMWi 2013).

Auch die Beschäftigungsentwicklung im Gesundheitswesen spiegelt die geschilderten Wachstumstrends (vgl. CIMA & IAT 2015). Im Zeitraum 2005 bis 2012 ist die Zahl der Erwerbstätigen von 5,3 Mio. auf 6 Mio. angestiegen. Der jahresdurch-

---

1 Die Sozialversicherungen umfassen die gesetzliche Krankenversicherung, die soziale Pflegeversicherung sowie die gesetzliche Renten- und Unfallversicherung; Private Krankenversicherung: 28 Mrd. Euro.
2 Private Haushalte / Private Organisationen ohne Erwerbszweck; Quelle: Destatis (2014): Gesundheit Ausgaben 2000 bis 2012.

schnittliche Zuwachs war damit doppelt so hoch wie in der Gesamtwirtschaft, so dass sich auch der Beschäftigungsanteil der Gesundheitswirtschaft von 13,7 % auf 14,5 % ausweitete (BMWi 2013). Allerdings ist in der Gesundheitswirtschaft ausgehend von einem bereits hohen Niveau ein deutlicher Trend zur Teilzeitbeschäftigung zu beobachten (vgl. Dahlbeck und Hilbert 2008). Somit ist der überdurchschnittliche Anstieg der Erwerbstätigenzahlen zumindest teilweise auf eine Verteilung der Arbeitsleistung auf mehr Personen zurückzuführen.

Bundesweit ist rund jeder siebte Erwerbstätige dem Feld der Gesundheitswirtschaft zuzurechnen. Die stärksten Zuwächse verzeichnen dabei der Bereich der ambulanten Versorgung und die stationäre Pflege. Beim Wachstum der ambulanten Einrichtungen spielt u. a. die Einführung der DRG-Fallpauschalen, die die Vergütung von der tatsächlichen Verweildauer in der Klinik entkoppelt, eine Rolle. Hierdurch wurden Anreize geschaffen, die Verweildauern zu reduzieren und nachgelagerte Behandlungsabschnitte wo möglich ambulant zu organisieren.

In der stationären wie auch in der ambulanten Pflege spiegeln sich nicht nur die laufend steigenden Zahlen pflegebedürftiger Personen, sondern auch die zunehmende Nachfrage nach professioneller Versorgung wider. Zwar wird noch immer ein großer Teil der Pflegebedürftigen durch Angehörige versorgt, aber es sind vor dem Hintergrund einer zunehmenden Frauenerwerbstätigkeit immer weniger Angehörige in der Lage, umfangreiche Pflegeleistungen zu übernehmen. Da es in den ambulanten und stationären Pflegeeinrichtungen kaum noch Möglichkeiten zur Produktivitätssteigerung bei den personalintensiven, stark personenbezogenen Tätigkeiten gibt, ist zu erwarten, dass die Beschäftigtenzahlen auch künftig proportional zu den Pflegebedürftigen wachsen müssen, um langfristig die Versorgung zu sichern. Angesichts bereits heute bestehender Personalengpässe stellt die Fachkräftesicherung in den kommenden Jahren eine zentrale Herausforderung für die Gesundheitswirtschaft und insbesondere für die Pflegeberufe dar (vgl. Jung und Heinecke 2014).

Die wirtschaftlichen Impulse der Gesundheitswirtschaft reichen durch Verflechtungsbeziehungen weit über die Branchengrenzen hinaus. So hat die Gesundheitswirtschaft im Jahr 2011 Vorleistungen im Wert von 157 Mrd. Euro bezogen, drei Viertel davon aus anderen Branchen. Wichtige Beziehungen bestehen vor allem zur Chemischen Industrie (insbesondere im Bereich der Pharmazeutischen Industrie), die allein ein Viertel der Vorleistungen liefert. Weitere wichtige Verknüpfungen gibt es zu den Unternehmensdienstleistungen, dem Bereich Handel, Verkehr und Gastgewerbe sowie dem Grundstücks- und Wohnungswesen. Durch diese indirekten Effekte erhöht sich die der Gesundheitswirtschaft zuzurechnende Wertschöpfung um rund 40 %, die Beschäftigung um etwa 25 % (vgl. BMWi 2013).

Nicht zuletzt zeichnet sich die Gesundheitswirtschaft durch eine hohe Innovationsdynamik aus. Insbesondere in der Medizintechnik und in der Pharmazeutischen

Industrie sind Innovationen ein essentieller Baustein der Wettbewerbsfähigkeit. Aber auch neue Behandlungsstandards (medizinische Leitlinien), neuartige QM- oder Vergütungs- und Abrechnungssysteme (DRGs), innovative OP-Verfahren und Neuerungen in den Prozessen von Gesundheitsdienstleistern (clinical pathways) werden den Innovationen in der Gesundheitswirtschaft – dem medizinisch-technischen Fortschritt – zugerechnet. Über die Verflechtungen entlang der Wirtschöpfungskette ergeben sich daraus auch für benachbarte Branchen wichtige Innovationsimpulse (vgl. BMWi 2011).

3.2 Regionale Schwerpunkte der Gesundheitswirtschaft in Deutschland

Viele volkswirtschaftliche Indikatoren sind für auf regionaler Ebene – z. B. für Landkreise und kreisfreie Städte – nicht oder nur in geringer Gliederungstiefe verfügbar. Für die regionale Betrachtungsperspektive liegt daher der Fokus auf den Beschäftigtendaten. Wertschöpfungsaspekte bleiben im Rahmen dieses Beitrags dagegen ausgeblendet. Die herangezogenen Beschäftigtendaten der Bundesagentur für Arbeit sind noch einmal von den Erwerbstätigen abzugrenzen: Erfasst sind hier nur die sozialversicherungspflichtigen Beschäftigungsfälle, nicht aber Selbstständige und Freiberufler (beispielsweise niedergelassene Ärzte). In der vorliegenden Auswertung ebenfalls nicht erfasst sind die ausschließlich geringfügig Beschäftigten.

Nach der CIMA Abgrenzung der Gesundheitswirtschaft[3] waren im Jahr 2013 bundesweit rund 3,856 Mio. Personen in dieser Branche beschäftigt. Die Gesund-

---

3 Die CIMA Abgrenzung der Gesundheitswirtschaft ist für regionale Analysen konzipiert. Wegen der Verfügbarkeit von Daten auf regionaler Ebene aufgrund der Geheimhaltung von Einzelangaben waren deshalb einige Kompromisse einzugehen.
  • Der Kernbereich der Gesundheitswirtschaft umfasst das klassische Gesundheitswesen Zit Krankenhäusern, Arzt- und Zahnarztpraxen und der sonstigen Gesundheitswirtschaft sowie Heime (stationäre Pflege) und Soziale Betreuung (z. B. ambulante Pflegedienstleistungen).
  • Der Großhandel umfasst den Großhandel mit kosmetischen Erzeugnissen und Körperpflegemitteln sowie mit Pharmazeutischen, medizinischen und orthopädischen Erzeugnissen.
  • Die sonstigen Dienstleistungen beziehen sich auf Sport, der Unterhaltung und Erholung, wie beispielsweise Fitnesszentren u. ä.
  • Der verarbeitende Bereich der Gesundheitswirtschaft umfasst die Herstellung von pharmazeutischen Erzeugnissen sowie die Herstellung von medizinischen und zahnmedizinischen Apparaten und Materialien.

heitswirtschaft stellt damit 13,2 % aller Beschäftigten in Deutschland und gehört damit zu den beschäftigungspolitisch bedeutendsten Wirtschaftszweigen. Während der Beschäftigtenanteil der Gesundheitswirtschaft in der Wirtschaftsstruktur West- und Ostdeutschlands in etwa gleich ist, gibt es auf Ebene der einzelnen Bundesländer und vor allem auf regionaler Ebene erhebliche Unterschiede. Bestimmte Regionen weisen eine deutliche Spezialisierung im Bereich der Gesundheitswirtschaft auf, wobei wiederum durchaus unterschiedliche Teilbranchen im Vordergrund stehen. Gerade bei der Entwicklung von strategischen Ansätzen für den Aufbau einer Gesundheitsregion ist die jeweilige Spezialisierung zu berücksichtigen.

Auf Länderebene weisen vor allem Schleswig-Holstein und Berlin, aber auch Rheinland-Pfalz sowie das Saarland und Niedersachsen eine ausgeprägte Spezialisierung auf das Gesundheitswesen (gemessen am Anteil an der Gesamtbeschäftigung) auf (Abb. 3.1). Hessen und Baden-Württemberg gehören dagegen trotz starker verarbeitender Zweige der Gesundheitswirtschaft (Medizintechnik bzw. Pharmazeutische Industrie) insgesamt nicht zu den stark auf die Gesundheitswirtschaft spezialisierten Bundesländern.

- In Schleswig-Holstein sind nahezu alle Teilbereiche der Gesundheitswirtschaft überdurchschnittlich repräsentiert, besonders deutlich ist die Spezialisierung aber auf die kleineren verarbeitenden Teilbereiche (Pharmazeutische Industrie und Medizintechnik) und den Großhandel sowie auf den Bereich der Pflegeheime ausgeprägt.

- Der in früheren Studien einbezogenen Wirtschaftszweige auf der Basis der Wirtschaftszweigsystematik WZ 2003 Einzelhandel (z. B. Apotheken, Sanitätshäuser u. ä.), Krankenversicherungen sowie Forschung und Entwicklung im Bereich Medizin bleiben ausgeblendet (vgl. Jung, Hans-Ulrich: Gesundheitswirtschaft. In: Regionalbericht Norddeutschland. Niedersächsisches Institut für Wirtschaftsforschung, Hannover 2010, S. 96 ff.)

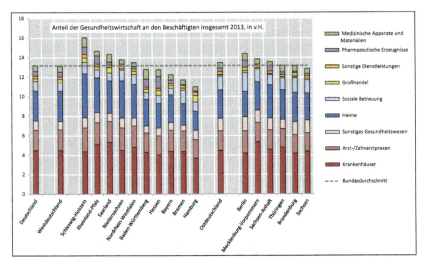

Abbildung 3.1 Anteil der Gesundheitswirtschaft an den Beschäftigten nach Bundesländern 2013
CIMA Abgrenzung der Gesundheitswirtschaft
Quelle: Sonderauswertung der Beschäftigungsstatistik, Bundesagentur für Arbeit, eigene Berechnungen und Schätzungen

- Ähnliches gilt für Berlin, jedoch sind hier neben dem Großhandel die Pflegeheime unterdurchschnittlich vertreten. Die ambulante Versorgung durch soziale Dienste ist dagegen mit einem doppelt so hohen Beschäftigtenanteil wie bundesweit von herausgehobener Bedeutung.[4]
- In Rheinland-Pfalz hat neben einem relativ stark vertretenen Kernbereich der Gesundheitswirtschaft vor allem die Pharmaindustrie mit den Standorten Ingelheim und Andernach eine herausragende Bedeutung für die gesundheitswirtschaftliche Spezialisierung. Unterrepräsentiert sind hingegen die Medizintechnik und die Pflege durch ambulante soziale Dienste.

---

4   Bundesweit sind drei Viertel der Beschäftigten im Bereich der Pflege in Heimen tätig, ein Viertel in ambulanten Diensten. In Ostdeutschland liegt der Anteil der sozialen Dienste mit einem Drittel wesentlich höher als im Westen (ein Fünftel). Dabei ist der ambulante Anteil in den Stadtstaaten regelmäßig höher als in den Flächenländern. In Berlin erreichen die ambulanten Dienste mit 43 % den auf Länderebene höchsten Anteil ambulanter Beschäftigung in der Pflege.

3 Regionalwirtschaftliche Bedeutung der Gesundheitswirtschaft 61

- In Niedersachsen ist der hohe Beschäftigtenanteil der Gesundheitswirtschaft vor allem auf die Kernbereiche der Gesundheitsversorgung und Pflege zurückzuführen. Dabei spielen unter anderem die Kurorte mit ihren therapeutischen Angeboten und Rehakliniken eine bedeutende Rolle. Die verarbeitenden Teilbereiche und der Großhandel sind dagegen im Landesdurchschnitt deutlich unterrepräsentiert.
- Das Saarland zeichnet sich vor allem durch einen starken Großhandel mit Gesundheitsgütern aus. Auch die Medizintechnik ist stark vertreten. Daneben ist das Saarland auch ein bedeutender Klinikstandort, wohingegen die übrigen Bereiche der Gesundheitsversorgung und Pflege eher durchschnittliche Beschäftigtenanteile stellen.

Innerhalb der Länder ist wiederum die Bedeutung der Gesundheitswirtschaft sehr unterschiedlich ausgeprägt. Eine hohe Spezialisierung weisen nicht unbedingt die überregional bedeutenden Wirtschaftsstandorte oder Großstadtregionen auf, sondern es gibt insbesondere auch viele (klein-)städtische und ländliche Regionen mit starkem Gesundheitswesen (z. B. Kurstandorte). In einem weiteren Schritt erfolgt daher eine Betrachtung auf Ebene von Regionen, die sich an den regionalen Arbeitsmarktverflechtungen orientieren und aus ein oder mehreren Landkreisen und kreisfreien Städten bestehen.

Folgende Regionen weisen eine herausragende Spezialisierung im Bereich der Gesundheitswirtschaft auf – mit Beschäftigtenanteilen die bis zu doppelt so hoch sind wie im Bundesdurchschnitt (Karte 1 – Darstellung auf Kreisebene):

- Die Region Tuttlingen in Baden-Württemberg und der Schwalm-Eder-Kreis im nördlichen Hessen mit dem Standort Melsungen sind mit ihrer ausgeprägten Spezialisierung auf die Medizintechnik die Regionen mit den bundesweit höchsten Beschäftigungsanteilen in der Gesundheitswirtschaft (28 %).
- Es folgt die Region Weilheim in Oberbayern mit einer sehr starken Pharmazeutischen Industrie (27 %). Auch in der Region Biberach (Baden-Württemberg) ist der hohe Beschäftigtenanteil in der Gesundheitswirtschaft (23 %) auf die ansässige Pharmazeutische Industrie zurückzuführen.
- In den Regionen Garmisch-Patenkirchen (27 %), Bad Kissingen (25 %), Göttingen (25 %) und Korbach (22 %) sind vor allem die Kliniken (Reha- und Akutkrankenhäuser) für die Spezialisierung in der Gesundheitswirtschaft maßgeblich.
- Eine hohe Bedeutung des gesamten Kernbereichs der Gesundheitsversorgung und Pflege weisen die Regionen Eschwege (22 %), Uelzen (22 %), Rosenheim

Karte 1 Anteil der Gesundheitswirtschaft an den Beschäft

Beschäftigte in der Gesundheitswirtschaft 2013

Anteil der Beschäftigten in der Gesundheitswirtschaft
an allen Beschäftigten 2013, in v.H.

- 18,2 und mehr (45)
- 16,2 bis unter 18,2 (45)
- 15,0 bis unter 16,2 (44)
- 14,0 bis unter 15,0 (45)
- 13,1 bis unter 14,0 (45)
- 12,2 bis unter 13,1 (44)
- 11,2 bis unter 12,2 (45)
- 9,8 bis unter 11,2 (45)
- unter 9,8 (44)

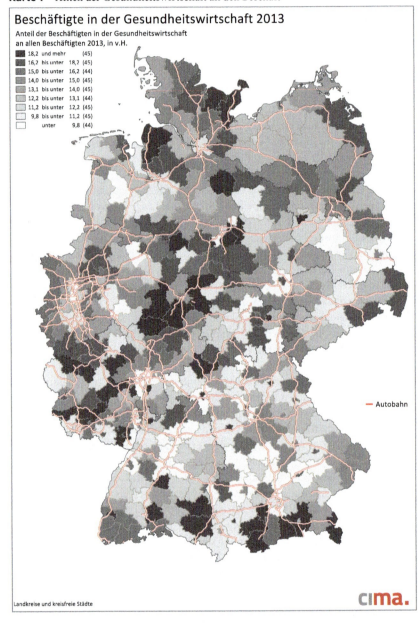

— Autobahn

Landkreise und kreisfreie Städte

cima.

3 Regionalwirtschaftliche Bedeutung der Gesundheitswirtschaft 63

(21 %), Bad Reichenhall (21 %) und Hameln (21 %) auf. In den niedersächsischen Regionen Uelzen und Hameln sind darunter insbesondere die Heime wichtige Beschäftigungsträger.
- Die Regionen Lübeck (22 %) in Schleswig-Holstein und Daun (22 %) in der Vulkaneifel verfügen neben einem relativ starken Kernbereich der Gesundheitsversorgung und Pflege auch über eine gewisse Spezialisierung im Bereich Medizintechnik bzw. Großhandel, die allerdings nicht vergleichbar ist mit den Spezialisierungen in Tuttlingen und Melsungen.

In der Gesundheitswirtschaft konzentrieren sich gerade diejenigen Teilbranchen regional stark, die in der Regel vergleichsweise große wirtschaftliche Einheiten aufweisen. Darunter fallen beispielsweise die Kliniken und Heime, während ambulante Praxen meist stärker räumlich verteilt sind. Auch in den verarbeitenden Teilbereichen der Pharmazeutischen Industrie und der Medizintechnik fallen räumliche Konzentrationen auf, die allerdings nicht immer auf einzelne Großbetriebe zurückgeführt werden können.

- Zu den Standorten, an denen Kliniken im Akut- und Rehabereich eine besonders hohe Bedeutung (gemessen am Anteil an der Beschäftigung) haben, zählen neben Garmisch-Patenkirchen, Bad Kissingen, Göttingen, Korbach, Rosenheim und Eschwege auch Bad Neustadt/Saale, Jena, Freiburg und Vorpommern-Greifswald.
- Heime zur Betreuung von Pflegebedürftigen oder Suchtkranken sind vor allem in ländlichen Regionen von größerer Bedeutung. Dabei sind neben Uelzen und Hameln auch in Landau, Cochem, Zeven, Lauterbach, Günzburg, Dillingen, Weißenburg-Gunzenhausen, Mühlburg und Stadthagen zu nennen.
- Die Pharmaindustrie weist für sich genommen nur in wenigen Regionen einen höheren Beschäftigungsanteil auf[5]. Dazu gehören neben Weilheim und Biberach auch Marburg, Bad Tölz, Dessau, Lörrach und Ravensburg.
- Im Bereich Medizintechnik gibt es erst mit deutlichem Abstand zu Tuttlingen und dem Schwalm-Eder-Kreis einige Regionen, die eine gewisse Beschäftigungskonzentration in der Medizintechnik aufweisen. Dazu gehören neben Lübeck und Biberach v. a. Balingen, Pforzheim und Regen-Zwiesel.

Über das Zustandekommen einer regionalen Spezialisierung im Gesundheitswesen gibt die Betrachtung des Anteils an allen Beschäftigten allerdings keine Auskunft.

---

5 Die Pharmaindustrie ist jedoch eng mit der Chemischen Industrie verflochten und gerade größere Akteure (wie z. B. Bayer, BASF) werden ggf. diesem übergeordneten Bereich zugerechnet.

Karte 2 Beschäftigtenbesatz der Gesundheitswirtschaft 2013

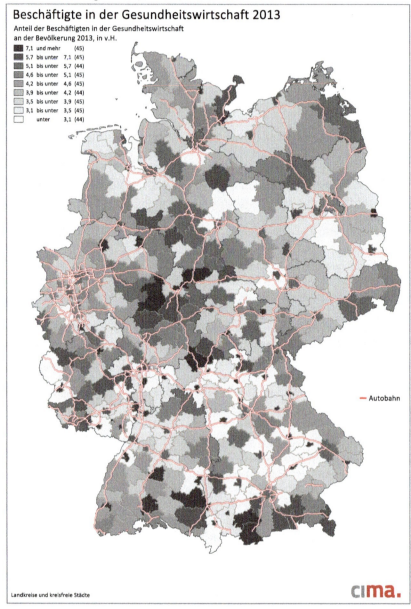

Beschäftigte in der Gesundheitswirtschaft 2013
Anteil der Beschäftigten in der Gesundheitswirtschaft
an der Bevölkerung 2013, in v.H.

- 7,1 und mehr (45)
- 5,7 bis unter 7,1 (45)
- 5,1 bis unter 5,7 (44)
- 4,6 bis unter 5,1 (45)
- 4,2 bis unter 4,6 (45)
- 3,9 bis unter 4,2 (44)
- 3,5 bis unter 3,9 (45)
- 3,1 bis unter 3,5 (45)
- unter 3,1 (44)

— Autobahn

Landkreise und kreisfreie Städte

cima.

Denkbar wäre generell auch, dass ein hoher Beschäftigungsanteil nicht eine besonders starke Gesundheitswirtschaft, sondern nur ihre relative Position innerhalb der jeweiligen Regionen abbildet, die in Einzelfällen auch die ansonsten schwache regionale Wirtschaftsstruktur zum Ausdruck bringen kann. Die Gesundheitswirtschaft, die (zumindest was die Grundversorgung betrifft) flächendeckend vertreten ist, würde dann u. U. einen besonders großen Strukturanteil stellen ohne eine nennenswerte regionale Konzentration aufzuweisen.

Zusätzlich kann daher der gesundheitswirtschaftliche Besatz in einer Region (Beschäftigte im Gesundheitswesen bezogen auf die Bevölkerung) dargestellt werden. Ein hoher Besatz deutet darauf hin, dass die entsprechenden Aktivitäten in der Gesundheitswirtschaft über die Grundversorgung der örtlichen Bevölkerung hinausgehen. Bei einer entsprechenden Betrachtung zeigt sich ein etwas modifiziertes Bild, das vor allem die Bedeutung der größeren Städte als Arbeitsmarkt- und Versorgungszentren abbildet (Karte 2). Es sind aber weiterhin die spezialisierten Regionen deutlich zu erkennen.

3.3 Jobmotor Gesundheitswirtschaft – Regionale Beschäftigungsdynamik

In den vergangenen Jahren hat die Gesundheitswirtschaft bundesweit kräftige Zuwächse um rund 522.000 Beschäftigte (2008 bis 2013) verzeichnet und sich damit als wichtiger Jobmotor erwiesen. Das Wachstum fiel mit 15,7 % deutlich höher aus als der gesamtwirtschaftliche Beschäftigungszuwachs von 6,6 %.

Während sich die Gesamtbeschäftigung auf regionaler Ebene sehr unterschiedlich entwickelt hat, ist die Gesundheitswirtschaft flächendeckend in allen Regionen Deutschlands gewachsen.[6]

- Ein bundesweit sehr starkes Wachstum gab es bei ambulanten Diensten zur Versorgung von Pflegebedürftigen.
- Auch die Pharmaindustrie baute insgesamt überdurchschnittlich viel Beschäftigung auf, allerdings mit deutlichen regionalen Unterschieden. Dies zeigt sich bereits auf Länderebene: In Schleswig-Holstein, Nordrhein-Westfalen, im Saarland sowie in Berlin veränderte sich die Beschäftigtenzahl gegenüber 2008 kaum. Nur schwache Beschäftigungszuwächse gab es in Rheinland-Pfalz.

---

6   Einzige Ausnahme auf Ebene der Arbeitsmarktregionen ist die Region Holzminden.

Karte 3 Entwicklung der Beschäftigung in der Gesundheitswirtschaft 2008–2013

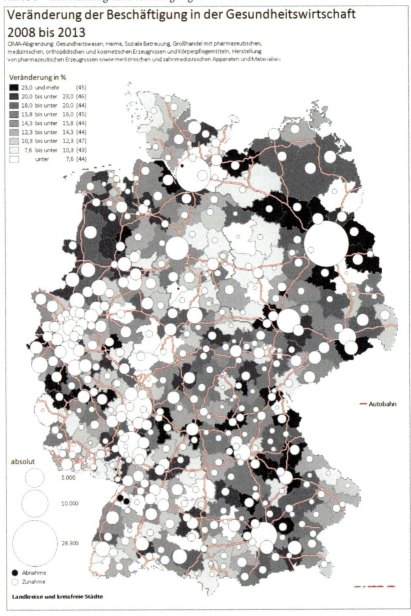

3 Regionalwirtschaftliche Bedeutung der Gesundheitswirtschaft   67

- Bundesweit schwächere Entwicklungen gab es bei den Kliniken, Arztpraxen und im Großhandel, wobei jedoch immer wieder einzelne Regionen durchaus überdurchschnittliche Zuwächse verzeichneten.

Insgesamt wächst die Gesundheitswirtschaft sowohl in ländlichen Räumen als auch in Stadtregionen und in Verdichtungsräumen (Karte 3 – Darstellung auf Kreisebene); im Bereich der ambulanten und stationären Gesundheitsversorgung ist die Dynamik in den ländlichen Regionen jedoch deutlich schwächer.

- Unter den 15 Regionen mit der höchsten Spezialisierung (2013) hat sich die Gesundheitswirtschaft vor allem in Daun (Vulkaneifel) weit überdurchschnittlich entwickelt und verzeichnete Beschäftigungszuwächse um gut ein Drittel.
- Überdurchschnittlich waren die Zuwächse auch in den Regionen Tuttlingen, Rosenheim und Göttingen.
- Unterdurchschnittliche Zuwächse verzeichneten dagegen vor allem der Schwalm-Eder-Kreis, Korbach, Biberach, Lübeck, Eschwege und Bad Reichenhall.

Ein klares Muster, wonach entweder spezialisierte Regionen ihren Vorsprung ausbauen oder Regionen mit einer bislang geringeren Bedeutung der Gesundheitswirtschaft aufholen würden, lässt sich aus den Entwicklungen der vergangenen Jahre nicht identifizieren.

3.4 Entwicklungskorridore des regionalen Strukturwandels der Gesundheitswirtschaft in Deutschland

Die Gesundheitswirtschaft wird auch in den kommenden Jahren zu den dynamischsten Wachstumsfeldern in Deutschland gehören (Prognos, Deutsche Industriebank 2007). Vor diesem Hintergrund ist davon auszugehen, dass dieser Wirtschaftsbereich als Wachstumsmotor in vielen Teilregionen Deutschlands fungieren wird. Aber auch bei einer insgesamt zu erwartenden Zunahme gesundheitswirtschaftlicher Aktivitäten werden Bedeutungsverschiebungen zwischen den Gesundheitsregionen zu erwarten sein. Während bestimmte Gesundheitsstandorte in ihrer relativen Bedeutung schrumpfen, werden sich andere Standorte als außerordentlich dynamisch erweisen und damit einen gesundheitswirtschaftlichen Strukturwandel induzieren. Zwar ist für die Zukunft davon auszugehen, dass die Gesundheitswirtschaft schon aus demographischen Gründen (Alterung) wachsen wird und insofern die Gesundheitsstandorte in Deutschland insgesamt von diesem Trend profitieren werden. Aber die zu erwartenden Impulse werden sich nicht auf alle Regionen gleichermaßen positiv auswirken, sondern voraussichtlich eine gewisse räumliche Selektivität aufweisen. Der regionale Strukturwandel innerhalb der Gesundheitswirtschaft dürfte sich damit eher beschleunigen.

Als Determinanten für die Entwicklungen in der Gesundheitswirtschaft fungieren gemeinhin der demographische Wandel mit seinem Trend zur Alterung, der medizinisch-technische Fortschritt, das wachsende Gesundheitsbewusstsein, die Entwicklungsdynamik physischer und psychischer Erkrankungen, die Exportnachfrage nach Gesundheitsgütern und -dienstleistungen sowie die staatliche Regulierung des Gesundheitssektors (Dahlbeck, Hilbert 2014, S. 282). Insbesondere die politisch motivierten Strategien zur Kostendämpfung bewirken eine zunehmende räumliche Zentralisierung des Krankenhauswesens zugunsten von großen Mittelzentren und Oberzentren. Die Priorisierung der ambulanten vor der stationären Gesundheitsversorgung trägt zudem zum gesundheitswirtschaftlichen Strukturwandel bei. Auch in diesem Zusammenhang ist zu erwarten, dass tendenziell die urbanen Räume zulasten der strukturschwachen ländlichen Räume gewinnen werden, da die ambulanten Einrichtungen aller Voraussicht nach in Zukunft noch stärker räumlich zentralisiert werden.

Die aktuellen Probleme zahlreicher von demographischen Schrumpfungsprozessen betroffener Regionen, eine angemessene ärztliche Versorgung sicherzustellen, verweisen auf eine starke räumliche Selektivität des gesundheitswirtschaftlichen Strukturwandels (CIMA 2012). In Zukunft wird sich zeigen, ob es durch geeignete Maßnahmen gelingen wird, die Gesundheitsversorgung in den stark schrumpfenden Räumen noch flächendeckend zu gewährleisten. Aber auch bestimmte ländliche Regionen sind durchaus dazu prädestiniert, sich als Gesundheitsregionen zu profilieren. Dies gilt vor allem dann, wenn sie aufgrund ihrer naturräumlichen Lage, ihrer spezifischen Umweltqualität und attraktiven Angeboten des gesundheitswirtschaftlichen Qualitätstourismus in der Lage sind, entsprechende Nachfragesegmente des Zweiten Gesundheitsmarktes zu adressieren und diese Stärken wohlmöglich mit hochspezialisierten Angeboten der medizinischem Versorgung zu verknüpfen. Es ist allerdings davon auszugehen, dass die gesundheitstouristischen Standorte in Deutschland mittlerweile im Großen und Ganzen verteilt sind und dass sich die entsprechenden Wachstumspotenziale überwiegend auf die bereits etablierten Zentren des Gesundheitstourismus fokussieren werden.

Die Gewinner des gesundheitswirtschaftlichen Strukturwandels werden nach allen Anzeichen zukünftig insbesondere die urbanen Standorte sein, vor allem wenn sie über eine ausdifferenzierte und hochspezialisierte gesundheitswirtschaftliche Infrastruktur verfügen, wozu nicht zuletzt auch medizinische Hochschulen und

Forschungseinrichtungen zählen. Die urbanen Standorte sind in besonderer Weise in der Lage, ein breites Spektrum medizinischer Versorgungsdienstleistungen zu gewährleisten und in einem dynamischen Marktumfeld zusätzliche Chancen zur Realisierung von Spezialisierungsvorteilen zu eröffnen. Soweit dies gelingt, entwickeln diese Gesundheitsstandorte auch die „kritische Masse", um überregionale und ggf. auch internationale Nachfragesegmente zu erreichen. Verstärkt wird der Trend zugunsten der urbanen Standorte der Gesundheitswirtschaft durch den Umstand, dass auf die Gesundheitswirtschaft in Zukunft massive Fachkräfteengpässe sowohl bei den Ärzten als auch im Pflegebereich sowie anderen Gesundheitsfachberufen zukommen (Dahlbeck und Hilbert 2014, S. 391). Im künftig sich drastisch verstärkenden Wettbewerb um qualifizierte Fachkräfte verfügen die Städte über erhebliche absolute und komparative Vorteile.

Zu den Gewinnern zählen insbesondere auch solche Gesundheitsregionen, die eine hohe Dichte an vor- und nachgelagerten Gliedern der gesundheitswirtschaftlichen Wertschöpfungskette aufweisen und damit nicht nur über patientennahe Versorgungsdienstleistungen, sondern auch über medizintechnische und pharmazeutische Funktionen entlang der gesundheitswirtschaftlichen Wertschöpfungskette verfügen. Solche Gesundheitsstandorte repräsentieren nicht zuletzt ein großes innovatorisches Potenzial, insbesondere wenn unternehmerische Forschung und Entwicklung mit der wissenschaftlichen Forschung der Hochschulen und außeruniversitären Forschungseinrichtungen interagiert. Die daraus resultierenden Wissensspillover können einen entscheidenden Beitrag zur regionalen Wachstumsdynamik leisten, wie die innovationsökonomische Forschung zeigt (Brandt 2014; Fornahl und Umlauf 2014).

Die deutsche Gesundheitswirtschaft ist starken Regulierungen unterworfen und eng mit der Ausgestaltung des Sozialstaates verbunden. Insofern bleibt ein nicht geringes Maß an Unsicherheit, inwieweit sich die politischen Rahmenbedingungen der Gesundheitswirtschaft verändern. Erkennbar ist zurzeit, dass sich die einseitige Fixierung auf die Kostenaspekte des Gesundheitswesens aufzulösen scheint. Die weit verbreiteten Initiativen zur Bildung von Gesundheitsregionen deuten darauf hin, dass der Stellenwert der Gesundheitsversorgung als öffentliche Daseinsvorsorge vermehrt in den Fokus rückt. Damit hätten auch ländliche Regionen, die ansonsten vom Strukturwandel nicht begünstigt sind, neue Chancen, ihre gesundheitswirtschaftliche Infrastruktur zum Ausgangspunkt einer regionalen Entwicklungsstrategie zu nehmen.

3.5 Zusammenfassung

Der bereits in der Vergangenheit zu beobachtende Trend zugunsten einer dynamischen Entwicklung des Gesundheitssektors hinterlässt auch Spuren in der regionalen Wirtschaft Deutschlands. Aufgrund von traditionellen gesundheitswirtschaftlichen Aktivitäten im Industrie- und Dienstleistungsbereich, fachlichen Spezialisierungen der Hochschulen und außeruniversitären Forschungseinrichtungen sowie allgemeinen gesellschaftlichen und wirtschaftlichen Trends werden primär die regionalen Gesundheitsstandorte von dieser Entwicklung profitieren, die sich bereits in der Vergangenheit gut aufgestellt haben. Dabei zeichnet sich ab, dass vor allem die urbanen Standorte zu den Gewinnern des Strukturwandels innerhalb der Gesundheitswirtschaft zählen werden. Insbesondere die ländlichen Regionen stehen damit vor einer großen Herausforderung, wenn sie mit den urbanen Zentren im Strukturwandel mithalten wollen. Die künftige Entwicklung hängt aber nicht zuletzt auch entscheidend davon ab, wie die einzelnen Regionen in Deutschland in der Lage sind, die politischen Weichen richtig zu stellen und die notwendigen Ressourcen zu mobilisieren, um sich im Wettbewerb der Gesundheitsregionen zu behaupten.

Literatur

Brandt, A. (2014). Wirtschaftsförderung 3.0. Zur Strategie der Wirtschaftsförderung in der Innovationsökonomie. In R. C. Beck, R. G. Heinze & J. Schmid (Hrsg.), *Zukunft der Wirtschaftsförderung*. Baden-Baden: Nomos Verlag.
Bundesministerium für Wirtschaft und Technologie (BMWi) (Hrsg.) (2011). *Innovationsimpulse der Gesundheitswirtschaft – Auswirkungen auf Krankheitskosten, Wettbewerbsfähigkeit und Beschäftigung*. Ergebnisse des gleichnamigen Forschungsprojektes im Auftrag des Bundesministeriums für Wirtschaft und Technologie. Dokumentation, Berlin.
Bundesministerium für Wirtschaft und Technologie (BMWi) (Hrsg.) (2013). *Vom Gesundheitssatellitenkonto zur Gesundheitswirtschaftlichen Gesamtrechnung*. Hauptergebnisse des Forschungsprojekts des Bundesministeriums für Wirtschaft und Technologie (BMWi) „Nutzung und Weiterentwicklung des deutschen Gesundheitssatellitenkontos (GSK) zu einer Gesundheitswirtschaftlichen Gesamtrechnung (GGR)", Berlin.
CIMA (2012). *Gemeinsam wirtschaftlich – menschlich – sozial – stark handeln. Die Bedeutung der Sozialwirtschaft in Niedersachsen*. Hannover.
CIMA und IAT (2015). *Potenzialanalyse zum Jobmotor soziale Gesundheitswirtschaft in Niedersachsen*. Studie im Auftrag des Niedersächsischen Ministeriums für Soziales, Gesundheit und Gleichstellung. Hannover.

Dahlbeck, E., & Hilbert, J. (2014). Die Bildung von Gesundheitsregionen als Perspektive im Strukturwandel. In R. C. Beck, R. G. Heinze & J. Schmid (Hrsg.), *Zukunft der Wirtschaftsförderung*. Baden-Baden: Nomos Verlag.

Henke, K.-D., Braeseke, G., Dreher, B., Merda, M., & Troppens, S. (2011). *Volkswirtschaftliche Bedeutung der Gesundheitswirtschaft. Innovationen, Branchenverflechtung, Arbeitsmarkt*. Europäische Schriften zu Staat und Wirtschaft, Bd. 33. Baden-Baden: Nomos Verlag.

Fornahl, D., & Umlauf, F. (2014). FuE-Förderung zur Entwicklung ländlicher Räume: Empirische Bestandsaufnahmen und Entwicklungspotenziale. In R. C. Beck, R. G. Heinze & J. Schmid (Hrsg), *Zukunft der Wirtschaftsförderung*. Baden-Baden: Nomos Verlag.

Jung, H.-U., & Heinecke, N. (2014). *Erforderlichkeit eines Umlageverfahrens zur Finanzierung der Ausbildungsvergütung in der Altenpflege*. Gutachten der CIMA im Auftrag des Niedersächsischen Ministeriums für Soziales, Gesundheit und Gleichstellung. Hannover.

Jung, H.-U., Cordes, A., & Heinecke, N. (2011). *Aktuelle Arbeitsmarktsituation und Perspektiven der Gesundheits- und Pflegeberufe in der Region Hannover*. Gutachten im Auftrag der Region Hannover.

Prognos, & Deutsche Industriebank (2007). *Die Gesundheitsbranche: Dynamisches Wachstum im Spannungsfeld von Innovation und Intervention*. Brüggen.

Kontakt

Arno Brandt, CIMA Institut für Regionalwirtschaft GmbH , Moocksgang 5, 30169 Hannover
Email: Brandt@cima.de

Nina Heinecke, CIMA Institut für Regionalwirtschaft GmbH , Moocksgang 5, 30169 Hannover

Hans-Ulrich Jung, CIMA Institut für Regionalwirtschaft GmbH, Moocksgang 5, 30169 Hannover
Email: Jung@cima.de

4 Regionale Disparitäten zwischen den Bundesländern und nordrhein-westfälischen Kreisen bei Gesundheitsvariablen im Mikrozensus 2009

Alfons Hollederer

4.1 Einleitung

Die Auswirkungen einer immer älter werdenden Gesellschaft stellen große Herausforderungen an das Gesundheitswesen, insbesondere bei der bedarfsgerechten Versorgung in den Regionen (SVR 2014). Das deutsche Gesundheitssystem ist durch Selbstverwaltung, Korporatismus und eine starke Sektorierung der Leistungsbereiche charakterisiert. Seine Komplexität und Schnittstellenproblematik erfordern Koordination und Mitverantwortung. Es gilt sowohl drohende Unterversorgung als auch Über- und Fehlversorgung zu vermeiden (SVR 2001). Die Gesundheit der Menschen ist nicht nur ein privates, sondern auch ein öffentliches Gut. Länder und Kommunen nehmen deshalb in besonderem Maße Steuerungs- und Aufsichtsfunktionen über das Gesundheitswesen im Sinne der Daseinsfürsorge wahr. Dafür benötigen sie aber „Daten für Taten". Regionale Unterschiede bei Gesundheit und Gesundheitsverhaltensweisen sind aber in vielen Bereichen noch wenig erforscht und die Einflussfaktoren ungeklärt. Geeignete Gesundheitsdaten sind gerade für die Regionen häufig nicht im ausreichenden Maße vorhanden.

Der amtliche Mikrozensus kann in diesem Zusammenhang dazu beitragen, das Informationsdefizit in Deutschland zu schließen, da er methodisch als dezentrale Haushaltsbefragung angelegt ist. Seine Ergebnisse können nicht nur repräsentativ für den Bund, sondern auch für die 16 Bundesländer und zumindest in NRW für die Kreise und kreisfreien Städte hochgerechnet werden. Der Mikrozensus eignet sich deshalb im Prinzip gut für vergleichende Untersuchungen zwischen Bund, Ländern und Kreisen. Er zeichnet sich durch seinen großen Stichprobenumfang als größte Haushaltsbefragung Europas und seine tiefe fachliche Gliederung aus. Im Gesundheitsfragenprogramm erfasst der Mikrozensus das Vorliegen von Krankheiten, Unfallverletzungen und Behinderung in der Bevölkerung. Er ist auch eine der wichtigsten Datenquelle zum Tabakkonsumverhalten in Deutschland. Rauchen gilt als eine der Hauptursachen von vermeidbarer Morbidität und vorzeitiger Sterblichkeit (WHO 2008). Darüber hinaus eruiert der Mikrozensus das Körpergewicht und die Körperlänge der Interviewpersonen. Bisher ist der Mikrozensus für die etablierte routinemäßige Gesundheitsberichterstattung aber nicht gut erschlossen und sein Potenzial wird insbesondere auf Kreisebene und in den Regionen nicht ausgeschöpft. Seine Ergebnisse könnten zum Beispiel stärker für die Bedarfsermittlungen im Rahmen von Gesundheitskonferenzen oder Gesundheitsregionen aufbereitet werden, damit spezifische regionale Problemlösungen entwickelt werden können (Hollederer 2015). Der für die unabhängige Forschung zugängliche Mikrozensus Scientific Use File wird i. d. R. vom Statistischen Bundesamt erst mit jahrelanger Zeitverzögerung und diversen Restriktionen zur Verfügung gestellt. So enthält der Mikrozensus Scientific Use File z. B. nicht die kleinräumige Zuordnung zu Kreisen oder Bezirken und die dazugehörigen Hochrechnungsverfahren.

4.2 Methode

Der Mikrozensus 2009, mit dem die vorliegenden Auswertungen durchgeführt wurden, besteht aus einem Hauptfragenprogramm mit gesetzlicher Auskunftspflicht und einem fakultativen Gesundheitsprogramm. Dieses Zusatzprogramm „Fragen zur Gesundheit" wird in der Regel in vierjähriger Periodizität identisch erhoben. Der Mikrozensus richtet sich an die gesamte Wohnbevölkerung. Dazu gehören alle Personen in Privathaushalten und Gemeinschaftsunterkünften. Alle Haushalte in Deutschland haben nach dem Zufallsprinzip die gleiche Auswahlwahrscheinlichkeit für die einprozentige Stichprobe. Beim Mikrozensus kommen verschiedene Erhebungsinstrumente zum Einsatz. Im Vordergrund steht die persönliche computerunterstützte Befragung aller Haushaltsangehörigen. Es sind Proxy-Interviews zulässig, so dass ein Haushaltsmitglied stellvertretend für andere Haushaltsangehörige antworten darf. Die Methoden, Qualität und Ergebnisse des Mikrozensus werden in den Publikationsreihen des Statistischen Bundesamts (StaBu 2010, 2011a-d) und von GESIS-ZUMA (Schimpl-Neimanns 2010) im Detail dokumentiert. Eine Beschreibung des Hochrechnungsverfahrens befindet sich bei Afentakis und Bihler (2005). Die Hochrechnung und Stichprobenfehler wurden vom StaBu (2006, 2010a) publiziert und bei den Kreisen von Christians und Wirth (2009) untersucht.

Die Unit-Nonresponse-Quote beträgt im Mikrozensus 2009 nur 3 % und geht in der Hauptsache auf nicht erreichbare Haushalte oder Gemeinschaftsunterkünfte zurück (StaBu 2010a). Die Mikrozensus-Erhebung 2009 wurde in rund 49.400

Auswahlbezirken und in etwa 340.000 Haushalten mit einer Befragung von ca. 699.000 Personen durchgeführt (StaBu 2010a). Für den überwiegenden Teil der Fragen besteht Auskunftspflicht nach dem Mikrozensusgesetz 2005. Bei den Pflichtfragen sind daher die Item-Non-Response-Quoten sehr klein, während sie bei freiwilligen Fragen wie im Gesundheitsprogramm am höchsten sind (vgl. Ausfallanalysen bei Hollederer 2012, 2013a-b). Das Auswahlverfahren ist so gewählt, dass die Ergebnisse repräsentativ für die 16 Bundesländer ausgewiesen werden können. Mit den Mikrozensus-Daten lassen sich regionalisierte Ergebnisse auch für die Regierungsbezirke sowie Kreise darstellen.

In NRW beantworteten 83 % der Interviewpersonen im Alter von mindestens 15 Jahren im Mikrozensus 2009 die Fragen zu Krankheiten/Unfallverletzungen und Behinderung und 80 % berichteten das Rauchverhalten. 72 % der Interviewpersonen ab 18 Jahren gaben das Körpergewicht und die Körperlänge in NRW für die Body-Mass-Index-Bildung an. Für NRW gehen in den Originaldatensatz des Mikrozensus 2009 ungewichtet insgesamt 146.187 erfolgreiche Interviews ein. Ihre Aufteilung nach den 54 Kreisen und kreisfreien Städten reicht an der Untergrenze von 921 befragten Personen in der Stadt Remscheid bis zur Obergrenze von 8.002 Interviewpersonen in der Stadt Köln. Mit diesem Regionalfile wurden die nachfolgenden Ergebnisberechnungen für die Kreise durchgeführt. Es enthält das von IT.NRW erstellte Kreishochrechnungsverfahren und die Kreiszugehörigkeit.

Der Mikrozensus wird unterjährig mit gleitender Berichtswoche erhoben. Die Ja/Nein-Antwort auf die Frage „Waren Sie in den letzten vier Wochen krank beziehungsweise unfallverletzt?" bildet für das StaBu (2011a) den wichtigsten Parameter in den Berichten über gesundheitliche Beeinträchtigungen in der Bevölkerung. Der Mikrozensus folgt methodisch damit dem Konzept der Periodenprävalenz als einem Maß von Krankheitshäufigkeiten, das sich aber durch den sehr kurzen rückwärtigen Zeitbezug konzeptionell der Inzidenz annähert. Die Mikrozensus-Zusatzfrage „Dauert diese Krankheit beziehungsweise Unfallverletzung heute noch an?" identifiziert dagegen die Krankheitsprävalenz zum Erhebungszeitpunkt und ermittelt durch die Unterjährigkeit der Erhebung die Krankenstände im Jahresdurchschnitt 2009. In der vorliegenden Auswertung wird der Punktprävalenz gegenüber der Periodenprävalenz konsequent der Vorzug gegeben. Die jahresdurchschnittliche Krankheitsprävalenzrate stellt ein sehr gutes Maß für Gesundheitsvergleiche zwischen Regionen oder Personengruppen dar (vgl. Hollederer 2011, 2012).

Im Mikrozensus werden außerdem nur die erkrankten Personen und nicht die Zahl aller aufgetretenen Krankheiten gezählt. Der Fragebogen sieht für jede Person nur eine einzige Angabe für Krankheit oder Unfallverletzung vor und bei gleichzeitigem Vorliegen ist die schwerwiegendere Beeinträchtigung mitzuteilen.

Auf die standardisierten Fragen „Sind Sie gegenwärtig Raucher/-in?" und „Haben Sie früher einmal geraucht?" können die Interviewpersonen jeweils mit den Antwortoptionen „Ja, regelmäßig" bzw. „Ja, gelegentlich" oder „Nein" sowie „Keine Angabe" antworten.

Zur Beurteilung des Körpergewichts wird beim Mikrozensus der Body Mass Index (BMI) eingesetzt. Der BMI sagt aus, um wie viel das Körpergewicht eines Individuums vom Normalmaß einer Person dieser Körperlänge abweicht, und dient zur Klassifikation von Über- oder Untergewichtigkeit. Die Korrelation zwischen dem BMI und dem Körperfett ist eng (WHO 2011). Mit der angegebenen Körpergröße in Zentimetern und dem Körpergewicht in Kilogramm kann der BMI berechnet werden, indem man das Körpergewicht in Kilogramm durch das Quadrat der Körpergröße in Metern teilt. Die Weltgesundheitsorganisation (WHO 2012) stuft Erwachsene mit einem BMI von mindestens 25 als „übergewichtig" und mit einem Wert über 30 als „stark übergewichtig" ein. Für Kinder und Jugendliche unter 18 Jahren gibt es andere Grenzwerte. Deshalb beschränkt sich die nachfolgende Analyse zu Adipositas auf die Erwachsenen im Alter von mindestens 18 Jahren.

Für die Berechnungen wurde das Statistikprogramm SPSS für Windows Version 19 (2010) genutzt.

4.3 Ergebnisse

4.3.1 Gesundheitsunterschiede zwischen den Bundesländern

Nach einer altersstandardisierten Sonderauswertung des StaBu (2011e) geben in Deutschland 9,5 % der Interviewpersonen im Mikrozensus 2009 an, dass sie am Befragungszeitpunkt an einer Krankheit/Unfallverletzung leiden. Wie die Abbildung 4.1 demonstriert, bestehen dabei aber große Unterschiede in den jahresdurchschnittlichen Krankenstandsquoten zwischen den Bundesländern. Mit Abstand ist der altersstandardisierte Krankenstand in Berlin mit 11,8 % am höchsten und in Hamburg mit 7,0 % am niedrigsten. Nordrhein-Westfalen und Sachsen-Anhalt befinden sich genau im Bundesdurchschnitt. Die vom StaBu durchgeführte Altersstandardisierung veränderte die Ergebnisse für die einzelnen Bundesländer nur minimal.

Die Bandbreite zwischen den Bundesländern ist aber nicht nur bei den Krankenständen, sondern auch bei der Tabakprävalenz und beim Übergewicht außerordentlich groß gemäß den Veröffentlichungen des StaBu (2011a-b).

4 Regionale Disparitäten

Tiefergehende Mikrozensus-Analysen bei Hollederer (2011, 2012) zeigen, dass die Frauen vor allem im mittleren Lebensalter etwas häufiger als die Männer erkranken. Mit dem Alter steigen die Eintrittswahrscheinlichkeiten von Krankheiten und auch die Quoten der chronischen Erkrankungen kontinuierlich an. Die Krankenstände korrespondieren mit sozialen Faktoren, die im Mikrozensus sehr differenziert erfasst werden: je niedriger der Bildungsstand oder das Haushaltsnettoeinkommen, desto höher ist der Krankenstand. Die Arbeiter leiden überproportional häufig an Krankheiten/Unfallverletzungen. Die Gruppe der Erwerbslosen und arbeitsuchenden Nichterwerbspersonen ist zum Befragungszeitpunkt rund doppelt so häufig erkrankt in Relation zu den Erwerbstätigen. Der Krankenstand ist zudem assoziiert mit dem Behindertenstatus.

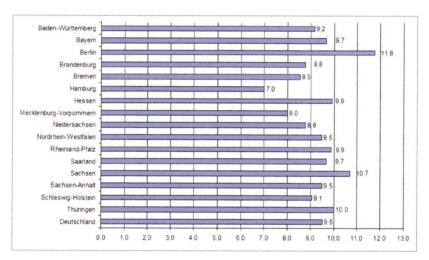

Abbildung 4.1 Krankenstand zum Befragungszeitpunkt nach Bundesländern im Jahresdurchschnitt 2009 standardisiert auf den Altersaufbau der Bevölkerung in Deutschland 1987

Quelle: Statistisches Bundesamt (StaBu, 2011e). Sonderauswertung des Mikrozensus 2009. Wiesbaden (Eigene Darstellung)

Anmerkung: Die vom StaBu durchgeführte Standardisierung auf den Altersaufbau der Bevölkerung in Deutschland 1987 beeinflusst die Ergebnisausweisungen nur marginal, die Differenz liegt maximal bei 0,03 Prozentpunkten. N = 67.102 Tsd. mit freiwilligen Gesundheitsangaben.

4.3.2 Gesundheitsunterschiede in der Erwerbsbevölkerung zwischen den nordrhein-westfälischen Kreisen und kreisfreien Städten

Mit dem Mikrozensus können auch Ergebnisse für die Kreise gewonnen werden. NRW eignet sich durch seine Größe besonders gut für derartige Regionalanalysen, weil es nicht nur mit Abstand das bevölkerungsreichste Bundesland ist, sondern mit nur 54 Kreisen vergleichsweise große Kreise und kreisfreie Städte besitzt und statistisch die Anpassungsschichten im Erhebungsverfahren des Mikrozensus konsistent zu den Kreisen zugeschnitten wurden. Aus Platzgründen können hier nicht alle Ergebnisse präsentiert werden und es sei daher auf weitergehende Analysen bei Hollederer (2012, 2013a-b) verwiesen. Die nachfolgenden Auswertungen konzentrieren sich auf die Erwerbsbevölkerung, um einen Bezugsrahmen für Gruppenvergleiche nach Erwerbsstatus zu konstruieren. Es wird in der Darstellung bei der Tabelle 4.1 und den Abbildungen 4.2-4.3 auf eine Altersstandardisierung zugunsten der Repräsentativität in den Kommunen verzichtet, zumal die Disparitäten nur zu einem kleinen Teil mit den unterschiedlichen Altersstrukturen in den Kreisen erklärt werden können. Das Alter der nordrhein-westfälischen Bevölkerung im erwerbsfähigen Alter von 15 bis 64 Jahren liegt im Mittel bei 40 Jahren und die Spannweite ist zwischen den Kreisen mit minimal 38 bis maximal 42 Jahren Durchschnittsalter nicht groß.

Wie die Abbildung 4.2 und Tabelle 4.1 zeigen, ergibt ein Vergleich der Krankenstände zwischen den nordrhein-westfälischen Kreisen und kreisfreien Städten sehr beachtliche regionale Disparitäten. Der Krankstand reicht im Jahresdurchschnitt 2009 von 4,6 % im Kreis Aachen bis zu 12,0 % in der kreisfreien Stadt Herne in der Erwerbsbevölkerung.

4 Regionale Disparitäten

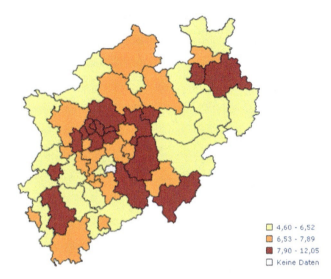

Abbildung 4.2 Jahresdurchschnittlicher Krankenstand zum Befragungszeitpunkt in der Erwerbsbevölkerung (Alter 15-64) nach nordrhein-westfälischen Kreisen im Mikrozensus 2009 (in %)

Die Tabakprävalenzraten streuen ebenfalls breit zwischen den Kreisen in NRW und reichen in den Kreisen und kreisfreien Städten von 25,5 % der Erwerbsbevölkerung in Paderborn bis 44,9 % in Herne (Tabelle 4.1, Hollederer 2013a). Besonders hoch sind die Anteile an Rauchern in den (bevölkerungsstarken) Kreisen und Städten des Ruhrgebiets.

Die Tabelle 4.1 informiert weiterhin über erhebliche regionale Disparitäten bei der Verbreitung von Adipositas zwischen den nordrhein-westfälischen Kommunen in der Erwerbsbevölkerung (im Alter von 18 bis 64 Jahren). Ein in der Literatur häufig berichteter Unterschied zwischen Stadt-Land oder nach Gemeindegrößen kann für NRW nicht verifiziert werden. Auffällig geringe Anteile an Adipösen weisen vor allem die Universitätsstandorte auf. In etlichen Ruhrgebietsstädten besteht dagegen ein überproportional hoher Anteil an Adipösen.

Die beobachtete Bandbreite bei diesen Gesundheitsvariablen ist zwischen den nordrhein-westfälischen Kreisen weiter gefasst als die zwischen den Bundesländern.

Tabelle 4.1 Gesundheitsindikatoren und überwiegender Lebensunterhalt in der Erwerbsbevölkerung in NRW nach Kreisen im Mikrozensus 2009 in %

	Erwerbspersonen mit überwiegend Lebensunterhalt Alg I oder Hartz IV (Alter 15-64)	Jahresdurchschnittlicher Krankenstand (Alter 15-64)	Raucheranteil (Alter 15-64)	Anteil amtlich anerkannter Behinderter (Alter 15-64)	Anteil der Adipösen (Alter 18-64)
NRW insgesamt	8,1	7,1	32,5	8,9	13,4
Düsseldorf	9,3	7,5	33,7	6,9	11,2
Duisburg	11,1	8,1	36,1	12,3	17,1
Essen	9,8	8,0	34,8	8,7	13,6
Krefeld	10,5	7,4	37,5	7,4	16,9
Mönchengladbach	12,2	8,8	39,2	8,8	13,2
Mülheim a. d. Ruhr	9,1	7,8	28,4	8,9	13,0
Oberhausen	12,8	9,2	34,2	11,8	18,6
Remscheid	6,8	/	31,5	8,6	14,9
Solingen	11,3	6,5	35,2	8,8	13,9
Wuppertal	10,8	5,7	36,7	9,7	13,0
Kleve	4,9	4,9	30,1	6,7	14,4
Mettmann	7,3	6,6	30,7	8,5	12,1
Neuss	5,6	5,7	30,1	6,2	13,5
Viersen	6,6	6,5	34,4	9,5	15,9
Wesel	4,5	6,8	31,4	11,2	14,0
Aachen	9,0	6,5	27,0	5,9	9,2
Bonn	5,6	6,6	26,6	6,7	8,3
Köln	9,2	6,5	32,3	8,0	11,4
Leverkusen	9,5	6,9	34,9	9,1	14,3
Aachen (Kreis)	7,5	4,6	35,5	8,7	15,1
Düren	7,7	8,1	34,0	11,9	14,6
Erftkreis	5,7	6,1	29,7	6,1	16,3
Euskirchen	6,7	6,8	37,4	6,9	12,8
Heinsberg	6,9	6,4	29,6	9,0	12,6
Oberbergischer Kreis	8,8	8,9	29,1	9,0	16,9
Rhein.Berg. Kreis	7,3	7,4	29,4	8,1	12,8
Rhein-Sieg-Kreis	4,8	6,0	28,4	7,0	13,8
Bottrop	9,2	8,1	33,9	9,5	16,7
Gelsenkirchen	14,7	10,0	36,8	10,1	14,8
Münster	6,3	5,2	27,8	7,7	9,5
Borken	6,9	5,9	27,0	9,8	13,1
Coesfeld	4,2	7,0	29,5	13,9	12,2

4 Regionale Disparitäten

	Erwerbspersonen mit überwiegend Lebensunterhalt Alg I oder Hartz IV (Alter 15-64)	Jahresdurchschnittlicher Krankenstand (Alter 15-64)	Raucheranteil (Alter 15-64)	Anteil amtlich anerkannter Behinderter (Alter 15-64)	Anteil der Adipösen (Alter 18-64)
Recklinghausen	10,2	8,7	34,7	9,6	14,4
Steinfurt	5,2	6,8	27,9	9,8	12,3
Warendorf	5,6	7,0	30,7	9,7	12,9
Bielefeld	8,9	8,0	36,5	7,5	13,8
Gütersloh	5,2	5,0	29,9	5,4	12,2
Herford	8,1	7,4	29,8	7,4	12,1
Höxter	7,4	6,3	28,6	6,4	13,2
Lippe	8,5	8,2	33,7	8,2	13,9
Minden-Lübbecke	6,4	5,1	27,7	6,2	11,5
Paderborn	3,9	6,5	25,5	8,3	11,5
Bochum	11,4	8,9	35,8	11,3	13,2
Dortmund	13,6	7,6	38,5	9,7	12,1
Hagen	10,3	7,2	32,6	9,2	13,7
Hamm	7,5	8,4	31,4	10,4	15,4
Herne	11,5	12,0	44,9	14,5	20,3
Ennepe-Ruhr-Kreis	7,7	7,2	32,9	13,2	13,4
Hochsauerlandkreis	6,2	5,3	27,9	9,2	13,1
Märkischer Kreis	8,1	8,0	36,2	8,9	14,1
Olpe	/	7,9	31,1	12,2	15,9
Siegen-Wittgenstein	7,1	8,4	32,5	9,7	14,8
Soest	7,2	5,3	31,5	9,9	12,0
Unna	10,0	8,7	35,9	12,6	15,0

Anmerkung: Eigene Berechnungen, Hochgerechnete Besetzungszahlen unter 5.000 werden nicht nachgewiesen und durch Schrägstrich („/") ersetzt. N=9.641 Tsd. mit freiwilligen Gesundheitsangaben.

Die im vorherigen Abschnitt aufgezeigten Assoziationen von sozialen Faktoren mit dem Gesundheitszustand und Rauchen spiegeln sich auch beim Vergleich zwischen den Kommunen wider. Sowohl die Krankenstände als auch die Tabakprävalenzraten in der Erwerbsbevölkerung steigen hochgradig in den Kreisen in NRW mit dem Anteil von Personen, die ihren Lebensunterhalt überwiegend durch Arbeitslosengeld I oder „Hartz IV" bestreiten (Tabelle 4.1; Hollederer 2012, 2013a). Bei der Adipositas-Prävalenz ist auf Kreisebene die analoge Korrelation mit dem Anteil der Personen in der Erwerbsbevölkerung, die ihren überwiegenden Lebensunterhalt durch Transferleistungen bestreiten, aber etwas geringer im Vergleich zum Krankenstand oder bei den Raucherquoten (Hollederer 2013b). Der Mikrozensus erkundigt sich auch, ob eine amtlich anerkannte Behinderung attestiert wurde und erfasst die Behinderungen ab einem Grad von 30. Für die amtliche Feststellung einer Behinderung wird in Deutschland eine nicht nur vorübergehende, sondern über den Zeitraum von mehr als sechs Monaten andauernde Gesundheitsstörung in der Prognose vorausgesetzt. Die Abbildung 4.3 veranschaulicht auf Kreisebene die Korrelation von Behinderung mit dem Anteil der Erwerbsbevölkerung in den Kommunen, der seinen Lebensunterhalt überwiegend durch Transferleistungen aus den SGB II und SGB III-Rechtskreisen bestreitet. Die großen Disparitäten zwischen den Kreisen werden in dem Diagramm und Tabelle 4.1 deutlich. Die Stärke des Zusammenhangs mit dem Anteil der Personen in der Erwerbsbevölkerung, der den überwiegenden Lebensunterhalt durch Transferleistungen deckt, ist dabei nicht so eng wie analog beim Krankenstand (Hollederer 2012) oder bei den Raucherquoten (Hollederer 2013a).

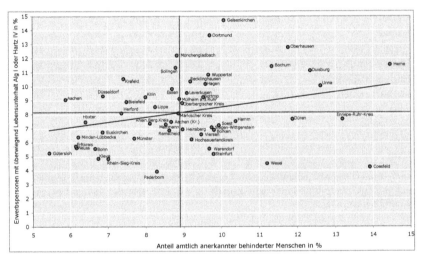

Abbildung 4.3 Anteile amtlich anerkannter Behinderter nach überwiegendem Lebensunterhalt durch Arbeitslosengeld I oder Leistungen nach „Hartz IV" in der Erwerbsbevölkerung nach Kreisen in NRW im Mikrozensus 2009

Anmerkung: Hochgerechnete Besetzungszahlen unter 5.000 im Kreis in Olpe (mit Anteil amtlich anerkannter Behinderter von 12,2 %) werden nicht nachgewiesen.

Korrelationskoeffizient (r) = 0,30. N=9.629 Tsd. mit freiwilligen Gesundheitsangaben.

4.4 Diskussion und Fazit

An Limitationen ist bei den Ergebnissen zu berücksichtigen, dass der Regionalisierbarkeit der Mikrozensusdaten wegen Sample, Methoden und Fallzahlen generell enge Grenzen gesetzt sind. Hinzu kommt, dass prinzipiell auch stichprobenbedingte Zufallsfehler bei auf die Grundgesamtheit hochgerechneten Ergebnissen möglich sind. Die statistischen Unsicherheiten steigen mit der Abnahme der Fallzahlen. Das ist insbesondere auf der Kreisebene zu beachten.

Der Mikrozensus 2009 offenbart große regionale und soziale Disparitäten in der Gesundheit der Bevölkerung in Deutschland, die noch weiter zu analysieren sind. Die im Mikrozensus festgestellte Ungleichheit bei den jahresdurchschnittlichen Krankenständen ist sowohl zwischen den Bundesländern als auch zwischen den Kreisen in NRW außerordentlich hoch. Bisherige Bedarfsplanungen in der Gesundheitsversorgung nehmen keine Rücksicht auf solche regionalen Gesundheitsunterschiede. In den Regionen konkretisieren sich die Bedarfsplanungen, deren einheitliche übergreifende Regelungen auf sehr unterschiedliche regionale oder örtliche Bedingungen stoßen. Eine Mitwirkung direkt vor Ort hat durch die Kenntnis der regionalen Besonderheiten und Bedürfnisse Vorteile. Perspektivisch könnten daher die Mikrozensus-Ergebnisse bei der Weiterentwicklung der Bedarfsplanungen und für die Formulierung von zielgruppenspezifischen Strategien in der Prävention und Gesundheitsförderung dienen. Die Divergenzen erfordern ein kommunales Gesundheitsmanagement und eine systematische kleinräumige Gesundheitsberichterstattung. Die Möglichkeiten sind in den Regionen aber vor allem durch das Prinzip der Selbstverwaltung im Gesundheitswesen und die Zuständigkeiten bei der Regulierung sehr begrenzt. Ein interessantes gesundheitspolitisches Management- und Steuerungsinstrument stellen in diesem Zusammenhang strukturierte Gesundheitskonferenzen oder Gesundheitsregionen^{plus} (vgl. Bödeker et al. in diesem Band) dar. Spätere Wiederholungsbefragungen im Mikrozensus könnten für die Erfolgsbeurteilung von umgesetzten populationsbezogenen Gesundheitspolitiken genutzt werden.

Die starken Assoziationen zwischen Krankenstand und sozioökonomischen Einflussfaktoren werden im Mikrozensus nicht nur auf der Mikroebene, sondern auch aggregiert für die Kreise bestätigt. Die zwischen den Kommunen ermittelten Gesundheitsunterschiede zeigen einen hohen Handlungsbedarf für gemeinwesenbasierte Interventionen auf, die sowohl die Verhaltens- als auch die Verhältnisprävention umfassen und insbesondere auf sozial Benachteiligte abzielen sollten, z. B. in der Bewegungsförderung (vgl. Geuter und Hollederer 2012). Ein Großteil der Strukturen in der Prävention und Gesundheitsförderung ist auf kommunaler Ebene organisiert, die für ihre Aufgabenwahrnehmung und Ressourcenplanungen Daten benötigen. Nicht nur die berichteten Krankenstände, sondern auch die Tabakprävalenzraten korrelieren stark mit sozialen Einflussfaktoren. Sie steigen auf Kreisebene hochgradig mit dem Anteil in der Erwerbsbevölkerung, der seinen Lebensunterhalt überwiegend durch Arbeitslosengeld I oder „Hartz IV" abdeckt, und verschärfen die sozial bedingte gesundheitliche Ungleichheit. Es besteht aber noch weiterer Forschungsbedarf zur Identifikation zusätzlicher regionaler Einflussfaktoren auf die Gesundheit in der Bevölkerung.

Insgesamt hat der Mikrozensus durch seine hohen Fallzahlen, Erhebungsmethoden und Fragenprogramme ein großes Potenzial, wesentliche Datengrundlagen für ein kontinuierliches Berichterstattungssystem auf Bundes-, Länder- und kommunaler Ebene zur Gesundheit der Bevölkerung und von sozialen Gruppen zu erbringen. Es gibt derzeit keine andere repräsentative Datenquelle in Deutschland, die Krankheit/Unfallverletzung, Behinderung, Rauchen und Adipositas so kleinräumig und kontinuierlich abbilden könnte. Eine Ergänzung des Fragenprogramms durch weitere Gesundheitsitems ist wünschenswert (vgl. Hollederer 2011, 2012). Als Voraussetzung für ein effektives Monitoring wäre es aber vor allem wichtig, seine Datengrundlagen insbesondere für die Kreisebene noch besser routinemäßig, zeitnah und flächendeckend zu erschließen und in das System der Gesundheitsberichterstattung zu integrieren. Das wäre besonders für die Regionen nutzbringend. In vielen deutschen Gesundheitskonferenzen konnten bereits erfolgreich kommunale Gesundheitsberichte initiiert und in einigen Kommunen auch kommunale Gesundheitszielprozesse angestoßen werden.

Literatur

Afentakis, A., & Bihler, W. (2005). Das Hochrechnungsverfahren beim unterjährigen Mikrozensus ab 2005. Statistisches Bundesamt (Hrsg.), *Wirtschaft und Statistik*. 10:1039-1048.
Christians, H., & Wirth, H. (2009). *Mikrozensus-Regionalfile: Hochrechnung, Stichprobenfehler und Anonymisierung*. Leibniz-Institut der Statistischen Landesämter für Sozialwissenschaften & Gesis (Hrsg.) Düsseldorf.
Geuter, G., & Hollederer, A. (Hrsg.) (2012). *Gesundheit und Bewegungsförderung. Handbuch Gesundheitswissenschaften*. Bern: H. Huber Verlag.
Hollederer, A. (2011a). Unemployment and health in population of Germany: results from 2005 Microcensus. *Journal of Public Health*, 19 (3), 257-268.
Hollederer, A. (2011b). *Erwerbslosigkeit, Gesundheit und Präventionspotenziale: Ergebnisse des Mikrozensus 2005*. Wiesbaden: VS Verlag für Sozialwissenschaften.

Hollederer, A. (2012). Gesundheit und Krankheit in Bund, Land NRW und dessen Kommunen. Ergebnisse des Mikrozensus 2009. *Bundesgesundheitsblatt 55* (S. 416–426). Heidelberg: Springer-Verlag.

Hollederer, A. (2013a). Regionale und soziale Unterschiede im Tabakkonsumverhalten im Mikrozensus 2009: Ergebnisse für das Land Nordrhein-Westfalen und dessen Kreise. *Das Gesundheitswesen 2013*; 75 (01) (S. 43-50). Stuttgart: Georg-Thieme Verlag.

Hollederer, A. (2013b). Adipositas in Nordrhein-Westfalen und dessen Kommunen im Mikrozensus 2009: Prävalenz, Krankenstand und Präventionspotenziale. *Deutsche medizinische Wochenschrift 2013*; 138(06) (S. 253-259). Stuttgart: Georg-Thieme Verlag.

Hollederer, A. (2015). Gesundheitskonferenzen in Deutschland: ein Überblick. *Das Gesundheitswesen 2015*; 77 (01) (S. 161-167). Stuttgart: Georg-Thieme Verlag.

Schimpl-Neimanns, B. (2010). *Varianzschätzung für Mikrozensus Scientific Use Files ab 2005*. GESIS – Leibniz-Institut für Sozialwissenschaften (Hrsg.). Mannheim: GESIS-Technical Reports 2010|03.

Statistisches Bundesamt (StaBu) (2006) *Mikrozensus: Bevölkerung und Erwerbstätigkeit – Beruf, Ausbildung und Arbeitsbedingungen der Erwerbstätigen*. Band 1: Allgemeine und methodische Erläuterungen. Wiesbaden.

Statistisches Bundesamt (StaBu) (2010a). *Mikrozensus 2009: Qualitätsbericht*. Wiesbaden.

Statistisches Bundesamt (StaBu) (2010b). *Ergebnis des Mikrozensus 2009 (Jahresdurchschnitt)*. Wiesbaden.

Statistisches Bundesamt (StaBu) (2011a). *Mikrozensus 2009 – Fragen zur Gesundheit: Kranke und Unfallverletzte*. Wiesbaden.

Statistisches Bundesamt (StaBu) (2011b). *Mikrozensus 2009 – Fragen zur Gesundheit: Rauchgewohnheiten der Bevölkerung*. Wiesbaden.

Statistisches Bundesamt (StaBu) (2011c). *Mikrozensus 2009 – Fragen zur Gesundheit: – Körpermaße der Bevölkerung*. Wiesbaden.

Statistisches Bundesamt (StaBu) (2011d). *Bevölkerung und Erwerbstätigkeit – Bevölkerung mit Migrationshintergrund: Ergebnisse des Mikrozensus 2009*. Wiesbaden.

Statistisches Bundesamt (StaBu, 2011e). *Sonderauswertung des Mikrozensus 2009*. Wiesbaden. (unveröffentlicht, s. Danksagung)

SVR, Sachverständigenrat für die Konzertierte Aktion im Gesundheitswesen (2001). *Bedarfsgerechtigkeit und Wirtschaftlichkeit*. Gutachten 2001. Berlin.

SVR, Sachverständigenrat zur Begutachtung der Entwicklung im Gesundheitswesen (2014). *Bedarfsgerechte Versorgung – Perspektiven für ländliche Regionen und ausgewählte Leistungsbereiche*. Gutachten 2014. Berlin.

World Health Organization (WHO). WHO Report on the Global Tobacco Epidemic, 2008 – The MPOWER package. Geneva: 2008.

World Health Organization (WHO) (2011). *Waist Circumference and Waist-Hip Ratio. Report of a WHO Expert Consultation*. WHO Document Production Services. Geneva.

World Health Organization (WHO) (2012). *BMI classification. Global Database on Body Mass Index* unter www.who.int. Zugegriffen: 30. Mai 2012).

Danksagung

Für die hervorragende Unterstützung und Hinweise danke ich Herrn Paul Berke von Information und Technik Nordrhein-Westfalen (IT.NRW), Frau Karin Lange vom Statistischen Bundesamt (StaBu) und Herrn Rolf Annuß vom Landeszentrum für Gesundheit Nordrhein-Westfalen (LZG.NRW) in Bielefeld. (Die Auswertung hatte ihren Ausgangspunkt in der früheren beruflichen Tätigkeit beim Landesamt für Gesundheit und Arbeit NRW (LIGA.NRW) in Bielefeld.)

Kontakt

Alfons Hollederer, Bayerisches Landesamt für Gesundheit und Lebensmittelsicherheit (LGL), Sachgebiet GE 6: Versorgungsqualität, Gesundheitsökonomie, Gesundheitssystemanalyse, Schweinauer Hauptstraße 80, 90441 Nürnberg
Email: alfons.hollederer@lgl.bayern.de

II
Strukturelle Rahmenbedingungen für die Entwicklung von Gesundheitsregionen

5 Industriepolitik und Gesundheitswirtschaftspolitik: Gegensätze oder komplementäre Geschwister?[1]

Ein Orientierungsgespräch zwischen Josef Hilbert und Dieter Rehfeld

Claudia Braczko

Einleitende Bemerkung

Das Institut Arbeit und Technik (IAT) bildet als anwendungsorientiertes Forschungs- und Entwicklungsinstitut der Westfälischen Hochschule Gelsenkirchen, Bocholt, Recklinghausen und Kooperationspartner der Ruhr Universität Bochum ein gemeinsames Kompetenzzentrum für Innovation der beiden Hochschulen. Es hat sowohl einen Forschungs- und Entwicklungsschwerpunkt Innovation, Raum und Kultur, der sich mit wirtschaftlicher Innovationsfähigkeit und wirtschaftspolitischer Innovationsförderung generell befasst, als auch einen solchen, der auf Fragen der Zukunftsfähigkeit der Gesundheitswirtschaft & Lebensqualität fokussiert. Das IAT selbst hat seinen Standort in Gelsenkirchen, einer Stadt im nördlichen Ruhrgebiet, in dem die Suche nach der Zukunft der Arbeit ohne eine intensive Auseinandersetzung über zukunftsfähige Branchen, Betriebe und Arbeitsplätze keinen Sinn macht. Von daher war und ist das IAT immer auch ein Hort intensiver Debatten über erfolgversprechende Ansätze in der Wirtschaftsentwicklung und in der (Wirtschafts-) Strukturpolitik – sei es auf der supranationalen und nationalen Ebene oder auch in Bundesländern sowie „vor Ort", in Region und Kommune.

Am IAT werden die einschlägigen Debatten mit viel Engagement und Leidenschaft geführt und mit zahlreichen Forschungsarbeiten und vielfältigen Gutachten für unterschiedlichste Auftraggeber unterlegt. Trotz der hohen Kenntnisse und Kompetenzen, die das IAT dabei erworben hat, ist es weit davon entfernt, eine abgeschlossene und in sich geschlossene Position zu diesen Themen und Fragestellungen zu haben, im Gegenteil: die Suche nach angemessenen Konzepten wird als

---

1 Ein Orientierungsgespräch zwischen Josef Hilbert und Dieter Rehfeld, moderiert und redigiert von Claudia Braczko.

Daueraufgabe begriffen, bei der es gerade darauf ankommt, aus unterschiedlichen Sichtweisen und aus Kontroversen zu lernen. Über die facettenreichen Debatten zur Entwicklung der Wirtschafts-, Struktur- und Technologiepolitik einerseits und der Konzepte und Strategien zur Stärkung der Gesundheitswirtschaftspolitik andererseits soll das folgende fokussierte Orientierungsgespräch zwischen Prof. Dr. Josef Hilbert, dem Leiter des Forschungsschwerpunkts „Gesundheitswirtschaft" und Privatdozent Dr. Dieter Rehfeld, dem Leiter des Forschungsschwerpunkts „Innovation, Raum und Kultur" informieren. Soviel sei vorweggenommen: Dieter Rehfeld arbeitet seit Jahren an einem differenzierten, nicht wissenschaftlich-technisch verkürzten Innovationsverständnis. Josef Hilbert favorisiert eine Orientierung an der Lösung zentraler gesellschaftlicher Herausforderungen. Das Gespräch moderierte und redigierte Claudia Braczko, die Pressesprecherin des IAT, die seit Jahren mit den einschlägigen Debatten vertraut ist.

CB:

Weltweit, insbesondere aber in Europa und in den USA, wurde nach der großen Wirtschaftskrise von 2008 kräftiger als zuvor nach politischen Strategien zur Stärkung der Wirtschaft gerufen. Während in den Jahren zuvor Stichworte und Konzepte wie Deregulierung, mehr Flexibilität bei den Arbeitsbedingungen und Erleichterungen bei Steuern und Sozialabgaben im Mittelpunkt wirtschaftspolitischer Debatten und auch der Wirtschaftspolitik standen, geht es jetzt um direktere Maßnahmen zur Stärkung technischer und innovationsorientierter Kompetenzen. Oft wird in diesem Zusammenhang von einer Renaissance der Wirtschaftsstruktur-, Industrie- und Technologiepolitik gesprochen. Dieter Rehfeld, war diese Umorientierung zwingend und zeichnet es sich ab, dass sie wirksam ist? Und Josef Hilbert, macht eine solche Akzentsetzung auch mit Blick auf die Entwicklung der Gesundheitswirtschaft Sinn?

DR:

Also, zunächst einmal sollten wir uns klar werden, worüber wir reden. Ich verstehe zunächst Industriepolitik im engen Sinne als eine Politik, die sich auf das Verarbeitende Gewerbe ausrichtet, also nicht auf alle Wirtschaftsbranchen oder -bereiche. Industriepolitik in einem solchen Verständnis hat es schon immer gegeben: Als nachholende Industriepolitik in Deutschland etwa im 19. Jahrhundert und in den Nachkriegsjahren in den nicht oder wenig industrialisierten Ländern, als vor allem auch sozialpolitisch ausgerichtete Anpassungspolitik an den globalen Strukturwandel, etwa in altindustrialisierten Regionen wie dem Ruhrgebiet, seit Ende der 1960er Jahre. Später wurde Industriepolitik vor allem als Technolo-

5 Industriepolitik und Gesundheitswirtschaftspolitik

gie- und Innovationspolitik konzipiert und hier steht in der Tat eine strategische Neuausrichtung an, bei der die Frage nach der Rolle von Industriepolitik bei der Lösung gesellschaftlicher Herausforderungen eine wachsende Rolle spielt. Eine solche Neuausrichtung ist vor allem von der Europäischen Union und etwa auch von der OECD auf die Tagesordnung gesetzt worden, ist aber instrumentell bisher wenig fundiert.

Gleichzeitig haben wir eine Neubewertung der Industriepolitik zu verzeichnen, die nach der Wirtschafts-, Finanz- und Staatskrise eingesetzt hat und die eng mit der Diskussion um die Rolle des Staates verbunden ist. Vier Aspekte sind für diese Neuorientierung wichtig: *Erstens* hat sich gezeigt, dass bei der Überwindung der Krise diejenigen Länder am erfolgreichsten waren, deren Wirtschaftsstruktur von einer wettbewerbsfähigen Industrie geprägt war. In Zeiten der New Economy und der wirtschaftspolitischen Ausrichtung auf Kreativwirtschaft und Dienstleistungen ist die Bedeutung der Industrie stark vernachlässigt worden. *Zweitens* haben Länder wie vor allem die BRIC-Staaten (Brasilien, Russland, Indien und vor allem China) durch eine erfolgreiche Industriepolitik in den vergangenen Jahrzehnten als globale Player und ernst zu nehmende Konkurrenten die Weltwirtschaft stark verändert. Dies führte *drittens* zu einer Neubewertung von Industriepolitik: Heute wird nicht mehr diskutiert, ob Industriepolitik sinnvoll ist, sondern wie eine erfolgreiche Industriepolitik auszusehen hat. Diese Neukonzeption von Industriepolitik ist momentan vor allem von Aspekten wie Digitalisierung, einer gestaltenden Rolle des Staates und einer Ausrichtung auf kommende gesellschaftliche Herausforderungen geprägt.

Inwieweit diese Neuorientierung wirksam ist, das lässt sich momentan noch nicht sagen, denn dazu verändern sich industrielle Strukturen in zu langen Zeiträumen. Wichtig ist aber, dass mit dieser Neuorientierung Industriepolitik aus der ordnungspolitischen „Schmuddelecke" des Neoliberalismus geholt wurde und damit überhaupt erst reflexions- und strategiefähig wird.

JH:

Mit der Wirtschafts-, Struktur- und Technologiepolitik zu Beginn der laufenden Dekade hoffte man, durch weniger und flexiblere Regulierung – auch und gerade im Arbeitsrecht – sowie durch niedrigere Steuern und Abgaben die wirtschaftliche Dynamik zu steigern. Diese branchen-, technologie- und einsatzfeldunspezifischen Aktivierungsansätze haben ihren Wert und haben auch an vielen Stellen dazu beigetragen, Verkrustungen zu überwinden. Deregulierungspolitik war etwa durchaus erfolgreich bei der Erneuerung des Post- und Fernmeldewesens – ja, so etwas gab es mal – oder auch in der Ver- und Entsorgung. Hier entstanden nicht nur bessere, preiswertere und oft sogar neue Leistungen, sondern hier entstanden sogar zusätzliche Arbeitsplätze. Aber es gab auch große Schwächen: Ein erstes Problem des Deregulierungsansatzes war, dass viele Herausforderungen ungelöst und viele Chancen ungehoben blieben und dass in einigen Bereichen sogar kontraproduktive Effekte zu erkennen waren; ein Beispiel hierfür sind etwa die Turbulenzen bei Mobilität und Transport. Und eine zweite Schwäche war, dass die mit dem Deregulierungsansatz verbundene Kostendämpfungs- und Sparpolitik – im außerdeutschen Sprachraum wird von „Austeritätspolitik" gesprochen – hohe soziale und politische Kosten verursachte und eine Investitions- und Ausgabenzurückhaltung bei vielen gesellschaftlich notwendigen Dienstleistungen und Infrastrukturen zur Folge hatte, nicht zuletzt im Bereich der allgemeinen und beruflichen Bildung. Vor diesem Hintergrund ist es sehr zu begrüßen, dass heute bei der Wirtschafts-, Struktur- und Technologiepolitik die unspezifischen Strategien zwar nicht überwunden, aber an deren Korrektur und Ergänzung gearbeitet wird. Es wird wieder spezifischer gedacht und gehandelt und dies führt auch dazu, dass die Vorgehensweise pragmatischer und zweckorientierter wird. Für die Branche, in der ich mich oft bewege und ein wenig auskenne, d.h. für die Gesundheitswirtschaft, bietet eine solche Perspektive deutlich bessere Aussichten als die Deregulierungs- und „Austeritätspolitik", bei der immer die Gefahr drohte, dass Gesundheit zu einem prioritären Ausgabendämpfungsziel wird.

CB:

Josef Hilbert und Dieter Rehfeld, wo sehen Sie die wichtigsten Linien der neuen Wirtschaftsstruktur-, Industrie- und Technologiepolitik? Und: Wo werden Stärken und Schwächen erkennbar?

DR:

Wie gesagt, geht es darum, Industriepolitik reflexions- und strategiefähig zu machen, hier kommen mehrere Aspekte zusammen. Ein Blick auf die neuere wissenschaftliche Diskussion ist hilfreich, nur vier Beispiele an dieser Stelle: Mariana Mazzucato hat gezeigt, welche zentrale Rolle staatliche Einrichtungen in den USA bei der Herausbildung der Internetwirtschaft, der erneuerbaren Energien und der Gesundheitswirtschaft gerade auch in technologischer Hinsicht spielen und plädiert für eine Neubewertung der Rolle des Staates in der Innovationspolitik. Charles Edquist hat herausgearbeitet, dass das scheinbar längst überholte lineare Innovationsmodell, das heißt Transfer des Wissens aus der Forschung in die Industrie, in der innovationspolitischen Praxis noch immer dominiert und verweist auf eine stark überschätzte Rolle von Wissenschaft und Forschung in der Innovationspolitik. Josef Stiglitz hat herausgestellt, dass es weniger um Innovationen an sich, sondern

5 Industriepolitik und Gesundheitswirtschaftspolitik

vielmehr um Lernen in allen gesellschaftlichen Feldern geht und Martin Gornig vom Deutschen Institut für Wirtschaftsforschung (DIW) und andere haben auf die zentrale Bedeutung einer industriellen Basis für den wirtschaftlichen Erfolg von Regionen und Ländern hingewiesen.

Gemeinsam ist diesen Untersuchungen, dass sie eine Neukonzeption der Rolle des Staates in der Industriepolitik suchen. Diese soll sich nicht auf die Korrektur von Marktversagen konzentrieren, sondern gefordert wird die gestaltende, durchaus auch risikobehaftete Funktion des Staates gerade auch in Bezug auf Lösungen für drängende gesellschaftliche Herausforderungen.

Die Schwäche besteht darin, dass diese Neuausrichtung bisher wissenschaftlich kaum und praktisch nur sehr wenig fundiert ist. Zwar ist mit der Ausrichtung auf Leitmärkte ein solches Konzept vorhanden; die hierfür notwendigen über Technologieförderung hinausgehenden Instrumente wie die Nutzung öffentlicher Nachfrage, anspruchsvolle Regulierung, Entwicklung neuer Geschäftsmodelle oder zielgerechte Qualifizierung und Arbeitsgestaltung werden bisher aber wenig genutzt.

Zumindest in letztgenannter Hinsicht, bei der Arbeitsgestaltung, zeichnet sich seit einiger Zeit ein Umdenken ab. Es ist mittlerweile deutlich geworden, dass die Digitalisierung der Wirtschaft (Industrie 4.0) nur erfolgreich sein kann, wenn die Beschäftigten nicht nur entsprechend qualifiziert sind, sondern diesen Prozess auch aktiv mitgestalten. Dies gilt besonders für ein auf Qualität der Produkte angewiesenes Exportland wie Deutschland mit seinen industriellen Leitbranchen Automobil, Maschinenbau, Elektrotechnik und Chemie.

JH:

Wenn ich die vielfältigen Diskussionen richtig verstanden habe, geht es zum einen darum sicherzustellen, dass die Wirtschaft technisch leistungsfähig bleibt, zum anderen darum, Anwendungsfelder mit großer Nachfrage („Leitmärkte") für eben diese Technologien zu finden bzw. auch zu entwickeln. Die Stärke eines solchen Ansatzes ist, dass er mit seiner Betonung von Technik dafür steht, dass wir es mit Veränderungen zu tun haben. Technik von heute liefert Grundlagen, um Lösungen von gestern zu überwinden. Und die Akteure in Wirtschaft und Gesellschaft müssen sich immer darauf einstellen, dass mit der Technik von morgen schleichende oder sogar disruptive Herausforderungen für die Lösungen von heute verbunden sind. Aber der Ansatz hat auch Schwächen: Wenn ich die Dokumente und Studien zu „Industriepolitik der letzten Jahre" richtig gelesen habe, ist die Betonung von Technik sehr pointiert, ja nachgerade einseitig. Sie betrachten die sog. Leitmärkte – v. a. Energie und Ressourcen, Mobilität und Logistik, Klimaschutz und Umwelt oder auch Bildung und Gesundheit – lediglich als große Anwendungs- und Nutzungsfelder für innovative technische Lösungen. Dass es sich hierbei auch um große und äußerst relevante gesellschaftliche Gestaltungsfelder – zumeist gesellschaftlich notwendige Dienstleistungen – handelt, wird kaum wahrgenommen. Erst recht wird nicht mitbetrachtet, dass es sich um Wirtschaftsbereiche und Politikfelder mit „eigener Governance", also mit eigenständigen und „eigenwilligen" rechtlichen Rahmenbedingungen, gesellschaftlichen Erwartungen, Akteurskonstellationen sowie Konflikt- und Konsensroutinen handelt. Und entsprechend überrascht sind die Protagonisten einer an Technik und Leitmärkten ausgerichteten Industriepolitik, wenn die vermeintlich wegweisenden Innovationspotentiale in den angepeilten Umsetzungsfeldern auf „Akzeptanzprobleme" stoßen und nur kaum bis sehr zögerlich zur Anwendung kommen.

Ein Beispiel für solche Mismatch-Probleme: Bei einem Expertenworkshop der Friedrich-Ebert-Stiftung kamen Ende Juli 2016 ca. 20 einschlägige Fachleute aus Wirtschaft, Wissenschaft und Politik zusammen, um über „Digitalisierung im Gesundheitswesen" zu beraten. Für viele Sachkenner, neuerdings etwa auch für die Forscher und Berater von PWC (BMWi 2016), gilt das Gesundheitswesen als außerordentlich großes Anwendungsfeld für Digitalisierung, gleichzeitig aber auch als überaus zögerlich bis abweisend, wenn es um die Nutzung v. a. integrierender Lösungen und neuer, digital gestützter Geschäftsprozesse geht. Während die Protagonisten einer offensiven Digitalisierung – zumeist aus der Industrie oder der Wissenschaft – den Innovationsattentismus der Gesundheitswirtschaft beklagten und auf die Nachteile für die Patienten, die Effizienz und den Wirtschafts- und Gesundheitsstandort Deutschland hinweisen, argumentierten die etablierten Vertreter aus dem Gesundheitswesen selbst eher zurückhaltend. Ihre Aufgabe sei es nicht, Wirtschaftsförderung zu betreiben und sie könnten Innovationen immer nur aus den sozial- und interessenspolitischen Perspektiven ihrer Branche beurteilen und vor diesem Hintergrund zulassen oder auch zurückweisen – bzw., was oft passiert, vom „runden Branchentisch" „auf die lange Bank schieben". Dieses (wegen seiner Größe und Technikaffinität außerordentlich wichtige) Beispiel zeigt, dass eine einseitig Technik betonende Industriepolitik dann vor eine „Gummiwand rennt", wenn es nicht gelingt, die sozialen und politischen Innovationsbedingungen ihrer potentiellen Einsatzfelder ernst zu nehmen und in integrierte Handlungskonzepte einzubauen. Um in der Sprache der Innovationssoziologie zu sprechen: Technische Innovationen müssen als Module von sozialen Innovationen gedacht und entwickelt werden.

Wer technische Innovationen nicht als alleinstehend betrachtet, sondern als Module, als Komponenten eines gesamten sozialen Innovationsprozesses, dem wird dann auch schnell auffallen, dass ein sehr bedeutender Anteil der Nutzungsfelder der derzeit debattierten technischen Innovationen im Bereich der haushalt- und personenbezogenen Dienstleistungen liegt. Dies gilt v. a. für den Bereich der Digita-

5 Industriepolitik und Gesundheitswirtschaftspolitik

lisierung, der Wirtschaft 4.0. Neben der Smart Factory – ein Thema, das eindeutig im Bereich des Produzierenden Gewerbes angesiedelt ist – stehen hier Konzepte wie Smart Mobility, Smart Health, Smart Homes in Smart Cities und um Smart Grids (also die dezentrale, vom Haushaltsbedarf her intelligent vernetzte Energieversorgung). Wichtige Akteure der industriellen Welt schlossen sich – wohlwollend unterstützt vom Bundeswirtschaftsminister – Ende 2015/Anfang 2016 zu einem „Bündnis für Industrie" zusammen, um Industriepolitik zu stärken. Die Mitgliedschaft dieses Bündnisses, Aussagen und die Aufmachung seiner ersten Publikation (BMWi/Bündnis 2016) machen mich nicht optimistisch, dass die Notwendigkeit eines Zusammenspiels der Industrie mit den Anwendungsfeldern im Dienstleistungssektor gesehen wird: „Heavy Metal" und „Stahlbeton" scheinen an Grenzen zu kommen, wenn es darum geht, die Bedeutung der von Dienstleistungen dominierten Leitmärkte für die Zukunft der industriellen Wettbewerbsfähigkeit zu begreifen.

CB:

Wo und wie sehen Sie bei der Weiterentwicklung einer neuen Wirtschaftsstruktur-, Industrie- und Technologiepolitik Optimierungsbedarf mit Blick auf die Zukunft der Gesundheitswirtschaft?

JH:

Auf diese Frage gibt es eine Fülle von Detailantworten; ich will mich nur auf einen allgemeinen und einen eher konkreten Punkt konzentrieren.

Der erste, eher allgemeine Punkt, hat damit zu tun, dass es in Sachen Wirtschafts- und Industriepolitik viel Sinn macht, in den Kategorien der EU zu denken und zu handeln. Die Kommission erarbeitet industriepolitische Handlungsmöglichkeiten nicht nur von den technologischen Handlungsmöglichkeiten her gesehen, sondern leitet sie auch aus gesellschaftlichen Bedarfen ab. Aus meiner Sicht wird gerade beim Thema Gesundheitswirtschaft deutlich, dass diese Perspektive zu interessanten neuen Perspektiven führt. Denn erst durch den Fokus auf die im Gesundheitsbereich unübersehbar steigenden Bedarfe und auf die Möglichkeiten zu ihrer Deckung wird erkennbar, dass es sich hier nicht nur um eine sehr große soziale Herausforderung handelt, sondern auch um eines der größten und anspruchsvollsten Anwendungsfelder für moderne Technologien. Das macht dann auch deutlich, dass es unklug wäre, durch eine überzogene Rationierung von Sozial- und Gesundheitsangeboten – möglicherweise hergeleitet aus dem Ruf, es sei besser in den technologischen Fortschritt zu investieren, denn konsumtive Sozialausgaben zu tätigen – das Hauptanwendungsfeld für High Tech kaputtzusparen. Allerdings verlangt die Umsetzung eines solchen gesellschaftlich fundierten Ansatzes von

Technologiepolitik eine deutliche Verbesserung der Zusammenarbeit zwischen den verschiedenen öffentlichen Ressorts, v. a. zwischen Gesundheit, Forschung und Wirtschaft.

Meine zweite Überlegung hat mit der Umsetzung von Forschungs- und Entwicklungsergebnissen zu tun, um die es in Deutschland ja bekanntlich generell nicht gut bestellt ist, die aber in der Gesundheitswirtschaft noch einmal ganz besonders kräftige Fragen auslöst. Bei den Ausgaben für die Gesundheitsforschung steht Deutschland gar nicht schlecht da. Und auch inhaltlich-fachlich haben sich einige Forschungs- und Entwicklungsfelder in den letzten Jahren erfreulich entwickelt. Beim Thema AAL („Active Assisted Living", oder auf Deutsch: Assistenzsysteme im Dienste des älteren Menschen) etwa war die Forschung und Entwicklung in Deutschland frühzeitig gestartet und auch in zahleichen Pilotprojekten erfolgreich. Bei der breiten Nutzung erfolgversprechender Neuerungen jedoch gab und gibt es massive Verzögerungen, so dass die Chancen für mehr Lebensqualität im Alter und auch die damit verbundenen Potentiale für die anbietenden Wirtschaftsunternehmen nicht voll zum Tragen kommen. Es ist keineswegs ausgeschlossen, dass der Gesundheitsstandort Deutschland technische, logistische und (fern-)kommunikativ-betreuende Unterstützungsdienstleistungen für das zu Hause Leben im Alter demnächst aus dem Ausland beziehen wird – und dies, obwohl sie als Prototypen in Deutschland vorgedacht und pilotiert wurden. Ein ähnliches „Schreckensszenario" halte ich auch mit Blick auf die Forschung, Entwicklung und Erprobung der individualisierten (bioinformatisch gestützten) Präzisionsmedizin – der nächsten anlaufenden Innovationswelle in der Gesundheitswirtschaft – für möglich.

Vor diesem Hintergrund – gut in Forschung und Entwicklung, zögerlich und langsam in der Anwendung – halte ich neue Ansätze zur Überbrückung der Lücke zwischen Forschung, Entwicklung und Erprobung einerseits und der breiten Nutzung andererseits für dringend geboten. Gefordert sind hier viele: Die Forschung, die ihr Engagement verstärkt unter Einbeziehung der Nutzungsmöglichkeiten konzipieren sollte; die Forschungsförderung, die endlich Wege finden muss, wie auch das Inverkehrbringen unterstützt werden kann; die Wirtschaft, die ihre Produkte und Dienstleistungen besser integriert, quasi als Systemlösungen entwickeln und vermarkten könnte.

Bei gesundheitsrelevanten Innovationen hat sich herausgestellt, dass die Verantwortlichen in den Gremien der Gesundheitsselbstverwaltung, wo über Erstattungsmöglichkeiten für neue Medizinprodukte und -dienstleistungen durch die Sozialversicherungen entschieden wird, oft große Probleme haben, das „Go" für innovative Angebote zu geben. Immer dann, wenn noch Restfragezeichen im Hinblick auf die für eine Erstattung erforderlichen Nachweise für eine überlegene gesundheitsbezogene Wirksamkeit und wirtschaftliche Effizienz bestehen, gibt es keine andere Option, als weitere Prüfungen und Wirksamkeitsevidenzen einzufordern. Und natürlich sind solche Restfragezeichen für solche Interessengruppen, die ihre Position durch Innovationen beeinträchtigt sehen, immer ein guter Grund, für Vorsicht und Innovationszurückhaltung zu plädieren – und dann in den zuständigen Selbstverwaltungsgremien des Gesundheitswesens auch entsprechend zu votieren.

Neuerdings kommt eine Debatte darüber auf, ob es nicht sinnvoll ist, die Gesundheitsselbstverwaltung von solchen „Risikoentscheidungen" zu entlasten. Für Gesundheitsprodukte und -dienstleistungen, die zwar mit hoher Wahrscheinlichkeit zukunftsfähig sind, deren Wirksamkeitsevidenzen aber nicht ohne Restzweifel geklärt sind, könnte sich eine zeitlich befristete, staatlich verantwortete und gesteuerte Umsetzungslinie anbieten. Bei endgültiger Bewährung der innovativen Ansätze könnten die Angebote dann in das Sozialversicherungssystem überführt werden. Die Finanzgrundlage für einen solchen Innovationspfad könnte ein Fonds bilden, der sowohl aus Mitteln der gesetzlichen und privaten Krankenversicherungen als auch aus Steuermitteln gespeist wird. Der Innovationsfonds Gesundheitswesen, der vom Gesetzgeber 2016 zur Ausbreitung von integrierten Versorgungsstrukturen auf den Weg gebracht wurde, war ein erster, allerdings bislang nur zaghafter und zeitlich befristeter Schritt in diese Richtung.

DR:

Auch praktisch fangen wir ungeachtet der genannten Umsetzungsprobleme nicht bei null an. Die von Mazzucato herausgearbeitete Rolle des Staates in der Innovationspolitik hat auch in Europa und in Deutschland ihre Spuren hinterlassen, wenn auch nicht so konsequent wie in den USA. Wenn wir die Bedeutung der Industrie im deutschen Produktions- und Innovationssystem und die Orientierung an gesellschaftlichen Herausforderungen verknüpfen, dann lassen sich fünf Aspekte festhalten. *Erstens:* Eine an gesellschaftlichen Herausforderungen orientierte Industriepolitik benötigt ein breites Innovationskonzept. Technische und soziale Innovationen, Arbeitsgestaltung und Geschäftsmodelle sind Schlüsselanforderungen. *Zweitens:* Qualifizierung ist eine Schlüsselgröße für hochwertige und wettbewerbsfähige Produktion. Angesichts der Komplexität der Zusammenhänge kommt sozialen Fähigkeiten, vor allem der Arbeit im Team, immer mehr Bedeutung zu. Von daher ist auch Arbeitsorganisation kein nachgeordneter Faktor, sondern grundlegend im Zusammenhang mit Produktionsorganisation und neuen Geschäftsmodellen. *Drittens:* Der industrielle Kernbereich ist entscheidend für die Wettbewerbsfähigkeit und Innovationstreiber. Er kann diese Funktion künftig aber nur stärken, wenn wir uns von den traditionellen Branchenabgrenzungen lösen und in Wertschöpfungsketten denken und handeln, in denen Produktion und Dienstleistungen – immer mehr digital vernetzt – zusammenwirken. *Viertens:* Mit dem veränderten Innovationsgeschehen muss sich auch Innovationspolitik ändern: Das enge Konzept der Triple Helix (Zusammenarbeit zwischen Staat, Wirtschaft und Wissenschaft) ist überholt und sollte durch stark veränderte Beteiligungsformen (Einbeziehung von Beschäftigten, Kunden, Zivilgesellschaft) ersetzt werden. *Fünftens*, oft übersehen, brauchen wir einen breiten Fluss von Wissen. Hier wird die Balance zwischen offenen Innovationsprozessen und Schutz der eigenen Forschungsergebnisse neu zu justieren sein. In vieler Hinsicht betreten wir hierbei industriepolitisches Neuland, von daher ist Industriepolitik nicht als starres Konzept, sondern als sich kontinuierlich weiter entwickelnder Lernprozess zu konzipieren.

CB:

Welche Rolle sollte, könnte und wird bei der zukünftigen Wirtschaftsstruktur-, Industrie- und Technologiepolitik in der Gesundheitswirtschaft die regionale Ebene spielen? Wird sie eher einen Bedeutungsgewinn erfahren oder werden Digitalisierung und Biologisierung alle regionalen Gestaltungsmöglichkeiten nivellieren?

JH:

An mehr Zukunft für Gesundheit ist seit der Jahrtausendwende in Deutschland sehr stark „von unten" gearbeitet worden. Wenn es um patientenorientierte Verbesserungen bei der Gesundheitsversorgung ging, wenn neue Wege der Prävention gesucht wurden, wenn die Entwicklung und Erprobung neuer Konzepte zur Telematik im Gesundheitswesen auf der Tagesordnung stehen oder auch wenn erste Konzepte zur Entwicklung und Nutzung der gesundheitsrelevanten Lebenswissenschaften angegangen wurden, waren regionale Gemeinschaftsinitiativen, oftmals zusammengeschlossen in Gesundheitsregionen, als Konzeptentwickler, Moderatoren oder manchmal sogar als Betreiber tätig. Ihr Engagement beruhte dabei zum Teil auf eigener Kraft, auf eigenen Ressourcen; oftmals kam es aber auch zur Unterstützung durch öffentliche Fördermittel, etwa aus der Forschungsförderung. In diesen Fällen war die Anfangswirkung größer, jedoch fielen viele extern geförderte Innovationsprojekte am Ende der Förderphase in ähnliche „Umsetzungsfallen", wie ich sie bereits oben umrissen hatte.

Ob diese „Go-and-Stop"-Problematik in der Innovationslandschaft Gesundheit dazu führt, dass Aufgaben bei der patientenorientierten Zusammenarbeit oder auch telemedizinische Dienstleistungen demnächst nicht mehr „vor Ort", sondern „remote", vielleicht sogar aus dem Ausland erbracht werden, ist nicht ausgeschlossen. (Bei ärztlichen Online-Sprechstunden, in denen auch Online-Rezepte ausgestellt werden, passiert das heute schon.) Das bedeutet, dass die regionale Leistungs- und Innovationskompetenz auch in der Gesundheitswirtschaft vor einer großen Herausforderung steht. Dass es große und finanzstarke Interessen gibt, die deutschen und europäischen Gesundheitsmärkte auch von außen zu bedienen, hat unlängst noch einmal eine Expertise von Merrill Lynch, der Investmentbank der Bank of America, zur „Silver Economy" – worunter Produkte und Dienstleistungen für mehr Gesundheits- und Lebensqualität im Alter verstanden werden – gezeigt. Und erste Akteure aus Übersee fangen damit an, diesen Markt in Deutschland und Europa mit innovativen internetgestützten Angeboten zu bedienen. Für dezentrale Innovations- und Dienstleistungsaktivitäten in einer innovationsattentistischen Gesundheitslandschaft stellt dies eine gravierende Herausforderung dar.

Eine Antwort auf solche „globalen", durch Digitalisierungstechnik ermöglichten Herausforderungen für die regionale Gestaltungskompetenz dürfte aber möglich sein. Gerade bei Gesundheitsthemen wird das Zusammenspiel von „High Tech" und „High Touch" – d. h. mit Face-to-Face-Kommunikationen „vor Ort" – auf absehbare Zeit eine essentielle Rolle spielen – und damit eine Grundlage für aussichtsreiche regionale Innovations- und Umsetzungsstrategien für mehr Gesundheit einerseits und eine damit verbundene leistungsfähige Gesundheitswirtschaft andererseits bleiben. Allerdings wird es für die traditionellen Gesundheitsanbieter immer wichtiger, sich souverän der neuen technischen Möglichkeiten zu bedienen und deren Potentiale für mehr Qualität und Effizienz zu nutzen.

Bislang haben die allermeisten Gesundheitsregionen in Deutschland eng mit ihren jeweiligen Landesregierungen zusammengearbeitet und von dort auch – zumindest projektbezogen – finanzielle Unterstützung bekommen. Darüber hinaus haben etliche Gesundheitsregionen auch von Fördermitteln der Bundesebene, insbesondere vom BMBF oder der EU, profitiert. Um die Leistungskraft und Innovationskompetenz von Gesundheitsregionen zu erhalten, möglichst noch auszubauen, wären aber noch weitere Schritte sinnvoll. Ein erster könnte darin bestehen, ein Orientierungssystem „Innovative Gesundheitswirtschaft" zu schaffen, das Innovationschancen und -baustellen kartiert, aber auch auf Engpässe und Blockaderisiken hinweist. Dies würde zum einen die Innovationspotentiale der Gesundheitsregionen zum Vorschein bringen und dadurch aufwerten. Dies würde zum anderen eine kompetenz- und potentialorientierte Schwerpunktsetzung und Arbeitsteilung zwischen den Gesundheitsregionen erleichtern und ggf. indirekt befördern.

Ein zweiter Ansatz zur Stärkung der Gesundheitsregionen könnte darin bestehen, dass sie ihrerseits versuchen, die Landkarte der Innovationsbaustellen stärker zu beeinflussen. Statt auf öffentliche Ausschreibungen zu reagieren, könnten proaktiv Innovationschancen herausgearbeitet und umrissen werden. Für die Wirtschaft könnte dies ein Anreiz sein, sich zum Aufgreifen dieser Chancen zusammenzufinden. Für die Politik könnte ein solches „Agendasetting von unten" dazu beitragen, die

Kommunikations- und Entscheidungsblockaden bei schwierigen und kontroversen Tabuthemen zu überwinden. Eines der wichtigsten Themen, das auf neue Akzente wartet, wären etwa innovative Präventions- und Versorgungskonzepte für bildungs- und sozialschwache Bevölkerungsgruppen. Für die betroffenen Menschen – viele von ihnen haben einen Migrationshintergrund – ließen sich hier viele Gesundheitsvorteile schaffen. Für die Kostenträger im Gesundheitswesen – von den Krankenkassen und Pflegeversicherungen über die Rentenversicherungen bis hin zu kommunalen Sozialämtern – ließen sich hier viele Effizienzreserven heben. Und für die Gesundheitswirtschaftsunternehmen – von den „Gesundheitsinformierern und -aufklärern" über die Präventions- und Rehatechnikanbieter bis hin zu den ambulanten Versorgungsanbietern – locken Kompetenzgewinne und wachsende Absatzchancen. Weltweit lassen sich bei den beschriebenen vulnerablen Gruppen massive, überdurchschnittlich ausgeprägte Gesundheitsprobleme beobachten. Wer in Regionen Kompetenzen entwickeln kann, um zu ihrer Überwindung beizutragen, dürfte global auf hohe Aufmerksamkeit und Kooperationsbereitschaft stoßen.

DR:

Die Rolle der Region im Rahmen der Industriepolitik ist spätestens seit Anfang der 1990er Jahre und der in diesen Jahren einsetzenden Clusterpolitik unbestritten. Die Unterstützung von regionalen Vernetzungen (Cluster, Innovationsnetzwerke) gehört mittlerweile zum Standartrepertoire moderner Industriepolitik. In den vergangenen Jahren hat darüber hinaus, und dieser Aspekt wird zunehmend wichtiger, die Region als Experimentierfeld für Lösungen für gesellschaftliche Herausforderungen gewonnen. Für den Bereich Gesundheitswirtschaft hat Josef Hilbert Beispiele genannt. Das europäische Konzept der Smart Specialisation hat vor allem in den südeuropäischen Ländern und in Skandinavien zu einer breiten Palette von Strategien zur Positionierung von Regionen im globalen Kontext geführt. Andere Ansätze finden eher in den Städten statt: Smart City oder Green City stehen für Strategien, sich den Herausforderungen von Digitalisierung und Energiewende zu stellen. Wieder andere Ansätze setzen auf eine Reindustrialisierung in den Quartieren, wie etwa Barcelona mit seinem Versuch, sich als „Fab City" zu positionieren. Auch wenn eine echte Analyse dieser Ansätze noch aussteht, schon jetzt kann festgestellt werden, dass das Lokale (die Region, die Stadt, das Quartier) zum Labor neuer industriepolitischer Strategien geworden ist.

Ausgewählte Literaturhinweise

Allespach, M., & Ziegler, A. (Hrsg.) (2012). *Zukunft des Industriestandortes Deutschland 2020*. Frankfurt: Schüren.
BMWi – Bundesministerium für Wirtschaft und Energie (2016). *Gemeinsam die Industrie stärken: Das Bündnis „Zukunft der Industrie"*. Berlin.
BMWi Bundesministerium für Wirtschaft und Energie (Hrsg.) (2016). Ökonomische Bestandsaufnahme und Potenzialanalyse der digitalen Gesundheitswirtschaft. Studie im Auftrag des BMWi, pwc, strategy & Formerly Booz & Company, Universität Bielefeld, WifoR – Wirtschaftsforschung. Endbericht Mai 2016, Berlin. (http://www.bmwi.de/DE/ Mediathek/ publikationen,did=772680.html)
Edquist, C. (2015). Striving Towards a Holistic Innovation Policy in European Countries – But Linearity Still prevails (ec.europa.eu/futurium/en/content/striving-towards-holistic-innovation-policy-european-countries).
European Commission (2015). Growing the European Silver Economy, Background Paper. Brüssel: Europäische Kommission.
Goebel, J., & Gornig, M. (2015). Deindustrialization and the Polarization of Household Incomes: The Example of Urban Agglomerations in Germany. German Socio-Economic Panel Study 755. Berlin: DIW (www.diw.de/soeppapers).
Jacobs, M., & Mazzucato, M. (Hrsg.) (2016). *Rethinking Capitalism: Economics and Policy for Sustainable and Inclusive Growth*. New Jersey: Wiley-Blackwell.
Lohmann, H., & Preusker, U. (Hrsg.) (2012). *Gesundheitswirtschaftspolitik*. Heidelberg: medhochzwei.
Mazzucato, M. (2014). *Das Kapital des Staates: Eine andere Geschichte von Innovation und Wachstum*. München: Kunstmann.
Mazzucato, M. (2013). *The entrepreneurial state*. London/New York: Anthem Press.
Merill Lynch – Bank of America (2014). The Silver Dollar – Longevity Revolution Primer. A Transforming World. Thematic Investing (http://www.aal-europe.eu/silver-economy/).
Rehfeld, D., & Dankbaar, B. (2015).: Industriepolitik: theoretische Grundlagen, Varianten und Herausforderungen. In: *WSI-Mitteilungen* 68, Nr. 7, S. 491-499.
Rehfeld, D., & Zee, F. van der (2015). Open innovation in industry, including 3D printing. Study for the European Parliament. http://www.europarl.europa.eu/committees/en/ supporting-analyses-search.html.
Stieglitz, J. E., & Greenwald, B. C. (2014). *Die innovative Gesellschaft. Wie Fortschritt gelingt und warum grenzenloser Freihandel die Wirtschaft bremst*. München: Econ.

Kontakt

Claudia Braczko, Institut Arbeit und Technik, Munscheidstr. 14,
45886 Gelsenkirchen
Email: braczko@iat.eu

Josef Hilbert, Institut Arbeit und Technik, Munscheidstr. 14,
45886 Gelsenkirchen
Email: hilbert@iat.eu

Dieter Rehfeld, Institut Arbeit und Technik, Munscheidstr. 14,
45886 Gelsenkirchen
Email: rehfeld@iat.eu

Wachstum entlang der Wertschöpfungskette als regionale Alternative zu Konzernstrukturen

Michael Böckelmann und Lena Guth

6.1 Hintergrund

Der demographische Wandel in Deutschland stellt das deutsche Gesundheitswesen vor neue Herausforderungen, die innerhalb der Literatur und in vielen Gesprächsrunden bereits ausgiebig diskutiert wurden. Eine dieser Herausforderungen ist die steigende Lebenserwartung, aufgrund derer ein höherer Anteil hochbetagter Menschen zu erwarten ist. Mit zunehmendem Alter steigt das Krankheitsrisiko. Damit einher geht ein Anstieg des Anteils multimorbider und chronisch kranker Patienten. Ausgewählte Diagnosegruppen werden in höherem Maße ausschlaggebend für eine Krankenhausbehandlung sein (vgl. Ratenberg und Ryl 2012, S. 3 ff.). Die Patientenzahlen der Krankenhäuser sind in 2015 im Vergleich zum Vorjahr erneut gestiegen (Statistisches Bundesamt 2017). Aufgrund des demographischen Wandels ist in Zukunft ein weiterer Anstieg der Patientenzahlen zu erwarten.

Die Kostensteigerung im Gesundheitswesen stellt eine weitere Herausforderung dar. Die Ausgaben sind in 2012 erstmals auf über 300 Milliarden Euro gestiegen. Im Vergleich zum Vorjahr entspricht dies einem Kostenanstieg von 2,3 % (Statistisches Bundesamt 2014a, S. 15). Der größte Teil der Krankheitskosten (37 Milliarden Euro) kann Herz-Kreislauf-Leiden zugeordnet werden (Statistisches Bundesamt 2014b). Diese Krankheitsklasse gehört zu den ausgewählten Diagnosegruppen, für welche ein Anstieg der Patientenzahlen prognostiziert wird (vgl. Ratenberg und Ryl 2012). Aufgrund steigender Personalkosten und eines anhaltenden Investitionsstaus stehen Krankenhäuser in Deutschland unter Rationalisierungsdruck. Der Kostenanstieg soll mithilfe der Berechnung des Orientierungswertes bei einer jährlichen Veränderung der Landesbasisfallwerte abgebildet werden. Die Kapitalkosten der Krankenhäuser, die auch durch den Investitionsstau entstehen, werden dadurch wenig bis nicht gemindert.

Ein wesentliches Ziel im Zuge der Einführung des auf Fallpauschalen basierenden Vergütungssystems und der Intensivierung des Wettbewerbs um Qualität und Wirtschaftlichkeit war der Abbau von Überkapazitäten stationärer Betten. Unwirtschaftliche, qualitativ fragwürdige Krankenhäuser sollten vom Markt ausscheiden, um einen Teil der Gesundheitsausgaben einzusparen. Die politisch motivierten wettbewerblichen Elemente im Gesundheitswesen generieren eine massive Verschärfung der wirtschaftlichen Situation der Krankenhäuser und stellen für ebendiese eine große Herausforderung dar.

Als grundsätzliches Problem bei der Behandlung chronisch kranker, multimorbider Patienten wurde bereits mehrfach die Fragmentierung des Versorgungssystems herausgestellt. Das GKV-Modernisierungsgesetz von 2004 schuf mit den neuen Paragraphen 140 ff. im Sozialgesetzbuch V die Grundlage zur integrierten Versorgung. Sie sollten eine sektorübergreifende Versorgung fördern, die sich an der Gesundheitsförderung der sich verändernden Population orientiert. Das Ziel war die Übernahme der Gesamtverantwortung für die Gesundheit der Patienten von der Prävention bis zur Nachsorge durch die Leistungserbringer. Auf diese Weise sollte die oft propagierte Ineffizienz vermieden und die Versorgung patientenorientiert gestaltet werden. Ein viel zitiertes Beispiel für ein daraufhin geschaffenes integriertes Versorgungsmodell ist das *Gesunde Kinzigtal* (vgl. Hildebrandt et al. 2006, S. 11 ff.). Aber auch einzelne Unternehmen können die integrierte Versorgung vorantreiben und sich Vorteile im Wettbewerb erarbeiten.

Ein zukunftsfähiges Geschäftsmodell und die richtige Wettbewerbsstrategie sind ein wesentlicher Erfolgsfaktor für Kliniken in einem zunehmend dynamischen Umfeld wie dem Gesundheitswesen. Die veränderten Rahmenbedingungen sind bei der Gestaltung eines Versorgungsangebotes zu berücksichtigen, um die Patientenbedürfnisse optimal bedienen zu können. Erschwert wird das Wachstum von Krankenhäusern durch ordnungspolitische Rahmenbedingungen und die fehlende notwendige Investitionsfähigkeit der Krankenhäuser. Statt in Konzernstrukturen zu wachsen und sich durch hohe Marktanteile unverzichtbar zu machen, bietet sich ein Wachstum entlang der Wertschöpfungskette an. Hierdurch kann ein Versorgungsangebot geschaffen werden, mit dem sich ein einzelnes Unternehmen in der Region von seinen Mitbewerbern abhebt. Auch werden Synergieeffekte nutzbar, die zum einen dem Wohle des Patienten dienen und zum anderen zum Erhalt des Krankenhauses auf dem Markt beitragen.

6.2 Kurzvorstellung: Gesundheitswirtschaft im Landkreis Osnabrück am Beispiel des Kurortes Bad Rothenfelde

Die Gesundheitswirtschaft im Landkreis Osnabrück ist eine Wachstumsbranche, in der mittlerweile 15.000 Personen beschäftigt sind. Sie bietet von der Prävention über die Akutversorgung bis zur Nachsorge und Pflege ein breites Spektrum von Leistungserbringern zur Versorgung der Patienten aus der Region und darüber hinaus.

Bad Rothenfelde liegt als einer von vier Kurorten der Region im Süden des Landkreises Osnabrück in Niedersachsen und grenzt unmittelbar an Nordrhein-Westfalen. Am Rande des Teutoburger Waldes gelegen bietet Bad Rothenfelde den Besuchern Entspannung und Erholung in landwirtschaftlich attraktiver Umgebung. In der Region werden 1.565 somatische Betten vorgehalten, die sich auf die Fachabteilungen Augenheilkunde, Chirurgie, Frauenheilkunde und Geburtshilfe, Hals-, Nasen-, Ohrenheilkunde, Haut- und Geschlechtskrankheiten, Herzchirurgie, Innere Medizin, Neurologie, Orthopädie und Urologie verteilen. Die 146 Planbetten in der Herzchirurgie sind in der Schüchtermann-Klinik zentralisiert. Zusammen mit den 60 kardiologischen Betten zählt die Schüchtermann-Klinik zu einem der fünf größten Herzzentren in Deutschland.

Eng verbunden mit der Geschichte von Bad Rothenfelde und der Entstehung der damaligen Kurklinik ist der Salzabbau im 18. Jahrhundert. Heinrich Schüchtermann, ein Dortmunder Industrieller, engagierte sich als Käufer der Salinen für die Errichtung eines Kinderheilbades. Dieses Heilbad entwickelte sich zu einem Bade- und Kurbetrieb insbesondere für Patienten mit Herz-Kreislauf-Erkrankungen. Alle zum Bade- und Kurbetrieb gehörenden Grundstücke und Einrichtungen wurden 1969 zugunsten des Baus der Schüchtermann-Klinik an die öffentliche Hand verkauft. Der Beginn der Bauplanung für die Kurklinik erfolgte Anfang der siebziger Jahre, sodass die Klinik 1973 eröffnet wurde. Die Mitarbeiter der Schüchtermann-Klinik fühlen sich in ihrem Handeln noch heute den Gründern der Familienstiftung, Kommerzienrat Heinrich Schüchtermann und seiner Frau Antoinette Schiller, verbunden.

6.3 Vorstellung der Schüchtermann-Unternehmensgruppe

Die Schüchtermann-Schiller'schen Kliniken gehören der Gesundheitssparte der Schüchtermann Schiller'schen Familienstiftung zu Dortmund an. Die Kliniken sind als Unternehmensgruppe organisiert. Die Muttergesellschaft ist die Schüchtermann-Klinik mit einem integrierten Herzzentrum. Ergänzt wird das Leistungsangebot des Herzzentrums durch ihre hundertprozentigen Töchter, zu denen die Dörenberg-Klinik in Bad Iburg sowie fünf Medizinische Versorgungszentren (MVZ) an den Standorten Bad Rothenfelde[1], Melle[2], Bad Iburg[3], Osnabrück[4] und Steinhagen[5] zählen. Darüber hinaus gehört das medicos.Osnabrück[6], ein Zentrum für ambulante Rehabilitation, zur Unternehmensgruppe. Die Muttergesellschaft bildet gemeinsam mit diesen Tochtergesellschaften das *center of excellence*. Hiermit wurde neben den Einzelmarken eine zusätzliche, selbst auferlegte Systemmarke geschaffen, welche die Funktion eines Gütesiegels besitzt. Das „center of excellence" verkörpert für die Schüchtermann-Schiller'sche Klinikgruppe folgende Grundsätze:

- es ist ein Gütesiegel, Leitbild und Leistungsversprechen
- es dokumentiert die Philosophie und Qualitätsansprüche der Gruppe
- es transportiert Image und Selbstverständnis
- es strahlt Vertrauen, Erfahrung und Kompetenz aus
- es schafft eine inhaltliche und eine gestalterische Klammer über der gesamten Gruppe.

Die Zusammenarbeit der Unternehmen des center of excellence ermöglicht ein umfassendes Leistungsangebot, das medizinische und therapeutische Maßnahmen aus den Bereichen Rehabilitation, Prävention und Sport umfasst. Die heutige Organisation der Schüchtermann-Schiller'schen Unternehmensgruppe ist das Ergebnis der 40-jährigen Geschichte des Unternehmens.

---

1 Vgl. http://www.mvz-badrothenfelde.de/
2 Ebd.
3 Vgl. http://www.mvz-badiburg.de/
4 Vgl. http://www.mvz-osnabrueck.de/
5 Vgl. http://www.mvz-steinhagen.de
6 Vgl. http://www.medicos-osnabrueck.de/

6.4 Wachstumsmöglichkeiten für Kliniken

6.4.1 Ordnungspolitische Rahmenbedingungen

Die strategische Logik hinter Wachstumsbestrebungen von Kliniken besteht zum einen in der Option, Synergieeffekte zu nutzen, um Kosten zu senken und/oder die Qualität zu verbessern, zum anderen darin, einen Zugang zu einer Region zu erhalten und dadurch die eigene Marktmacht auszubauen. Darüber hinaus bieten größere Strukturen eine bessere Verhandlungsmacht gegenüber Lieferanten und Kostenträgern (vgl. von Eiff 2005, S. 23 f.).

Die Wachstumsmöglichkeiten der Kliniken auf dem deutschen Krankenhausmarkt werden unter anderem durch die gesetzlichen Rahmenbedingungen des Krankenhausfinanzierungsgesetzes eingeschränkt. Laut diesem Gesetz sind gemäß § 6 Absatz 1 die einzelnen Bundesländer verpflichtet, die Versorgung der Bevölkerung mit Krankenhausleistungen mithilfe eines Krankenhausplans sicherzustellen. Innerhalb dieses Plans werden die Standorte für Kliniken, die einzelnen Fachrichtungen, Bettenzahlen und Funktionseinheiten festgelegt. Leitgebendes Maß ist dabei die Bedarfsgerechtigkeit. Bei einem veränderten Grad der Inanspruchnahme können die Kapazitäten der Fachabteilungen oder Funktionsbereiche durch die Krankenhausplanungsbehörde angepasst werden.[7] Diese gesetzliche Grundlage stellt eine Eintrittsbarriere in den Markt dar und führt dazu, dass ein organisches Wachstum einer Klinik ohne die Genehmigung der Krankenhausplanungsbehörde nicht möglich ist.

Eine Wachstumsmöglichkeit für Kliniken auf dem deutschen Krankenhausmarkt besteht in dem Zusammenschluss zweier oder mehrerer Kliniken. Diesbezüglich hat der Bundesgerichtshof am 16. Januar 2008 in dem Fall des Kreiskrankenhauses Bad Neustadt entschieden, dass grundsätzlich Zusammenschlüsse von Krankenhäusern der Zusammenschlusskontrolle gemäß § 35 bis 43 des Gesetzes gegen Wettbewerbsbeschränkungen unterliegt (Beschluss Bundesgerichtshof KVR 26/07). Vom Bundeskartellamt geprüft wurde zum Beispiel der Erwerb des Großteils der Rhön-Kliniken AG durch den Gesundheitskonzern Fresenius.

---

7   Nähere Angaben zum Krankenhausplan und den einzelnen Fortschreibungen der vergangenen Jahre finden sich auf den Internetseiten der Sozialministerien der Länder.

6.4.2 Investitionsfähigkeit der Krankenhäuser auf dem deutschen Krankenhausmarkt

Die Wachstumsmöglichkeit durch einen Zusammenschluss oder den Erwerb eines Krankenhauses durch einen Krankenhausträger ist theoretisch gegeben. Allerdings fehlt es den meisten Krankenhäusern an der notwendigen Investitionsfähigkeit für diesen Weg des Wachstums. Um Leistungen im Krankenhaus erstellen zu können, müssen beispielsweise ein geeignetes Gebäude und medizinisch-technische Geräte unterhalten werden. Aufgrund der Abnutzung des durch Eigen- und Fremdkapital finanzierten Anlagevermögens ist es notwendig, diese beizeiten neu anzuschaffen.

Die medizinische stationäre Versorgung der Bevölkerung wird als öffentliche Aufgabe verstanden. Daher sollten Kapitalkosten durch Steuergelder finanziert und die Betriebskosten von den Krankenversicherungen übernommen werden. Diese Finanzierungssystematik wird als duale Finanzierung bezeichnet (vgl. Tuschen und Trefz 2004).

Der Anteil der Fördermittel zur Investitionskostenfinanzierung ist seit 1991 kontinuierlich gesunken. Derzeit reichen die Mittel nicht, um Abschreibungen auszugleichen. Es entstehen folglich weitere Kapitalkosten. Mithilfe der EBITDA-Marge (vgl. Augurzky et al. 2012, S. 56) wird ein Orientierungswert für die Investitionsfähigkeit der Krankenhäuser dargelegt. Berechnungen zeigen, dass diese Marge bei 10 % für private Träger und 7,7 % für freigemeinnützige Träger liegen sollte (ebd., S. 24). Private Träger haben weniger Sonderposten in der Bilanz und müssen dieses durch Eigen-und Fremdkapital ausgleichen. Daher liegt die EBITDA-Marge entsprechend höher. Anders verhält es sich bei öffentlich-rechtlichen Krankenhäusern. Die notwendige EBITDA-Marge fällt aufgrund der höheren Sonderposten niedriger aus.

Eine genauere Betrachtung der Entwicklung der Marktanteile von privaten, freigemeinnützigen und kommunalen Trägern zeigt, dass die Marktanteile der privaten Krankenhausträger gewachsen und die der freigemeinnützigen und kommunalen Träger rückläufig sind (ebd., S. 20).

Mit Blick auf die Krankenhauslandschaft in Niedersachsen ist zu erkennen, dass sich auch dort die Trägerstruktur verändert hat. Der Anteil der Krankenhäuser in privater Trägerschaft steigt konstant und gleichzeitig nimmt der Anteil der Krankenhäuser in öffentlicher Trägerschaft ab. Die Krankenhäuser in freigemeinnütziger Trägerschaft nehmen leicht zu.

6 Wachstum entlang der Wertschöpfungskette als regionale Alternative 109

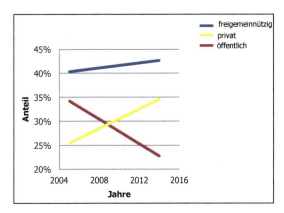

Abbildung 6.1 Anteile der Krankenhausträger in Niedersachsen
Eigene Darstellung

Bei genauerer Betrachtung der geflossenen Fördermittel in Niedersachsen der letzten 10 Jahre ist festzustellen, dass die Gelder nicht entsprechend diesem Trend verteilt wurden. Obwohl der Anteil der Krankenhäuser in privater Trägerschaft stark zugenommen hat, fließen die Mittel verstärkt zu den Krankenhäusern in freigemeinnütziger Trägerschaft.

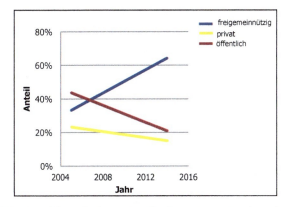

Abbildung 6.2 Anteil der geförderten Krankenhausträger in Niedersachsen
Eigene Darstellung

Diese Entwicklung lässt sich nicht mit dem Grundsatz des Krankenhausfinanzierungsgesetztes vereinbaren, in dem es heißt:

„Bei der Durchführung des Gesetzes ist die *Vielfalt der Krankenhausträger* zu beachten. Dabei ist nach Maßgabe des Landesrechts insbesondere die *wirtschaftliche Sicherung freigemeinnütziger und privater Krankenhäuser* zu gewährleisten." (KHG § 1 Abs. 2).

Die Tendenz zeigt eindeutig, dass die Trägervielfalt sukzessive abgebaut wird und das Land Niedersachsen die freigemeinnützige Trägerschaft mindestens in den letzten Jahren stärker als die private Trägerschaft fördert.

Laut dem Krankenhaus Rating Report 2015 waren in 2013 knapp die Hälfte der Krankenhäuser in Deutschland nicht investitionsfähig. Der als kumulierter Investitionsstau bezeichnete Mangel an Fördermitteln wird von den Autoren des Reports derzeit auf mindestens 12 Milliarden Euro geschätzt. Bei Fortschreibung des Status quo würde der Anteil der insolvenzgefährdeten Krankenhäuser auf 27 % steigen (vgl. Augurzky et al. 2015).

Die Förderlücke des jährlichen Investitionsbedarfs lag 2014 in Niedersachsen bei 56 %. Mit einem Sonderfinanzierungsprogramm des Niedersächsischen Ministeriums soll der Investitionsstau abgebaut werden. Mit einer Laufzeit von 25 Jahren soll ein zusätzliches Investitionsvolumen von rd. 670 Mio. Euro generiert werden. Ob dieses Geld reicht, um die existenzbedrohende Lage vieler Niedersächsischer Krankenhäuser zu entschärfen, bleibt abzuwarten. Fest steht, dass die niedersächsische Unterfinanzierung die Wettbewerbsbestrebungen von Krankenhäusern, welche sich nicht nur im regionalen sondern in einem bundesweiten Wettbewerb befinden, nachhaltig erschwert.

Zusammenfassend ist die Kapitalstruktur des Großteils kleinerer Häuser nicht vergleichbar mit den Kapitalstrukturen der großen Klinikketten. Folglich ist ein Wachstum entsprechend der großen Konzerne für die meisten Krankenhäuser nicht möglich. Es bleibt die Möglichkeit des Zusammenschlusses zu größeren Verbünden oder ein Wachstum durch die Integration vor- und nachgelagerter Wertschöpfungsphasen.

6.4.3 Wachstum entlang der Wertschöpfungskette als regionale Alternative zu Konzernstrukturen

Die Wertkettenanalyse eines Unternehmens und die sich daraus ergebenden Wettbewerbsvorteile wurden maßgeblich von Michael Porter mitentwickelt (vgl. Porter 2010, S. 63 ff.). Demnach gliedert „die Wertkette ein Unternehmen in strategisch

6 Wachstum entlang der Wertschöpfungskette als regionale Alternative

relevante Tätigkeiten, um dadurch Kostenverhalten sowie vorhandene und potentielle Differenzierungsquellen zu verstehen" (Porter 2010). Das einzelne Unternehmen und seine Wertkette ist selbst Bestandteil eines nach Porter benannten Wertsystems. Dieses System umfasst alle Stufen von der Herstellung eines Produktes bis zum Verkauf an den Endverbraucher (vgl. Porter 2010).

Auch für die Gesundheitsbranche lassen sich Wertschöpfungsstufen benennen. Die medizinische Wertschöpfungskette eines Krankenhauses „umfasst dabei alle internen und externen Ressourcen und Institutionen, die notwendig sind, um Patienten mit einem bestimmten Krankheitsbild fallgerecht zu versorgen" (von Eiff 2012, S. 16). Die Kernleistung eines Krankenhauses erstreckt sich von der Aufnahme bis zur Therapieintervention und anschließenden Entlassung. Die weiteren Stufen der Gesundheitsbranche sind der Krankenhausleistung vor- bzw. nachgelagert.

Eine integrierte Versorgung von der Prävention bis zur Nachsorge ist im deutschen Gesundheitssystem kaum vorhanden. Die Leistungserbringung erfolgt größtenteils unabhängig voneinander in den drei Sektoren ambulant, stationär und rehabilitativ.

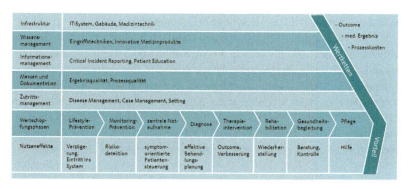

Abbildung 6.3 Die strategische Wertschöpfungskette des Krankenhauses enthält auch die vor- und nachsorgende Bereiche.
Bildrechte: von Eiff, W. Grafik: HCM
Datei: V:\My Pictures\Wertschöpfungskette KH.PNG

Die Trennung der einzelnen Versorgungsbereiche wird weiter verstärkt durch unterschiedliche Finanzierungsströme. Insbesondere der mangelhafte Informationsaustausch zwischen den Sektoren gibt immer wieder Anlass zu Kritik, da Testergebnisse und dokumentierte Behandlungsschritte häufig erst zu spät für die weiterbehandelnden Ärzte zugänglich sind (vgl. Porter und Guth 2012, S. 139 ff.).

Statt durch den Aufkauf oder mithilfe eines Zusammenschlusses zu größeren Verbünden zu wachsen, kann ein einzelnes Unternehmen die integrierte Versorgung vorantreiben und ein Wachstum entlang der Wertschöpfungskette anstreben. Für ein Krankenhaus bedeutet dies die vertikale Integration vor- und nachgelagerter Wertschöpfungsphasen. Auf diese Weise lassen sich Synergien nutzen, die sich zum einen positiv auf die Qualität der Patientenversorgung auswirken und zum anderen helfen, die Kosten zu kontrollieren.

Entwicklung einer Kurklinik zum herzchirurgischen Zentrum

Zu Beginn versorgte die Schüchtermann-Klinik präventiv und rehabilitativ Patienten mit funktionalen und organischen Herz-, Gefäß- und Kreislaufkrankheiten. Auch die Dörenberg-Klinik gestaltete sich zunächst als Rehabilitationsklinik für Herz- und Gefäßkrankheiten und Erkrankungen des Bewegungsapparates. Eine Indikationsänderung der Dörenberg-Klinik ergab sich 1980, sodass eine Umwandlung in eine rein orthopädische Rehabilitationsklinik mit den erforderlichen Umbauten und Erstausstattungen für Diagnostik und Therapie erfolgte. Die Dörenberg-Klinik agiert demzufolge heute auf einem weiteren Geschäftsfeld, unabhängig von dem Indikationsbereich der Herz-Kreislauf-Erkrankungen.

Mit der Auswahl der Schüchtermann-Klinik als Modellklinik für Anschlussheilbehandlungen 1976 bildeten sich erste Kooperationen mit den Akutkliniken Osnabrück, Bielefeld, Bremen und Düsseldorf. Die Funktionsdiagnostik wurde weiter ausgebaut, sodass auch zukunftsweisende Herzkatheteruntersuchungen und Therapien fortan in der Schüchtermann-Klinik durchführbar waren. Um im Sinne der Patienten herzchirurgische Eingriffe auch in Niedersachsen anbieten zu können, bewarb sich die Schüchtermann-Klinik 1988 um den vom Sozialministerium ausgeschriebenen Standort eines herzchirurgischen Zentrums im Osnabrücker Raum.

Bis 1988 hatte die Schüchtermann-Klinik bereits die vollständige kardiologische Infrastruktur für ein Herzzentrum, bestehend aus der entsprechenden Diagnostik, Intensivtherapie und Rehabilitation, entwickelt. Für ein Herzzentrum fehlte noch eine Herzchirurgie. Mit dem Zuschlag für die Herzchirurgie 1990 war es fortan möglich, die Patienten unter einem Dach in einem integrierten Herzzentrum von der Akutphase über die postoperativen Eingriffe bis hin zur Rehabilitation zu versorgen und zu begleiten.

Das derzeitige sektorübergreifende, integrierte Versorgungsangebot der Schüchtermann-Unternehmensgruppe

Die Wertschöpfungsarchitektur der Schüchtermann-Klinik wird definiert über das strategische Ziel einer integrierten Versorgung von Patienten mit Herz- und

6 Wachstum entlang der Wertschöpfungskette als regionale Alternative

Gefäßerkrankungen. Das Angebot reicht von der Prävention über die Diagnostik und Therapie bis zur Nachsorge „unter einem Dach". Das integrierte Herzzentrum besteht aus den Fachabteilungen Kardiologie, Herzchirurgie, Anästhesiologie und Rehabilitation. Die diagnostischen und therapeutischen Leistungen erstrecken sich über

- die Akutversorgung auf den Intensiv- und Überwachungsstationen,
- die Chest-Pain-Unit,
- die Herzkatheter- und Gefäßdiagnostik in fünf Untersuchungsräumen,
- Kathetereingriffe am Herzen (PTCA), an Beinarterien (PTA) sowie an Nieren- und Hirnarterien,
- große herzchirurgische Operationen in sechs Operationssälen,
- kombinierte Eingriffe in einem Hybrid-Operationssaal,
- die postoperative Versorgung auf fünf Akutstationen und
- die Möglichkeit, Rehabilitationsmaßnahmen auf vier Rehabilitationsstationen anzuschließen.

Im April 2010 eröffnete die Chest-Pain-Unit (CPU) innerhalb der Klinik. Patienten mit undefinierten Brustschmerzen erhalten in den neuen Behandlungs- und Pflegeräumlichkeiten sowie in einem speziellen Herz-Notfallraum eine schnelle und zielgerichtete Versorgung. Von der engen räumlichen und personellen Verzahnung mit den Diagnose- und Therapiebereichen der Klinik profitieren vor allem Risikopatienten. Die CPU der Schüchtermann-Klinik ist durch die Deutsche Gesellschaft für Kardiologie – Herz- und Kreislaufforschung e. V. (DGK) zertifiziert.

In der Klinik für Herzchirurgie werden seit dem Jahr 2011 neben den etablierten OP-Verfahren auch alle gegenwärtig gängigen Herzunterstützungssysteme (Kunstherzen) implantiert. Ein spezielles Team, bestehend aus Herzchirurgen, Intensivpflegepersonal und sogenannten VAD-Koordinatoren, betreut die Patienten 24 Stunden am Tag. Nach der ersten postoperativen Phase werden die Patienten in die Rehabilitationsklinik verlegt, in der ein ebenfalls spezialisiertes Team die weitere Mobilisierung übernimmt und auch die Entlassung des Patienten in die häusliche Umgebung vorbereitet. Dazu sind umfassende Schulungen der Betroffenen und ihrer Angehörigen erforderlich. Zudem ist die ständige Erreichbarkeit eines Ansprechpartners, der sich mit der Technik und dem Einsatz der verschiedenen Herzunterstützungssysteme (auch: VAD-Systeme, VAD = ventricular assist devices) auskennt, zwingend notwendig.

Im Anschluss an die Akutbehandlung können die Patienten in der Schuchtermann-Klinik rehabilitiert werden. Physiotherapeuten führen hier in enger Absprache mit den Chirurgen nach einem Eingriff erste Rehamaßnahmen durch. Bestandteil der Rehabilitation ist auch die Sekundärprävention. Die Patienten erhalten eine Ernährungsberatung und haben die Möglichkeit, in einer Lehrküche gesunde Mahlzeiten zuzubereiten, um im Alltag verstärkt auf eine gesunde Ernährung achten zu können.

Neben der Diagnose, Therapie und Rehabilitation umfasst das Herzzentrum das Institut für Prävention und Sportmedizin. Hier werden primärpräventionsmedizinische und leistungsdiagnostische Verfahren angeboten.

Im Zuge des GKV-Modernisierungsgesetzes ergab sich für Krankenhäuser die Möglichkeit, ein medizinisches Versorgungszentrum (MVZ) zu gründen und auch ambulante Leistungen anzubieten. Krankenhausträger können seither Betreiber eines MVZs sein, wenn gewährleistet ist, dass der ärztliche Leiter des MVZs selbst als angestellter Arzt dort tätig ist (vgl. § 95 SGB V). In 2007 wurde bereits das erste MVZ in Bad Rothenfelde eröffnet. Bisher sind in diesem MVZ die medizinischen Disziplinen Neurologie, Radiologie, Neuroradiologie und Nuklearmedizin vertreten. Darauf folgten die Gründungen der MVZs in Osnabrück, Steinhagen und Melle. Das MVZ Melle fungiert als Zweigpraxis des MVZs Bad Rothenfelde und bietet die entsprechenden medizinischen Disziplinen. In Osnabrück sowie in Steinhagen werden kardiologische Patienten betreut. Darüber hinaus werden in Osnabrück die medizinischen Disziplinen der Pneumologie, Psychokardiologie und der ärztlichen Psychotherapie sowie in Steinhagen die Innere Medizin und die Möglichkeit zur ambulanten Rehabilitation von Herz-Kreislauf-Patienten angeboten. Seit 2005 ist auch ein MVZ bei der Dörenberg-Klinik vorhanden. Es besteht aus einer Praxis für Neurologie und ärztliche Psychotherapie. Insbesondere die an der Schüchtermann-Klinik und an der Dörenberg-Klinik angeschlossenen MVZs kooperieren im Versorgungsalltag intensiv mit den Kliniken. Durch die enge Verzahnung der ambulanten und stationären Versorgung können Behandlungen schneller eingeleitet und Entscheidungen zeitnah getroffen werden.

Die Schüchtermann-Unternehmensgruppe verfügt darüber hinaus zur Prävention mit dem medicos.Bad Iburg und dem medicos.Osnabrück über ein Gesundheits- und Rehabilitationszentrum, in dem ein Sportbereich mit Schwimmbad und Sauna vorhanden ist. Hier bieten Spezialisten aus den Bereichen Medizin, Psychologie, Physiotherapie, Ergotherapie und Logopädie den sportbegeisterten und gesundheitsbewussten Teilnehmern vernetzte und integrierte Gesundheitslösungen. Darüber hinaus erfolgt im Kompetenzzentrum für medizinische Fitness (medicos.sport) in Osnabrück eine sportmedizinische Diagnostik.

Die personelle und bauliche Umsetzung des indikationsspezifischen und integrativen Versorgungsansatzes der Schüchtermann-Klinik wird durch das Herzzentrum, die Chest-Pain-Unit und die VAD-Koordination belegt. Darüber hinaus zeigt sich anhand der dargestellten Leistungserbringer des präventiven, ambulanten sowie rehabilitativen Bereiches das sektorenübergreifende Versorgungsangebot der Schüchtermann-Unternehmensgruppe. Dieses Versorgungskonzept bietet die Möglichkeit, den Patienten entlang der Wertschöpfungskette von der Prävention bis zur Nachsorge zu führen und folglich die Versorgung im Sinne des Patienten zu gestalten. Auf diese Weise umgeht die Schüchtermann-Unternehmensgruppe Defizite, die durch die fragmentierten Strukturen im Gesundheitswesen entstehen. Der Informationsaustausch ist unproblematisch und unnötige Doppeluntersuchungen können vermieden werden.

Der Nutzen dieses integrierten Ansatzes aus Patientensicht ist vielfältig: Wiederkehrende Klinikaufnahmen können vermieden und Wartezeiten verkürzt werden. Ferner ist die Kontinuität der ärztlichen, pflegerischen und therapeutischen Versorgung deutlich höher. Auch wird der Genesungsprozess des Patienten beschleunigt und die Verweildauer verkürzt.

Der hohe Nutzen des Ansatzes für die Patienten wird auch durch deren Zufriedenheit wiedergegeben. Einen bundesweiten Vergleich zur Patientenzufriedenheit liefern unter anderem die Techniker Krankenkasse und die weiße Liste (eine Befragung der AOK und Barmer GEK in Kooperation mit der Bertelsmann Stiftung). In diesem bundesweiten Vergleich schneidet die Schüchtermann-Klinik konstant überdurchschnittlich gut ab und wurde daraufhin von der Techniker Krankenkasse ausgezeichnet. Insbesondere im Bereich der ärztlichen Leistungen, der Betreuung durch die Pflegekräfte, der Organisation sowie im Bereich Wartezeiten erzielte die Schüchtermann-Klinik in der Befragung 2014 beste Ergebnisse. Das Ergebnis für die Patientenzufriedenheit gesamt und die allgemeine Zufriedenheit mit dem Krankenhaus liegt jeweils bei 91,2 %. Auch in den Kategorien Behandlungsergebnis, medizinisch-pflegerische Versorgung, Information und Kommunikation sowie Organisation und Unterbringung erzielt die Schüchtermann-Klinik die besten Ergebnisse unter den direkten Mitbewerbern im Umkreis von 200 Kilometern. Auch in der aktuellen Fokus-Krankenhausliste erreicht die Schüchtermann-Klinik in der Gesamtbewertung die Spitzengruppe. Damit hebt sich die Schüchtermann-Klinik deutlich von den restlichen Einrichtungen ab.

Zielsetzung der Schüchtermann-Klinik und zukünftige Wachstumsbestrebungen

Die Kosten im Gesundheitswesen steigen weiterhin kontinuierlich an (Statistisches Bundesamt 2014a). In der Vergangenheit war das primäre Ziel der Leistungserbringer eine Senkung der Kosten, um nach der DRG-Einführung im Wettbewerb auf dem Krankenhausmarkt bestehen zu können. Porter und Olmsted Teisberg argumentieren, dass in einem patientenorientierten Gesundheitswesen das Ziel der Kostenführerschaft inkorrekt sei. Vielmehr sei bei der Leistungserstellung die Wertsteigerung für den Patienten zu fokussieren. Auf diese Weise wäre der Wettbewerb unter den Leistungserbringern nicht auf die geringsten Kosten und eine akzeptable Qualität ausgelegt, sondern auf die Ergebnisse der medizinischen Leistungserstellung, welche in der Folge auch den Wettbewerb gestalten würden (vgl. Porter und Olmsted Teisberg 2006, S. 98 f.). Demzufolge gilt für den Leistungserbringer bei der Strategieformulierung das richtige primäre Ziel zu fokussieren. Porter und Olmsted Teisberg plädieren für „excellence in patient value" (ebd., S. 155) als Hauptziel. Der „patient value" (ebd.) wird als Ergebnis der medizinischen Leistungserstellung verstanden und definiert als „the health outcomes achieved per dollar of cost compared to peers" (vgl. Porter und Olmsted Teisberg 2006). Dabei gilt als Ergebnis „[a] specific medical condition over the full care cycle". Dieses Verständnis über das Ergebnis macht deutlich, dass sich nach Porter und Olmsted Teisberg die Verantwortung für das Ergebnis über die gesamte Gesundheitsleistung erstreckt. Sie kritisieren in diesem Zusammenhang, dass in anderen Branchen eine gemeinschaftliche Gesamtverantwortung für das Endprodukt vorhanden sei, diese aber im Gesundheitswesen aufgrund der Fragmentierung des Systems nicht existiere. Insbesondere vor dem Hintergrund, dass es um die Lebensqualität von Patienten ginge, sollte ein entsprechendes Verantwortungsgefühl für den *overall outcome* selbstverständlich sein (ebd.).

Die Sicherung der Qualität im deutschen Gesundheitswesen wurde auch im Koalitionsvertrag der 18. Legislaturperiode betont (Koalitionsvertrag der Bundesregierung 2013, S. 53 ff.). Es wird angestrebt, die Gesamtverantwortung für die Qualität über die Sektoren hinweg zu stärken. Dafür sind Qualitätsindikatoren und Messverfahren notwendig, die eine Gesamtergebnisqualität abbildbar und bewertbar machen (Bundesministerium für Gesundheit 2014). Trotz Kooperationsbestrebungen zwischen einzelnen Leistungserbringern ist das Zustandekommen einer Gesamtverantwortung, wie sie Porter und Olmsted Teisberg fordern, fraglich. Verfolgen Produktionen anderer Branchen die Strategie der Differenzierung, um sich mit einer einzigartigen Qualität des Produktes von Mitbewerbern abzusetzen, können sie einen hohen Verkaufspreis verlangen, den die Käufer im Zweifel bereit sind zu zahlen. Die Kundenbindung wird erhöht und die Ertragsspannen können erweitert werden (vgl. Porter 2013, S. 76 f.). Das Bestreben, die Produkte in einzigartiger Qualität anzubieten, um nicht zuletzt die Zahlungsbereitschaft der Verbraucher auf einem hohen Niveau zu halten, unterliegt folglich einem direkten Anreiz.

Das derzeitige Krankenhaus-Finanzierungssystem in Deutschland basiert auf der Annahme, dass Patientenfallzahlen, die über der vereinbarten Menge liegen, nicht notwendig sind. Für diese Mehrleistungen müssen Abschläge gezahlt werden (§ 4 Abs. 2a Satz 1 KHEntgG) Ein finanzieller Anreiz, bei hoher Ergebnisqualität die Menge entsprechend zu erhöhen, besteht nicht. Ein Finanzierungssystem mit einem stärkeren Anreiz zur Initiierung eines Qualitätswettbewerbs könnte zum Wachstum von Leistungserbringern mit Spitzenqualität beitragen. Hierdurch würde der Zugang zu Leistungen auf höchstem Niveau erweitert. Derzeit liegt es in der Hand des einzelnen Unternehmens, das Ziel der Qualitätsführerschaft zu priorisieren und einen höheren Patientennutzen zu schaffen.

Die Schüchtermann-Klinik hat sich trotz der fehlenden Anreizsystematik für die Qualitätsführerschaft als leitgebendes Ziel entschieden. Um dieses Ziel zu erreichen, erfolgt die Leistungserstellung evidenzbasiert[8] und ein durchdachtes Qualitätsmanagementsystem sorgt für ein hohes Maß an Patientensicherheit und Versorgungsqualität.

Bei der leitliniengerechten Medizin bleibt die individuelle Expertise und Erfahrung unerlässlich. Die Leitlinien dienen der Standardisierung, sodass eine gleichbleibend hohe Qualität erwartet werden kann. Bei der Entwicklung der Leitlinien wird auch die Praktikabilität und finanzielle Umsetzbarkeit berücksichtigt. Folglich wird auch hier die Medizin nicht unabhängig von der Ökonomie betrachtet. Darüber hinaus hat die Anwendung von Leitlinien ökonomische Auswirkungen. Diagnostische und therapeutische Maßnahmen werden sinnvoll eingesetzt und Verschwendungen vermieden (vgl. Reinauer 2004, S. 61).

Bereits 1999 wurde in der Schüchtermann-Klink ein Qualitätsmanagementsystem, basierend auf der DIN EN ISO Norm 9001, eingeführt. Das Integrierte Managementsystem (IMS) beinhaltet heute neben dem Qualitätsmanagement unter anderem auch das Risiko- und Zwischenfallmanagement, das Schmerzmanagement und das Hygienemanagement. In den einzelnen medizinischen Fachabteilungen sind Qualitätsarbeitskreise damit beauftragt, die Versorgungsqualität zu überwachen und kontinuierlich an der Verbesserung der Leistungen zu arbeiten. Die bereichsübergreifende Qualitätskommission vereinbart jährlich Qualitätsziele und überwacht deren Umsetzung.

Die Spezialisten der Schüchtermann-Klinik verfügen über langjährige Erfahrungen, die sich in den Gesamteingriffszahlen widerspiegeln. Demnach wurden seit

---

8 Evidenzbasierte Medizin dient der Entscheidungsfindung und wird definiert als: „...the conscientious, explicit, and judicious use of current best evidence in making decisions about care of individual patients. The practice of evidence based medicine means integrating individual clinical expertise with the best available external clinical evidence from systematic research" (Sackett, D.L. et al. 1996, S. 171). Die praktische Umsetzung der evidenzbasierten Medizin erfolgt durch die Anwendung evidenzbasierter Leitlinien. Im Allgemeinen können die Leitlinien als Leitplanken verstanden werden. Innerhalb dieser Leitlinien sollen die Verantwortlichen handeln und entscheiden. Eine begründete Abweichung wird akzeptiert und ist in manchen Fällen sogar notwendig (vgl. Arbeitsgemeinschaft der Wissenschaftlichen Medizinischen Fachgesellschaften).

1977 über 100.000 Herzkatheteruntersuchungen sowie seit 1993 mehr als 50.000 Herzoperationen mit einer Herz-Lungenmaschine durchgeführt.[9] Amerikanische Studien kamen bereits zu dem Ergebnis, dass insbesondere bei kardiovaskulären Erkrankungen die Anzahl der durchgeführten Operationen in einem Krankenhaus mit der Mortalität zusammenhängt. Demnach steigt das Mortalitätsrisiko in einem Krankenhaus, in dem vergleichsweise wenige Eingriffe vorgenommen werden (vgl. Birkemeyer et al. 2002, S. 1128 ff.). Die langjährige Erfahrung befähigt die Schüchtermann-Klinik dazu, das Ziel der Qualitätsführerschaft langfristig sichern zu können.

Die Schüchtermann-Klinik verfolgt die Zielsetzung der Qualitätsführerschaft mit einem möglichst gezielten Aufwand der Betriebsmittel. Daher werden in den jährlichen Management Reviews ökonomische und qualitative Ziele gemeinsam betrachtet und folglich aufeinander abgestimmt. Dabei sind betriebswirtschaftliche Überlegungen grundsätzlich notwendigen, medizinisch begründeten ärztlichen und pflegerischen Standards nachgeordnet. In der Schüchtermann-Klinik werden Unternehmensziele folglich in Verbindung mit den Qualitätszielen – und nicht von ihnen losgelöst – vereinbart. Mithilfe von Kennzahlen wird überprüft, ob der Mitteleinsatz zur Zielerreichung effizient erfolgt ist.

6.5   Ausblick

Die enge Zusammenarbeit innerhalb der Schüchtermann-Unternehmensgruppe ist auch für das ärztliche Pesonal von Vorteil. Ein reger Austausch mit den ärztlichen Kollegen aus den vor- und nachgelagerten Bereichen ist ohne großen Aufwand und problemlos möglich. Informationen gelangen schneller dorthin, wo sie gebraucht werden. Für die Patienten wird durch die Leistungserstellung unter dem Dach einer Unternehmensgruppe das Gefühl von Kontinuität geschaffen. Das Vertrauen der Patienten in die Behandler kann gestärkt und das Gefühl der Sicherheit erhöht werden. Auch die Qualität der Versorgung wird durch die enge Zusammenarbeit und eine schnellere Weiterbehandlung der Patienten in einer der folgenden Wertschöpfungsphasen erhöht.

Die Gesundheitswirtschaft wird als Zukunftsbranche bezeichnet. Wachstumspotenziale sind folglich vorhanden und sollten von Leistungserbringern wahrgenommen und genutzt werden, um dem steigenden Wettbewerb in der Branche standzuhalten. Für die Zukunft strebt die Schüchtermann-Unternehmensgruppe weiterhin ein strategisches Wachstum entlang der Wertschöpfungskette an.

---

9   Vgl. www.schuechtermann-klinik.de

Literatur

Augurzky, B. et al (2012). Bedeutung der Krankenhäuser in privater Trägerschaft. *RWI Materialien 72*. (S. 2-59). http://www.rwi-essen.de/media/content/pages/publikationen/rwi-materialien/M_72_Faktenbuch-priv-KH.pdf Zugegriffen 06. Oktober 2014.
Augurzky, B. et al. (Hrsg.) (2014). *Krankenhaus Rating Report: Mangelware Kapital: Wege aus der Investitionsfalle*. Heidelberg: Medhochzwei Verlag.
Augurzky, B. et al. (Hrsg.) (2015). *Krankenhaus Rating Report: „Bad Bank" für Krankenhäuser – Krankenhausaustieg vor der Tür?"*. Heidelberg: Medhochzwei Verlag.
Arbeitsgemeinschaft der Wissenschaftlichen Medizinischen Fachgesellschaften. http://www.awmf.org/ Zugegriffen: 06. Oktober 2014.
Birkemeyer, J. D. et al. (2002). Hospital volume and surgical mortality in the United States. *New England Journal of Medicine*. Vol. 346 Nr. 15 (S. 1128-37). doi: 10.1056/NEJMsa012337.
Bundesministerium für Gesundheit (2014). Qualitätssicherung im Krankenhausbereich. http://www.bmg.bund.de/krankenversicherung/stationaere-versorgung/qualitaetssicherung.html. Zugegriffen: 06. Oktober 2014.
Hildebrandt, H. et al. (2006). Managementgesellschaft organisiert Integrierte Versorgung einer definierten Population auf Basis eines Einsparungscontractings. *Gesundheits- und Sozialpolitik*. Jg. 60. Heft 5/6 (S. 9-29). Baden-Baden: Nomos Verlag.
Koalitionsvertrag der CDU, CSU und SPD (2013). Deutschlands Zukunft gestalten. https://www.cdu.de/sites/default/files/media/dokumente/koalitionsvertrag.pdf. Zugegriffen: 06. Oktober 2014.
Medicos.Osnabrück (2014). http://www.medicos-osnabrueck.de/ Zugegriffen: 06. Oktober 2014.
MVZ Bad Rothenfelde. http://www.mvz-badrothenfelde.de/ Zugegriffen: 06. Oktober 2014.
MVZ Bad Iburg. http://www.mvz-badiburg.de/ Zugegriffen: 06. Oktober 2014.
MVZ Osnabrück. http://www.mvz-osnabrueck.de Zugegriffen: 06. Oktober 2014.
MVZ Steinhagen. http://www.mvz-steinhagen.de Zugegriffen: 06. Oktober 2014.
Porter, M. E. (2010). *Wettbewerbsvorteile. Spitzenleistungen erreichen und behaupten*. 7. Aufl. Frankfurt/ New York: Campus Verlag.
Porter, M. E. (2013). *Wettbewerbsstrategie. Methoden zur Analyse von Branchen und Konkurrenten*. 12. Aufl. Frankfurt/ New York: Campus Verlag.
Porter, M. E., & Guth, C. (2012). *Chancen für das deutsche Gesundheitssystem. Von Partikularinteressen zu mehr Patientennutzen*. Heidelberg: Springer Gabler Verlag.
Porter, M. E., & Olmsted Teisberg, E. (2006). *Redefining Health Care. Creating Value-Based Competition on Results*. Boston: Harvard Business Review Press.
Ratenberg, M., & Ryl, L. (2012). Zahlen und Trends aus der Gesundheitsberichterstattung des Bundes. Demographische Alterung und Folgen für das Gesundheitswesen. *GBE Kompakt*. Robert Koch Institut. 2. Jg. 3 (S. 1-8).
Reinauer, H. (2004). Zur Sicht der wissenschaftlichen medizinischen Fachgesellschaften. In: Dietrich, F. et al. (Hrsg.), *Standardisierung in der Medizin. Qualitätssicherung oder Rationierung?* (S. 52-83). Stuttgart: Schattauer Verlag.
Sackett, D. L. (1996). Evidence based medicine: What it is and what it isn't. *bmj*. 312. (S. 170-171). doi: http://dx.doi.org/10.1136/bmj.312.7023.71
Schüchtermann-Klinik Bad Rothenfelde. http://www.schuechtermann-klinik.de/ Zugegriffen: 06. Oktober 2014.

Statistisches Bundesamt (2017). https://www-genesis.destatis.de/genesis/online;jsessionid
=9BAEB7C55685C6C817897578253AE7F6.tomcat_GO_1_1?operation=previous&
levelindex=2&levelid=1490350614399&step=2 Zugegriffen: 14.03.2017

Statistisches Bundesamt (2014a). Gesundheit. Ausgaben 2012. Statistisches Bundesamt https://www.destatis.de/DE/Publikationen/Thematisch/Gesundheit/Gesundheitsausgaben/AusgabenGesundheitPDF_2120711.pdf;jsessionid=9EB36C8BB24E3D44002469C03F C92B9C.cae3?__blob=publicationFile Zugegriffen: 06. Oktober 2014.

Statistisches Bundesamt (2014b). Herz-Kreislauf-Erkrankungen verursachen die höchsten Krankheitskostenhttps://www.destatis.de/DE/ZahlenFakten/GesellschaftStaat/Gesundheit/Krankheitskosten/Aktuell.html Zugegriffen: 06. Oktober 2014.

Tuschen, K.-H., & Trefz, U. (2004). *Krankenhausentgeltgesetz – Kommentar mit einer umfassenden Einführung in die Vergütung stationärer Krankenhausleistungen.* Stuttgart: Kohlhammer Verlag.

Von Eiff, W. (2005). Erfolgsfaktoren für Unternehmensverbindungen im Gesundheitswesen. In: Von Eiff, W. (Hrsg.) *Unternehmensverbindungen.* Bd. 1. Aufl. 2. (S. 17-38). Wegscheid: Wikom Verlag.

Von Eiff, W. (2012). Bedeutung des Porter-Ansatzes für Kliniken. *Gesundheitspolitik Aktuell.* 3. Jg. Ausgabe 5. (S. 14-17).

Rechtsquellen

Bundesgerichtshof (2008). Beschluss vom 16. Januar 2008. KVR 26/07 – OLG Düsseldorf.

Fünftes Buch Sozialgesetzbuch – Gesetzliche Krankenversicherung – (Artikel 1 des Gesetzes vom 20. Dezember 1988, BGBl. I S. 2477, 2482). Zuletzt geändert durch Artikel 1 des Gesetzes vom 11. August 2014 (BGBl. I S.1346).

Krankenhausentgeltgesetz vom 23. April 2002 (BGBl. I S. 1412, 1422). Zuletzt geändert durch Artikel 16d des Gesetzes vom 21. Juli 2014 (BGBl. I S. 1133).

Kontakt

Michael Böckelmann, Schüchtermann-Klinik, Ulmenallee 5-11,
49214 Bad Rothenfelde
Email: mboeckelmann@schuechtermann-klinik.de

Lena Guth, Schüchtermann-Klinik, Ulmenallee 5-11, 49214 Bad Rothenfelde
Email: lguth@schuechtermann-klinik.de

Gesundheitsregionen und ihre institutionalisierte Kooperation im Netzwerk Deutsche Gesundheitsregionen (NDGR e. V.)

7

Josef Hilbert, Uwe Borchers, Maren Grautmann und Petra Rambow-Bertram

7.1 Einleitung

Ein Großteil der deutschen Gesundheitsregionen hat sich Mitte der Nullerjahre in einem Verbund zusammengeschlossen: dem Netzwerk Deutsche Gesundheitsregionen (NDGR e. V.). Der folgende Beitrag stellt zum einen dieses Netzwerk und seine Arbeit vor, zum anderen werden Herausforderungen und Entwicklungsoptionen der institutionalisierten Zusammenarbeit der Gesundheitsregionen aufgezeigt.

Zwar gibt es in Deutschland eine aktive Netzwerkforschung, die institutionalisierte Kooperation regionaler Gesundheitswirtschaftsnetzwerke ist bislang aber ein Forschungsdesiderat. Die folgende Darstellung des NDGR e. V. sowie seiner Mitglieder und Partner beschreibt Ziele, Strukturen und Aktivitäten des Netzwerks im Sinne einer „Selbstevaluation" aus Sicht des geschäftsführenden Vorstands.

Aus der Verbändesoziologie ist bekannt, dass Wirtschaftsverbände vier verschiedene Ressourcen (Schmitter und Streeck 1981; vgl. auch Hilbert 1988) haben, um sich nach innen wie nach außen zu stabilisieren. Verbände leben davon, dass

- sich ihre Mitglieder als Teile einer Gemeinschaft mit *ähnlichen Problemen, Zielen und Orientierungen* verstehen.
- sie *gemeinsam Forderungen*, Vorschläge und Anregungen gegenüber Dritten, also etwa gegenüber der Politik vortragen und (zumindest teilweise) durchsetzen (solidarische Güter).
- sie *für Mitglieder Leistungen erstellen* (selektive Güter), die von anderer Stelle nicht zu beziehen sind, zumindest nicht zu vergleichbaren Konditionen; ganz häufig handelt es sich dabei um Wissen, das gerade erst durch die Zusammenarbeit selbst entsteht.

- sie *von außen gestützt* werden, etwa indem ihnen Politik und Verwaltung (bezahlte) Aufträge erteilt oder auch Mitwirkungsmöglichkeiten bei der Gestaltung und Umsetzung öffentlicher Politik einräumt.

Diese grundsätzlichen Erkenntnisse über Aktivitäten und Integrationsressourcen von Verbänden sind hilfreich, um die Handlungsmöglichkeiten, Handlungsschwerpunkte und Handlungsgrenzen des NDGR einzuordnen und zu gewichten.

7.2 Das NDGR in seinen Grundstrukturen

Das Netzwerk Deutsche Gesundheitsregionen ist im Vergleich zu den bekannten Kammern und Verbänden der Gesundheitswirtschaft – etwa den Ärzte- oder Apothekerkammern, dem Verband der forschenden Arzneimittelindustrie oder auch dem Bundesverband Managed Care – ein sehr junger und ein sehr kleiner Interessenverband. Es handelt sich beim NDGR um eine Art Verbändeverband, in dem derzeit (Mitte 2016) 21 Mitgliedsorganisationen zusammengeschlossen sind. Mitglieder sind mithin nicht einzelne Personen oder Unternehmen, sondern regionale Zusammenschlüsse von Akteuren, Einrichtungen und Organisationen – eben Gesundheitsregionen –, die in der Dachorganisation NDGR zusammen arbeiten.

Regional stammen die Mitglieder aus nahezu allen deutschen Bundesländern. Lediglich Sachsen-Anhalt, das Saarland und Thüringen sind bislang nicht vertreten. Mit vier Regionen (Köln-Bonn, Münster, Ostwestfalen-Lippe, Ruhrgebiet) besonders stark vertreten ist Nordrhein-Westfalen.

Bei den Mitgliedern kann im Wesentlichen zwischen drei Typen unterschieden werden: Der erste Typ – er ist der zahlenmäßig dominierende – ist als eingetragener Verein verfasst, spricht Firmen, Einrichtungen und Institutionen für eine Mitgliedschaft an und erhebt von ihnen dann auch Mitgliedsbeiträge. Typische Beispiele hierfür sind etwa die Netzwerke der Gesundheitswirtschaft in den Regionen Ostwestfalen-Lippe, Weser-Ems, Hannover oder Rhein-Main. Der zweite Typ stellt eine Art Forum dar, das in aller Regel von öffentlichen Einrichtungen, etwa einem Ministerium oder auch einer städtischen Wirtschaftsförderung eingerichtet, einberufen und gemanagt wird. Für diesen Typ stehen etwa die Gesundheitsinitiative Schleswig-Holstein und die Gesundheitswirtschaft Rheinland-Pfalz. Beim dritten Typ handelt es sich um eine Mischform der ersten beiden; eine öffentlich verantwortete Plattform fasst Gesundheitsregionen eines Bundeslandes zusammen und vertritt sie im NDGR. Dies ist derzeit beim Bundesland Baden-Württemberg der Fall.

7 Gesundheitsregionen und ihre institutionalisierte Kooperation

Ziel und Zweck des Vereins – so die Satzung – sind v. a.

- die Förderung der deutschen Gesundheitswirtschaft und der Gesundheitsversorgung durch Austausch und (projektorientierte) Zusammenarbeit der Gesundheitsregionen,
- die Kommunikation der Vorteile einer starken Gesundheitswirtschaft und leistungsfähiger Gesundheitsregionen,
- das Anstoßen von öffentlichen Förderprogrammen für die Gesundheitswirtschaft und für Gesundheitsregionen.

Bei seinen Aktivitäten, auch dies verlangt die Satzung, soll das NDGR nicht in die Zuständigkeitsbereiche anderer Organisationen eingreifen, sondern sich strikt neutral verhalten. Dies gilt sowohl im Binnenverhältnis gegenüber den eigenen Mitgliedern als auch im Abgleich mit bereits arbeitenden Interessenorganisationen, etwa dem Bundesverband Managed Care (BMC) oder der gematik, der Gesellschaft für Telematikanwendungen der Gesundheitskarte mbH. Pointiert formuliert wurden hier Bescheidenheit und Zurückhaltung in der Satzung festgeschrieben.

Nicht präzise abzuschätzen ist, wie groß die Grundgesamtheit der Unternehmen, Einrichtungen und Institutionen ist, die in den Mitgliedsorganisationen insgesamt organisiert sind. Bei denjenigen Gesundheitsregionen, die ihre Mitglieder direkt organisieren und von ihnen dafür auch Beiträge verlangen, sind – dies ergab eine Auszählung auf den Internet-Seiten der beim NDGR ausgewiesenen Mitglieder – rund 1.500 Einrichtungen, Firmen, Institutionen und (in Einzelfällen) Einzelpersonen eingeschrieben. Wie viele Unternehmen im engen Austausch mit solchen NDGR-Mitgliedsregionen stehen, die mit ihrer Gesundheitswirtschaft ‚nur' zusammenarbeiten, sie aber nicht als Mitglieder führen, kann nur abgeschätzt werden. Realistisch ist, dass von diesen noch einmal ca. 1.500 Unternehmen und Einrichtungen erfasst und regelmäßig angesprochen werden. Gesamthaft vertritt das NDGR mithin mindestens 3.000 Gesundheitsakteure, die sich in der einen oder anderen Weise auf regionaler Ebene engagieren.

Finanziell basiert das NDGR im Wesentlichen auf den Beiträgen der Mitglieder, die nach der Größe der Mitgliedsregionen variieren. Kleinere Mitgliedsorganisationen zahlen 750 €, mittlere 1.000 € und größere 1.500 € pro Jahr. Hinzu kommen sporadische Einnahmen aus beratender Mitwirkung bei Kongressen oder Sponsorenmittel für NDGR-Veranstaltungen, etwa parlamentarischen Abenden. Unter diesem Aspekt ist das NDGR eindeutig eine ‚Low-Budget' Organisation. Gleichwohl unterhält das NDGR eine Geschäftsstelle, die nebenamtlich geführt wird.

7.3 Die NDGR-Mitglieder und ihre Vielfalt

Die Aktivitäten und Handlungsmöglichkeiten eines Verbandes oder Netzwerkes werden von den Strukturen, Routinen, Erfahrungen und Interessen der Mitglieder beeinflusst. Hier kann beim NDGR eine große Vielfalt ausgemacht werden, die im Folgenden überblicksartig skizziert wird.

Die Unterschiede beginnen bereits bei den Zielsetzungen. Insgesamt lässt sich ein Dreieck mit den Eckpunkten Wirtschaft, Arbeit und Gesundheit ausmachen: Angestrebt wird eine Stärkung der regionalen Gesundheitswirtschaft und damit verbunden die Schaffung attraktiver und nachhaltiger Arbeitsplätze. Da solche Ziele mittel- und langfristig nur in Verbindung mit einer leistungsfähigen und anspruchsvollen Versorgungslandschaft zu realisieren sind, gehören Schritte zur Verbesserung des Versorgungsgeschehens ebenfalls in den Aufmerksamkeitskanon. Zumeist starteten die Gesundheitsregionen des NDGR mit einem Fokus auf Wirtschafts- und Arbeitsmarktfragen. Einzelne Regionen setzten zum Beispiel darauf, dass eine Stärkung der Kompetenzen in der Biomedizin und bei der Medizintechnik nachhaltige regionalwirtschaftliche Effekte bringen könnte. Auch ein Ausbau des Gesundheitstourismus im Schnittfeld von Regionalmarketing und medizinischen Leistungen wurde vielfach angestrebt.

Im Laufe der Arbeit stellte sich dann oft heraus, dass es zum einen erfolgversprechend ist, sich auf wenige, regional herausragende Ziele zu fokussieren und zum anderen, dass diese Ziele besser in enger Zusammenarbeit mit Anwendern aus dem Versorgungsbereich zu erreichen sind. Darüber hinaus wurde auch klar, dass die Versorgungsbereiche, vor allem die Krankenhäuser, Reha- und Spezialkliniken, Altenpflegeheime, die niedergelassenen Ärztinnen und Ärzte und ambulanten Dienste selbst außerordentlich bedeutsame Faktoren für regionale Wirtschaft und Beschäftigung sind, deren Bedeutung in der Vergangenheit oft unterschätzt wurde.

Auch hinsichtlich der Organisationsform – wie oben bereits skizziert – gibt es zwischen den NDGR-Mitgliedern große Unterschiede: Hier reicht die Varianz von Organisationen wie der Gesundheitsstadt Berlin, die sich als zivilgesellschaftliche Organisation versteht und durch die Mitgliedschaft von Einzelpersonen, Firmen und Einrichtungen geprägt ist, über die Gesundheitsregion Aachen, die für eine Vielzahl von Gesundheitsorganisationen aus dieser Region steht, bis hin zur Mitgliedschaft von Bundesländern, die von einem oder sogar mehreren Ministerien getragen werden. Dies gilt beispielsweise für die Bundesländer Baden-Württemberg, Rheinland-Pfalz und Schleswig-Holstein.

Große Unterschiede gibt es auch beim Selbstverständnis der Gesundheitsregionen, also bei der Art und Weise, wie sie ihre Ziele verfolgen. Zunächst ist zwar allen Gesundheitsregionen des NDGR gemein, dass sie auf die großen Chancen und Gestaltungsmöglichkeiten der Gesundheitswirtschaft als Zukunftsbranche hinweisen und dafür Veranstaltungen durchführen, Analysen und Publikationen erstellen und kommunizieren. Jenseits dessen lassen sich aber gravierende Unterschiede bei der Organisation und Arbeitsweise ausmachen. Im Grundsatz können vier Aktivitätstypen unterschieden werden:

1. Plattform für den Austausch der Mitgliedseinrichtungen untereinander,
2. Innovationsimpulse durch Kongresse, Fachforen und Workshops,
3. Aufbauen, Unterstützung und Begleitung von Innovationsallianzen[1] sowie
4. Öffentlichkeitsarbeit für die Gesundheitsregion im Sinne von Regionalmarketing und Patientenedukation.

Viele Gesundheitsregionen sind bei den genannten vier Aktivitätstypen in vergleichbarer Intensität engagiert. Gleichwohl sind unterschiedliche Schwerpunktsetzungen auszumachen. Generell ist zu erkennen, dass es den Gesundheitsregionen, die hauptsächlich durch die Mitgliedschaft von Einrichtungen, Firmen, Einzelpersonen geprägt sind, leichter fällt, sich als Treiber von „Innovationsallianzen" zu engagieren, als solchen, die stärker von öffentlichen Akteuren, etwa Ministerien, dominiert werden. Diese sind durch ihren institutionellen Auftrag geprägt, alle Akteure aus Gesellschaft und Wirtschaft gleich zu behandeln und haben daher Schwierigkeiten, auf Innovationsallianzen ausgewählter Akteure zu setzen. Auf der anderen Seite haben die „öffentlichen" Gesundheitsregionen oftmals dann Vorteile, wenn es darum geht, einmal konzipierte Pläne auch tatsächlich und nachhaltig finanziert umzusetzen.

Die Möglichkeiten und Grenzen von Gesundheitsregionen hängen auch davon ab, ob und wie es ihnen gelingt, leistungsfähige Geschäftsstellen aufzubauen. Die meisten Gesundheitsregionen in der NDGR-Mitgliedschaft verfügen mittlerweile über Büros, in denen einschlägig qualifiziertes Personal arbeitet. Oft handelt es sich um Wirtschafts- und Sozialwissenschaftler mit ergänzenden gesundheitswissenschaftlichen Zusatzqualifikationen. Anzutreffen sind sowohl kleinere Geschäftsstellen mit zwei bis fünf Mitarbeiterinnen und Mitarbeitern als auch größere, die bis zu 15 Personen beschäftigen. In der Praxis hat sich gezeigt, dass es für die Arbeit von großem Vorteil ist, wenn es gelingt, zumindest einen Teil des Personals über längere Zeit zu binden. Dies trägt zur Förderung der Fachkompetenz bei und erleichtert auch die vertrauensvolle Zusammenarbeit bei der Mitgliederbetreuung und in Projekten.

---

1   Für vertiefende Ausführungen zu diesen Aktivitätstypen in Gesundheitsregionen siehe den Beitrag von Dahlbeck und Hilbert in diesem Band.

Finanziell beziehen Gesundheitsregionen ihre Mittel in aller Regel aus drei Quellen: den Mitgliedsbeiträgen, dem Verkauf von Dienstleistungen (etwa in Form von Teilnahmegebühren bei Kongressen) und durch Bezug von Fördermitteln im Kontext öffentlicher Projektförderungen. Wie sich diese drei Bezugsquellen im Einzelnen aufteilen, ist von Fall zu Fall unterschiedlich. Bei denjenigen NDGR-Mitgliedern, die als eingetragene Vereine organisiert sind, erreichen die öffentlichen Fördermittel nach dem Wissen der Autoren nicht mehr als ein Drittel der Gesamteinnahmen. Bei Vorständen und Geschäftsführern dieser Gesundheitsregionen wird viel Wert auf eine Budgetplanung gelegt, die in der Mischung einerseits auf Fördermittel zur gezielten Umsetzung von Projekten und andererseits auf eigene Ressourcen zur unabhängigen Führung der Vereinsgeschäfte setzt.

7.4 Das NDGR und seine Aktivitäten

Die bewusst begrenzenden Zielvorgaben der Satzung, die ‚schmale' Ressourcenausstattung sowie die Unterschiedlichkeiten in der Mitgliedschaft prägen auch den Horizont der Möglichkeiten für die Aktivitäten des NDGR. Rückblickend auf die ersten neun Jahre des Engagements lassen sich fünf Schwerpunkte ausmachen:

- *Erfahrungsaustausch:* Das NDGR ist in allererster Linie eine Organisation, die den Austausch unter Mitgliedern fördern will. NDGR-Mitglieder sind sehr daran interessiert, voneinander zu lernen, sowohl in inhaltlichen als auch in organisatorischen Fragen. Deshalb wird bei Vorstandssitzungen, an denen regelmäßig mehr als die Hälfte der NDGR-Regionen teilnimmt, ein Erfahrungsaustausch zu spezifischen Schwerpunktthemen organisiert. Darüber hinaus findet einmal im Jahr eine Klausurtagung statt, die neben dem Austausch über Schwerpunktthemen auch dem informellen Erfahrungsaustausch dient. Im Jahr 2014 hatte die inhaltliche Arbeit des NDGR etwa einen besonderen Schwerpunkt beim Thema „Altern und Region: Mehrwert durch Vernetzung". Das Jahr 2015 war thematisch durch „Innovation in der Versorgung" geprägt. Bei Vorständen und Geschäftsführern stoßen gerade auch Fragen der praktischen Netzwerkarbeit auf großes Interesse. So wird etwa am Rande von Sitzungen immer wieder erörtert, wie Nutzeneffekte der verbandlichen Arbeit realisiert werden oder durch welche Arbeitsstrukturen und -themen die Mitglieder einen noch größeren Mehrwert erlangen können.
- *Veranstaltungen:* Das NDGR kooperiert mit mehreren Veranstaltern bei Kongressen, Tagungen oder Workshops zu gesundheitswirtschaftlichen und -poli-

tischen Themen und hat dadurch die Chance, mit seinen Mitgliedern Themen und einzelne Veranstaltungsmodule mitzugestalten. So ist das NDGR unter anderem bei der Branchenkonferenz Gesundheitswirtschaft in Rostock, beim Hauptstadtkongress für Medizin und Gesundheit, beim Kongress Vernetzte Gesundheit in Schleswig-Holstein, beim Rhein-Main-Zukunftskongress in Offenbach und – in unterschiedlichen Abständen – beim Forum Gesundheitswirtschaft in Bielefeld dabei. Darüber hinaus wirken Vertreter des NDGR auch in Programmkommissionen weiterer Kongresse mit; in 2011 und 2012 wurde etwa mit der Stiftung Deutsche Schlaganfallhilfe eine Tagungsreihe mit drei Veranstaltungen in Dresden, Bielefeld und Essen durchgeführt. Solche Veranstaltungsaktivitäten eröffnen die Chance, Projekte und Initiativen von NDGR-Mitgliedern überregional transparent zu machen sowie auch innovative Themen und Fragestellungen aus der NDGR-Arbeit in die fachöffentliche Aufmerksamkeit zu transportieren.

- *Trendreport:* Die Initiative Gesundheitswirtschaft (IGW) und das NDGR geben drei- bis viermal jährlich einen Trendreport heraus, in dem zentrale Gestaltungsfragen der Gesundheitswirtschaft aufgegriffen und auch einschlägige Aktivitäten aus den NDGR-Mitgliedsregionen vorgestellt werden. Themen waren unter anderem die Digitalisierung und Internetmedizin, die Zukunft der Ärzteausbildung, Fragen des Umsetzungstempos bei Gesundheitsinnovationen oder die Präsentation von Innovationsaktivitäten aus den Regionen zu Fragen der Gesundheitsversorgung für Ältere.[2] Der Trendreport wird per E-Mail verschickt und hat einen Leserkreis von rund 10.000 Fachleuten aus der Gesundheitsbranche.

- *Interessenvertretung:* Das NDGR verdichtet gemeinsame Anliegen aus Gesundheitsregionen zu Anregungen und Vorschlägen an die Politik und an Einrichtungen und Unternehmen aus der Gesundheitswirtschaft. So hat das NDGR etwa zum Themenfeld Telemedizin in 2011 und 2012 auf den dringenden Regelungsbedarf hingewiesen, der auch im Versorgungsstrukturgesetz aufgegriffen wurde. In den Jahren 2014 und 2015 wurde im Rahmen der Debatten um den neuen Innovationsfond intensiv daran gearbeitet, die Kompetenzen der NDGR-Regionen und ihrer Mitglieder für die Mitgestaltung von Versorgungsinnovationen transparent zu machen.

- *Parlamentarische Abende:* In unregelmäßigen Abständen organisiert das NDGR in Berlin einen Parlamentarischen Abend, teils um auf Leistungen und Potenziale der Gesundheitsregionen hinzuweisen, teils um auf politische Gestaltungser-

---

2   Die gemeinsamen Trendreports der IGW und des NDGR können auf der Homepage der IGW eingesehen werden (www.initiative-gesundheitswirtschaft.org).

fordernisse aufmerksam zu machen. Im Oktober 2012 etwa widmete sich ein mit 130 Teilnehmern gut besuchter Parlamentarischer Abend des NDGR der Umsetzung der Telemedizin-Regelungen des Versorgungsstrukturgesetzes. Im Dezember 2014 fand ein Parlamentarischer Abend zur Gestaltung des damals noch in der Planung befindlichen Innovationsfonds statt. Im Dezember 2015 gab es eine gemeinsam mit dem Verein „Nationaler Gesundheitsberuferat e. V." organisierte Veranstaltung zu der Frage der Integration und Qualifikation von Flüchtlingen in den Arbeitsmarkt der Gesundheitswirtschaft. Die Parlamentarischen Abende und Veranstaltungen des NDGR stoßen bei der Bundespolitik, bei Abgeordneten der Parteien wie bei Vertretern der gesundheitspolitischen Institutionen und Verbände auf große Aufmerksamkeit.

Bei seiner Arbeit versucht das NDGR, seinem Satzungsziel, gegenüber den Handlungsdomänen anderer Verbände neutral zu arbeiten, durch einen Kooperationskurs zu realisieren. Dies findet zum einen seinen Niederschlag darin, dass es bei Veranstaltungen ausschließlich als eingeladener Juniorpartner seiner Mitglieder auftritt. Es spiegelt sich aber auch darin wider, dass es bei seinen eigenen Veranstaltungen möglichst immer die Zusammenarbeit mit inhaltlich einschlägig aufgestellten Fachorganisationen sucht. Bei dem Parlamentarischen Abend Ende 2014 zum Thema „Innovationsfonds" etwa trat das NDGR zusammen mit der Deutschen Gesellschaft für Integrierte Versorgung (DGIV), dem Gesunde Städte Netzwerk sowie mit der Deutsche Gesellschaft für Telemedizin e. V. auf. Dabei achtet das NDGR strikt darauf, die Zusammenarbeit mit Dritten auf punktuelle Aktivitäten zu beschränken.

7.5 Überlegungen zu Wirkungen

Es ist generell schwierig bis unmöglich, die Wirkung von Verbänden nach außen wie nach innen zeitnah zu evaluieren. Das gilt erst recht im Hinblick auf kleine und noch relativ junge Verbände. Gleichwohl lassen sich beim NDGR nach nunmehr fast siebenjähriger Arbeit Überlegungen zu Wirkungen anstellen. Sie basieren auf intensiven Diskussionen im Geschäftsführenden Vorstand sowie mit den NDGR-Mitgliedern. Sie zielen darauf, eine Diskussion mit Dritten anzuregen, um so Anhaltspunkte für verbesserte Wirkungsmöglichkeiten zu erhalten.[3]

---

3 Das Netzwerk der Regionen agiert in einem Konzert von Akteuren, die Themen setzen, aufnehmen und verstärken, so dass es ausgeschlossen ist, direkte Wirkungsketten auszu-

7 Gesundheitsregionen und ihre institutionalisierte Kooperation

Bei der Sichtung der Ergebnisse, die das NDGR für die Entwicklung der Gesundheitswirtschaft sowie hinsichtlich seiner Ziele zur Unterstützung seiner Mitglieder bewirkt hat, liegt beim Abgleich mit den Zielen der Satzung (siehe oben) folgendes Resümee nahe:

Im Hinblick auf die Förderung der Gesundheitswirtschaft allgemein ist in den letzten Jahren ein wahrscheinlich nicht mehr revidierbarer Paradigmenwechsel gelungen. Das Gesundheitswesen galt Ende der neunziger Jahre ausschließlich als Kostenfaktor der Ökonomie, heute gilt Gesundheitswirtschaft als Zukunftsbranche Nr. 1. Treiber für diesen Perspektivenwechsel waren nicht zuletzt die Regionen und Bundesländer, die sich daran gemacht haben, sich als besonders ausgewiesene Standorte der Gesundheitswirtschaft zu positionieren und zu qualifizieren.

Hinsichtlich des in der Satzung ausgewiesenen Ziels, Förderprogramme für die Gesundheitswirtschaft und für Gesundheitsregionen anzustoßen, war das NDGR erfreulich erfolgreich. Die Bundesregierung hat die Ausgaben für Gesundheitsforschung deutlich ausgebaut. In diesem Zusammenhang wurden auch zwei Förderprogramme zur Unterstützung der „Gesundheitsregionen der Zukunft" bzw. von „Gesundheitsregionen von Morgen" – so die Titel der Ausschreibungen – aufgelegt. Man mag kritisch festhalten, dass bei der Auswahl der geförderten Regionen großer Wert auf indikationsspezifische Fokussierung gelegt wurde. Klar ist aber, dass diese Förderprogramme zu einer deutlichen Aufwertung der Region als Gestaltungsebene für Gesundheit beigetragen haben. Parallel zu dieser Aufwertung der Gesundheitsforschung und zur Rolle der Regionen als Akteure kam es auch in vielen Bundesländern zu einschlägigen Förderprogrammen, bei deren Design Gesundheitsregionen zum Teil mitwirken konnten und von denen sie auch als Projektnehmer profitieren konnten. Außerdem ist es, teilweise direkt angestoßen von den Gesundheitsregionen, mit der Unterstützung der Länder gelungen, neue Ausbildungs- und Studiengänge für das wachsende Arbeitsfeld Gesundheit zu schaffen.

Das NDGR und seine Mitglieder können des Weiteren an mehreren Stellen ein erfolgreiches Agendasetting verzeichnen. Im Rahmen des NDGR-Forums bei der jährlichen Branchenkonferenz Gesundheitswirtschaft in Rostock-Warnemünde wurde etwa sehr frühzeitig das Thema der Internationalen Zusammenarbeit bei der Entwicklung von Systemlösungen für die indikationsspezifische Versorgung aufgegriffen, was sich nunmehr immer mehr als erfolgversprechende Perspektive durchsetzt. Ein anderer Initialimpuls des NDGR bei verschiedenen Kongressen (vor

---

machen. Außerdem zeigt die Erfahrung, dass Agendasetting und Interessenorganisation in der Gesundheitswirtschaft vor allem dann wirksam sind, wenn wegweisende Impulse von vielen Seiten aufgegriffen und vorgetragen werden.

allem in Bielefeld, Kiel und in Rostock) bestand darin, auf die massiven Probleme bei der Gestaltung von Arbeit und Technik in Gesundheitseinrichtungen hinzuweisen. Und beim Rhein-Main-Zukunftskongress in Offenbach wurde sehr frühzeitig auf die massiven Umsetzungsprobleme bei Gesundheitsinnovationen – etwa bei der Telemedizin – hingewiesen. All diese Themen wurden später als Gestaltungsthemen der Gesundheitsregionen von Wirtschaft, Wissenschaft und Politik aufgegriffen.

Noch ausbaufähig ist die Umsetzung des Satzungsziels, den Erfahrungsaustausch untereinander auch für projektorientierte Zusammenarbeit zu nutzen. Zwar ist der Erfahrungsaustausch untereinander ein regelmäßiges Schwerpunktthema aller NDGR-internen Veranstaltungen, jedoch ist es bisher nicht gelungen, eine Art Wissensmanagement der dabei gewonnenen Erkenntnisse so aufzubauen, dass auch für neu hinzukommende Mitgliedsregionen oder bei personellen Wechseln in der Vertreterschaft der Mitgliedseinrichtungen das Organisationswissen niedrigschwellig verfügbar wäre.

Auch der Anspruch eigenständig durchgeführter gemeinsamer Projekte ist bislang begrenzt umgesetzt. Zwar gelang mit Hilfe einer Förderung des Bundesministeriums für Bildung und Forschung (BMBF) ein Gemeinschaftsprojekt zur Präsentation der Deutschen Gesundheitsregionen in Indien, das noch heute – indirekt – Folgeprojekte nach sich zieht. Jedoch waren die Kooperationserfahrungen mit Blick auf den damit verbundenen Aufwand in den Mitgliedsregionen dabei so ernüchternd, dass es bis heute keine weiteren Bemühungen gab, weitere gemeinsame Großprojekte dieser Art auf den Weg zu bringen.[4]

Trotz der genannten anfänglichen Anlaufschwierigkeiten kann die Arbeit des NDGR nach den ersten Jahren als insgesamt erfolgreich bewertet werden. Insbesondere der Beitrag des Netzwerks und seiner Mitgliedsregionen zur Aufwertung des Gesundheitswesens als Zukunftsbranche Gesundheitswirtschaft wird dabei von vielen Beobachtern als besonders bedeutsam angesehen. Ulrich Tilly, ein erfahrener Experte in der Gesundheitspolitik, der unter anderem lange Jahre als Leiter der Grundsatzabteilung im Bundesministerium für Gesundheit tätig war, bezeichnete diesen Paradigmenwechsel als die wichtigste gesundheitspolitische Veränderung der letzten 20 Jahre.

---

4 Gemeinschaftsprojekte erfordern Eigenbeiträge in finanzieller oder personeller Form; für Mitglieder, deren Ressourcenausstattung selbst eng ist, kann dies – trotz bester Absichten – eine Überforderung schon in der Antragsphase darstellen.

7.6 Perspektiven und Schlussfolgerungen

Trotz der im Großen und Ganzen positiven Bewertung der Arbeit des NDGR sieht der Geschäftsführende Vorstand Handlungsbedarf, vor allem bei Positionierung der Gesundheitsregionen in der breiten Öffentlichkeit sowie der Stärkung und Professionalisierung der Arbeit in der eigenen Organisation.

Langfristig kann die Wahrnehmung und Entwicklung der Gesundheitswirtschaft nur nachhaltig sein, wenn es gelingt, dafür auch Aufmerksamkeit jenseits der engeren Fachöffentlichkeit zu erzielen. Dies gilt erst recht unter dem Aspekt, dass die Zukunftsherausforderung nur durch ein optimiertes und vor allem patientenorientiertes Zusammenspiel zwischen Gesundheitsressourcen von professionalisierten Gesundheitsanbietern einerseits und Selbsthilfepotenzialen in der Bevölkerung andererseits bewältigt werden kann.[5]

Bislang ist es den meisten Gesundheitsregionen jedoch noch nicht gelungen, sich auch in der Wahrnehmung der breiten Bevölkerung als Zukunftstreiber zu etablieren. Dabei ist dies von besonderer Bedeutung, wenn es gelingen soll, die Innovationsbereitschaft der regionalen Gesundheitsakteure nachhaltig im Bewusstsein politischer Entscheidungsträger zu verankern. Bislang entsteht Öffentlichkeit in den Gesundheitsregionen vorrangig vor der Negativfolie medizinischer Versorgungsengpässe, zum Beispiel der Frage, was die Region gegen den so genannten Ärztemangel unternimmt. Im Netzwerk Deutsche Gesundheitsregionen wurde dagegen verschiedentlich darauf gesetzt, eine positive „Awarenesskampagne" zu initiieren und gemeinsam mit Dritten umzusetzen – etwa nach dem Vorbild der Zukunftskampagne des „Das Handwerk: die Wirtschaftsmacht von nebenan".

Angesichts begrenzter Ressourcen müsste der NDGR künftig entweder die Mitgliedsbeiträge deutlich anheben oder Einnahmen durch eigenständige Aktivitäten erzielen. Ersteres könnte bei vielen selbst eher knapp ausgestatteten Regionen auf Vorbehalte stoßen. Im Hinblick auf Letzteres gab es zwar in den letzten Jahren Überlegungen, eigenständig Veranstaltungen durchzuführen oder einen Förderverein mit zahlungskräftigen Mitgliedern aus der Wirtschaft aufzubauen. Jedoch wurde bislang davon Abstand genommen, weil befürchtet wurde, solche Aktivitäten bedeuteten einen Einstieg in Geschäftsmodelle, die auch von Mitgliedern verfolgt würden. Konkurrenz und Zielkonflikte zwischen einem Dachverband und seinen Mitgliedern sind aber für den Zusammenhalt des Verbandes ein hohes Risiko.

---

5 Konzepte wie Quartiersmanagement oder Sozialkapital, wie sie etwa von der nordrhein-westfälischen Gesundheitsministerin Barbara Steffens oder dem amerikanischen Zukunftsforscher Rifkin vertreten werden, setzen genau auf diesen Brückenschlag.

Die bislang wirkungsvollsten Ressourcen des Netzwerks scheinen darin zu bestehen, dass es sich um einen Zusammenschluss handelt, in dem Mitglieder mit ähnlich gelagerten Anliegen, Interessen und Problemen vertreten sind. Dadurch, dass sie sich zusammenfinden und untereinander austauschen, entsteht ein selektives Gut, das es ohne das NDGR überhaupt nicht geben würde, nämlich Wissen und Erfahrungen darüber, wie sich Gesundheitsregionen entwickeln (lassen).

Eine weitere wichtige Integrationsressource des NDGR ist darin zu sehen, dass es auf Bundesebene eigene Arbeits- und Kommunikationszusammenhänge mit politischen Entscheidungsträgern gibt. Zum einen tragen diese dazu bei, dass gesundheits- und wirtschaftspolitische Entscheidungen – nicht zuletzt Förderprogramme – mit positiven Auswirkungen für Gesundheitsregionen bessere Chancen haben. Zum anderen sind sie eine Basis dafür, dass NDGR-Mitglieder frühzeitig wissen können, welche bundespolitischen Aktivitäten (u. a. Förderprogramme) für sie in Zukunft wichtig werden können.

Mit Blick auf die Zukunft kann dem NDGR geraten werden, seine vorhandenen und auch realisierten Potenziale bei der Erstellung solidarischer und selektiver Güter nicht nur weiterhin zu nutzen, sondern auch systematisch auszubauen und zu profilieren. Zudem sollten die Interessenvertretungsaktivitäten auf Bundesebene weiter ausgebaut werden. Das NDGR als Netzwerk der deutschen Gesundheitswirtschaftsregionen könnte künftig auch, im Rahmen eines Public-Private Partnership, öffentlich geförderte Gemeinschaftsaufgaben bei der Entwicklung der Gesundheitswirtschaft übernehmen.

Literatur

Schmitter, P. C., & Streeck, W. (1981). *The Organization of Business Interests*. Discusson Paper des Internationalen Instituts für Management und Verwaltung (IIM/LMP 81-13). Berlin: Wissenschaftszentrum.

Hilbert, J. (1988). *Unternehmerverbände im produzierenden Ernährungsgewerbe: Eine Studie über die Organisation von Wirtschaftsinteressen und die Chancen und Risiken der Einbeziehung von organisierten Teilinteressen in die Konzeption und Implementation öffentlicher Politiken*. München: Hampp.

Kontakt

Josef Hilbert, Institut Arbeit und Technik, Munscheidstr. 14,
45886 Gelsenkirchen
Email: hilbert@iat.eu

Uwe Borchers, ZIG – Zentrum für Innovation in der Gesundheitswirtschaft
OWL, Jahnplatz 5, 33602 Bielefeld
Email: borchers@zig-owl.de

Maren Grautmann, Beratung und Netzwerkmanagement in der Gesundheitswirtschaft, Hittorfstraße 16, 48149 Münster
Email: maren.grautmann@t-online.de

Dr. Petra Rambow-Bertram, KRH Klinikum Region Hannover GmbH,
Constantinstr. 40, 30177 Hannover
Email: Petra.Rambow-Bertram@krh.eu

Kosten-Nutzen-Analysen zur Beurteilung von Gesundheitsregionen – Geht das?

8

Stefan Müller-Mielitz, Kerstin Steenberg, Nicole Kuhn und Andreas J. W. Goldschmidt

8.1 Einleitung

Die wohnortnahe Gesundheitsversorgung in Deutschland durch innovative Versorgungsmodelle sicherzustellen ist eine der gesundheitswirtschaftlichen Herausforderungen der Zukunft. Als eine mögliche Lösung werden „Gesundheitsregionen" gesehen, wobei diesem Begriff noch keine einheitliche Definition zugrunde liegt. Die Praxis zeigt, dass ein unterschiedliches Verständnis und Definitionen des Begriffs vorherrschen, diese sind abhängig von den jeweiligen Zielen und Motivationen der Initiatoren der „Gesundheitsregion".[1]

Der Verein „Netzwerk Deutsche Gesundheitsregionen" beschreibt die Ziele von „Gesundheitsregionen" aus der makroökonomischen Sicht einer Volkswirtschaft: Sie forcieren demnach die Entwicklung der Gesundheitsbranche weg vom Kostentreiber hin zur Wachstumsbranche. Damit leisten sie einen erheblichen Beitrag zur Zukunftsfähigkeit des Wirtschaftsstandorts Deutschland.[2] Daneben finden sich auf den Homepages der unterschiedlichen Gesundheitsregionen weitere Ziele, wie beispielsweise die bessere Verknüpfung zwischen Wissenschaft und Forschung,[3] die Verbesserung der nationalen und internationalen Kommunikation im Gesundheitsbereich[4] bis hin zu Mediationsangeboten bei Konflikten zwischen Mitgliedern der Gesundheitsregion.[5]

---

1 Vgl. George, „Gesundheitsregionen" und „Regionale Gesundheitsversorgung", S. 293 f.
2 Vgl. Netzwerk Deutsche Gesundheitsregionen 2014a.
3 Vgl. Gesundheitsregion Regina 2014.
4 Vgl. Gesundheitsregion KölnBonn 2014.
5 Vgl. Gesundheitsregion Bamberg 2014.

Um diese Ziele zu erreichen, braucht es einen ökonomischen und strategischen Einsatz von Ressourcen. In der Gesundheitsbranche jedoch wird die Ökonomie häufig als Gegenspieler zur Medizin gesehen. Die zunehmende Ökonomisierung wird nicht selten als Ursache für eine immer schlechter werdende Versorgung der Bevölkerung dargestellt. Der Medizinethiker Giovanni Maio sprach auf dem Deutschen Ärztetag 2013 sogar von einer „Umprogrammierung" der Ärzte, die verstärkt aus ökonomischer Sicht Patienten behandeln oder eben nicht behandeln würden.[6]

Die noch junge Entwicklung der „Gesundheitsregionen" birgt die Chance, die Ökonomie zukünftig nicht mehr als Gegner, sondern als Partner der Medizin zu betrachten. Die demografische Entwicklung zeigt, dass die Bevölkerung in Deutschland immer älter und immer länger leben wird. Da Gesundheitsdienstleistungen durch die demografisch bedingte, relative Zunahme des Anteils älterer Menschen verstärkt benötigt werden, wird deren Nachfrage konsekutiv deutlich steigen. Die Anzahl der erwerbstätigen Menschen, die diese Dienstleistungen erbringen können, nimmt jedoch in den nächsten Jahrzehnten kontinuierlich ab. Entsprechend organisierte „Gesundheitsregionen" können diesen Trend abmildern, indem sie sich auf ihre Kernkompetenzen spezialisieren und ihre für ihre Region spezifische Kernkompetenz als Alleinstellungsmerkmal weiterentwickeln.

Durch die zunehmende Spezialisierung solcher Regionen auf individuelle medizinische und medizinisch-pflegerische Schwerpunkte ist es möglich, die entsprechenden Fachkompetenzen nicht mehr bundesweit vorhalten zu müssen, sondern auf eine Region konzentrieren zu können. Dies ermöglicht einen besseren bzw. gezielteren Einsatz medizinisch-pflegerischer Fachkräfte was zu einer besseren Gesundheitsversorgung auf diesem Gebiet führt. Dies ist nur ein Beispiel dafür, wie durch die zusätzliche ökonomische Ausrichtung einer Gesundheitsregion Patienten medizinisch-pflegerisch profitieren können. Weiterhin kann die Betrachtung auf Ebene von „Gesundheitsregionen" einer Tendenz entgegenwirken, die sich zunehmend vor allem im Bereich der stationären Versorgung abzeichnet. In diesem Bereich werden durch Fehlanreize im Vergütungssystem oft einseitig Effizienzreserven gehoben und die so ausgerichtete ökonomische Steuerung der medizinischen Leistungserbringung kann zu inter- und intrasektoralen Verlagerungseffekten führen.[7] Werden nun sektorenübergreifend „Gesundheitsregionen" betrachtet und die Vergütungssysteme entsprechend harmonisiert, könnten diese nicht medizinisch induzierten Verlagerungen langfristig vermieden werden. Selbstverständlich sind damit auch Nachteile verbunden, wie beispielsweise die Ausdünnung von

---

6   Ärzteblatt 2013.
7   Vgl. Thomas et al., „Patientengefährdung durch Fehlanreize – die Folge des Vergütungssystems?", S. 14 f.

hochprofessioneller medizinischer Versorgung in der Fläche. Patienten müssten dann für entsprechende Maßnahmen unter Umständen weiter reisen. Zurzeit gibt es in Deutschland mehr als 100 Gesundheitsregionen mit über 6.000 Mitgliedern und Teilnehmern, wobei die bundesweite geographische Abdeckung weniger als 50 % beträgt.[8] Sie sind unterschiedlich in ihrer Rechtsform, Struktur und ihrem unternehmerischen Hintergrund. Rund 46 % befinden sich in der Trägerschaft der regionalen und kommunalen Wirtschaftsförderung und rund 30 % haben Unternehmensnetzwerke als Träger.[9] Um nun abwägen zu können, ob die Vor- oder Nachteile im Rahmen des Versorgungsmodells „Gesundheitsregion" überwiegen und welche Ausrichtung in der jeweiligen Region am sinnvollsten erscheint, ist es daher ratsam, im Vorfeld medizinisch-pflegerischer Schwerpunktentscheidungen sogenannte Kosten-Nutzen-Analysen durchzuführen. Doch sind diese überhaupt in diesem Kontext möglich? Um diese Frage geht es in diesem Beitrag.

8.2 Sinn und Zweck von Gesundheitsregionen unter ökonomischen Gesichtspunkten

8.2.1 Was ist eine Gesundheitsregion?

Gesundheitsregionen sind Kooperationen zwischen einzelnen Unternehmen und/ oder Einrichtungen der Gesundheitswirtschaft mit dem Ziel eines gemeinsamen Nutzens. Dabei können die beteiligten Partner unterschiedliche Ziele verfolgen. Das Bundesministerium für Bildung und Forschung sieht die Hauptaufgabe der Gesundheitsregionen der Zukunft in der Hebung von Innovationspotenzialen entlang der Wertschöpfungskette der Gesundheitswirtschaft.[10] Damit steht die Verbesserung der medizinischen Versorgung der Bevölkerung im Mittelpunkt der Strategie.[11]

---

8 Vgl. Dostal, „100 Gesundheitsregionen in Deutschland – Was können wir von ihnen lernen?", S. 5.
9 Ebd.
10 Vgl. BMBF 2008.
11 Vgl. BMBF 2014.

8.2.2 Systematik der Gesundheitsregion

Die aktuelle Diskussion auf dem Klinikwirtschaftskongress (KWI) Anfang Juni 2014 in Dortmund zeigte, dass die Institutionen der Gesundheitsversorgung es zunehmend besser verstanden haben, durch medizinische Versorgungszentren (MVZs), die Anbindung von privat- und kassenärztlich agierenden (Fach-)arztpraxen, Ärztenetzwerke und neue Versorgungsformen wie die integrierte Versorgung, Synergien zu schaffen. Dies vermittelt den Eindruck der Schaffung neuer Versorgungsstufen(Techniker Krankenkasse 2014). Hierbei wird auch der Situation Rechnung getragen, dass es mehr Ärzte und auch Ärztinnen gibt, die zunehmend mehr Regelmäßigkeit in ihrem Arbeitsleben erwarten und eine ausgeglichene Work-Life-Balance präferieren.

8.2.3 Beispiel: Universitätsklinik Heidelberg

Ein Beispiel einer eher kleineren regionalen Gesundheitsregion ist das des Universitätsklinikums Heidelberg. Im April 2004 startete der ärztliche Direktor der Klinik für Allgemein-, Viszeral- und Transplantationschirurgie am Universitätsklinikum Heidelberg, Prof. Dr. Markus Büchler, Kooperationen mit umliegenden Krankenhäusern der Grund- und Regelversorgung.(Universitätsklinikum Heidelberg 2014) Zunächst startete das Modell mit dem Krankenhaus Salem. Im Jahr 2009 folgte Sinsheim, danach kam 2012 Eberbach hinzu und Heppenheim im Jahr 2013. Mit diesen Kooperationen ist es möglich, kleinere Eingriffe, die originär zur Grund- und Regelversorgung gehören, auch tatsächlich dezentral in den Grund- und Regelversorgungskrankenhäusern durchzuführen, um sich die Kapazitäten in der Uniklinik für komplexere Eingriffe und Therapieansätze freizuhalten. Die Vorteile einer solchen Kooperation liegen auf der Hand:

Die Universitätskliniken haben z. B. die Möglichkeit, sich auf komplizierte chirurgische Operationen, bei denen neuste Forschungsmethoden erprobt und klinische Studien durchgeführt werden können, zu spezialisieren. Wenn die umliegenden Krankenhäuser schwierigere Fälle konsequent überweisen, kann der Maximalversorger auch bei diesen Fällen eine stärkere Routine erzielen, wodurch eine Qualitätssteigerung erwartet werden kann. Da junge Nachwuchsärzte nicht sofort komplexe Operationen durchführen können, sondern im Rahmen ihrer Facharztweiterbildung peu à peu an die Chirurgie herangeführt werden müssen, können diese zunächst in den kleineren Krankenhäusern anhand der zahlreichen kleineren Eingriffe ihr „Handwerk" von Grund auf erlernen, um danach in der chirurgischen Universitätsklinik für die komplizierten Fälle eingearbeitet und eingesetzt werden zu können(Universitätsklinikum Heidelberg 2014). Die kleineren Krankenhäuser profitieren von der deutlich steigenden Zahl an Patienten für Standardeingriffe, die nicht mehr in der Uniklinik durchgeführt werden. Auch hier ist daher eine Qualitätssteigerung durch höhere Fallzahlen und damit größere Routine zu erwarten. Weiterhin können die Grund- und Regelversorger davon profitieren, dass revolvierend junge Ärzte der Uniklinik eingesetzt werden, die auf dem aktuellsten Stand der Operationstechniken und sonstigen Therapien arbeiten.[12] Nicht zuletzt brauchen alle beteiligten Kliniken nicht mehr unterschiedliches Know-how vorzuhalten, um jeweils quasi alle möglichen Fälle behandeln zu können. Dies stellt in Zeiten des Fachkräfte- und im Besonderen des Ärztemangels einen sehr relevanten Kosten- und Nutzenvorteil dar.

Doch birgt eine solche Kooperation natürlich auch Risiken. Im Falle einer Auflösung sind alle Beteiligten nur noch eingeschränkt aufnahmebereit, da nicht mehr in jeder Einrichtung alle medizinischen Fälle behandelt werden können. Im vorliegenden Beispiel existiert parallel zu der regional eher eng eingegrenzten Kooperation außerdem eine bundeslandweite Gesundheitsregion, das Gesundheitsforum Baden-Württemberg, welches sich auf pharmakologische Erzeugnisse und Medizinprodukte spezialisiert hat.[13] Eine spezialisierte Kooperation inmitten einer anders spezialisierten Gesundheitsregion zu etablieren könnte es im Detail schwerer haben, als sich der Spezialisierung der überregionalen Gesundheitsregion anzuschließen, da vorhandene Mittel, Organisationsaufwendungen und sonstige Kapazitäten potentieller und tatsächlicher Kooperationspartner nicht über ein gewisses Maß hinaus ausgeschöpft werden können.

8.3 Fragestellung

Die Ausgestaltung einer Gesundheitsregion wird eine Mischung aus gesundheitspolitischen Abwägungen (Erhalt von vorhandenen Gesundheitszentren) sein, fachliche Ausprägungen (Vorhandensein von Spezialkliniken) beinhalten und regionale Aspekte (Umwelt, Tourismus, Verfügbarkeit von Ressourcen) berücksichtigen. Grundsätzlich oder letztendlich müssen sich alle Modelle ökonomisch tragen und es ist offensichtlich, dass rein betriebswirtschaftliche Analysen für eine Region mit unterschiedlichen Akteuren und Institutionen nicht realisierbar sind.

---

12 Ebd.
13 Netzwerk Deutsche Gesundheitsregionen 2014b.

Auch die rein betriebswirtschaftliche Analyse für die IT-Infrastruktur als wichtiges Bindeglied zwischen Institutionen und enorm wichtig für den Aufbau neuer organisatorischer Kooperationen ist derzeit noch schwierig: Eine aktuelle Deloittestudie stellt fest, „dass Kosten-Nutzen-Analysen offensichtlich sehr gut geeignet sind, den Mehrwert von IT-Projekten transparent zu machen: Denn etwa die Hälfte (43,4 %) derjenigen Teilnehmer mit Praxiserfahrungen aus solchen Analysen geben einen Return of Investment von mindestens ‚3 bis 4' oder sogar ‚5 und mehr' als realistisch an. Zum Vergleich: Nur 19,7 % der Studienteilnehmer in Krankenhäusern ohne entsprechende Erfahrungswerte gehen von ähnlich profitablen IT-Projekten aus."[14]

Die ökonomische Analyse von IT steht, ebenso wie die Analyse von Gesundheitsregionen, erst am Anfang der wissenschaftlichen Betrachtung. Es sind in diesem Komplex drei Wissenschaftsbereiche angesprochen: Ökonomie, Medizin und Informationstechnologie, die alle drei nach einer interdisziplinären Verbindung suchen.

Dazu bedarf es einer übergeordneten, verbindenden Sichtweise, die nur durch die volkswirtschaftliche Sicht und die Disziplin der Volkswirtschaftslehre (VWL) durchgeführt werden kann. Diese Meta-Sicht auf die drei Domänen und die Anwendung von Methoden der VWL auf die Fragestellungen in den einzelnen Bereichen wird durch folgende Argumente gerechtfertigt:

- Evidenzbasierte Medizin ist ein wichtiger Baustein in der Wertschöpfungs- und der Gesundheitsleistungskette und trägt damit zu *volkswirtschaftlich relevanten Effekten* bei.
- *Ökonomische Prinzipien* haben, wie der aktuelle Forschungsstand zeigt, im Bereich evidenzbasierter Medizin (klinische Forschung) bisher wenig Einfluss erlangt.
- Eine einrichtungsübergreifende Sicht von Forschung (beispielsweise bei Multicenterstudien) verlangt *Meta-Analysen*, anstelle einer rein betriebswirtschaftlichen, institutionsbezogenen ökonomischen Arbeit. Diese müsste über vorhandene Kennzahlen der Betriebswirtschaft hinausgehen. Evaluationen, beispielsweise im Bereich Wirtschaftsinformatik/Medizininformatik, betrachten allenfalls die Institution, das Risiko oder qualitative Veränderungen durch den Einsatz von IT und greifen damit nur einige Aspekte einer umfassenden Evaluierung heraus.

---

14 Deloitte 2013, S. 5.

8.4 Vorbereitende Überlegungen

8.4.1 Definition des Untersuchungsgegenstandes

Ein wichtiger Schritt der Analyse ist es, zunächst den Untersuchungsgegenstand genau zu beschreiben. Dadurch können interne und externe Effekte besser abgegrenzt werden (vgl. ❶ in der Abbildung 8.1). Durch die Beschreibung des Gegenstandes wird deutlich, ob es sich um eine Aktivität, ein Werkzeug, ein Instrument, ein Verfahren oder einen Faktor handelt, der wiederum Einfluss auf das Ergebnis hat.[15]

8.4.2 Festlegung der Betrachtungsperspektive

Für Betrachter der Analyse ist die Perspektive, aus der die Analyse durchgeführt wird (vgl. ❷ in der Abbildung 8.1), ein wichtiger Aspekt. Das Problem der monetären Bewertung von Effekten tritt insbesondere dann auf, wenn externe Effekte in einem Projekt beachtet werden müssen.[16] Durch die Nennung der Perspektive(n) werden direkte und indirekte Effekte auf die Maßnahme detaillierter, deutlicher und trennbarer. Durch die Perspektive wird auch entschieden, ob die Analyse im mikro-, meso- oder makroökonomischen Bereich angesiedelt ist.

Standardmäßig wird in ökonomischen Untersuchungen bisher die Analyse aus nur einer Perspektive durchgeführt, daher ergibt sich die Frage, ob nicht die Analyse aus mehreren Perspektiven ein Mehr an Informationen liefert. Ökonomische Evaluationen neueren Datums fassen Projekte zu Clustern zusammen,[17] was gleichbedeutend einer Aggregation des Untersuchungsgegenstandes ist und einen Ansatz in Richtung Health-Technology-Assessment bedeutet (HTA) (Meta-Analyse).

Meta-Analyse ist eine erstmals von Peto bei der Therapie des Mamakarzinoms angewandte Methode: Studien mit vergleichbarem Design sollen für eine gemeinsame Aussage vereint werden. Manchmal trifft man daher auch noch auf den englischen Begriff „over-views". Die Zielsetzung von Meta-Analysen ist es, Gemeinsamkeiten in den Ergebnissen herauszuarbeiten und Unterschiede von Studie zu Studie zu entdecken sowie zu verstehen.[18]

---

15 Wittmann 1970, S. 113.
16 Mühlenkamp 1994, S. 158.
17 Reiner und Smoliner 2012, S. 68.
18 Last RJ: Accumulation evidence from independent studies. What we can win and what we can lose. Statistics in medicine 6 (1987) S. 221-228.

Das Vorgehen von HTA ist die systematische Literaturrecherche von bereits erfolgten Evaluationen. Demnach werden i. d. R. keine Daten durch HTA gewonnen. HTA hat den Nachteil jeder Meta-Analyse, dass es aus vielen einzelnen Analysen zusammengestellt wird. Der Nachteil besteht konkret, wie bei Meta-Analysen auch, darin, dass interessante Unterschiede von Studie zu Studie untergehen können (dagegen gibt es auch keine effizienten statistischen Verfahren). Es besteht zudem die Gefahr der Manipulation von Ergebnissen durch ungeeignete Auswahl von Studien, dass die Menge der zur Verfügung stehenden Studie schon eine Selektion darstellt (Publikationsbias) und dass es zahlreiche statistisch-methodische Schwächen bzw. Missbrauchsmöglichkeiten gibt.

Beispiel: Aus vielen ungeeigneten Versuchen oder „Studien" kann zusammenfassend keine einzelne aussagekräftige Studie „gezaubert" werden. Schlimmstenfalls ist nahezu jedes gewünschte Ergebnis durch „fishing for significance" erzielbar. Meta-Analysen sind daher in der Praxis bis heue eher selten formal saubere Ansätze sondern voller inhaltlicher Probleme. Bei umsichtigem Einsatz ist die Meta-Analyse aber ein geeignetes Instrument, um neue Erkenntnisse zu gewinnen, insbesondere wenn sie der Hypothesenbildung dienen und darauf basierend z. B. bestenfalls eine prospektive kontrollierte Studie auslösen. Es wird daher eine Aufsplitterung der einzelnen Perspektiven mit Blick auf den Untersuchungsgegenstand vorgeschlagen, der diesen auf feingranulare Weise untersucht.

8.4.3 Definition des Ziels

Die Ziel-Definition (vgl. ❸ in der Abbildung 8.1) muss zwingend erfolgen, da ohne eine Zielvorgabe keine Effizienz gemessen werden kann. In öffentlich geförderten Projekten werden Zielvorstellungen der Projektdurchführung durch die Antragsteller genannt, die als Basis für eine Systematisierung genutzt werden können.

8.4.4 Festlegung von messbaren Outputs bzw. Outcomes

Die Frage nach der Effizienz (vgl. ❹ in der Abbildung 8.1) kann durch messbare Outputs erfolgen und kann neben der betrachteten ökonomischen Effizienz auch die organisatorische, technische oder andere Effizienzen mit beinhalten. Beispielsweise sei hier die Publikationseffizienz von Forschungsinstituten genannt.[19] Damit wird

---

19 Vgl. Bielecki und Albers 2012.

8 Kosten-Nutzen-Analysen zur Beurteilung von Gesundheitsregionen

aber die Sicht einer ökonomischen Evaluation verlassen. In diesem Beitrag erfolgt die Konzentration auf die rein ökonomischen Effekte.

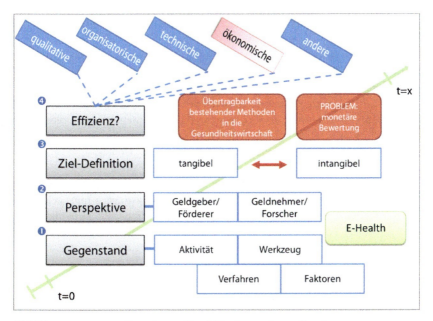

Abbildung 8.1 Darstellung der Problemfelder (eigene Darstellung)

Im Sinne von Outcomes (Wirksamkeit) und von Impact-Betrachtungen (Wirkungen) ist ebenfalls eine Effizienzbetrachtung möglich, die sich bisher jedoch einer ökonomischen Betrachtung verschließt, da eine Monetarisierung dieser Effekte schwerfällt.[20] Diese werden daher als intangible Effekte bezeichnet. Die Betrachtung von t=0 bis t=x engt die Untersuchung zeitlich ein, da schon vor einer Maßnahme Kosten anfallen und das Problem auftritt, dass der Nutzen auch teilweise erst nach dem Projektende/dem Analysezeitraum entsteht. Deshalb sollte bei der Analyse auch der Raum (verstanden als geografischer Raum, Marktraum, Zeitraum) und die Zeit (im Sinne eines Lebenszyklus des Projekts) mit betrachtet werden, um die Effekte

---

20 Vgl. Leidl 2002, S. 465.

zumindest besser benennen zu können. Können Effekte besser und umfassender benannt werden, ist das ein Erkenntniszugewinn für die Analyse.

8.5 Durchführung der Kosten-Nutzen-Analyse (KNA)

Die Kosten-Nutzen-Analyse (KNA) war und ist ein Planungs- und Entscheidungsinstrument bei den Aufgaben des Staates, die sich in drei Staatsfunktionen auflisten lässt: erste Ordnung: „äußere und innere Sicherheit", zweite Ordnung: „globale Steuerung" und dritte Ordnung: „direkte, gezielte Eingriffe in die Zielsetzung, die Verfahrensweisen und die Größenordnungen ökonomisch-technologischer Entwicklungsprozesse (durch Subventionen, Produktionsauflagen, regionale und sektorale Strukturpolitik)" ausdrücken und dadurch den „Hoheits- und Leistungsstaat" darstellen.[21]

Die KNA wird als ein „Verfahren zur Erhöhung der Rationalität staatlicher Entscheidungen" gesehen, das staatlichen Entscheidungsträgern Entscheidungshilfen und Entscheidungsempfehlungen geben soll.[22] Mit der Rückbesinnung auf die klassische KNA stellt sich diese Methode auch in der Gesundheitswirtschaft in den Vordergrund:[23]

1. Da das Gesundheitswesen ein öffentliches Gut ist und
2. weil vielfach für Aktivitäten und Ergebnisse keinen Markt gibt.

Beide Punkte begründen die Wahl der KNA. Es gibt weitere Forschungsgründe aus methodischer Sicht:

1. Die KNA hat bekannte Schwächen, insbesondere, was die Monetarisierung von Nutzen anbelangt, welche gelöst werden müssen.
2. Bei den betrachteten Untersuchungsgegenständen tritt das Problem auf, dass Kostenträger und Nutzenempfänger einer Maßnahme oft nicht zusammenfallen, so dass verteilungspolitische Aspekte zu analysieren wären.

Diese beiden methodischen Probleme treten auch bei „E-Health", „Forschung" und auch bei „Gesundheitsregionen" auf und sind in aktuellen Übersichten als Problem

---

21 Rürup und Hansmeyer 1984, S. 1, 107 ff.
22 Brümmerhoff 1992, S. 152.
23 Vgl. Wille 1997.

benannt.[24] Mit der Aufnahme der Methodik der KNA soll der wissenschaftliche Diskurs zu den angesprochenen Problemen weiter vorangebracht werden.

8.5.1 Werkzeuge der Kostenbestimmung

Konkrete Werkzeuge der Kostenbestimmung sind im Bereich der Betriebswirtschaft (Kosten-rechnung und Controlling) angesiedelt. Den Organisationen der wettbewerblichen Wirtschaft auf dem Zweiten Gesundheitsmarkt und den Institutionen des Gesundheitswesens auf dem Ersten Gesundheitsmarkt ist eines gemein: Sie müssen ihre Kosten kennen. Um wirtschaftlich handeln zu können, müssen Controlling-Mechanismen greifen. In einem ersten Schritt werden verschiedene Bereiche identifiziert, auf die das Controlling angewendet werden kann und aus denen dann in einem zweiten Schritt für die Analysen Daten gewonnen werden können:

- **Budget:** Die budgetäre Sichtweise der bisher agierenden Unternehmen im Gesundheitswesen wird sich langsam ändern müssen hin zu einer Gesamtsicht von Budget, Erlösen, Umsätzen und Gewinnen. Das Budget einer Gesundheitsregion ist ein wichtiger Indikator für das Erreichen oder Nichterreichen der Ziele. Damit wird nicht zwangsläufig der Kapitalismus Einzug in das Gesundheitswesen halten. Nach wie vor wird ein Krankenhaus ein humanes Leitbild haben. Ein Ärztenetzwerk wird sich dagegen schon mehr in Richtung „Gewinnorientierung" aufstellen und muss dementsprechend betriebswirtschaftliches Know-how einkaufen und aufbauen.[25] [26]
- **Personalkosten:** Die Personalkosten stellen neben den Materialkosten die bedeutendste Kostenart im Gesundheitswesen dar. Die Dominanz der Personalkosten beruht auf den personalintensiven Leistungen, die in Krankenhäusern, Pflege- und Rehabilitationseinrichtungen erbracht werden. Personalkosten können generell in Arbeitsentgelte und Personalnebenkosten unterteilt werden. Für die Berechnungen innerhalb von Kostenanalysen von Gesundheitsregionen müssen die Personalkosten nicht in ihrer Tiefe aufgeschlüsselt werden. Oft reicht es, die Arbeitsentgelte ohne Arbeitgeberanteil für die Berechnungen zu nehmen, da diese einfach verfügbar sind und keine Verzerrungen durch den Arbeitgeberanteil entstehen.

---

24 Reiner und Smoliner 2012, S. 68.
25 Vgl. Goldschmidt 2008.
26 Vgl. Simon u. a. 2006.

- **Sachkosten:** Als Sachkosten werden alle Kosten zusammengefasst, die für die Herstellung des Produkts neben den Humanressourcen benötigt werden. Das können Software-Tools, Verbrauchsmaterialien, Workshops, Reisekosten und andere sein.
- **Investitionskosten:** Für den Investor ist es wichtig zu wissen, wie sich die Rentabilität des Investitionsgegenstands ausgestaltet. Dies sollte für die rein privatwirtschaftliche Sicht gelten aber auch eine Maxime für die öffentliche Hand sein wie es §7 der Bundeshaushaltsordnung vorgibt: „Aufstellung und Ausführung des Haushaltsplans"[27].

Weitere Aspekte, die für die Unternehmen der Gesundheitswirtschaft eine wichtige Rolle spielen, aber aus ökonomischer Sicht schwierig zu bestimmen sind:

- **Qualität:** In der Ökonomie wird zwischen Qualität und Gutseigenschaften unterschieden. Qualität ist ein Phänomen, welches vom Betrachter bewertet werden kann und einer Rangordnung unterliegt.[28] Die Bewertung von Gutseigenschaften unterliegt hingegen der subjektiven Einschätzung des Betrachters.[29] Das Controlling im Bereich Qualität ist so heterogen wie das Thema Qualität selbst. Qualitätsmanagement wird als wichtiger Faktor angesehen, um die Versorgungsqualität auch sektorenübergreifend zu verbessern.[30] Die bekannteste Einteilung von Qualitätsdimensionen im Rahmen medizinischer Versorgungsleistungen geht auf Donabedian zurück, der von den Dimensionen Struktur-, Prozess- und Ergebnisqualität ausgeht.[31] Relevant für eine Kostenbestimmung im engeren Sinne erscheint auch im Bereich der „Gesundheitsregion" die Ergebnisqualität, die als Output des Versorgungsprozesses zu verstehen ist. Sie beinhaltet sowohl das Ausmaß der Veränderung des Gesundheitszustandes als auch die Zufriedenheit der Patienten. Werden Patienten im Rahmen einer „Gesundheitsregion" durch aufeinander abgestimmte Versorgungsstrukturen geleitet, kann die Ergebnisqualität erhöht werden, Therapietreue und Compliance können so verbessert und Kosten gesenkt werden.
- **Sicherheit:** Die Sicherheit beim Einsatz und Betrieb von Verfahren in der Gesundheitswirtschaft stellt in diesem Bereich besonders hohe Anforderungen

---

27 BHO 2010.
28 Vgl. Graf von der Schulenburg, „Qualitäts- und Nutzenbewertung aus ökonomischer Sicht", S. 117.
29 Ebd.
30 Vgl. SGB V 2012.
31 Vgl. Donabedian, „The definition of quality and approaches to its assessment", S. 79 f.

an die Betreiber. Zum Beispiel bei IT-Systemen (Sicherheit in der Kommunikationstechnik): "ICT can have positive impact on health care, but there are also examples on negative impact of ICT on efficiency and even outcome quality of patient care"[32].
- **Risiko:** Risikoanalyse in der Gesundheitswirtschaft.[33] Ein Risiko kann prinzipiell als negative, unerwünschte und ungeplante Abweichung von Zielen betrachtet werden.[34] Hierbei sind die unterschiedlichen Begrifflichkeiten und Definitionen z. B. aus ökonomischer, juristischer, medizinischer, sozialwissenschaftlicher und statistischer Sicht zu unterscheiden und ggf. miteinander in Beziehung zu setzen und zu gewichten.
- **Marketing:** Ein neues Aktionsfeld einer Institution im Gesundheitswesen, die sich zunehmend dem Wettbewerb ausgesetzt sieht. Im Zuge der Etablierung von Web 2.0 steht das Marketing dieser Institutionen vor neuen Aufgaben (Social-Media-Marketing). Durch Öffentlichkeitsarbeit und Marketing in Verbindung mit Benchmarks (Qualität, Fallzahlen etc.) und weiteren Kennzahlen kann die regionale Marktposition einer Institution gestärkt werden.

Gelingt es einer innovativen Institution in einer Gesundheitsregion auch ökonomische Kennzahlen neben den oben genannten Punkten zu kommunizieren, stellt dies einen Wettbewerbsvorteil dar. Bei der Gewinnung und Analyse von Daten sind optimierte IT-Systeme von Vorteil. Die Bedeutung von IT-Systemen scheint daher unbestritten: „Information wird zunehmend ein wichtiger Produktivitätsfaktor". Ökonomische Sichten werden in den durchgeführten Analysen (Evaluationen) nicht eingenommen, vielmehr steht eine „Bewertung von Informationssystemen" im Vordergrund und es werden eine „Vielzahl von Ansätzen und Methoden zur Evaluation von Informationssystemen" aufgeführt.[35]

8.5.2 Werkzeuge zur Nutzenmessung

Nutzen ist für die Akteure ein entscheidender Motivator, sich auf neue Werkzeuge, Verfahren und Methoden einzulassen, ihre Handhabung zu erlernen und damit

---

32 Vgl. EFMI 2012.
33 Vgl. BS. 2011, S. 74 ff.
34 Vgl. Brühwiler, „Unternehmensweites Risk Management als Frühwarnsystem. Methoden und Prozesse für die Bewältigung von Geschäftsrisiken in integrierten Managementsystemen", S. 8.
35 Ammenwerth 2003, S. 1 f.

Lernkurveneffekte zu erzeugen. Dadurch wird der Transformationsprozess ökonomisch effizienter gestaltet und es können Effekte bezüglich der Wirtschaftlichkeit des Handelns erwartet werden.

Nutzen stellt den monetär bewertbaren positiven Effekt einer Maßnahme dar und ist damit als enger Nutzenbegriff zu definieren. Für den einzelnen Akteur kann der Nutzen in folgende Nutzenkategorien aufgeteilt werden (eigene Auflistung):

1. Persönlicher Nutzen
2. Qualitativer Nutzen
3. Organisatorischer Nutzen
4. Technischer Nutzen
5. Prozessualer Nutzen
6. Ökonomischer Nutzen

All diese Nutzenkategorien bedürfen spezieller Methoden und Werkzeuge der Nutzenmessung. Der Fokus dieses Beitrages liegt auf der Nutzenmessung im ökonomischen Sinn. Die monetäre Messung von Nutzen stellt eine zentrale Schwierigkeit von Wirtschaftlichkeitsanalysen dar. In den vergangenen Jahren wurde versucht, durch eine Reihe von Instrumenten eine Lösung hierfür zu finden, diese sind (eigene Auflistung nach Schulenburg/Greiner)[36]:

1. Gesundheitsbezogene Lebensqualität
2. Zahlungsbereitschaft
3. Health-Adjusted Life Years
4. Standard-Gamble
5. Time-Trade-Off
6. Person Trade-Off

Eine neue Methodik im Rahmen ökonomischer Analysen wird von Duflo angewendet und bei Mattauch[37] beschrieben. Dabei werden im mikroökonomischen Bereich Präferenzen von Personen im Feldversuch evaluiert. Dazu wird das Studiendesign der randomisierten Studie angewendet. Mit diesem Studiendesign orientiert sich die ökonomisch ausgerichtete Studie am Setting für klinische Studien.

---

36 Schulenburg und Greiner 2000, S. 278 ff.
37 Vgl. Mattauch 2012.

8.5.3 Werkzeuge der Inputermittlung

Der primäre Input für eine Gesundheitsregion wird in diesem Beitrag gleichgesetzt mit den anfallenden Kosten für eine Gesundheitsregion. In Analogie zu den erwähnten Nutzenbetrachtungen werden folgende Kosten/Nutzen-Aspekte genannt:[38]

a. real/pekuniär
b. direkt/indirekt
c. tangibel/intangibel
d. final/intermediär
e. intern/extern

Es lassen sich somit die Kosten/Nutzen und damit auch die Inputs und Outputs weiter aufschlüsseln. Neben den bekannten direkten/indirekten Kosten und Nutzen und intangiblen Nutzen werden in der Literatur noch weitere Kosten-Nutzen-Aspekte aufgeführt:

Zu a: Reale Nutzen sind Nutzen, „die den endgültigen Verbrauchern des realen Projekts zuwachsen. Sie spiegeln den Zuwachs zur Wohlfahrt der Gemeinschaft wider und müssen den realen Kosten des Ressourcenentzugs aus anderen Verwendungen gegenübergestellt werden"[39]. Pekuniäre Kosten und Nutzen sind bei Änderungen in den relativen Preisen auszumachen, was bei „großen" Projekten der Fall sein wird. Pekuniäre Änderungen stellen nach der Literatur keine Nettogewinne für die Gesellschaft dar und sollten – anders als die realen Effekte – in der KNA nicht berücksichtigt werden.

Zu b: Direkte und indirekte Effekte nehmen den Untersuchungsgegenstand als Maßstab für die Zuordnung (auch: primär, sekundär). Direkte Kosten/Nutzen beziehen sich direkt auf das Projekt, indirekte Kosten/Nutzen sind laut Musgrave „Abfallprodukte", wobei die positiven Effekte auch „Überraschungen" sein können[40].

Zu c: Musgrave bezeichnet intangible Effekte als die, die keinen Marktpreis haben, tangible sind solche, die am Markt bewertet werden können.[41] In diesem Beitrag

---

38 Vgl. Musgrave, Musgrave und Kullmer 1994, S. 189 ff.
39 Musgrave, Musgrave und Kullmer 1994, S. 189 ff.
40 Musgrave, Musgrave und Kullmer 1994, S. 191.
41 Musgrave, Musgrave und Kullmer 1994, S. 192.

soll unter intangiblen „immaterielle" Nutzen verstanden werden, also solche, die monetär nicht messbar sind oder nicht gemessen wurden.

Zu d: Finale und intermediäre Kosten und Nutzen, die konkrete Produkte/Güter aus dem Projekt entstehen lassen (final) oder intermediärer Art sind, indem die Projektergebnisse in die Produktion anderer Produkte/Güter eingehen.[42]

Zu e: Interne und externe Kosten/Nutzen, innerhalb einer Gesundheitsregion können ebenfalls entstehen.[43] Diese Klarstellung führt in dem hier dargestellten methodischen Vorgehen im Punkt „Zeit" und „Raum", der die räumliche Abgrenzung des Untersuchungsgegenstandes beinhaltet.

8.5.4 Werkzeuge der Outputermittlung

Dieser Beitrag fokussiert auf der Verfolgung des Maximum-Prinzips (Wirtschaftlichkeitsprinzip) und damit der Erreichung von möglichst viel monetär messbarem Output beispielsweise durch eine öffentliche Fördermaßnahme und legt damit Wert auf die Outputforschung.

Outcomefaktoren sind nicht monetär bewertbar und es gibt auch keine entsprechenden Ergebnisse, die direkt dem Transformationsprozess oder als möglich messbares Ergebnis angesehen werden können. Diese Outcomefaktoren können in der Analyse daher nur genannt werden und betreffen beispielsweise den Transformationsprozess von medizinischer Versorgung und Gesundheitsleistung hin zu wiederhergestellter oder verbesserter Gesundheit.[44]

In den hier dargestellten ökonomischen Analysen liegt der Fokus auf der Identifizierung, Quantifizierung und Monetarisierung des Outputs, der Benennung des beobachteten Outcomes sowie der Beschreibung des beobachteten Impacts. Die Outcomemessung, wie sie im Medizinsektor durchgeführt wird[45] kann nicht Gegenstand einer rein ökonomischen Betrachtung sein.

---

42 Musgrave, Musgrave und Kullmer 1994, S. 192.
43 Musgrave, Musgrave und Kullmer 1994, S. 192.
44 Phelps 1997, S. 61-101.
45 Cutler und Berndt 2001.

8.6 Input-Output-Tabelle als Meta-Analyse

Um die Bedeutung der Gesundheitswirtschaft im Kontext der gesamten Volkswirtschaft abzugrenzen und zu erfassen entwickelten Henke et al. das Gesundheitssatellitenkonto[46] und führten die Arbeiten in einem zweiten Projekt fort, um folgende Punkte weiterzuentwickeln: [47]

- Eine Zeitreihenanalyse der wichtigsten Eckdaten der Gesundheitswirtschaft
- Eine Methodik zur Quantifizierung von Ausstrahleffekten
- Die Modellgestützte Berechnung der indirekten und induzierten ökonomischen Effekte (Ausstrahleffekte)
- Die Integration des Arbeitsmarkts
- Vorschläge zur möglichen Erweiterungen der Gesundheitswirtschaftlichen Gesamtrechnung (GGR)

Die Autoren machen deutlich, dass die Gesundheitswirtschaft als solche noch nicht einem internationalen Vergleich unterzogen werden kann. Deshalb wurde die Analyse erweitert auf die Effizienz in Gesundheitssystemen als solche und in ihren Teilbereichen stationäre, ambulante sowie integrierte Versorgung. Abschließend steht die Effizienz im Teilbereich der ambulanten und stationären Pflege im Vordergrund sowie in drei weiteren Teilbereichen der Gesundheitswirtschaft mit ihren Effizienzpotenzialen. Die ausgewählten Teilbereiche erlauben zwar Aussagen zur Effizienz, aber ob eine kleinräumig nachgewiesene Programm- und Managementeffizienz auch aus makroökonomischer Sicht effizient ist, bleibt in aller Regel offen.[48]

Die Input-Output-Analyse basiert auf den vom Statistischen Bundesamt erhobenen Daten. Wenn die Granularität der Analyse erhöht wird, müssen daher auf mikroökonomischer Ebene Methoden für die Input- und Outputermittlung zum Einsatz kommen und in weiteren Projekten fortentwickelt werden. Durchaus machbar ist die Anwendung der Input-Output-Tabelle allerdings auch in einer regionalen Sicht, wie es in der Arbeit zum „Gesundheitssatellitenkonto für Österreich" jüngst durchgeführt wurde.[49]

---

46 Henke u. a. 2010.
47 BMWI 2013, S. 4.
48 BMWI 2013, S. 6.
49 Czypionka, Schnabl und Sigl 2014.

8.7 Differenzierung zwischen Output und Outcome

Bei der Planung von Projekten im Gesundheitswesen und auch bei Forschungsvorhaben im medizinischen Kontext tritt das Problem auf, dass keine Mengenangaben und oft auch keine Preise für die verwendeten Faktoren zur Verfügung stehen, die eine Quantifizierung (Menge) und Monetarisierung (Preis) in Form von bewerteten Kosten oder Nutzen ermöglichen können.

Es ist daher zu überlegen, die Betrachtung für die ökonomische Analyse zeitlich vorzuverlegen und am Anfang eines Projekts zu eruieren, welcher Output oder Outcome erreicht werden soll (Output-Outcome-Analyse). Hierfür können die Dokumentationen aus der Projektplanung oder aus dem Forschungsantrag genutzt werden. Es ist dann:

1. eine oder mehrere Zielbestimmungen und
2. eine Auflistung der geplanten Outputs möglich.

Dies ist die Basis für ein systematisches Vorgehen bei der Identifikation von möglichen Ergebnisgrößen eines Projektes. Die Ergebnisgrößen können zudem geplant oder ungeplant (als spontanes, ungeplantes Ergebnis) auftreten. Daneben können geplante Ergebnisse auch nicht erreicht worden sein, wie es bei Forschungsvorhaben durchaus vorkommen kann, so dass diese Soll-Ist-Diskrepanz bei der Output-Outcome-Analyse beschrieben werden muss. Aus den Ergebnissen der Output-Outcome-Analyse lassen sich möglicherweise auch Nutzen beschreiben, die in eine KNA einfließen können. Dadurch wird die Analyse qualitativ aufgewertet, wenn mehr Nutzen- oder Kosten-Aspekte systematisch identifiziert werden.

Zur Unterscheidung des Outputs wird eine Systematik in Anlehnung an Nonie erstellt.[50] In dieser Output-Systematik werden alle messbaren Outputs aufgelistet, diese können sein:

a. **d**irekt **g**eplanter **m**essbarer Output (**dgm**)
b. **d**irekt **u**ngeplanter **m**essbarer Output (**dum**)
c. **i**ndirekt **g**eplanter **m**essbarer Output (**igm**)
d. **i**ndirekt **u**ngeplanter **m**essbarer Output (**ium**)

---

50 Wittmann 1970, S. 113.

Es werden alle nicht messbaren Outputs aufgelistet, diese können sein:

e. direkt geplanter nicht messbarer Output (**dgnm**)
f. direkt geplanter nicht messbarer Output (**dunm**)
g. indirekt geplanter nicht messbarer Output (**ignm**)
h. indirekt ungeplanter nicht messbarer Output (**iunm**)

Die ermittelten Outputs können in einer Tabelle dargestellt werden.

Tangibler Output: Als tangibler Output werden in diesem Beitrag messbare/quantifizierbare Ergebnisse bezeichnet.

Intangibler Output: Als intangibler Output werden in diesem Beitrag nicht messbare/nicht quantifizierbare Ergebnisse bezeichnet. Im Rahmen gesundheitsökonomischer Untersuchungen gibt es andere Definitionen von nicht oder nur teilweise messbarem Output, was aber als „Outcome" bezeichnet werden muss: Entsprechend der Definition von Lorenz ist Outcome das Ergebnis, das durch Therapie erzielt wird und hat damit eine andere Bedeutung als Output.[51]

Im Kontext der durchgeführten Untersuchungen gibt es Ergebnisse, die nicht messbar und nicht monetarisierbar sind. Diese können aus klassischer ökonomischer Sicht als „intangibel" bezeichnet werden und lassen sich auch als „nicht marktliche Objekte"[52] beschreiben. „Als diejenigen Bestandteile einer Kosten-Nutzen-Analyse, die am wenigsten für die Quantifizierung geeignet sind, werden oft intangible Kosten und Nutzen hervorgehoben (…) dass eine Quantifizierung derartiger Kosten in der Regel kaum möglich ist, zumal wenn sie nur subjektive Vorstellungen wiedergeben, bedeutet jedoch nicht, dass sie bei der Entscheidung über eine Strategie vernachlässigt werden können, wenn auch vielleicht nur verbal zu beschreiben, damit auch sie in den politischen Entscheidungsprozess mit eingehen"[53].

---

51 Lorenz 1998.
52 Musgrave, Musgrave und Kullmer 1994, S. 192 f.
53 Zimmermann und Henke 2005, S. 102.

8.8 Ergebnis und Ausblick

Eine KNA für Gesundheitsregionen ist durchaus möglich und sinnvoll, wenn diese qualitativ aufgewertet wird, indem es gelingt, intangible Nutzen nicht nur zu beschreiben, sondern durch die dargestellte Output-Systematisierung auch in den quantifizierbaren und monetarisierbaren Bereich für die Kosten-Nutzen-Rechnung (KNR) zu überführen.

Bei der Verwendung von Inputfaktoren (Geld, Arbeitskraft, Infrastruktur/ Boden, Werkzeuge, Verbrauchsmaterialien, Faktoren) zur Herstellung von Gütern und Dienstleistungen (Output) wird durch den Transformationsprozess ein entsprechender Mehrwert erstellt. Dieser Mehrwert kann z. B. über Mengenveränderungen gemessen werden. Eine Verhaltensanweisung für eine Verbesserung der Mengenänderungen ist im Min-Max-Prinzip zu sehen, wenn dieses aussagt: „Erzeuge mit einer vorgegebenen Ressourcenausstattung eine möglichst große Menge an Output". Diese Überlegungen gehen von einer gegebenen Ausstattung an Faktoren aus. Es muss daher für eine genaue Output-Analyse eine detaillierte Inputermittlung erfolgen, die die eingesetzten Mengen berücksichtigt.

Die Definition von internen bzw. externen Effekten ist in der Literatur nicht eindeutig. Hanusch etwa verwendet diese Begriffe synonym für direkte bzw. indirekte Effekte,[54] eine andere Definition, wie etwa von Musgrave verwendet diese Begriffe zur Bezeichnung von Effekten innerhalb und außerhalb des Untersuchungsgebiets (geographische Systemabgrenzung).[55] Gebietsinterne indirekte Effekte werden allerdings häufig ohne ausdrückliche Spezifizierung als „externe Effekte" bezeichnet, diese Definition dürfte sich also durchgesetzt haben. Effekte auf Wirtschaftssubjekte außerhalb des untersuchten Gebiets werden grundsätzlich nicht berücksichtigt („Inländerkonzept"), wenn die Abgrenzung verlässlich möglich ist (z. B. bei der Bewertung externer Effekte aus dem Ausland importierter Güter). Im Zweifelsfall oder bei grenzüberschreitenden Effekten sollten sie jedoch mit einbezogen (z. B. Schadstoffemissionen grenznaher Produktionsstätten) werden.[56]

Für die Betrachtung von Gesundheitsregionen aus unterschiedlichen Perspektiven sind folgende Faktoren zur Bestimmung der Kosten und Nutzen von Gesundheitsregionen denkbar „X" bzw. teilweise denkbar „(X)":

---

54 Hanusch 2007, S. 9 f.
55 Musgrave, Musgrave und Kullmer 1994, S. 192.
56 vgl. Schönbäck u. a. 1999, S. 18.

8 Kosten-Nutzen-Analysen zur Beurteilung von Gesundheitsregionen

Kosten/Nutzen	Perspektive		
	Geldgeber	Geldnehmer	Meta-Analyse sinnvoll
Kosten			
Aufwand für verschiedenste Abstimmungsprozesse	X	X	
Gemeinsames Marketing, ggf. Beteiligung größer als individuell geplant	X		
Individualität geht verloren durch gemeinsame Kommunikation und Werbung		X	
Höhere Löhne und Gehälter durch Anstellung von Fachpersonal in spezialisierter Gesundheitsregion			X
Mitglied in einem Kompetenzcenter verpflichtet → ggf. höhere Ausgaben für Forschung & Entwicklung	X		(X)
Kosten für einheitliche IT-Systeme und verschiedene Schnittstellen	X		
Individuelle Entwicklungsrichtungen nicht mehr möglich		X	
Reduzierung der Verfügbarkeit breiter medizinischer Angebote in der Fläche	X		X
Kosten für die Harmonisierung der medizintechnischen Infrastruktur und den Abbau des Investitionsstaus in den unterschiedlichen Bereichen der Gesundheitsregion	x		
… weitere			
Nutzen			
Umsatzsteigerungen der Gesundheitsunternehmen in der Gesundheitsregion	X		X
Imagesteigerung der Region als Wirtschaftsregion	X		X
Steigerung der Arbeitgeberattraktivität der einzelnen Unternehmen (Profit durch Gesamtimage)		X	(X)
Qualitativ höherwertige Gesundheitsversorgung in einem Spezialgebiet		X	
Insgesamt qualitativ bessere volkswirtschaftliche Gesundheitsversorgung		X	X
Abmilderung von inter- und intrasektoralen Verlagerungseffekten und somit Erhöhung der Patientensicherheit, Compliance und Therapietreue		X	
Effizienzvorteile, da stärkere Spezialisierung in den einzelnen Gesundheitsregionen		X	
Schnellere und bessere Forschungsergebnisse durch stärkeren Wissenstransfer innerhalb der Gesundheitsregion		X	
Kosteneinsparungen durch Einkaufsgesellschaften, Servicegesellschaften, etc.	X		(X)
Schnellere Teilhabe an medizinisch-technischer Innovation in den einzelnen Gesundheitsregionen		X	
… weitere			

Abbildung 8.2 Kosten-Nutzen-Aspekte in Gesundheitsregionen (eigene Auflistung)

Die durchzuführende Metaanalyse ist die Kosten-Nutzen-Analyse aus verschiedenen Perspektiven, die in einer Gesamtanalyse zusammengeführt werden. Alternativ kann der klassische Weg über eine einzige Kosten-Nutzen-Analyse, die alle zu betrachtenden Perspektiven subsummiert.

Oft erfolgt die Nennung von Kosten-Nutzen-Analyse und Kosten-Nutzen-Rechnung (KNR) synonym. Sinnvoll erscheint aber eine Trennung von Analyse und Rechnung: Durch die Begrifflichkeit KNA kann der prospektive Analyse-Aspekt und durch die KNR der projektbegleitende oder retrospektiven Analyse-Aspekt im Sinne einer konkreten Rechnung deutlich gemacht werden.

Da die Kosten-Nutzen-Analyse als Entscheidungshilfe für die Durchführung einer Maßnahme gilt, müssen Kosten vor Beginn einer Maßnahme geschätzt werden. Auch das Mengengerüst ist zu schätzen, was eher dem Begriff der Analyse gerecht wird. Erst während oder nach der Durchführung einer Maßnahme sind Berechnungen genau möglich: die verbrauchten Mengen sind bekannt, Preise wurden ermittelt, intangible Nutzen können genau beschrieben werden und es besteht respektiv die Möglichkeit vormals Intangible Effekte identifizierte Kosten und Nutzen doch noch zu monetarisieren.

	BKA	KNA	IOA
Gesundheitsregion	✗	✓	✓
Gesundheitszentrum	✓	✓	✗
Krankenhaus, MVZ, Ärztehaus	✓	✗	✗

Abbildung 8.3 Anwendung von ökonomischen Analysemethoden (eigene Darstellung)

Die Abbildung 8.3 zeigt für die sich in Zukunft abbildenden Versorgungszenarien die ökonomischen Analysemethoden auf, die angewendet werden können. Die betriebswirtschaftliche Kostenanalyse (BKA) ist heute schon etabliert und eignet sich sehr gut für das Controlling von Gesundheitsleistungserbringern wie Krankenhäuser, MVZs, Ärztehäuser und auch neue, moderne Gesundheitszentren. Werden diese Zentren größer und überwinden sie die sektorale Trennung, kann es Sinn machen, eine Kosten-Nutzen-Analyse (KNA) anzuwenden, die insbesondere auch bei Gesundheitsregionen die geeignete Methode für eine umfassende ökonomische Analyse ist. Im Vergleich von Regionen untereinander oder der Region im Kontext zur Volkswirtschaft wird die Input-Output-Analyse (IOA) die bevorzugte Methode sein müssen, insbesondere, da sie durch die aktuellen Arbeiten von Ostwald und

Henke et. al. weiter verfeinert wurde und auf die Belange der Gesundheitswirtschaft angepasst wurde.[57]

„Es wird in Zukunft aber stärker als bisher darauf ankommen, auch über den effizienten und gerechten Einsatz von finanziellen Mitteln im Gesundheitswesen zu diskutieren. (…) die Gesundheitsökonomie ist jenes Fachgebiet, das sich mit den Kosten im Gesundheitswesen aus wissenschaftlicher Sicht beschäftigt. Sie nutzt Verfahren, die es erlauben, zu beurteilen, wie kosteneffektiv eine Behandlung ist – immer mit dem Ziel, sowohl Innovationen für die Patientinnen und Patienten verfügbar zu machen als auch die Kosten im Rahmen zu halten"[58]. Ökonomische Evaluationsstudien sollten auch im Bereich der „Gesundheitsregion" dazu genutzt werden, eine wichtige Grundlage für rationale Entscheidungsprozesse zu schaffen, wobei die Probleme der Bewertung von Kosten und Nutzen transparenter gemacht werden, jedoch nicht vollständig gelöst werden können.[59] Die Ausführungen zu den einzelnen Methoden zeigen, dass es derzeit keine standardisierte Vorgehensweise zur Analyse von Kosten und Nutzen von Gesundheitsregionen gibt. Grund hierfür ist vielfach die Tatsache, dass nicht alle Faktoren, die in die Bewertung der Gesamtsituation einfließen, quantitativ messbar sind. Deshalb gänzlich auf eine ökonomische Bewertung zu verzichten erscheint jedoch nicht sinnvoll.

Auch eine noch so detaillierte Auflistung zur Bestimmung von Kosten, Nutzen, Input und Output zeigt deutlich, dass hier der Bedarf nach mehr Forschungsprojekten enorm ist. Auch Aspekte von E-Health in der Gesundheitsregion sind noch wenig erforscht. Zum Themenbereich „E-Health-Ökonomie" bildete sich seit 2014 aus dem dggö-Ausschuss „Gesundheitswirtschaft und E-Health" eine interdisziplinäre Arbeitsgruppe. Angedacht ist hier die Entwicklung von Leitlinien bei der Durchführung von Kosten-Nutzen-Analysen bei IT-Anwendungen im Gesundheitswesen (E-Health-Ökonomie).

Ziel muss es sein, sämtliche quantitativ messbaren Faktoren systematisch aufzunehmen und diese um qualitative Aspekte zu ergänzen. Dabei lohnt es sich, die bisher bekannten Verfahren mit weiteren Instrumenten zu kombinieren. Beispiele hierfür sind Kollektionsmethoden wie Umfragen, Experteninterviews oder Checklisten. Die Ergebnisse aus den quantitativen und qualitativen Bewertungen könnten mittels eines Scorings oder einer Nutzwertanalyse zu einer Gesamtbewertung zusammengeführt werden. Auch das stellt einen weiteren Forschungsbedarf dar.

---

57 Ostwald, Henke und BDI 2013.
58 BMBF 2012.
59 Vgl. Graf von der Schulenberg, „Qualitäts- und Nutzenbewertung aus ökonomischer Sicht.", S. 126.

Literatur

Ammenwerth, E. (2003). Die Bewertung von Informationssystemen des Gesundheitswesens – Beiträge für ein umfassendes Informationsmanagement. Habilitationsschrift, Hall: Private Universität für Medizinische Informatik und Technik Tirol. http://iig.umit.at/dokumente/r17.pdf. Zugegriffen: 30. Januar 2014.

Ärzteblatt (2013). Warnung vor der zunehmenden Ökonomisierung der Medizin. *Ärzteblatt*. http://www.aerzteblatt.de/nachrichten/54567/Warnung-vor-der-zunehmenden-Oekonomisierung-der-Medizin.

BHO (2010). Bundeshaushaltsordnung (BHO). http://www.gesetze-im-internet.de/bundesrecht/bho/gesamt.pdf. Zugegriffen: 30. März 2014.

Bielecki, A., & Albers, S. (2012). Eine Analyse der Forschungseffizienz deutscher betriebswirtschaftlicher Fachbereiche basierend auf den Daten des Centrums für Hochschulentwicklung (CHE). *Arbeitspapiere des Instituts für Betriebswirtschaftslehre, CAU Kiel*. http://www.econstor.eu/dspace/handle/10419/57429. Zugegriffen: 30. März 2014.

BMBF (2008). Leitfaden für Antragsskizzen zur Konzeptentwicklung im Wettbewerb „Gesundheitsregionen der Zukunft – Fortschritt durch Forschung und Innovation". Berlin.

BMBF (2014). Mit Gesundheitsregionen Innovationspotenziale heben. http://www.bmbf.de/de/12547.php. Zugegriffen: 14. April 2014.

BMBF, Bundesministerium für Bildung und Forschung (2012). Gesundheitsökonomie. http://www.gesundheitsforschung-bmbf.de/de/4612.php. Zugegriffen: 14. Juni 2014.

BMWI (2013). Vom Gesundheitssatellitenkonto zur Gesundheitswirtschaftlichen Gesamtrechnung. http://www.bmwi.de/BMWi/Redaktion/PDF/Publikationen/gesundheitssatellitenkonto-zur-gesundheitswirtschaftlichen-gesamtrechnung,property=pdf,bereich=bmwi2012,sprache=de,rwb=true.pdf. Zugegriffen: 14. April 2014.

Brühwiler, B. (2001). *Unternehmensweites Risk Management als Frühwarnsystem. Methoden und Prozesse für die Bewältigung von Geschäftsrisiken in integrierten Managementsystemen*. Bern/Stuttgart/Wien: Paul Haupt.

Brümmerhoff, D. (1992). *Finanzwissenschaft*. 6. durchges. Aufl. München; Wien: Oldenbourg.

BSI, Bundesamtes für Sicherheit in der Informationstechnik (2011). Webkurs IT-Grundschutz IT-Grundschutz im Selbststudium, Kapitel 7: Risikoanalyse. https://www.bsi.bund.de/SharedDocs/Downloads/DE/BSI/Grundschutz/Webkurs/gskurs_pdf.pdf?__blob=publicationFile. Zugegriffen: 30. März 2014.

Cutler, D. M., & Ernst, R. B. (2001). *Medical Care Output and Productivity*. Chicago, IL: University of Chicago Press.

Czypionka, T., Schnabl, A., & Sigl, C. (2014). Ein Gesundheitssatellitenkonto für Österreich. https://www.wko.at/Content.Node/Interessenvertretung/st/IHS_Praesentation_Steiermark_PK.pdf. Zugegriffen: 14. Juni 2014.

Deloitte (2013). Die Rolle der IT im Krankenhaus. http://www.deloitte.com/assets/Dcom-Germany/Local%20Assets/Documents/19_LifeScience%20HealthCare/2013/Rolle_der_IT_im_Krankenhaus_final_22_05_2013.pdf. Zugegriffen: 2. März 2014.

EFMI, Working Group for Assessment of Health Information Systems of the European Federation for Medical Informatics (2012). Bad Health Informatics Can Kill. http://iig.umit.at/efmi/. Zugegriffen: 30. März 2013.

George, W. (2009). Gesundheitsregionen„ und "Regionale Gesundheitsversorgung. In: W. Hellmann & S. Eble (Hrsg.), *Gesundheitsnetzwerke initiieren: Kooperationen erfolgreich*

planen. (S. 293-307). Berlin: Medizinisch Wissenschaftliche Verlagsgesellschaft mbh & Co. KG.
Gesundheitsregion Bamberg (2014). Gesundheitsregion Bamberg. http://www.gesund-in-bamberg.de/ziele_und_projekte.html. Zugegriffen: 14. Juni 2014.
Gesundheitsregion KölnBonn (2014). Gesundheitsregion KölnBonn. http://www.health-region.de/der-verein/vereinsstruktur. Zugegriffen: 14. April 2014.
Gesundheitsregion Regina (2014). Gesundheitsregion Regina. http://www.info-rm.de/regina-ist-eine-gesundheitsregion-im-suedwesten-deutschlands. Zugegriffen: 14. Juni 2014.
Goldschmidt, A. J. W. (2008). Der Businessplan: Erfolgsfaktor für das MVZ? http://www.klinikum-braunschweig.de/fileadmin/mvz/GrundlagenBusinessplan-MVZ.pdf. Zugegriffen: 30. März 2014.
Hanusch, H. (2007). *Nutzen-Kosten-Analyse.* 3., vollständig überarbeitete Auflage. München: Vahlen.
Henke, K.-D., Georgi, A., Bungenstock, J., Neumann, K., Baur, M., und Ottmann, S. (2010). *Erstellung eines Satellitenkontos für die Gesundheitswirtschaft in Deutschland: Forschungsprojekt im Auftrag des Bundesministeriums für Wirtschaft und Technologie.* 1. Aufl. Baden-Baden: Nomos.
Leidl, R. (2002). Der Effizienz auf der Spur: eine Einführung in die ökonomische Evaluation. In: F. W. Schwartz (Hrsg.), *Public Health* (S. 461-484). 2., völlig neu bearb. u. erw. Aufl. München, Jena: Urban&Fischer.
Lorenz, W. (1998). Outcome: Definition and methods of evaluation. In: H. Troidl, M. F. McKneally, D. S. Mulder, B. McPeek & W. O. Spitzer (Hrsg.), *Surgical research. Basic principles and clinical practice* (S. 513-520). New York: Springer-Verlag.
Mattauch, C. (2012). Gegen die Gutmenschen-über Ester Duflo. *Handelsblatt* 19./20./21. OKTOBER 2012, NR. 203.
Mühlenkamp, H. (1994). *Kosten-Nutzen-Analyse.* 1. Auflage. Oldenbourg Wissenschaftsverlag.
Musgrave, R. A., Musgrave, P. B., & Kullmer, L. (1994). *Die Öffentlichen Finanzen in Theorie und Praxis 1.* Bd. 6, aktualisierte Aufl. Tübingen: J.C.B. Mohr.
Netzwerk Deutsche Gesundheitsregionen (2014a). Gesundheitswirtschaft im Aufbruch. http://www.deutsche-gesundheitsregionen.de/. Zugegriffen: 14. Juni 2014.
Netzwerk Deutsche Gesundheitsregionen (2014b). Gesundheitsforum Baden-Württemberg. http://www.deutsche-gesundheitsregionen.de/regionen/gesundheitsforum-baden-wuerttemberg.
Ostwald, D. A., Henke, K. D., & Bundesverband der Deutschen Industrie e. V. BDI (2013). Studie „Ökonomischer Fußabdruck" ausgewählter Unternehmen der industriellen Gesundheitswirtschaft für den deutschen Wirtschaftsstandort Ergebnisbericht. http://www.bdi.eu/download_content/ForschungTechnikUndInnovation/FinalFussabdruck_A5_3.pdf. Zugegriffen: 10. Juni 2014.
Phelps, C. E. (1997). *Health Economics.* 2. Aufl. London: Longman.
Reiner, C., & Smoliner, S. (2012). Outputorientierte Evaluierung öffentlich geförderter FTI-Programme – Möglichkeiten und Grenzen. http://www.fteval.at/upload/Outputorientierte_Evaluierung_oeffentlich_gefoerderter_FTI-Programme.pdf. Zugegriffen: 15. März 2014.
Rürup, B., & Hansmeyer, K. H. (1984). *Staatswirtschaftliche Planungsinstrumente.* 3. neubearb. u. erw. Aufl. Düsseldorf: Werner-Verlag.
Schönbäck, W., Eder, M., Faßbender, S., & Pierrard, R. (1999). Umweltgerechte und wirtschaftliche Beschaffung kommunaler Investitions- und Verbrauchsgüter-Literaturstu-

die-ENDBERICHT. http://www.wenigermist.at/uploads/2010/06/Beschaffung_1999.
pdf. Zugegriffen: 30. März 2014.

Schulenburg, J.-M. G., & Greiner, W. (2000). *Gesundheitsökonomik*. Tübingen: Mohr Siebeck.

SGB V, Sozialgesetzbuch V (2012). § 135a SGB V Verpflichtung zur Qualitätssicherung. http://www.sozialgesetzbuch-sgb.de/sgbv/135a.html. Zugegriffen: 30. März 2014.

Simon, J. W., Paslack, R., Robienski, J., Goebel, J. W., & Krawczak, M. (2006). *Biomaterialbanken – Rechtliche Rahmenbedingungen*. 1. Aufl. Berlin: MWV Medizinisch Wissenschaftliche Verlagsges.

Techniker Krankenkasse (2014). TK will Krankenhausversorgung der Zukunft mitgestalten. http://www.tk.de/tk/regional/schleswig-holstein/pressemitteilungen-2014/642716. Zugegriffen: 10. Juni 2014.

Dominik,T., Reiffersheid, A., Walendzik, A., Wasem, J., & Pomorin, N. (2014). Patientengefährdung durch Fehlanreize – die Folge des Vergütungssystems? In: J. Klauber, M. Geraedts, J. Friedrich & J. Wasem (Hrsg.), *Krankenhaus – Report 2014. Schwerpunkt: Patientensicherheit*, 13–23. Stuttgart: Schattauer.

Universitätsklinikum Heidelberg (2014). Weitere Standorte. http://www.klinikum.uni-heidelberg.de/Weitere-Standorte.134757.0.html. Zugegriffen: 15. Juni 2014.

Wille, E. (1997). Die Kosten-Nutzen-Analyse als Hilfsmittel zur Verbesserung von Effizienz und Effektivität im Gesundheitswesen. In: M. Arnold, K. W. Lauterbach, K. J. Preuß (Hrsg.), *Managed Care. Ursachen, Prinzipien, Formen und Effekte*, (S. 301-316). Stuttgart: Schattauer, F.K. Verlag.

Wittmann, W. (1970). *Einführung in die Finanzwissenschaft – I. Teil: Die öffentlichen Ausgaben*. Stuttgart: Fischer.

Zimmermann, H., & Henke, K. D. (2005). *Finanzwissenschaft: Eine Einführung in die Lehre von der öffentlichen Finanzwirtschaft*. 9., überarb. Aufl. München: Vahlen.

Kontakt

Stefan Müller-Mielitz, Prinzhügel 39, 49479 Ibbenbüren
Email: Stefan.Mueller-Mielitz@iekf.de

Kerstin Steenberg, Hachelallee 88, 75179 Pforzheim
Email: kerstin.steenberg@gmx.de

Nicole Kuhn, Universität Trier – Internationales Health Care Management Institut, Behringstraße 21, 54286 Trier
Email: s4nikuhn@uni-trier.de

Andreas J. W. Goldschmidt, Universität Trier – Internationales Health Care Management Institut, Behringstraße 21, 54286 Trier
Email: 1@andreas-goldschmidt.com

9 Gesundheitsregionen^plus in Bayern: Synergien im regionalen Gesundheitsmanagement

Malte Bödeker, Timo Deiters, Albert Eicher, Alfons Hollederer, Florian Pfister und Manfred Wildner

9.1 Einleitung

Die gesundheitliche Versorgung weist durch historische Entwicklungen große regionale Unterschiede auf. In diesen gewachsenen Strukturen stellt die Sicherung der bedarfsgerechten Versorgung auf regionaler Ebene in Folge des demographischen Wandels und der hohen Komplexität des deutschen Gesundheitssystems eine große Herausforderung dar (SVR 2014). So erfordern Selbstverwaltung, Korporatismus und die Sektorierung der Leistungsbereiche eine Koordination und Mitverantwortung von Akteuren aus unterschiedlichen Politikfeldern, wenn regionale Versorgungsstrukturen erhalten und weiterentwickelt werden sollen (SVR 2007; SVR 2014). Der Öffentliche Gesundheitsdienst in Ländern und Kommunen kann die Mitwirkung insbesondere der lokalen Akteure grundsätzlich im Rahmen seiner Steuerungs- und Aufsichtsfunktionen unterstützen. In der Fläche fehlt es jedoch häufig an geeigneten Netzwerkstrukturen und professionellem Management. So haben einer Übersichtsarbeit aus dem Jahr 2015 zufolge bundesweit nur etwa ein Drittel der Kreise und kreisfreien Städte kommunale Gesundheitskonferenzen etabliert (Hollederer 2015).

Im Freistaat Bayern wird das Gesundheitsmanagement in den Landkreisen und kreisfreien Städten im Rahmen des Förderprogramms Gesundheitsregionen^plus seit dem Jahr 2015 systematisch weiterentwickelt. Die Förderung des Bayerischen Staatsministeriums für Gesundheit und Pflege (StMGP) (Hollederer et al. 2015; StMGP 2015) sieht hierzu einheitliche Standards für die Struktur des auf kommunaler Ebene zu etablierenden Gesundheitsmanagements vor. Das Programm ermöglicht es, konzeptionell in den thematischen und organisatorischen Ausgestaltungen regionale Lösungsstrategien zu entwickeln, die den örtlichen Strukturen und Bedarfslagen passgenau entsprechen. So sind die regionalen Gegebenheiten sowohl für die Auswahl relevanter Netzwerkpartner als auch für die strategische Ausrichtung der Gesundheitsregionen^plus maßgeblich, um im weiteren Verlauf bedarfsgerechte Versorgungs- und Präventionsstrategien entwickeln zu können. Zusätzlich zu den beiden im Programm fokussierten Handlungsfeldern Gesundheitsversorgung und Prävention/Gesundheitsförderung können aufgrund der Regionalspezifika auch weitere Handlungsfelder verfolgt und angrenzende Netzwerkstrukturen, wie etwa aus vorausgegangenen Programmen, integriert werden. Zuvor getrennte Vernetzungsprozesse werden auf diese Weise in den Gesundheitsregionen^plus gebündelt, so dass Doppelstrukturen vermieden und Synergieeffekte erzielt werden können.

9.2 Vorgängerprojekte

Mit den Gesundheitsregionen^plus werden mit „Gesundheitsregionen Bayern", „Regionalen Gesundheitskonferenzen" und „Gesunder Landkreis – Runde Tische zur Regionalen Gesundheitsförderung" drei bestehende Ansätze regionaler Vernetzung zur medizinischen Versorgung, Prävention und Gesundheitsförderung sowie der Profilschärfung im Wettbewerb zusammengeführt (Abb. 9.1). So sind im Rahmen des Qualitätswettbewerbs „Gesundheitsregionen Bayern" (2011 bis 2013) zum einen Netzwerkstrukturen mit regionalspezifischen Zielsetzungen entstanden, die von der medizinischen Versorgung über die Prävention bis hin zu Wirtschaft und Forschung, Bildung und Tourismus reichen (StMGP 2015). Zum anderen wurden in den Jahren 2013 und 2014 regionale Versorgungsnetzwerke in Form des Modellprojekts „Regionale Gesundheitskonferenzen" mit der Zielsetzung erprobt, lokale Probleme in der medizinischen Versorgung sektorenübergreifend zu analysieren und lokale Lösungsstrategien zu entwickeln. Hierzu wurde in ausgewählten Modellregionen ein regionales Gesundheitsmanagement etabliert und formativ evaluiert. Die Evaluationsergebnisse weisen darauf hin, dass sich eine solche Struktur für die Koordination, den Austausch und die Zusammenarbeit der Akteure in Regionen unterschiedlicher räumlicher Ausdehnung eignet (Hollederer und Stühler 2015; Stühler und Hollederer 2015). Durch das Vorgängerprojekt „Gesunder Landkreis – Runde Tische zur Regionalen Gesundheitsförderung" erfolgten darüber hinaus weitere Schritte zur heutigen Vernetzung der Gesundheitsregionen^plus, da in den teilnehmenden Landkreisen Netzwerke „gesunder Gemeinden" unter der Moderation des Öffentlichen Gesundheitsdienstes initiiert wurden (Bayerisches Landesamt für Gesundheit und Lebensmittelsicherheit (LGL) 2015).

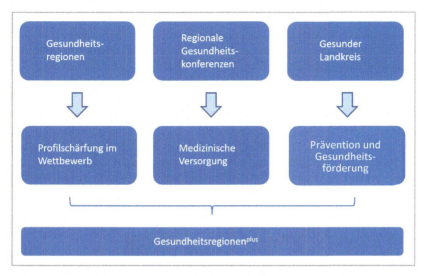

Abbildung 9.1 Bündelung bestehender Ansätze in Gesundheitsregionen^plus; eigene Darstellung

9.3 Konzeptionelle Grundlagen der Gesundheitsregionen^plus

Die Zielsetzungen der Gesundheitsregionen^plus sind:

- Entwicklung passgenauer Lösungen unter Berücksichtigung der örtlichen Besonderheiten
- Regionale Netzwerke zur Verbesserung der Gesundheit der Bevölkerung und der Optimierung der Gesundheitsversorgung
- Mehr Effizienz und Qualität im Gesundheitswesen durch verbesserte Vernetzung der Präventions- und Versorgungsangebote sowie der Akteure
- Zielgerichtete sektorenübergreifende Zusammenarbeit vor Ort durch geeignete Kommunikations- und Koordinationsstrukturen.

Beim Aufbau der Gesundheitsregionen^plus wird wegen Mitversorgereffekten empfohlen, den Zusammenschluss von zwei Landkreisen oder einer kreisfreien Stadt mit den umgebenden Landkreisen zu prüfen. Darüber hinaus wurden die Handlungsfelder

der Vorgängerprojekte im Konzept der Gesundheitsregionen^plus aufgegriffen, ohne aber regionalen Entscheidungen vorzugreifen. So ist mit der Förderung des StMGP verbunden, mindestens 80 % der Arbeitskapazitäten auf die Handlungsfelder der Gesundheitsversorgung sowie der Prävention und Gesundheitsförderung zu fokussieren und innerhalb dieser Handlungsfelder am lokalen Bedarf ausgerichtete Schwerpunktsetzungen zu verfolgen. Im Umfang von bis zu 20 % können zudem weitere Handlungsfelder, wie etwa aus dem Themenspektrum des Vorgängerprojekts Gesundheitsregionen Bayern, bearbeitet werden. Organisiert wird die Zusammenarbeit der lokalen Akteure innerhalb der Gesundheitsregionen^plus durch strukturierte Gremien (9.3.1) und einen systematischen Handlungszyklus (9.3.2), die im Rahmen der regionalen Gesundheitskonferenzen entwickelt wurden (StMGP 2015; Hollederer et al. 2015).

9.3.1 Struktur der Gesundheitsregionenplus

Die Kooperation lokaler Akteure wird in den Gesundheitsregionen^plus durch einen Dreiklang aus einer koordinierenden Geschäftsstelle, der Gründung eines Gesundheitsforums und themenbezogenen Arbeitsgruppen strukturiert. Im Gesundheitsforum kommen alle Akteure, die vor Ort bei der gesundheitlichen Versorgung und Prävention/Gesundheitsförderung eine wesentliche Rolle in der Leistungserbringung oder als Kostenträger innehaben, sowie Vertreterinnen und Vertreter der Kommunalpolitik zur strategischen Planung und Steuerung der Gesundheitsregionen^plus zusammen. Das Forum wird mindestens einmal jährlich einberufen und tagt nach Möglichkeit unter dem Vorsitz des Landrats oder Oberbürgermeisters. Fachlich unverzichtbar erscheint dabei die Mitwirkung unter anderem von:

- Vorsitzender des ärztlichen Kreisverbands
- Örtlicher Vertreter der Kassenärztlichen Vereinigung
- Vertreter der Krankenhäuser
- Örtlicher Vertreter der Krankenkassen
- Vertreter des Gesundheitsamtes
- Patientenvertreter.

Komplexe Problemlagen werden in der Regel in Arbeitsgruppen mit den zuständigen Akteuren und Experten erörtert und langfristig bearbeitet. Obligatorisch sind hierbei die Arbeitsgruppen zur Gesundheitsversorgung sowie zur Prävention und Gesundheitsförderung. Fakultativ werden weitere Arbeitsgruppen mit Bezug zum Gesundheitswesen gegründet. Zur Organisation und Koordination der regionalen

Gremienarbeit werden in allen Gesundheitsregionen^plus Geschäftsstellen eingerichtet und idealiter im Öffentlichen Gesundheitsdienst angesiedelt. Der Betrieb dieser Geschäftsstellen wird durch das StMGP finanziell unterstützt und wissenschaftlich durch die fachliche Leitstelle Gesundheitsregionen^plus am Bayerischen Landesamt für Gesundheit und Lebensmittelsicherheit (LGL) begleitet (StMGP 2015; Hollederer et al. 2015). Die Aufgaben der fachlichen Leitstelle am LGL sind:

- Fachliche Beratung und Unterstützung der Gesundheitsregionen^plus
- Fachliche Unterstützung der Aufgabenwahrnehmung der Geschäftsstellenleiter z. B. mittels Fortbildungen
- Unterstützung des Informations- und Erfahrungsaustausches zwischen den Gesundheitsregionen^plus
- Fachlich-konzeptionelle Grundlagen für die Umsetzungspläne
- Wissenschaftliche Begleitung, formative Evaluation
- Zusammenführung der Evaluationsaktivitäten
- Antragsbearbeitung und -bewilligung.

9.3.2 Handlungszyklus der Gesundheitsregionen^plus

Die Gremienarbeit innerhalb der Gesundheitsregionen^plus folgt idealtypisch dem in Abbildung 9.2 dargestellten Handlungszyklus. Ausgehend vom Public-Health-Action-Cycle (Ruckstuhl, Somaini und Twisselmann 1997) wird darin die systematische Abfolge der Prozesse der Problembestimmung, Strategieformulierung, Umsetzung und Bewertung definiert. Zur Problembestimmung werden zunächst vorrangige Bedarfe der Region durch Analysen der Versorgungsstrukturen und die Gesundheitsberichterstattung identifiziert. Im zweiten Schritt werden Gesundheitsziele zu den priorisierten Problemen ausformuliert und evidenzbasierte Strategien zu deren Erreichung recherchiert. Die anschließende Umsetzung erfolgt in Form von Maßnahmen und Projekten, deren Verläufe und Ergebnisse in der Gremienarbeit weiterverfolgt werden. Entsprechende Bewertungen der Prozess- und Ergebnisqualität werden anschließend in der erneuten Problembestimmung miteinbezogen. Zudem ermöglichen es erst Monitoring und Evaluation, wirksame Maßnahmen und Projekte auch in andere Gesundheitsregionen^plus zu transferieren (StMGP 2015; Hollederer et al. 2015).

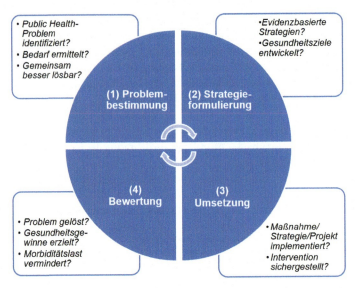

Abbildung 9.2 Handlungszyklus der Gesundheitsregionenplus; eigene Darstellung

9.4 Verbreitung der Gesundheitsregionen[plus] in Bayern

Bayerische Städte und Landkreise beteiligen sich auch in bundesweiten Netzwerken wie dem Gesunde Städte-Netzwerk (2016) oder dem Netzwerk Deutsche Gesundheitsregionen e. V. (Borchers und Hilbert in diesem Band). Einen höheren Verbreitungsgrad hat das regionale Gesundheitsmanagement in Bayern durch die Bündelung der Vorgängerprojekte und die weitere Ausdehnung des Programmgebiets in Form der Gesundheitsregionen[plus] mit der ersten Förderwelle in 2015 und mit der zweiten Förderwelle in 2016 erreicht. Abbildung 9.3 bietet hierzu einen aktuellen Überblick über die räumliche Verteilung der bisher 32 Gesundheitsregionen[plus]. Danach sind bisher 40 Landkreise und kreisfreie Städte in 32 geförderten Gesundheitsregionen[plus] vertreten. Das Programmgebiet hat damit zum Stand Juli 2016 einen Durchdringungsgrad von 42 % der 96 Landkreise und kreisfreien Städte in Bayern erzielt, wobei mit 41 % der Landkreise und 44 % der kreisfreien Städte vergleichbare Anteile unter den Gebietskörperschaften erreicht wurden. Ebenso konnten die in Vorgängerprojekten sowie in anderen Zusammenhängen gegründeten regionalen Netzwerke mehrheitlich in die neue Programmstruktur überführt werden. So waren 23 der 40 kreisfreien Städte und Landkreise aus den

Gesundheitsregionen^plus bereits zuvor in Form einer regionalen Gesundheitskonferenz (acht Städte & Kreise), eines gesunden Landkreises mit Runden Tischen zur Gesundheitsförderung (zwölf Städte & Kreise) und als ausgezeichnete Gesundheitsregion (13 Städte & Kreise) vernetzt. Darüber hinaus konnten in acht kreisfreien Städten und Landkreisen mehrere dieser Ansätze unter dem Dach der Gesundheitsregionen^plus integriert werden. So war bspw. die Gesundheitsregion^plus Bamberg an allen drei Vorgängerprojekten beteiligt (s. Abschnitt 9.6). Schließlich wurden regionale Gesundheitsmanagements in 17 Landkreisen und kreisfreien Städten Bayerns erst durch das Programm initiiert.

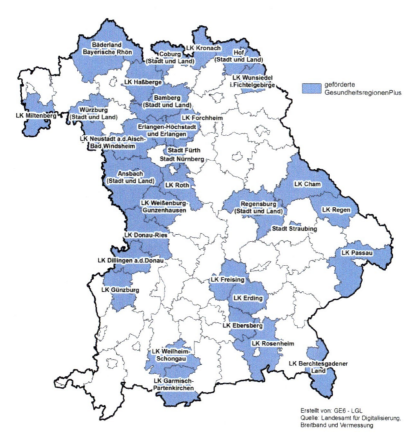

Abbildung 9.3 Verbreitung der 32 Gesundheitsregionenplus in Bayern, Stand Juli 2016; eigene Darstellung

9.5 Schwerpunktsetzungen der Gesundheitsregionen[plus]

Die Schwerpunkte innerhalb der Handlungsbereiche der gesundheitlichen Versorgung sowie der Prävention und Gesundheitsförderung werden im Handlungszyklus der Gesundheitsregionen[plus] ausgehend von den identifizierten Gesundheitsproblemen und analysierten Versorgungsstrukturen gesetzt. Die Themen, die in der Praxis bearbeitet werden, sind durch die flexible Struktur der Gesundheitsregionen[plus] vor allem durch die Gründung von regionalen Arbeitsgruppen und die Initiierung von Projekten nach außen sichtbar. Ebenso zeigen die etablierten Arbeitsstrukturen, inwieweit angrenzende Netzwerke in die Gesundheitsregionen[plus] integriert wurden. In Tabelle 9.1 sind für eine Übersicht die im Programmgebiet etablierten Arbeitsgruppen aufgeführt.

Tabelle 9.1 Arbeitsgruppen im Programmgebiet der Gesundheitsregionenplus

Handlungsfeld Gesundheitsförderung / Prävention	Handlungsfeld Gesundheitsversorgung	Weitere Handlungsfelder
• Psychische Gesundheit von Kindern und Jugendlichen • Gesunde Lebenswelten („Setting-Ansatz") • Kinder- und Jugendgesundheit • Gesundheit im Alter • Gesundheitliche Chancengleichheit • Gesundheit von Menschen mit Migrationshintergrund und von Flüchtlingen • Bewegungsförderung • Gesunde Ernährung • Suchtprävention • Gewaltprävention • Betriebliche Gesundheitsförderung	• Haus- und fachärztliche Versorgung • Nachwuchs-/ Fachkräftegewinnung • Ärztlicher Bereitschaftsdienst • Ärztliche Weiterbildung • Rettungsdienst/Notfallversorgung • Krankenhausversorgung • Vernetzung ambulant-stationär • Hospiz- und Palliativversorgung (SAPV, AAPV) • Onkologische Versorgung • Geriatrische Versorgung • Apotheken-/ Arzneimittelversorgung • Flüchtlingsversorgung	• Pflege(-beratung) • Gesundheitstourismus • Gesundheitswirtschaft • Gesunde Gemeinden • Rehabilitation • Telemedizin • Datenanalysen

Quelle: Halbjährliche Fortschrittsberichte der Gesundheitsregionen[plus] an die fachliche Leitstelle am LGL zum Stand April 2016. Berücksichtigt wurden die Berichte der 24 seit dem Jahr 2015 geförderten Regionen.

Dem Konzept folgend wurden in allen im Jahr 2015 geförderten Gesundheitsregionen[plus] Arbeitsgruppen zur Gesundheitsversorgung sowie zur Prävention und Gesundheitsförderung gegründet. Zentrale Themen der Arbeitsgruppen zur Prävention und Gesundheitsförderung sind u. a. die (psychische) Gesundheit von Kindern und Jugendlichen (Jahresschwerpunktthemen des StMGP in 2015 und 2016), Bewegungsförderung, gesunde Lebenswelten sowie Gesundheitsförderung bei Älteren und Menschen mit Migrationshintergrund. In den Arbeitsgruppen zur Gesundheitsversorgung werden u. a. die ambulante Versorgung, Fachkräftegewinnung sowie die Vernetzung zwischen ambulantem und stationärem Sektor thematisiert. Zudem zeigt sich in weiteren Handlungsfeldern, dass auch die in Vorgängerprojekten gesetzten Themen weitergeführt werden. So sind darin insbesondere die Themenbereiche Gesundheitstourismus und -wirtschaft als auch der gesunden Gemeinden vertreten. Darüber hinaus belegen die zugrunde gelegten Fortschrittsberichte Synergieeffekte zwischen den Handlungsfeldern, wie Kooperationen zwischen Akteuren der Prävention und dem Gesundheitstourismus, sowie zwischen der medizinischen Versorgung und der Gesundheitswirtschaft.

9.6 Fallbeispiel: Gesundheitsregionen[plus] Bamberg

Der gelungene Aufbau von 32 Gesundheitsregionen[plus] und deren vielfältigen Aktivitäten können an dieser Stelle nicht im Detail dargestellt werden. Exemplarisch wird daher im Folgenden näher auf die Gesundheitsregion[plus] Bamberg eingegangen, da sie an allen drei Vorgängerprojekten beteiligt war. Grundlage der folgenden Fallbeschreibung sind das Online-Angebot der Gesundheitsregion[plus] Bamberg (2016) und der ebenfalls frei verfügbarere Steckbrief der Region auf der Internetpräsenz des LGL (2016).

Mit der Bündelung der drei Vorgängerprojekte nutzt die Gesundheitsregion[plus] Bamberg, die aus der kreisfreien Stadt Bamberg und dem Landkreis Bamberg besteht, die eingesetzten Ressourcen noch effektiver. Sie integriert zum einen die Arbeitsgruppen und Projekte aus dem Modellprojekt Regionale Gesundheitskonferenzen. Im Zuge dessen wurden in Bamberg ein beratendes Expertengremium sowie die drei Arbeitsgruppen „Medizinische Versorgung in Pflegeheimen", „Künftige Entwicklungen" mit Schwerpunkt ärztliche Versorgung auf dem Land und „Praktisches" mit Projekten zu Terminvergaben, Wartezeiten und der Lotsenfunktion des Hausarztes eingerichtet. Bei Gründung der Gesundheitsregion[plus] konnten diese Arbeitsgruppen vollständig in die neue Gremienstruktur in Bamberg überführt und die darin entwickelten Projekte ausgebaut werden.

Hierzu zählten die Projekte:

- „IPB – Interdisziplinäres Pflegekonzept Bamberg", in dem die ärztliche Versorgung in Pflegeeinrichtungen durch Information, Kooperation und Kommunikation verbessert werden soll,
- „Zweckverband ärztliche Versorgung" zur Zusammenarbeit mehrerer Gemeinden bei Planung und Betrieb einer Gemeinschaftspraxis sowie
- „TTOM – Telefon Termin Online Manager", einer Online-Plattform, auf der angemeldete ärztliche und nicht-ärztliche Versorger auf einfachem Wege Telefontermine planen können.

Ebenso werden in der Gesundheitsregion[plus] bestehende Projekte der Prävention und Gesundheitsförderung aus dem Modellprojekt Gesunder Landkreis – Runde Tische zur Regionalen Gesundheitsförderung fortgesetzt und weiterentwickelt. Hervorzuheben sind in diesem Handlungsfeld die Projekte „HaLT – Hart am Limit" zur Alkoholprävention bei Kindern und Jugendlichen sowie „Klasse2000" zur Gesundheitsförderung in Grundschulen (Gesundheitsregion[plus] Bamberg 2016).

Als eine der mit dem Qualitätssiegel „Gesundheitsregion Bayern" ausgezeichneten Regionen im Freistaat verfolgt die Gesundheitsregion[plus] Bamberg außerdem das Handlungsfeld Gesundheitswirtschaft weiter. Die etablierten Strukturen nutzt die Region hierbei insbesondere für den Austausch zwischen Experten aus Medizin, Kommunalpolitik, Tourismus, Kultur und Wissenschaft sowie regional ansässigen Firmen der Gesundheitswirtschaft. Entstanden ist aus dieser Kooperation u. a. ein Onlineangebot, mit dem Informationen über örtliche Anbieterstrukturen, Leistungen und Veranstaltungen verbreitet werden. Die Gesundheitsregion[plus] Bamberg führt dieses Projekt in Kooperation mit der Gesundheitsregion Bamberg fort.

Seit Gründung der Gesundheitsregion[plus] Bamberg konnten zudem Planungen umgesetzt werden, die über das Spektrum der in Vorgängerprojekten initiierten Aktivitäten hinausgehen. So konnten bspw. zur Weiterentwicklung des Handlungsfeldes Prävention und Gesundheitsförderung weitere Arbeitsgruppen mit Fokus auf Kinder und Jugendliche sowie für die Altersgruppe „60 PLUS" gegründet werden. Im Handlungsfeld der Gesundheitsversorgung ist es der Region anlässlich des bayerischen Jahresschwerpunktthemas „Psychische Gesundheit bei Kindern und Jugendlichen" gelungen, einen Kongress landesweiter Reichweite, den 1. Kongress der Gesundheitsregion[plus] zur seelischen Gesundheit zu organisieren (Gesundheitsregion[plus] Bamberg 2016). Weitere Initiativen und Projekte der Gesundheitsregion[plus] Bamberg sind bereits geplant.

9.7 Diskussion und Fazit

Insgesamt ist festzustellen, dass die Gesundheitsregionen[plus] eine große Chance bieten, die regionalen Problemstellungen in der Gesundheitsversorgung sowie der Prävention und Gesundheitsförderung strukturiert zu bearbeiten und Synergiepotenziale auf kommunaler Ebene zu erschließen. Gleichzeitig nehmen die Herausforderungen in der Weiterentwicklung dieser Handlungsfelder insbesondere im ländlichen Raum zu. Im Freistaat Bayern wird das regionale Gesundheitsmanagement seit dem Jahr 2015 in Form der Gesundheitsregionen[plus] gefördert. Bisher konnten 32 Gesundheitsregionen[plus], bestehend aus 40 Landkreisen und kreisfreien Städten, etabliert werden. Das Programm erreicht damit Ende 2016 42 % der 96 Landkreise und kreisfreien Städte in Bayern. Über die Hälfte dieser Kommunen konnte bereits bei der Gründung der Gesundheitsregion[plus] auf vorliegende Netzwerkstrukturen aufbauen und sie in den neuen Gremien weiterentwickeln. Zudem zeigen die Implementierungen des Gesundheitsmanagements in 17 weiteren Landkreisen und kreisfreien Städten ohne Beteiligung an den Vorläuferprojekten, dass sich das entwickelte Konzept für Regionen mit unterschiedlichen Ausgangsbedingungen sehr gut eignet. Die Problemlagen sind heterogen und die Inhalte entsprechend den regionalspezifischen Bedarfsanalysen vielfältig. Die Arbeitsgruppen und Projekte zeigen ein breites Themenspektrum in der Praxis auf. Gesundheitsregionen[plus] zielen Region-übergreifend aber auf die Optimierung der regionalen Strukturen in der Gesundheitsversorgung und Prävention/Gesundheitsförderung und damit auf die Verbesserung der Gesundheit der Bevölkerung. Eine Flächendeckung wird – so Bayerns Gesundheitsministerin Melanie Huml – daher angestrebt (Huml 2016).

Literatur

Bayerisches Staatsministerium für Gesundheit und Pflege, StMGP (2015). Konzept Gesundheitsregionen[plus]. Bayerisches Staatsministerium für Gesundheit und Pflege. Broschüre, Stand 09.03.2016, München. Verfügbar unter: https://www.stmgp.bayern.de/meine-themen/fuer-kommunen/gesundheitsregionen-plus/ [01.07.2016].

Bayerisches Landesamt für Gesundheit und Lebensmittelsicherheit, LGL (2015). Fünf Schritte zur gesunden Gemeinde. Ein Handlungsleitfaden für die Praxis. Verfügbar unter: http://www.zpg-bayern.de/gesunder-landkreis.html [01.07.2016].

Bayerisches Landesamt für Gesundheit und Lebensmittelsicherheit, LGL (2016). Steckbrief – Gesundheitsregion[plus] Bamberg. Verfügbar unter: http://www.lgl.bayern.de/gesundheit/gesundheitsversorgung/gesundheitsregionenplus/gefoerderte_regionen/09_ba.htm [01.07.2016].

Gesunde Städte-Netzwerk (2016). Kompetenzzentren des Gesunde Städte-Netzwerks. Verfügbar unter: http://www.gesunde-staedte-netzwerk.de/index.php?id=37 [01.07.2016].
Gesunder Landkreis Bamberg (2016). Gesunde Gemeinden – Landkreis Bamberg. Verfügbar unter: http://gesunder-landkreis-bamberg.de/ [01.07.2016].
Gesundheitsregion Bamberg e. V. (2016). Gesundheitsregion Bamberg. Verfügbar unter: http://www.gesund-in-bamberg.de/startseite.html [01.07.2016].
Gesundheitsregion^{plus} Bamberg (2016). Gesundheitsregion^{plus} Bamberg. Verfügbar unter: http://bamberg.gesundheitsregion-plus.de/home/ [01.07.2016].
Hollederer (2015). Gesundheitskonferenzen in Deutschland: ein Überblick. *Das Gesundheitswesen*, 77(03): 161-167.
Hollederer, A., & Stühler, K. (2015). Kooperation im Gesundheitswesen: Formative Evaluation des Modellprojekts Regionale Gesundheitskonferenzen in Bayern. *Das Gesundheitswesen*, DOI: 10.1055/s-0041-110673.
Hollederer, A., Eicher, A., Pfister F., Stühler, K., & Wildner, M. (2015). Vernetzung, Koordination und Verantwortung durch Gesundheitsregionen^{plus}: Neue gesundheitspolitische Ansätze und Entwicklungen in Bayern. *Das Gesundheitswesen*, DOI: 10.1055/s-0035-1555892.
Huml, M. (2016). „Gesundheitsregionen plus" für die flächendeckende medizinische Versorgung. Landkreistag KOMPAKT, 2 /2016: 14-15.
Ruckstuhl, B., Somaini, S., & Twisselmann, W. (1997). Förderung der Qualität in Gesundheitsprojekten. Der Public Health Action Cycle als Arbeitsinstrument. Verfügbar unter: http://www.quint-essenz.ch/de/files/Foerderung_der_Qualitaet.pdf [01.07.2016].
Sachverständigenrat zur Begutachtung der Entwicklung im Gesundheitswesen, SVR (2014). Bedarfsgerechte Versorgung – Perspektiven für ländliche Regionen und ausgewählte Leistungsbereiche. Sachverständigenrat zur Begutachtung der Entwicklung im Gesundheitswesen (SVR), Sondergutachten 2014, Bonn.
Sachverständigenrat zur Begutachtung der Entwicklung im Gesundheitswesen, SVR (2007). Koopcration und Verantwortung. Voraussetzungen einer zielorientierten Gesundheitsversorgung. Sachverständigenrat zur Begutachtung der Entwicklung im Gesundheitswesen (SVR), Gutachten 2007, Bonn.
Stühler, K., & Hollederer, A. (2015). Modellprojekt Regionale Gesundheitskonferenzen in Bayern – Endbericht. Bayerisches Landesamt für Gesundheit und Lebensmittelsicherheit (LGL) (Hrsg.), Erlangen.

Kontakt

Malte Bödeker, Bayerisches Landesamt für Gesundheit und Lebensmittelsicherheit (LGL), Sachgebiet GE 6: Versorgungsqualität, Gesundheitsökonomie, Gesundheitssystemanalyse, Schweinauer Hauptstraße 80, 90441 Nürnberg
Email: gesundheitsregionplus@lgl.bayern.de

Timo Deiters, Bayerisches Landesamt für Gesundheit und Lebensmittelsicherheit (LGL), Sachgebiet GE 6: Versorgungsqualität, Gesundheitsökonomie, Gesundheitssystemanalyse, Schweinauer Hauptstraße 80, 90441 Nürnberg
Email: timo.deiters@lgl.bayern.de

Albert Eicher, Referat 31 – Grundsätze der Gesundheitspolitik, Bayerisches Staatsministerium für Gesundheit und Pflege (StMGP), Haidenauplatz 1, 81667 München

Alfons Hollederer, Bayerisches Landesamt für Gesundheit und Lebensmittelsicherheit (LGL), Sachgebiet GE 6: Versorgungsqualität, Gesundheitsökonomie, Gesundheitssystemanalyse Schweinauer Hauptstraße 80, 90441 Nürnberg
Email: alfons.hollederer@lgl.bayern.de

Florian Pfister, Vertreter für Angelegenheiten des Bayerischen Staatsministeriums für Gesundheit und Pflege in der Vertretung des Freistaates Bayern beim Bund in Berlin, Bayerischen Staatskanzlei.

Manfred Wildner, Bayerisches Landesamt für Gesundheit und Lebensmittelsicherheit (LGL), Veterinärstraße 2, 85764 Oberschleißheim

III
Innovationschancen und -blockaden der regionalen Gesundheitswirtschaft

Soziale und gesundheitliche Ungleichheit: Empirische Befunde und Herausforderungen für regionale Akteure

10

Marc Neu und Elke Dahlbeck

10.1 Einleitung

Noch nie war die Lebenserwartung der Menschen so hoch wie zu Beginn des 21. Jahrtausends. Von dieser positiven Entwicklung profitieren jedoch nicht alle Menschen gleichermaßen, da diese stark durch die „Kerndimensionen sozialer Ungleichheit" (Richter und Hurrelmann 2009, S. 13) geprägt sind, d. h. der meritokratischen Triade aus Bildung, Beruf und Einkommen (vgl. Kreckel 2004). Personen mit geringerem Bildungsgrad und geringem Einkommen sterben oftmals früher und leiden in vielen Fällen häufiger an erheblichen gesundheitlichen Beeinträchtigungen (Mielck 2005; Lampert 2011). Neben der sozialen Schicht haben zudem die damit einhergehenden Arbeits-, Wohn- und Lebensbedingungen weitreichenden Einfluss auf Gesundheit und Gesundheitsverhalten (Hollederer 2011; Schmidtke und Meyer 2011).

Als Begriff für die Beschreibung des Zusammenhangs zwischen sozialer Ungleichheit und Gesundheit hat sich in den vergangenen Jahren der Begriff der „gesundheitlichen Ungleichheit" etabliert (Mielck 2005; Richter und Hurrelmann 2009). Diese Ungleichheitsverhältnisse spiegeln sich auch in den sozialräumlichen Strukturen wider (z. B. Strohmeier 2010) und sollen im Folgenden am Beispiel der Kreise und kreisfreien Städte des Bundeslandes Nordrhein-Westfalen (NRW) dargestellt werden.

Bereits der Blick auf die mittlere Lebenserwartung offenbart Beachtliches: Die in NRW insgesamt höchste mittlere Lebenserwartung aller 53 Kreise und kreisfreien Städte erreicht die Stadt Bonn. Hier werden Frauen durchschnittlich 84,0 Jahre und Männer mittlere 79,4 Jahre alt. Die insgesamt geringste Lebenserwartung bezogen auf die Kreise und kreisfreien Städte ist der Bevölkerung der Stadt Gelsenkirchens zu attestieren: Hier liegt die Lebenserwartung mit 80,2 Jahren bei Frauen und 74,6 Jahren bei Männern unterhalb des Landesdurchschnitts und ist mit rund vier bzw.

fünf Jahren deutlich unter der Lebenserwartung der Bonner Wohnbevölkerung angesiedelt.[1]

Der vorliegende Beitrag soll die Frage beantworten, ob und ggf. inwiefern sich die sozialstrukturell unterschiedlich geprägten Regionen in NRW auch hinsichtlich der gesundheitlichen Lage ihrer Bevölkerung signifikant voneinander unterscheiden. Hierfür wird im Folgenden die methodische Vorgehensweise erläutert und eine Typisierung der Kreise und kreisfreien Städte bezüglich deren grundlegender sozialstruktureller Beschaffenheit vorgenommen (Kapitel 10.2). Aufbauend darauf werden die definierten Gebietstypen hinsichtlich ihrer gesundheitlichen Lage analysiert (Kapitel 10.3). Abschließend erfolgt eine resümierende Schlussbetrachtung (Kapitel 10.4).

10.2 Sozialstrukturelle Typisierung der Kreise und kreisfreien Städte NRWs

10.2.1 Datenbasis und methodisches Vorgehen

Als Untersuchungseinheiten der quantitativen Analyse dienen die 53 Kreise und kreisfreien Städte Nordrhein-Westfalens. Zur Bestimmung von Zusammenhängen zwischen der sozialen Lage und des Gesundheitszustands der Bevölkerung findet zunächst ein Indikatorenset Verwendung, dass sowohl die soziale Lage der Bevölkerung, als auch die demografische Situation in den Regionen NRW abzubilden vermag:

- Bevölkerungsdichte (Einwohner je km^2), 31.12.2012
- Prozentuale Bevölkerungsentwicklung, 31.12.2005 bis 31.12.2012
- Anteil der Bevölkerung unter 18 Jahre, 31.12.2012
- Anteil der Bevölkerung ab 65 Jahre, 31.12.2012
- Anteil der nichtdeutschen Bevölkerung, 31.12.2012
- Anteil der Bevölkerung ab 15 Jahre mit (Fach-)Hochschulreife, 2012
- Arbeitslosenquote (bezogen auf abhängig zivile Erwerbspersonen), Jahresdurchschnitt 2012
- SGB-II-Quote (Anteil der SGB-II-Leistungsbezieher an der Bevölkerung unter 65 Jahre), Dezember 2012

---

1 Quelle: http://www.lzg.gc.nrw.de/themen/gesundheit_berichte_daten/gesundheitsindikatoren/indikatoren_laender/themen3_1/index.html; Zugriff am 18.02.2015.

- Verfügbares Einkommen der privaten Haushalte je Einwohner in Euro, 2012

Während in vielen anderen Untersuchungen im Rahmen der Gesundheitsberichterstattung auf die Statistik der Sterbefälle (Todesursachen oder die Lebenserwartung) und auf einzelne Indikationen aus der Krankenhausdiagnosestatistik zurückgegriffen wird (Tempel 2008, Schultz 2010; Osliso et al. 2013) oder aber auf kleinräumiger Ebene vorliegende Ergebnisse der Schuleingangsuntersuchungen verwendet werden (z. B. ZEFIR & Stadt Gelsenkirchen 2006; Faktor Familie & Kreis Wesel 2009), wird im Folgenden zur Untersuchung gesundheitlicher Unterschiede in den Kreisen und kreisfreien Städten NRWs die fallpauschalenbezogene Krankenhausstatistik (Diagnosis related Groups: „DRG-Statistik") für das Jahr 2012 herangezogen. Im Rahmen dieser Statistik werden Angaben zu den abrechenbaren vollstationär behandelten Patientinnen und Patienten (Fälle) nach Wohnort und Hauptdiagnose erhoben (Destatis 2013).

Der Vorteil der Statistik besteht vor allem darin, dass für viele der ausgewählten Indikationen – im Gegensatz zur Todesursachenstatistik[2] – auf eine vergleichsweise hohe Fallzahl zurückgegriffen werden kann. Als Einschränkung muss gesehen werden, dass diese Statistik lediglich das Morbiditätsgeschehen im stationären Akutbereich abdeckt. Für eine vergleichende Betrachtung werden jeweils die Krankenhausfälle je 1.000 Einwohner betrachtet. Folgende Indikationen (ICD 10) erhalten Einzug in die anschließenden Analysen:

- C34: Bösartige Neubildung der Bronchien und der Lunge („Bronchial – oder Lungenkrebs")
- E11: Diabetes („Zuckerkrankheit")
- F32: Depressive Episode
- I10: Essentielle Hypertonie („Bluthochdruck")
- I21: Akuter Myokardinfarkt („akuter Herzinfarkt")
- I50: Herzinsuffizienz („Herzschwäche")
- I63: Hirninfarkt („Schlaganfall")
- K70: alkoholbedingte Leberkrankheit

---

2 Die Erhebung der Daten zur Todesursachenstatistik erfolgt auf Basis der Todesbescheinigungen, die der Arzt im Rahmen der Leichenschau ausfüllt. Die Qualität der Daten hängt somit vom ausfüllenden Arzt ab, auch wenn die Statistischen Landesämter diese Daten noch überprüfen (Destatis 2012, S. 5). Die DRG-Statistik erstreckt sich auf alle Krankenhäuser, die nach dem DRG-System abrechnen und dem Anwendungsbereich des §1 des KHEntG unterliegen. Die Qualitätssicherung erfolgt durch das Statistische Bundesamt und das Institut für das Entgeltsystem im Krankenhaus gGmbH (InEK) (Destatis 2013, S. 5).

Die Gebietstypisierung der Kreise und kreisfreien Städte erfolgt anhand multivariater statistischer Verfahren. Unter Verwendung der Clusteranalyse lassen sich die Kreise und kreisfreien Städte, die eine ähnliche Struktur aufweisen, zu einem Gebietstypen bzw. „Cluster" zusammenfassen. Dabei werden die Kreise und kreisfreien Städte so gruppiert, dass die Unterschiede innerhalb eines solchen Clusters möglichst klein, die Unterschiede zwischen den Clustern aber möglichst groß ausfallen. Diese Cluster stellen dann die verschiedenen Gebietstypen dar, die sich hinsichtlich ihrer Ausprägungen inhaltlich interpretieren lassen.[3]

Im Vorfeld der Clusteranalyse wird mit der Faktorenanalyse ein weiteres multivariates Verfahren herangezogen. Zweckmäßig ist dies aus zweierlei Gründen: Zum einen soll der Grundanforderung clusteranalytischer Verfahren, in statistischer Hinsicht möglichst voneinander unabhängige Variablen in das Modell einfließen zu lassen, entsprochen werden. Zum anderen kann durch Verwendung der Faktorenanalyse die Zahl der Untersuchungsvariablen auf ihre wesentlichen Dimensionen bzw. Faktoren reduziert werden. Die Faktoren repräsentieren dabei die Indikatoren, die untereinander hohe Korrelationen aufweisen und den Ausgangsvariablenbestand damit sehr gut repräsentieren. Da die ermittelten Faktoren nicht korrelieren, ist die Anforderung clusteranalytischer Verfahren, möglichst voneinander unabhängige Variablen zu verwenden, erfüllt. Die Zuordnung der Kreise und kreisfreien Städte im Rahmen der Clusteranalyse erfolgt dann anhand der ermittelten Faktoren bzw. der den Kreisen und kreisfreien Städten mittels Faktorenanalyse zugewiesenen Faktorwerte.[4]

---

3   Verwendung finden zwei unterschiedliche clusteranalytische Verfahren. In einem ersten Schritt wird im Rahmen einer hierarchischen Clusteranalyse (Ward-Methode, Distanzmaß: Quadrierte Euklidische Distanz) eine aus statistischer und sachlicher Hinsicht sinnvolle Clusteranzahl bestimmt und die dazugehörigen Clusterzentren, bzw. -mittelwerte ermittelt. In einem zweiten Schritt werden im Rahmen der Clusterzentrenanalyse, einem iterativen Verfahren nach Varianzkriterium (K-means-Verfahren), die mittels Ward-Verfahren bestimmten Clusterzentren optimiert. Auf Basis der endgültigen Clusterzentren erfolgt abschließend die Zuordnung der Kreise und kreisfreien Städte zu den Gebietsclustern. Auf eine detaillierte Darstellung der verwendeten statistischen Verfahren muss in diesem Beitrag verzichtet werden. Verwiesen sei auf die Erläuterungen in Backhaus et al. (2011) sowie speziell zur Verknüpfung von Ward-Methode und K-means-Verfahren z. B. in Fromm (2010) und Wiedenbeck und Züll (2010).

4   Im Rahmen der Faktorenanalyse werden sogenannte Faktorwerte berechnet. Diese stellen die Ausprägungen der Kreise und kreisfreien Städte auf die ermittelten Faktoren dar. Ein positiver Wert eines Faktors deutet auf eine überdurchschnittliche Ausprägung der entsprechenden Kreise und kreisfreien Städte hin, ein negativer Faktorwert auf eine unterdurchschnittliche Ausprägung. Werte, die größer als +1, bzw. kleiner als -1 ausfallen, besagen, dass die entsprechenden Kreise und kreisfreien Städte einen Faktorwert aufweisen, der mehr als eine Standardabweichung über bzw. unter dem Mittelwert

10 Soziale und gesundheitliche Ungleichheit

In einem dritten Untersuchungsschritt werden schließlich die bestimmten Gebietstypen zur Analyse regionaler Disparitäten mit den Gesundheitsindikatoren verknüpft. Für diese Gesundheitsindikatoren werden Mittelwertvergleiche bezüglich der Cluster durchgeführt. Die einfache Berechnung der Mittelwerte lässt bereits Schlüsse über Unterschiede des Gesundheitszustandes und gesundheitlich relevanter Verhaltensweisen in den Gebietstypen zu. Zusätzlich wird im Rahmen einer Varianzanalyse und der Berechnung des Zusammenhangsmaßes Eta die Signifikanz der Unterschiede überprüft. Eta misst den Zusammenhang zwischen den verschiedenen Clustertypen (unabhängige Variable) und den Krankenhausfällen je 1.000 Einwohner (abhängige Variable).

10.2.2 Typisierung der Kreise und kreisfreien Städte NRWs: Sechs Gebietstypen in NRW

Mit Durchführung der Faktorenanalyse werden drei Faktoren extrahiert. Diese erklären rund 87,5 % der Gesamtvarianz der betrachteten Indikatoren in den 53 Kreisen und kreisfreien Städten Nordrhein-Westfalens. Auf den ersten Faktor entfallen dabei rund 49,0 %, auf den zweiten Faktor etwa 25,6 % und weitere 13,0 % auf den dritten Faktor.[5]

---

der Gesamtheit liegt. Da die Berechnung der Faktorenwerte auf Basis der Werte der Ausgangsdatenbestandes geschieht, besagen hohe oder niedrige Faktorwerte, dass auch die in Bezug auf den Faktor relevanten Indikatoren hohe bzw. niedrige Ausprägungen aufweisen.

5 Die grundsätzliche Eignung der einzelnen ausgewählten Indikatoren sowie der Gesamtkonstellation des Indikatorensatzes wird anhand des Kaiser-Meyer-Olkin-Kriterium bestätigt. Die Zusammenstellung aller Variablen wird mit einem MSA-Wert von 0,752 als „gut" bewertet. Hinsichtlich der Eignung jeder einzelnen Variable wird keinem Indikator ein Wert attestiert, der unterhalb des Richtwerts von 0,5 liegt, und damit für eine Nichtberücksichtigung dieses Indikators spräche (vgl. Backhaus et al. 2011, S. 339-343).

Tabelle 10.1 Faktorenmatrix

Indikator	Faktor 1: Soziale Problemlagen und Urbanität	Faktor 2: Bevölkerungs- entwicklung und Bildungsniveau	Faktor 3: Wohlstand
Bevölkerungsdichte 2012	**0,923**	0,115	-0,071
SGB-II-Quote 2012	**0,888**	-0,190	-0,314
Arbeitslosenquote 2012	**0,870**	-0,198	-0,398
Anteil der Bevölkerung unter 18 Jahre 2012	**-0,857**	-0,044	-0,209
Anteil der Bevölkerung ab 65 Jahre 2012	0,409	**-0,781**	0,369
Anteil der nichtdeutschen Bevölkerung 2012	**0,830**	0,157	-0,218
Prozentuale Bevölkerungs- entwicklung 2005-2012	0,050	**0,956**	0,103
Anteil der Bevölkerung ab 15 J. mit (Fach-)Hochschulreife 2012	0,350	**0,771**	0,434
Verfügbares Einkommen je Einwohner 2012	-0,355	0,072	**0,842**

Extraktionsmethode: Hauptkomponentenanalyse. Rotationsmethode: Varimax mit Kaiser-Normalisierung.

Datenbasis: IT NRW, Ergebnisse des Mikrozensus, Datenstand Dezember 2013; Regionaldatenbank der Statistischen Ämter des Bundes und der Länder, Datenstand Januar 2015; eigene Berechnungen.

- Für den ersten Faktor – „*Soziale Problemlagen und Urbanität*" – weist die Faktorenmatrix (vgl. Tabelle 10.1) höchste positive Korrelationen mit den Indikatoren Bevölkerungsdichte, der SGB-II- und der Arbeitslosenquote sowie der nichtdeutschen Bevölkerung aus. Höchste negative Zusammenhänge finden sich für den Anteil der Bevölkerung im Alter unter 18 Jahren. Kreise und kreisfreie Städte, die in Bezug auf diesen Faktor hohe Werte kennzeichnen, sind damit städtisch geprägte Regionen mit überdurchschnittlichen Armutsquoten, hohen Anteilen Nichtdeutscher und geringer Familienprägung.
- Der zweite Faktor – „*Bevölkerungsentwicklung und Bildungsniveau*" – weist hohe positive Faktorladungen für die Bevölkerungsentwicklung und die Bevölkerung mit (Fach-)Abitur auf. Zudem ist hier der Anteil der Bevölkerung von 65 Jahren und älter von Bedeutung, wobei das negative Vorzeichen zum Ausdruck bringt,

dass die Kreise und kreisfreien Städte, die durch eine positive Bevölkerungsentwicklung gekennzeichnet sind, tendenziell geringe Altenanteile aufweisen.
- Der dritte Faktor – „Wohlstand" – kennzeichnet vornehmlich die wirtschaftliche Situation in den Kreisen und kreisfreien Städten, abgebildet durch das verfügbare Einkommen je Einwohner.

Das dargestellte Drei-Faktoren-Modell verdeutlicht die Abkehr von einem lange Zeit stabilen Zwei-Faktoren-Modell, welches durch eine Überlagerung sozioökonomischer und demografischer Strukturen geprägt war (vgl. Strohmeier et al. 2005). Bevölkerungsverluste verzeichneten vor allem die armen Städte des Ruhrgebiets, mittlerweile sind Alterung und demografische Schrumpfung allerdings in der großen Mehrheit nordrhein-westfälischer Kreise und kreisfreier Städte auszumachen. Bereits von Schultz (2010) attestiert, hat sich dieser Trend im Zeitverlauf nochmals verschärft (Dahlbeck und Neu 2014; Franzke et al. 2015).

Als Ergebnis der Clusteranalyse auf Basis der drei ermittelten Faktoren ergibt sich eine Zuordnung der 53 Kreise und kreisfreien Städte zu sechs Clustern. Die Typisierung der Kreise und kreisfreien Städte erfolgt anhand der in Tabelle 10.2 aufgeführten Clustermittelwerte hinsichtlich der drei bestimmten Faktoren sowie deren Ausgangsindikatoren. Die Zuordnung der Kreise und kreisfreien Städte zu den ermittelten Gebietstypen ist Abbildung 10.1 zu entnehmen.

- *Cluster 1 – „wachsende Universitätsstädte"* – umfasst die vier dicht besiedelten (durchschnittlich 2.148 Einwohner je km^2) Universitätsstädte Bonn, Düsseldorf, Köln und Münster. Als einziges der ermittelten sechs Cluster weist dieser Gebietstyp eine durchschnittlich positive Bevölkerungsdynamik (5,7 %) auf. Insgesamt gibt es hier die geringsten Anteile an Kindern und Jugendlichen (15,5 %) bei zugleich geringsten Anteilen der älteren Bevölkerungsgruppe ab 65 Jahren (18,1 %), so dass der Anteil der potenziell Erwerbstätigen an der Wohnbevölkerung hier am höchsten ausfällt. Der Anteil der Bevölkerung mit einem hohen Bildungsgrad, d. h. zumindest einem Schulabschluss mit Fach- oder allgemeiner Hochschulreife, liegt mit 48,7 % exorbitant über dem Durchschnitt der Gesamtheit der 53 Kreise und kreisfreien Städte. Der Anteil der nichtdeutschen Bevölkerung (14,4 %) liegt ebenfalls oberhalb des NRW-Mittelwerts. Mit Blick auf soziale Problemlagen wie Armut und Arbeitslosigkeit weisen die Gebietseinheiten gering über dem Durchschnitt angesiedelte Werte auf: SGB-II- und Arbeitslosenquote (11,0 % bzw. 8,6 %) fallen vergleichsweise moderat aus. Dagegen ist das Pro-Kopf Einkommen (21.723 Euro je Einwohner) in den Städten dieses Clusters als überdurchschnittlich einzuordnen.

Tabelle 10.2 Clustermittelwerte der Faktoren und der Ausgangsindikatoren

	Cluster						Mittelwert insgesamt*)
	1	2	3	4	5	6	
Faktor 1: Soziale Problemlagen und Urbanität	0,93	1,18	0,73	0,37	-1,20	-0,76	0,00
Faktor 2: Bevölkerungsentwicklung und Bildungsniveau	2,70	-0,38	-0,33	-0,71	0,61	-0,35	0,00
Faktor 3: Wohlstand	0,79	-1,61	-0,02	1,94	-0,87	0,35	0,00
Bevölkerungsdichte 2012 (Einwohner je km²)	2.148	2.225	1.559	1.120	281	354	1.066
SGB-II-Quote 2012 (in %)	11,0	17,2	14,1	10,3	7,0	7,8	10,8
Arbeitslosenquote 2012 (in %)	8,6	14,0	10,9	7,8	6,0	6,7	8,8
Bevölkerung unter 18 Jahre 2012 (in %)	15,5	16,1	16,0	16,0	18,2	17,4	16,8
Bevölkerung ab 65 Jahre 2012 (in %)	18,1	20,8	21,4	23,2	18,6	20,6	20,5
Nichtdeutsche Bevölkerung 2012 (in %)	14,4	15,4	12,1	9,1	8,3	7,8	10,5
Bevölkerungsentwicklung 2005-2012 (in %)	5,7	-2,8	-2,5	-2,2	-0,3	-2,6	-1,6
Bevölkerung ab 15 Jahre mit (Fach-)Hochschulreife 2012 (in %)	48,7	22,3	28,5	31,5	24,5	24,6	27,7
Verfügbares Einkommen je Einwohner 2012 (in Euro)	21.723	17.034	19.755	22.903	19.892	21.533	20.424

*) Mittelwert bezogen auf die Gesamtheit der 53 Kreise und kreisfreien Städte
Datenbasis: IT NRW, Ergebnisse des Mikrozensus, Datenstand Dezember 2013; Regionaldatenbank der Statistischen Ämter des Bundes und der Länder, Datenstand Januar 2015; eigene Berechnungen

- Cluster 2 – „arme schrumpfende Städte" – ist auf Grund der hohen Einwohnerdichte (2.225 Einwohner je km²) ebenfalls städtisch geprägt. Dem Cluster gehören die sechs im nördlichen Ruhrgebiet verorteten Städte Dortmund, Duisburg, Gelsenkirchen, Hamm, Herne und Oberhausen an. Augenfällig sind hier vor allem die insgesamt höchsten SGB-II- und Arbeitslosenquoten (17,2 % bzw. 14,0 %), die höchsten Anteile Nichtdeutscher (15,4 %) und das insgesamt geringste Bildungsniveau: Lediglich 22,3 % der Wohnbevölkerung ab 15 Jahren dieses Clusters verfügen über ein (Fach-)Abitur. Das durchschnittliche Einkommen von 17.034 Euro liegt sehr deutlich unter dem Mittelwert der Gebietseinheiten NRWs. Mit einem unterdurchschnittlichen Wert bezogen auf den zweiten Faktor ist dieser Gebietstyp zudem durch einen über dem Durchschnitt angesiedelten Altenanteil (20,8 %) und einer negativen Bevölkerungsdynamik (-2,8 %) gekennzeichnet, so dass den Raumeinheiten dieses Clusters sowohl in sozioökonomischer als auch in demografischer Hinsicht eine besondere Benachteiligung zu attestieren ist.

- *Cluster 3 – „heterogene schrumpfende Städte"* – repräsentiert mit den zwölf zugeschriebenen kreisfreien Städten Bielefeld, Bochum, Bottrop, Essen, Hagen, Krefeld, Leverkusen, Mönchengladbach, Remscheid, Solingen, Unna und Wuppertal sowie dem Kreis Recklinghausen und der Städteregion Aachen den dritten als urban zu bezeichnenden Cluster. Charakteristisch für diesen Typen sind zunächst die in Relation zu Städtecluster 1 und 2 geringere Einwohnerdichte (1.559 Einwohner je km²) und die deutlich über dem Mittel angesiedelten SGB-II- und Arbeitslosenquoten (14,1 % bzw. 10,9 %). Das Pro-Kopf-Einkommen (19.755 Euro) liegt etwas unter dem Durchschnitt der Gesamtheit aller 53 Kreise und kreisfreien Städte NRWs, der Anteil der nichtdeutschen Bevölkerung ist mit 12,1 % oberhalb des NRW-Mittelwerts angesiedelt. Im Unterschied zu den armen Städten des nördlichen Ruhrgebiets des zweiten Clusters ist jedoch der Anteil der Bevölkerung mit Fach- oder Hochschulreife mit 28,5 % leicht überdurchschnittlich. In demografischer Hinsicht ist die Situation der Vertreter dieses Clusters allerdings eher ungünstig: Die Bevölkerungsentwicklung fällt mit -2,5 % für den Zeitraum zwischen 2005 und 2012 negativ aus und auch die Altersstruktur mit dem vergleichsweise hohen Anteil älterer Bevölkerungsgruppen (21,4 %) und dem gleichzeitig unterdurchschnittlich ausgeprägten Anteil der unter 18-Jährigen (16,0 %) ist auffällig.
- *Cluster 4 – „wohlhabende schrumpfende Städte und Kreise"* – umfasst mit Mülheim an der Ruhr lediglich eine kreisfreie Stadt sowie die drei Kreise Ennepe-Ruhr-Kreis, Mettmann und den Rheinisch-Bergischen Kreis. Die Raumeinheiten dieses Gebietstyps prägen vor allem die insgesamt höchsten Einkommen (22.903 Euro) und die nach Cluster 1 höchsten Bildungsabschlüsse: 31,5 % der Bevölkerung ab 15 Jahren verfügen über die Fach- bzw. Hochschulreife. Ebenfalls überdurchschnittlich sind hier der insgesamt höchste Altenanteil (23,2 %) und die insgesamt negative Bevölkerungsdynamik (-2,2 %). Knapp unterhalb des Mittelwerts der Gesamtheit aller 53 Gebietseinheiten NRWs liegen hingegen die SGB-II- und die Arbeitslosenquote mit 10,3 % bzw. 7,8 %, der Anteil der nichtdeutschen Bevölkerung liegt mit 9,1 % unterhalb des Durchschnitts.
- *Cluster 5 – „stark familiengeprägte Kreise"* – umfasst die acht suburbanen und ländlichen Kreise Borken, Coesfeld, Düren, Gütersloh, Heinsberg, Kleve, Paderborn und Steinfurt. Entsprechend gering ist die Bevölkerungsdichte (281 Einwohner je km²). Die SGB-II- und Arbeitslosenquote (7,0 % bzw. 6,0 %)

stellen sich hingegen unterdurchschnittlich dar. Das verfügbare Einkommen je Einwohner beträgt 19.892 Euro und fällt in diesem Cluster am geringsten aus. Auch der Anteil der nichtdeutschen Bevölkerung (8,3 %) sowie der Bevölkerung mit (Fach-)Abitur (24,5 %) ist hier unterdurchschnittlich ausgeprägt. Der vergleichsweise geringe Anteil der älteren Bevölkerung von 18,6 %, aber vor allem der insgesamt höchste Anteil von Kindern und Jugendlichen (18,2 %) attestiert diesem Gebietstypen eine in demografischer Hinsicht vergleichsweise günstige Lage. Eine insgesamt leicht negative Bevölkerungsdynamik (-0,3 %) ist allerdings *auch diesem Cluster zu konstatieren.*

- *Cluster 6 – „wohlhabendere, schrumpfende und familiengeprägte Kreise"* – stellt mit den 17 Kreisen Euskirchen, Herford, Hochsauerlandkreis, Höxter, Lippe, Märkischer Kreis, Minden-Lübbecke, Oberbergischer Kreis, Olpe, Rhein-Erftkreis; Rhein-Kreis Neuss, Rhein-Sieg-Kreis, Siegen-Wittgenstein, Soest, Viersen, Warendorf und Wesel den größten Cluster und auf Grund der geringen Bevölkerungsdichte von 354 Einwohnern pro km² den zweiten ländlich geprägten Gebietstypen dar. Sowohl SGB-II- als auch Arbeitslosenquote (7,8 % bzw. 6,7 %) liegen unterhalb des NRW-Mittelwertes. Auch der Anteil der Bevölkerung mit Fachhochschul- oder allgemeiner Hochschulreife (24,6 %) und der Anteil der nichtdeutschen Bevölkerung (7,8 %) sind hier im Vergleich zum Landesdurchschnitt aller Kreise und kreisfreien Städte unterdurchschnittlich ausgeprägt. Das Pro-Kopf-Einkommen in Höhe von 21.533 Euro befindet sich hingegen auf überdurchschnittlichem Niveau. Während die negative Bevölkerungsentwicklung (-2,6 %) überdurchschnittlich ausfällt, entspricht der Altenanteil dem Durchschnitt (20,6 %), der Anteil der Kinder und Jugendlichen ist mit 17,4 % oberhalb des Durchschnitts angesiedelt.

10 Soziale und gesundheitliche Ungleichheit

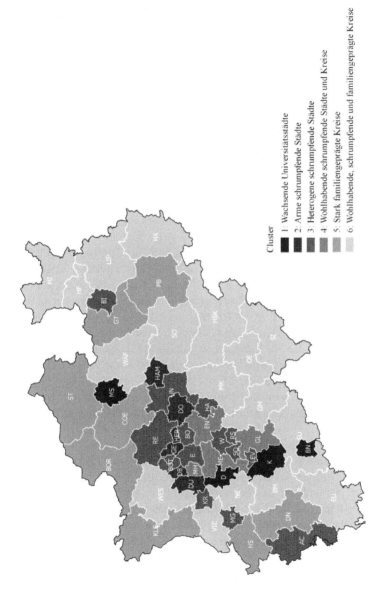

Abbildung 10.1 Clusterzuordnung der Kreise und kreisfreien Städte in Nordrhein-Westfalen 2012

Datenbasis: IT NRW, Ergebnisse des Mikrozensus, Datenstand Dezember 2013; Regionaldatenbank der Statistischen Ämter des Bundes und der Länder, Datenstand Januar 2015; eigene Berechnungen und Darstellung.

Cluster
1: Wachsende Universitätsstädte
2: Arme schrumpfende Städte
3: Heterogene schrumpfende Städte
4: Wohlhabende schrumpfende Städte und Kreise
5: Stark familiengeprägte Kreise
6: Wohlhabende, schrumpfende und familiengeprägte Kreise

10.3 Gesundheit und Sozialstruktur: Verknüpfung der Gesundheitsindikatoren mit den sechs Gebietstypen NRWs

Entlang der erfolgten Sozialstrukturtypisierung und Zuordnung der 53 Kreise und kreisfreien Städte werden im Folgenden die Ergebnisse der Analyse zur gesundheitlichen Lage in den sechs definierten Clustern dargestellt. Tabelle 10.3 zeigt die Mittelwerte der Krankenhausfälle je 1.000 Einwohner für die ausgewählten Indikationen in den sechs verschiedenen Clustern, den Gesamtmittelwert für alle Kreise und kreisfreien Städte sowie das Maß des statistischen Zusammenhangs zwischen Clusterzugehörigkeit und den jeweiligen Krankenhausfällen. Es zeigt sich, dass sich hinsichtlich der Gesundheitsindikatoren lediglich bei drei Indikationen – der depressiven Episode (F32), dem akuten Myokardinfarkt (I21) und der chronisch ischämischen Herzkrankheit (I25) – kein signifikanter Unterschied zwischen den ermittelten Clustern ausmachen lässt.

Die sechs armen schrumpfenden Städte des nördlichen Ruhrgebiets (Cluster 2) sind besonders stark gesundheitlich benachteiligt. Bei zwölf der insgesamt 13 betrachteten Indikationen liegt der Mittelwert der Krankenhausfälle je 1.000 Einwohner über dem Gesamtmittelwert der nordrhein-westfälischen Kreise und kreisfreien Städte. Bei Lungenkrebs (4,60), Diabetes (2,67), der depressiven Episode (2,23), Bluthochdruck (3,78), Herzinfarkt (3,39), Herzinsuffizienz (5,46) sowie dem Hirninfarkt (3,15) und den alkoholbedingten Lebererkrankungen (0,47) weist der zweite Cluster die meisten Fälle im Verhältnis zur Bevölkerung am Wohnort auf. Im Vergleich zu dem ersten Cluster der wachsenden Universitätsstädte mit 2,19 Lungenkrebsfällen ist das nördliche Ruhrgebiet sogar fast doppelt so oft von Lungenkrebs betroffen. Dementsprechend weisen die vier wachsenden Universitätsstädte des ersten Clusters bei allen Indikationen unterdurchschnittliche Werte auf. Bei den Indikationen Diabetes (1,55), Bluthochdruck (2,45), Herzinfarkt (2,43), Herzinsuffizienz (3,36) und Schlaganfall (2,25) sind die jeweils niedrigsten Fallzahlen im Vergleich zu den anderen Clustern vorzufinden. Lediglich bei den Lungenkrebsfällen und den alkoholbedingten Lebererkrankungen sind die familiengeprägten und ländlichen Räume des fünften und sechsten Clusters weniger häufig betroffen.

Die gesundheitlichen Unterschiede zwischen den weiteren Clustern sind dagegen weniger eindeutig. Die heterogenen und schrumpfenden Städte des dritten Clusters sind auch hinsichtlich der meisten Indikationen überdurchschnittlich betroffen oder aber entsprechen in etwa dem Durchschnittsniveau. Auffallend ist die überdurchschnittliche Betroffenheit durch Schlaganfälle. Mit 3,15 Krankenhausfällen je 1.000 Einwohner ist der Cluster 3 ebenso stark betroffen wie die Städte des nördlichen Ruhrgebiets.

10 Soziale und gesundheitliche Ungleichheit

Tabelle 10.3 Krankenhausfälle je 1.000 der Bevölkerung in den sechs Gebietstypen NRWs

	Cluster						Mittel-wert insg.	Eta
	1	2	3	4	5	6		
C34 – Bösartige Neubildung der Bronchien und der Lunge	2,19	4,60	3,11	2,88	2,50	2,55	2,92	0,671***
E11 – Diabetes	1,55	2,67	2,22	1,94	1,94	2,09	2,11	0,570**
F32 – Depressive Episode	2,19	2,23	2,01	1,91	2,47	2,01	2,11	0,302
I10 – Essentielle Hypertonie	2,45	3,78	3,02	3,05	3,10	3,38	3,19	0,474*
I21 – Akuter Myokardinfarkt	2,43	3,29	2,89	3,15	2,92	2,86	2,91	0,391
I50 – Herzinsuffizienz	3,36	5,46	4,75	4,42	4,35	4,77	4,64	0,607***
I63 – Hirninfarkt	2,25	3,15	3,15	2,83	2,63	2,78	2,86	0,575**
K70 – Alkoholische Leberkrankheit	0,41	0,47	0,49	0,45	0,29	0,33	0,39	0,738***

Signifikanzniveau: * p<0,05; ** p<0,01; *** p<0,001

Datenbasis: IT NRW, DRG-Statistik, Datenstand Dezember 2014; IT NRW, Ergebnisse des Mikrozensus, Datenstand Dezember 2013; Regionaldatenbank der Statistischen Ämter des Bundes und der Länder, Datenstand Januar 2015; eigene Berechnungen und Darstellung.

Die wohlhabenden schrumpfenden Städte und Kreise des vierten Clusters liegen in etwa auf dem Niveau des Gesamtdurchschnitts. Die ländlichen und familiengeprägten Kreise des fünften und sechsten Clusters sind hinsichtlich der meisten Indikationen eher unterdurchschnittlich betroffen.

Insbesondere bei Lungenkrebs, Herzinsuffizienz und alkoholbedingten Lebererkrankungen spiegeln sich die sozialen Unterschiede zwischen den Regionen auch bei den gesundheitlichen Unterschieden wider. Dort wo das Einkommen relativ hoch ist, wo viele Einwohner mit höherem Bildungsabschluss leben und wo die Familienprägung stärker ist, gibt es weniger Krankheitsfälle als in den von Strukturwandel besonders stark betroffenen Städten des nördlichen Ruhrgebiets.

Zur Verdeutlichung dieses Zusammenhangs belegen die beiden folgenden Streudiagramme einen deutlichen statistischen Zusammenhang zwischen der SGB-II-Quote in den Kreisen und kreisfreien Städten und den Krankenhausfällen je 1.000 Einwohner für die Indikationen Lungenkrebs (r=0,62) und alkoholbedinge Lebererkrankungen (r=0,69) (vgl. Abbildung 10.2 und Abbildung 10.3).

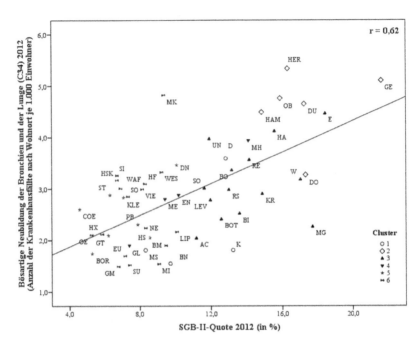

Abbildung 10.2 SGB-II-Quote und Bösartige Neubildung der Bronchien und der Lunge (C34) in den Kreisen und kreisfreien Städten NRWs 2012

Datenbasis: IT NRW, DRG-Statistik, Datenstand Dezember 2014; IT NRW, Ergebnisse des Mikrozensus, Datenstand Dezember 2013; Regionaldatenbank der Statistischen Ämter des Bundes und der Länder, Datenstand Januar 2015; eigene Berechnungen und Darstellung.

10 Soziale und gesundheitliche Ungleichheit

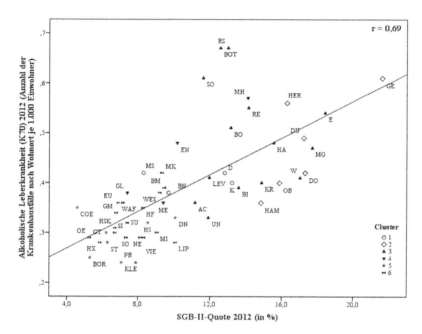

Abbildung 10.3 SGB-II-Quote und Alkoholische Leberkrankheit (K70) in den Kreisen und kreisfreien Städten NRWs 2012

Datenbasis: IT NRW, DRG-Statistik, Datenstand Dezember 2014; IT NRW, Ergebnisse des Mikrozensus, Datenstand Dezember 2013; Regionaldatenbank der Statistischen Ämter des Bundes und der Länder, Datenstand Januar 2015; eigene Berechnungen und Darstellung.

Insbesondere die Städte des nördlichen Ruhrgebiets (Cluster 2) sind hier wiederum besonders stark benachteiligt und weisen nicht nur eine überdurchschnittliche SGB-II-Quote auf, sondern sind zudem durch eine überdurchschnittliche Anzahl von Lungenkrebsfällen und alkoholbedingten Lebererkrankungsfällen geprägt. Besonders stark betroffen ist die Stadt Gelsenkirchen mit einer SGB-II-Quote von 21,6 % und einer Anzahl von Lungenkrebsfällen von 5,1 sowie einer Anzahl von alkoholbedingten Lebererkrankungen von 0,61 je 1.000 Einwohner. Weniger betroffen (bezogen auf den Mittelwert des zweiten Clusters) ist die dem zweiten Cluster zugeordnete Stadt Dortmund mit 3,3 Lungenkrebsfällen und rund 0,42 Fällen alkoholbedingter Lebererkrankung je 1.000 Einwohner bei gleichzeitig ebenfalls überdurchschnittlicher SGB-II-Quote (17,3 %).

In Bezug auf die anderen Indikationen zeigen sich hingegen weniger eindeutige Zusammenhänge, wie oben bereits erläutert wurde. Die genauen Gründe für die regionalen gesundheitlichen Unterschiede können im Rahmen dieser Analyse nicht beantwortet werden, da die Analyse sich nur auf die regionale Ebene bezieht und Kausalbezüge nicht zulässig sind.[6]

Nochmals größer als die Diskrepanzen zwischen den Städten fallen vielerorts allerdings die Unterschiede innerhalb der Städte aus (Neu et al. 2011, S. 226). Die Betrachtung der SGB-II-Quote auf der Stadtteilebene belegt deutliche Segregationsmuster von Armut in den großen Städten (vgl. Abbildung 10.4). Dabei ist in benachteiligten städtischen Teilgebieten oftmals eine Kumulation von Problemlagen auszumachen. Quartiere, die durch hohe Armutsquoten gekennzeichnet sind, sind oftmals auch mit gesundheitlicher Benachteiligung konfrontiert, Lärm und Umweltbelastung fallen hier häufig höher aus als in besser gestellten Gebieten (vgl. Maschewsky 2004; Elvers 2005, S. 23 f.; Hornberg und Pauli 2011, S. 201 f.).

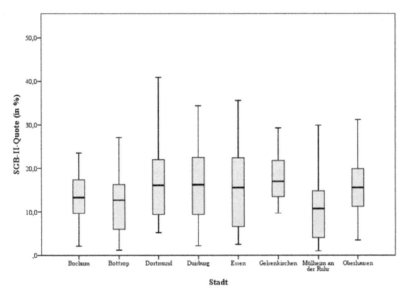

Abbildung 10.4 SGB-II-Quote in den Stadtteilen ausgewählter kreisfreier Städte des Ruhrgebiets[*)]

*) Datenstand Dezember 2006, Gelsenkirchen und Bottrop Dezember 2007, Mülheim an der Ruhr August 2008.

Quelle: Neu et al. 2011, S. 228 (Datenbasis: Statistik der Bundesagentur für Arbeit 2007-2009).

---

6 Zur Gefahr des sogenannten „ökologischen Fehlschlusses" siehe z. B. Esser (1988) oder Friedrichs (1990, S. 365).

10 Soziale und gesundheitliche Ungleichheit

Am Beispiel der Stadt Bremen hat Tempel (2006, 2008) die Entwicklung der Mortalität und Lebenserwartung im Rahmen der kommunalen Gesundheitsberichterstattung für ausgewählte Wohngebiete im Verlauf nachvollzogen. Die wichtigsten Erkenntnisse bestehen darin, dass die gesundheitlichen Unterschiede in den verschiedenen Sozialräumen mit zunehmender sozialer Polarisierung deutlich zugenommen haben. So ist die altersstandardisierte Gesamtmortalität der Männer zwischen 1970 und 2003

- in den „bürgerlichen Vierteln" um -48 % von 1.567,3 auf 814,6 (je 100.000 Einwohner),
- in den Arbeitervierteln um -36,3 % von 1.968,9 auf 1.255,3 (je 100.000 Einwohner)
- und in den Großsiedlungen lediglich um -27,5 % von 1.711 auf 1.239,9 (je 100.000 Einwohner) gesunken (vgl. Tempel 2008, S. 22).

Das Auseinanderdriften der Mortalitätsraten der Männer zwischen den Sozialräumen Bremens liegt damit auch deutlich über dem Niveau der Frauen. Männer – insbesondere in den Großsiedlungen – sind in den letzten Jahren durch den Strukturwandel und dem damit einhergehenden Wegfall einfacher Arbeitsplätze im produzierenden Gewerbe besonders stark von Arbeitslosigkeit betroffen. Arbeitslosigkeit und die damit häufig verbundene soziale Isolation und Verminderung des Selbstwertgefühls erhöht nicht nur die Gefahr der sozialen Ausgrenzung (z. B. Bude und Willisch 2006; Kronauer 2010), sondern auch die Gefahr gesundheitlicher Probleme (Lampert et al. 2005, S. 73-84). So steigt nicht nur das gesundheitsriskante Verhalten (u. a. in Form von schlechteren Ernährungs- und Bewegungsgewohnheiten, der geringeren Inanspruchnahme von Ärzten etc.), sondern viele Langzeitarbeitslose sind aufgrund von geringerer sozialer Teilhabe vermehrt von psychischen Erkrankungen betroffen (Lampert 2008).

Um die soziale und gesundheitliche Lage in den besonders benachteiligten Städten bzw. Stadtteilen aktiv anzugehen, wurden in den letzten Jahren viele Initiativen insbesondere zur Gesundheitsförderung und Prävention gestartet. Diese bezogen sich auf einzelne Zielgruppen bzw. Settings (Kinder, Arbeitslose, Arbeitnehmer oder Schulen, Kitas, Betriebe, Weiterbildungseinrichtungen).

Auf Quartiersebene wurden zahlreiche Aktivitäten u. a. durch das Programm „Soziale Stadt" gestartet. Ein Handlungsfeld war in diesem Kontext „Gesundheit und Pflege". Hierzu wurden verschiede Projekte gestartet, die sich auf das häusliche, räumliche oder soziale Umfeld beziehen. Bisher unterbelichtet sind jedoch Aktivitäten, die soziale und gesundheitliche Maßnahmen auf Quartiersebene verbinden (Altgelt 2009, S. 152), die sich nicht nur auf präventive, sondern auch auf kurative und rehabilitative Gesundheitsmaßnahmen beziehen und damit das klassische, auf soziale Fragen ausgerichtete Quartiersmanagement um gesundheitsbezogene Kompetenzen ergänzen.

Diesen Ansatz verfolgte das durch das Ministerium für Gesundheit, Emanzipation, Pflege und Alter des Landes Nordrhein-Westfalen (MGEPA NRW) sowie durch Mittel der Europäischen Union (EU) geförderte Projekt „Proviva – gut leben zu Hause im Quartier"[7]. Proviva hatte zum Ziel, die Versorgung im Quartier sektorübergreifend zu optimieren und die Teilhabe der Älteren zu stärken. Die Förderperiode lag zwischen Februar 2013 und Juli 2015. Kern des Projektes war der Aufbau und die Erprobung quartiersbezogener Versorgungs- und Unterstützungsstrukturen in Form eines Gesundheits- und Quartiersmanagements als Anlauf-, Beratungs-, Koordinierungs- und Aktivierungsstelle rund um das Thema „Leben im Alter" für die Bürgerinnen und Bürger ab 65 Jahren in den Stadtteilen Leverkusen-Opladen und Leverkusen-Rheindorf. Die beiden Proviva-Büros in den beiden Stadtteilen wurden zwischen Juli 2014 und Juli 2015 ein Jahr lang erprobt. Auch wenn die beiden Proviva-Büros aufgrund fehlender Finanzierungsgrundlagen nicht als gemeinsame „Gesundheits- und Quartiersmanagement"-Büros in die Nachhaltigkeit übertragen werden konnten, so konnten dennoch wichtige Impulse für eine verbesserte Zusammenarbeit im Quartier – insbesondere in der vertiefenden Zusammenarbeit zwischen Pflegeanbietern und Ärzten – gesetzt werden.

Die Erfahrungen aus dem Projekt lassen folgende Schlussfolgerungen in Hinblick die Entwicklung und Erprobung von Quartiersansätzen erkennen:

- *Reglementierung und Wettbewerb:* Viele der Gesundheits- und Sozialanbieter agieren nicht nur in einem Quartier und stehen zudem im Wettbewerb untereinander. Ein vertrauensvoller und offener Austausch sowie Kooperation – die Voraussetzung für Netzwerkbildung im Quartier – stößt somit immer auch an Grenzen. Dies gilt insbesondere für die Gesundheits- und Pflegeanbieter, deren Finanzierungsgrundlage stark reglementiert ist. Im Rahmen der im Gesundheitswesen ausgeübten Selbstverwaltung stehen sich die potenziellen Netzwerkakteure im Quartier im Rahmen von Budgetverhandlungen – wie z. B. Kostenträger und Krankenhäuser – als Verhandlungspartner gegenüber.
- *Fehlende Akteure vor Ort:* In vielen Quartieren fehlen entscheidende Akteure für den Aufbau eines Netzwerkes oder das Aushandeln von sektorenübergreifenden Versorgungslösungen. Insbesondere die Kostenträger und viele Kliniken erleben in den letzten Jahren eine stärkere Zentralisierung und Fusionierung. Die einzelnen Filialen oder Kliniken vor Ort – sofern es diese gibt – agieren dann

---

7   Im Internet unter http://www.proviva-lev.de.

entlang der Vorgaben des eigenen Hauses und nicht mehr entlang der Bedarfe vor Ort. Zudem sind viele der Akteure vor Ort gar nicht entscheidungsbefugt.
- *Fehlende Ressourcen bei Kommunen:* Die Kommunen sind für die Entwicklung der Quartiersstrukturen der wichtigste Akteur. Aber auch den Kommunen fehlt es bei gesundheitsbezogenen Fragestellungen bislang an Erfahrungen, Ressourcen und Kompetenzen für den Aufbau von „regional health governance-Strukturen", also einer Verhandlungsplattform für die Verteilung von Gewinnen und Verlusten (Dahlbeck et al. 2009).
- *Regionale versus sektorale Grenzen:* Der Aufbau regionaler Versorgungsmodelle und Unterstützungsstrukturen ist sinnvoll, da nur so passgenaue, bedarfsorientierte und sektorübergreifende Lösungen entwickelt und verankert werden können. Generell unterliegen regionale Unterstützungsstrukturen besonderen Herausforderungen, wie bereits aufgeführt werden konnte. Der Aufbau regionaler sektorübergreifender Strukturen sollte nicht dazu führen, dass die flächendeckende Versorgung abgelöst wird und sektorale durch regionale Grenzen ersetzt werden. Dies kann zu einer weiteren Verschärfung regionaler Ungleichheit führen. Bereits heute gibt es insbesondere in strukturschwachen Regionen Probleme, Hausarztsitze wiederzubesetzen. Und auch innerhalb der Städte kam es in den letzten Jahren zu Wanderungen der Ärzte in die eher wohlhabenden Stadtteile. Aufgrund der besonderen Stellung der Ärzte in der Gesundheitsversorgung (Überweisung an Dritte und Verschreibung von Heilmitteln und Medikamenten) folgen diesen dementsprechend langfristig auch weitere Gesundheitsdienste (Apotheken, Therapeuten etc.). Dies hat ganz unmittelbar Folgen sowohl für die Versorgungsstrukturen als auch für die lokale Ökonomie. Bei der Entwicklung und Etablierung regionaler Versorgungslösungen sollte somit immer die Balance zwischen flächendeckender Daseinsvorsorge und individuellen regionalen Lösungen gehalten werden.
- *Offene Finanzierungsgrundlage:* In diesem Zusammenhang stellt sich die Frage, wer eine gesundheitsbezogene Unterstützungsstruktur im Quartier langfristig finanzieren will und kann und wer hiervon profitieren wird. Zunächst sollte geklärt werden, inwieweit die Unterstützungsstrukturen im Sinne der Daseinsvorsorge dazu beitragen, Krankheitsfolgen und Pflegebedürftigkeit (und die damit verbundenen Kosten) zu vermeiden und die Lebensqualität der Menschen im Quartier zu erhöhen. Sofern dies gelingt, sind es nicht nur die Bürgerinnen und Bürger, die profitieren. Eine geringere Krankheitslast, aber insbesondere Produktivitätssteigerungen durch Optimierung der Versorgungsprozesse vermindern Gesundheitsausgaben und führen damit zu Einsparungen bei den Kostenträgern. Und auch die Kommunen sparen bei der Vermeidung von Pflegebedürftigkeit ihrer Einwohner hohe Sozialkosten, da die Pflegekosten im Bedarfsfall durch

die Kommunen getragen werden müssen. Darüber hinaus gibt es noch weitere Akteure, die durch die Etablierung von Unterstützungsstrukturen profitieren können. Zu nennen ist hier z. B. die (kommunale) Wohnungswirtschaft, die ein hohes Interesse daran hat, nicht nur altersgerechte Wohnungen anzubieten, sondern um langfristigen Leerstand zu vermeiden, auch ein attraktives und möglichst barrierefreies Wohnumfeld mit etablierten Versorgungsstrukturen zu bieten. Auch die aktive Beteiligung der Bürgerinnen und Bürger selbst ist im Rahmen von Finanzierungsmodellen (Genossenschaften) denkbar. Da das bürgerschaftliche Engagement jedoch auch stark von der Sozialstruktur abhängt, sollte auch hier darauf geachtet werden, dass sozialstrukturell schwächere Regionen nicht weiter zurückfallen.

- *Fehlende Datengrundlagen für eine integrierte Berichterstattung:* Für eine passgenaue Ausrichtung eines Gesundheits- und Quartiersmanagements sollten ausreichend Informationen vorliegen. Während ausgewählte Indikatoren zu sozialen Fragen zumindest bis auf Stadtteilebene durch die amtliche Statistik bereitgestellt werden, werden gesundheitsbezogene Daten auf Stadtteilebene lediglich im Rahmen der Schuleingangsuntersuchungen erhoben und zur Verfügung gestellt. Auf kleinräumiger Ebene liegen somit in der amtlichen Statistik nur für die Zielgruppe der Kinder gesundheitsbezogene Angaben vor. Damit fehlt eine grundlegende Voraussetzung zur Ermittlung und Entwicklung der Krankheitslast in Quartieren. Hier wäre es wünschenswert, wenn vorhandene Daten, die auf kleinräumiger Ebene vorliegen (Daten der Krankenhausentlassungsstatistik oder Daten anderer Quellen wie der Kassenärztlichen Vereinigungen oder der Kostenträger) der Wissenschaft zu Forschungszwecken vermehrt zur Verfügung gestellt werden. Zur Verminderung von sozialer und gesundheitlicher Ungleichheit erscheint eine integrierte Gesundheits-, Sozial- und Bildungsberichterstattung, wie sie Strohmeier et al. (2009) für die Zielgruppe der Kinder konzipiert haben, auf kleinräumiger Ebene sinnvoll. Diese bildet dann auch die Voraussetzung für die Kommunen, integrierte Entwicklungs- und Handlungskonzepte zu erarbeiten.

10.4 Fazit

Es konnte aufgezeigt werden, dass es in den Kreisen und kreisfreien Städten starke Korrelationen zwischen der Sozialstruktur und der gesundheitlichen Lage gibt. Insbesondere die armen schrumpfenden Städte des nördlichen Ruhrgebiets sind hiervon besonders stark betroffen. Hier überlagern sich Arbeitslosigkeit, SGB-II-Leistungsbezug, Bildungs- und Einkommensarmut sowie Krankenhausfälle bei den Indikationen Lungenkrebs, Lebererkrankungen, Diabetes sowie verschiedenen Herz-Kreislauferkrankungen. Dagegen sind die wachsenden Universitätsstädte, die sich durch ein überdurchschnittliches Bildungsniveau und hohem Wohlstand auszeichnen, von den untersuchten Indikationen nur unterdurchschnittlich betroffen. Die unterschiedlichen sozialen und gesundheitlichen Lagen führen auch zu einer unterschiedlichen Lebenserwartung in den verschiedenen Kreisen und kreisfreien Städten. Auch hier sind die Städte des nördlichen Ruhrgebiets wiederum besonders benachteiligt.

Um diesen multiplen Problemlagen in den benachteiligten Städten und Stadtteilen entgegenzutreten, werden in vielen Quartieren Ansätze verfolgt, die Lebensräume der Bevölkerung zu optimieren. Das aufgezeigte Projekt Proviva versuchte hierbei nicht nur gesundheitsfördernde Maßnahmen im Quartier zu etablieren, sondern klassische Gesundheitsanbieter (Ärzte, Krankenhäuser) mit gesundheitsbezogenen Dienstleistungen sowie sozialen Angeboten (Familienberatung, Pflegeberatung, Schuldnerberatung u. a.) zu vernetzen. Einige Herausforderungen wurden hierzu beschrieben. Die Frage steht und fällt – wie bei allen geförderten Modellprojekten – mit der nachhaltigen Etablierung des Netzwerkes und der Quartiersstützpunkte, also der Entwicklung einer nachhaltigen Finanzgrundlage.

Die hier dargestellten Ergebnisse zeigen, dass Armut, Bildung und Gesundheit eng miteinander verflochten sind. Dies erfordert auch eine stärkere Integration der entsprechenden Sozial-, Bildungs- und Gesundheitsberichterstattung. Diese bildet dann die empirische Grundlage für eine stärkere Verzahnung und Integration der Gesundheits-, Bildungs- und Sozialpolitik bzw. der entsprechenden Verwaltungseinheiten auf Bundes-, Landes- und kommunaler Ebene. Insbesondere auf der kommunalen Ebene sollte schnell gehandelt werden, da hier die Probleme am dringlichsten erscheinen. Für die Förderung von Kindern in Kommunen liegt hierzu bereits eine konzeptionelle Grundlage für eine integrierte Berichterstattung vor (Strohmeier et al. 2009). Diese sollte auf die verschiedenen Generationen erweitert werden. Als Modellprojekte für die Weiterentwicklung einer integrierten Gesundheits-, Sozial- und Bildungsberichterstattung für alle Generationen bieten sich die Städte des nördlichen Ruhrgebiets besonders an, da die hier die lokalen Problemlagen aller Wahrscheinlichkeit auch in Zukunft weiter an Bedeutung gewinnen werden.

Literatur

Altgelt, T. (2009): Gemeindenahe Gesundheitsförderung für ältere Menschen. Die Wiederentdeckung des Quartiers als zentrale Handlungsebene. In: *Prävention und Gesundheitsförderung* 3/2009, S. 149-157.

Backhaus, K., Erichson, B., Plinke, W., & Weiber, R. (2011). *Multivariate Analysemethoden. Eine anwendungsorientierte Einführung.* 13., überarbeitete Auflage. Berlin/ Heidelberg: Springer.

Bude, H., & Willisch, A. (Hrsg.) (2006). *Das Problem der Exklusion. Ausgegrenzte, Entbehrliche, Überflüssige.* Hamburg: Hamburger Edition HIS.

Dahlbeck, E., & Neu, M. (2014). Soziale und gesundheitliche Ungleichheit in Nordrhein-Westfalen. In Institut Arbeit und Technik (Hrsg.), *Forschung Aktuell 3/2014.* Im Internet unter: http://www.iat.eu/forschung-aktuell/2014/fa2014-03.pdf; Zugriff am 24.06.2016.

Dahlbeck, E., Evans, M., & Potratz, W. (2009). Gesundheitswirtschaft und regionale Strukturpolitik: Strategiefähigkeit, Standortmanagement und Innovationsblockaden. In N. Zdrowomyslaw & M. Bladt (Hrsg.), *Regionalwirtschaft: global denken, lokal und regional handeln* (S. 301-321). Gernsbach: Dt. Betriebswirte-Verl.

[Destatis] Statistisches Bundesamt (2013). Fallpauschalenbezogene Krankenhausstatistik. DRG-Statistik. Qualitätsbericht. Wiesbaden.

[Destatis] Statistisches Bundesamt (2012). Todesursachenstatistik. Todesursachen in Deutschland. Qualitätsbericht. Wiesbaden.

Elvers, H.-D. (2005). Umweltgerechtigkeit (Environmental Justice). Integratives Paradigma der Gesundheits- und Sozialwissenschaften? UFZ-Diskussionspapiere 14/2005. Im Internet unter: https://www.ufz.de/export/data/2/84316_Disk_Papiere_2005_14.pdf; Zugriff am 24.06.2016.

Esser, H. (1988). Sozialökologische Stadtforschung und Mehr-Ebenen-Analyse. In *Kölner Zeitschrift für Soziologie und Sozialpsychologie.* Sonderheft 29, S. 35-55.

Faktor Familie GmbH & Kreis Wesel (Hrsg.) (2009). Familienbericht Kreis Wesel 2009. Lebenslagen und Zufriedenheit von Familien. Bochum/ Wesel. Im Internet unter: http://www.rheinberg.de/C12571B100359048/files/Familienbericht_Kreis_Wesel_06072009.pdf/$file/Familienbericht_Kreis_Wesel_06072009.pdf; Zugriff am 24.06.2016.

Franzke, A., Neu, M., Schultz, A., & Strohmeier, K. P. (2015). Regionale Kontexte der Lebens- und Teilhabechancen von Kindern und Familien in NRW. In Bertelsmann Stiftung (Hrsg.), *Familiengerechte Rahmenbedingungen. Gemeindetypisierung Nordrhein-Westfalen. Materialien zur Prävention. Arbeitspapiere wissenschaftliche Begleitforschung „Kein Kind zurücklassen!"* (S. 22-101). Gütersloh: Verlag Bertelsmann Stiftung.

Friedrichs, J. (1990). *Methoden empirischer Sozialforschung.* 14. Auflage. Opladen: Westdeutscher Verlag.

Fromm, S. (2010). *Datenanalyse mit SPSS für Fortgeschrittene 2: Multivariate Verfahren für Querschnittsdaten.* Wiesbaden: VS Verlag für Sozialwissenschaften.

Hollederer, A. (2011). *Erwerbslosigkeit, Gesundheit und Präventionspotenziale. Ergebnisse des Mikrozensus 2005.* Wiesbaden: VS Verlag für Sozialwissenschaften.

Hornberg, C., & Pauli, A. (2011). Stellenwert und Aufgabenfelder von „Umwelt und Gesundheit" in Public Health. In T. Schott & C. Hornberg (Hrsg.), *Die Gesellschaft und ihre Gesundheit. 20 Jahre Public Health in Deutschland: Bilanz und Ausblick einer Wissenschaft* (S. 191-217). Wiesbaden: VS Verlag für Sozialwissenschaften.

10 Soziale und gesundheitliche Ungleichheit

Kreckel, R. (2004). *Politische Soziologie der sozialen Ungleichheit.* 3., überarbeitete und erweiterte Auflage. Frankfurt a. M./New York: Campus.
Kronauer, M. (2010). *Exklusion. Die Gefährdung des Sozialen im hoch entwickelten Kapitalismus.* 2. Auflage. Frankfurt a. M./New York: Campus.
Lampert, T. (2011). Armut und Gesundheit. In T. Schott & C. Hornberg (Hrsg.), *Die Gesellschaft und ihre Gesundheit. 20 Jahre Public Health in Deutschland: Bilanz und Ausblick einer Wissenschaft* (S. 575-597). Wiesbaden: VS Verlag für Sozialwissenschaften.
Lampert, T., & Mielck, A. (2008). Gesundheit und soziale Ungleichheit. Eine Herausforderung für Forschung und Politik. In *Gesundheit – Gesellschaft – Wissenschaft (GGW)* 2/2008, 8. Jg., S. 7-16.
Lampert, T., Saß, A.-C., Häfelinger, M., & Ziese, T. (2005). *Armut, soziale Ungleichheit und Gesundheit.* Expertise des Robert-Koch-Instituts zum 2. Armuts- und Reichtumsbericht der Bundesregierung. Berlin.
Maschewsky, W. (2004). Umweltgerechtigkeit – Gesundheitsrelevanz und empirische Erfassung. Berlin. Discussion Papers des Wissenschaftszentrum Berlin für Sozialforschung, Forschungsschwerpunkt Bildung, Arbeit und Lebenschancen, Forschungsgruppe Public Health. Im Internet unter: http://www.ssoar.info/ssoar/bitstream/handle/document/11784/ssoar-2004-maschewsky-umweltgerechtigkeit_-_gesundheitsrelevanz_und_empirische.pdf; Zugriff am 24.06.2016.
Mielck, A. (2005). *Soziale Ungleichheit und Gesundheit. Einführung in die aktuelle Diskussion.* Bern: Huber.
Neu, M., Strohmeier, K. P., & Kersting, V. (2011). Sozialberichterstattung als Grundlage für eine kommunale Politik gegen Segregation. In W. Hanesch (Hrsg.), *Die Zukunft der „Sozialen Stadt". Strategien gegen soziale Spaltung und Armut in den Kommunen* (S. 219-237). Wiesbaden: VS Verlag für Sozialwissenschaften.
Osliso, S., Annuss, R., & Borrmann, B. (2013). Regionale Cluster auf Basis von Sozialstrukturdaten für die Kreise und kreisfreien Städte in NRW. In Landeszentrum Gesundheit Nordrhein-Westfalen (Hrsg.), *NRW kurz und informativ* 11/2013.
Richter, M., & Hurrelmann, K. (2009). Gesundheitliche Ungleichheit: Ausgangsfragen und Herausforderungen. In M. Richter & K. Hurrelmann (Hrsg.), *Gesundheitliche Ungleichheit. Grundlagen, Probleme, Perspektiven.* 2., aktualisierte Auflage. Wiesbaden: VS Verlag für Sozialwissenschaften.
Schmidtke, K., & Meyer, S. (2011). Soziale Einflussfaktoren auf das Gesundheitsverhalten und den Gesundheitsstand. Ergebnisse des Mikrozensus. In Landesbetrieb Information und Technik Nordrhein-Westfalen (Hrsg.), *Statistische Analysen und Studien.* Band 69 (S. 3-14). Düsseldorf.
Schultz, A. (2010). *Gesundheitsberichterstattung NRW: Aktualisierung der Clusteranalyse mit Sozialstrukturindikatoren für Kreise und kreisfreie Städte in NRW.* Unveröffentlichtes Manuskript. Bochum.
Strohmeier, K. P. (2010). Durchschnitt ist Nirgends – Segregation und die Gesundheit von Kindern in der Stadt. In H.-J. Dahme & N. Wohlfahrt (Hrsg.), *Systemanalyse als politische Reformstrategie. Festschrift für Dieter Grunow* (S. 318-334.). Wiesbaden: VS Verlag für Sozialwissenschaften.
Strohmeier, K. P., Kersting, V., Citlak, B., & Ammon, J. (2009). *KECK: Kommunale Entwicklung – Chancen für Kinder. Konzeptionelle Grundlagen.* Herausgegeben von der Bertelsmann Stiftung. Gütersloh.

Strohmeier, K. P., Schultz, A., Bardehle, D., Annuss, R., & Lenz, A. (2007). Sozialräumliche Clusteranalyse der Kreise und kreisfreien Städte und Gesundheitsindikatoren in NRW. In *Gesundheitswesen* 69, S. 26-33.

Strohmeier, K. P., Kersting, V., & Schultz. A. (2005). *Gesundheitsberichterstattung NRW: Clusteranalyse mit Sozialstrukturindikatoren und Vorschlag eines modifizierten Indikatorensatzes für Kreise und kreisfreie Städte in NRW.* Bochum.

Tempel, G. (2008). Sozialräumliche Polarisierung und Mortalitätsentwicklung. In N. Gestring, H. Glasauer, C. Hannemann, W. Petrowsky & J. Pohlan (Hrsg.), *Jahrbuch StadtRegion 2007/ 08. Schwerpunkt: Arme reiche Stadt.* Opladen & Farmington Hills: Verlag Barbara Budrich.

Tempel, G. (2006). Die Auswirkungen sozialer Polarisierung. Zur Entdeckung der Lebenserwartung und Sterblichkeit in ausgewählten Bremer Wohngebieten. In *Gesundheitsamt* 7/2006.

Wiedenbeck, M., & Züll, C. (2010). Clusteranalyse. In C. Wolf & H. Best (Hrsg.), *Handbuch der sozialwissenschaftlichen Datenanalyse* (S. 525-552). Wiesbaden: VS Verlag für Sozialwissenschaften.

Zentrum für interdisziplinäre Ruhrgebietsforschung (ZEFIR), & Stadt Gelsenkirchen (Hrsg.) (2006). Familienbericht Gelsenkirchen. Lebenslagen und Zufriedenheit von Familien. Bochum/ Gelsenkirchen. Im Internet unter: https://www.gelsenkirchen.de/de/familie/ netzwerke/lokales_buendnis_fuer_familien/_doc/Familienbericht_Gelsenkirchen.pdf; Zugriff am 24.06.2016.

Kontakt

Marc Neu, Sozialwissenschaftliches FrauenForschungsinstitut (SoFFI F.) im Forschungs- und Innovationsverbund an der Ev. Hochschule Freiburg e. V. (FIVE), Bugginger Straße 38. 79114 Freiburg
Email: marc.neu@eh-freiburg.de

Elke Dahlbeck, Institut Arbeit und Technik, Munscheidstr. 14, 45886 Gelsenkirchen
Email: dahlbeck@iat.eu

Gesundheit und Wohnen im Quartier als Zukunftsfeld – Regionale Gestaltungsperspektiven in einer älter werdenden Gesellschaft

Rolf G. Heinze und Rasmus C. Beck

11.1 Die Gesundheitswirtschaft als heimlicher „Gewinner" des Strukturwandels

Gesundheitsbezogene Branchen und Gestaltungsfelder haben in den letzten Jahren den wirtschaftlichen Strukturwandel mit geprägt und waren verantwortlich für die Schaffung vieler Arbeitsplätze im Ruhrgebiet. Allein zwischen 2008 und 2013 entstanden mehr als 32.000 zusätzliche Arbeitsplätze. Die Spannbreite reicht von der ambulanten und stationären Versorgung (dem traditionellen Gesundheitswesen) über die Medizintechnik und die Gesundheitshandwerke bis hin zum Service Wohnen für pflegebedürftige Menschen oder der Medical Wellness. So arbeiten inzwischen im Ruhrgebiet rund 340.000 Menschen in der Gesundheitswirtschaft.[1] Damit sind 14,5 % aller Erwerbstätigen in der Gesundheitswirtschaft tätig, was nahezu dem Anteil der Gesamtheit aller Beschäftigten in den Industriebranchen entspricht. Für die Wirtschaft des Ruhrgebiets haben die Gesundheitsbranchen eine über dem Bundes- und Landesdurchschnitt liegende hohe Dynamik wie der aktuelle Wirtschaftsbericht Ruhr (2014) eindrucksvoll zeigt.

Die dynamische Gesundheitswirtschaft ist aber nicht nur ein zentraler Aktivposten bei der Schaffung neuer Arbeitsplätze, sondern steht für einen gesellschaftlichen Trend der Höherbewertung von Gesundheit und Lebensqualität. Gesundheit stößt individuell auf ein hohes und wachsendes Interesse von Menschen, erst recht in

---

[1] Folgende Akteuren bzw. Institutionen umfasst die Gesundheitswirtschaft:
- Krankenhäuser und „klassisches Gesundheitswesen" (Ärzte, Apotheker, Gesundheitsverwaltungen),
- ambulante und stationäre Pflegedienste/Wohnungswirtschaft,
- Gesundheitshandwerk/Medizin- und Gerontotechnik/Pharmazeutische Industrie,
- Wellness/Gesundheitstourismus.

der alternden Gesellschaft, und ist zentraler Bestandteil der Lebensqualität – und dies betrifft nicht nur ältere, sondern auch jüngere Menschen. In der Werteskala der Menschen steht Gesundheit inzwischen ganz oben, das Bewusstsein für die eigene Gesundheit ist angestiegen. An der Debatte um Digitalisierung zeigt sich zudem, dass Gesundheitsthemen eines der bedeutsamsten Anwendungsfelder für High-Tech-Lösungen (von Big Data über die Nanotechnik bis hin zu den Biotechnologien) sind. Seit 1960 wuchsen die Ausgaben für das Gesundheitssystem in Deutschland im Durchschnitt um 1 % schneller als das BIP. Derzeit geben wir rund 11 % des BIP für unsere Gesundheit aus, 2040 sind es laut Prognosen der Weltbank schon 15 %" (McKinsey 2015, S. 44).

11.2 Open Innovation als neues Paradigma

Am Beispiel der Gesundheitswirtschaft kann auch die weit verbreitete These aus der Innovationsforschung belegt werden, dass es nicht mehr die relativ isolierten Schlüsselakteure sind, die kurzfristig neuen Wohlstand und Arbeitsplätze schaffen, sondern vielmehr die Verknüpfung von Akteuren in Kompetenznetzen immer zentraler wird. In diesen Zusammenhängen wird vom Konzept der „open innovation" gesprochen, um darauf hinzuweisen, dass horizontale Verknüpfungen und Netzwerke für den Erfolg von wirtschaftlichen und technologischen Innovationen notwendig sind. Das impliziert auch eine notwendige Vernetzung oder gar Auflösung der traditionell in Deutschland voneinander abgeschotteten Politikfelder, was allerdings schwierig zu realisieren ist, denn noch dominiert in deutschen Organisationen das Denken in „Kästchen" oder „Silos". Aber gerade regionale Innovationsprozesse verlaufen nur dann erfolgreich, wenn die Steuerung von heterogenen Netzwerken in einem räumlichen und sozialen Kontext gelingt, was erhebliche organisatorische Lernprozesse von den Akteuren aus Wissenschaft, Wirtschaft und Politik verlangt (vgl. die Beiträge in Beck et al. 2014).

Die Logik des wirtschaftlichen Strukturwandels hat sich in den letzten Jahren grundlegend verändert, da er nachhaltige Veränderungen in Produktion und Konsum weit über die Grenzen einzelner Branchen hinaus bewirken und einbetten muss. Viele Experten sprechen von einem „neuen" Strukturwandel, der sich durch eine wachsende Bedeutung von hybriden Wertschöpfungsnetzen auszeichnet und deshalb nicht mit den Instrumenten des „alten" Strukturwandels im Sinne rigide getrennter Handlungsfelder von Politik und Unternehmen zu bewältigen ist. Nur mit integrierten Konzepten und einer strategischen Intensivierung der Wissensströme zwischen den verschiedenen Akteuren auf regionaler Ebene können die Herausforderungen gemeistert werden – und dies gerade in einer traditionell industriell ausgerichteten Region wie dem Ruhrgebiet.

Die wirtschaftliche Förderung heterogen zusammengesetzter neuer Wertschöpfungsmuster ist eine Zukunftsaufgabe regionaler Wirtschaftsförderung und kann nicht mehr rein hierarchisch erfolgen. Stattdessen muss auf Basis eines strategischen Innovationsmonitorings eine breite Informationsbasis regionaler Kompetenzfelder aufgesetzt werden, um innovative Akteure in neuen Wertschöpfungsnetzwerken zusammenzuführen. Dies impliziert auch einen grundlegenden Wandel der Organisationsstrukturen der Wirtschaftsförderung auf kommunaler und regionaler Ebene, die ihr Selbstverständnis mit einer hohen Nähe zu Verwaltungsstrukturen neu auf die Förderung von unternehmerischen Projekten mit klarem Mehrwert für die Privatwirtschaft hin ausrichten müssen. Folgende Botschaft dürfte also eine zentrale Bedeutung erhalten: „Von der Kooperation zum Netzwerk". Auch wenn in Deutschland die wirtschaftlichen Krisen der letzten Jahre gut gemeistert hat und europaweit als erfolgreich gilt, ist ein Rückstand bei manchen Spitzentechnologien zu konstatieren (vgl. etwa McKinsey 2015). Von einem generell innovationsfreundlichen Klima kann nicht unbedingt gesprochen werden, da viele Forschungsergebnisse nur mangelhaft in intelligente Produktionsideen umgesetzt werden. Viele Akteure in der deutschen Wirtschaft plädieren zwar für eine „unternehmerische" Gesellschaft, dennoch ist die Zahl der innovativen Kräften (etwa ausgedrückt in High-tech Start-Ups) relativ niedrig (2014 sank die Zahl der Gründungen auf einen Tiefstand). Dies liegt sicherlich auch an den Erfolgen des Wirtschafts- und Sozialstandortes Deutschland, der eher auf Kooperation und Beharrung denn auf Wettbewerb und radikalen Innovationen beruht:

> „Innovation fordert den Abschied von Bewährtem und die Inkaufnahme von Risiken. Innovation ist mit Angst, mit erlebter Unsicherheit verbunden. Blockaden gegen Innovationen sind insofern verständlich und normal. Erfolg in der Vergangenheit ist oft der größte Feind der Innovation." (Simon 2011, S. 202).

Wirtschaftssoziologische Arbeiten zu regionalen Innovationssystemen und Wirtschaftsclustern haben die spezifischen **regionalen Infrastrukturen** als einen zentralen Erfolgsfaktor der Regionalentwicklung und Vernetzungsstrategien herausgearbeitet (vgl. zusammenfassend Voelzkow 2007). Räumliche und kulturelle Nähe sowie insgesamt ein funktionierendes regionales Innovationssystem, das ganz zentral über den Wissens- und Technologietransfer definiert ist, ermöglicht eine Steigerung der Wissensagglomeration und -produktion in der Region. Damit erhöhen sich auch die Chancen für die Diffusion des Wissens und die Gründung und den Ausbau einer wissensintensiveren Unternehmenspopulation, aber auch eine Verbesserung der Wettbewerbsfähigkeit der regionalen Unternehmensbasis:

„Städte und Regionen können sich dann erfolgreich positionieren, wenn sie eine vernetzte Politik und eine gemeinsame Entwicklungsstrategie mit vielen Akteuren verfolgen." (Gärtner 2008, S. 92).

11.3 Das Ruhrgebiet: Strukturwandel und neue Leitmärkte

Im Folgenden soll diese These anhand des Ruhrgebietes und dort zukünftig wichtiger werdenden Leitmärkten wie der Gesundheitswirtschaft diskutiert werden. Das Ruhrgebiet wurde durch einen Wachstumskern rund um Kohle und Stahl nachhaltig geprägt und hat hier vielfältiges Wissen um Produktionsweisen angehäuft, allerdings einseitig auf industrielle Bereiche beschränkt. Schon seit den 1950er Jahren gibt es jedoch Zechenstilllegungen und die wirtschafts- und beschäftigungspolitische Bedeutung von Kohle und Stahl ging seitdem massiv zurück. Beschäftigungsaufbau wurde vor allem im Bildungs- und Wissenschaftsbereich sowie in der mittelständischen Produktionswirtschaft realisiert. Der seit den 1980er Jahren des letzten Jahrhunderts forcierte Strukturwandel *"bescherte der Region im Verlauf der nächsten 20 Jahre neue Kompetenzen. Heute spricht man von Energie. Logistik. Chemie und Gesundheitswirtschaft und von Informations-, Nano-, Mikrosystem- und Werkstofftechnologien als den neuen Standbeinen der Region."* (Noll 2010, S. 271).

Die Gesundheitswirtschaft steht exemplarisch für die Transformation von einer Industrie- in eine Wissensregion[2], wobei Wissensregion mehr meint als Wissenschaftsregion, die zentral auf die Ausbildungs- und Forschungskapazitäten in Hochschulen und Forschungseinrichtungen zielt. Das Wachstumspotential der Wissenschaft muss durch eine aktivierende Standortpolitik und offensive Unternehmensstrategien ausgeschöpft werden, bei denen es nicht mehr zuerst um die kostengünstigere Herstellung des Herkömmlichen gehen kann. Ziel muss vielmehr

---

2 Das Ruhrgebiet verfügt inzwischen über ein breites und leistungsfähiges wissenschaftliches Fundament, zu dessen Kern die drei medizinischen Fakultäten an der Universität Duisburg-Essen, der Ruhr-Universität Bochum sowie der Privatuniversität Witten-Herdecke gehören. Zu diesen Eckpfeilern der medizinischen Ausbildung und Forschung gesellt sich die im Jahr 2010 gegründete Hochschule für Gesundheit (HSG) in Bochum, die die bislang einzige Hochschule in Deutschland ist, an der die fünf nicht ärztlichen Gesundheitsberufe Ergotherapie, Hebammenkunde, Logopädie, Pflege- und Physiotherapie grundständig studiert werden können. Hinzu kommt eine breite Palette weiterer wissenschaftlicher und gesundheitsrelevanter Kompetenzen in nahezu allen relevanten Bereichen der Gesundheitsforschung, angefangen vom Max-Planck-Institut für molekulare Physiologie in Dortmund bis hin zu vier Fraunhofer-Instituten etc.

die Entwicklung neuer Produkte und Dienstleistungen sein. Die Fähigkeit, neue Geschäftsfelder und Märkte zu erschließen, ist die Grundlage der dynamischen Entwicklung unserer Wirtschaft. Um aus Wissen wirtschaftlichen Nutzen zu ziehen, kommt es darauf an, relevante Wissensbestände zu identifizieren, sie sich anzueignen, miteinander in Netzwerken zu verknüpfen, dann zu Problemlösungen zusammenzuführen und sie für die Anwendung bereitzustellen und umzusetzen.

Dies bedeutet auch eine aktivere Rolle der Hochschulen und Forschungseinrichtungen im regionalen Strukturwandel – und dies wird auch in der Gesundheitswirtschaft sichtbar. Da sektorenübergreifende Kooperationen und Verknüpfungen mit „Wisseneinrichtungen" zum wesentlichen Bestandteil der Zukunftsfähigkeit eines Wirtschaftsstandortes gehören, müssen diese Vernetzungsprozesse aktiv gestaltet werden. Der wirtschaftliche und damit beschäftigungspolitische Erfolg einzelner Wirtschaftsregionen hängt daher zukünftig immer stärker davon ab, ob es den Standorten gelingt, die bestehenden endogenen Potentiale – von den Bildungs- und Wissenschaftseinrichtungen, den Kliniken und anderen gesundheitsbezogenen Institutionen bis hin zu den Wirtschaftsunternehmen – in leistungsfähigen Innovationssystemen zusammenzufassen und auch am Markt erfolgreich zu halten. Im Ruhrgebiet hat sich in den letzten Jahren hinsichtlich der Kooperation von Hochschulen untereinander als auch mit den kommunalen und regionalen Akteuren einiges bewegt (vgl. die Beiträge in Bogumil und Heinze 2015). Auf dem weiteren Weg zur Wissensregion müssen allerdings auch Neujustierungen vorgenommen werden, die primär darin bestehen, dass lokale „Elfenbeintürme" verlassen und neue Entwicklungspfade definiert und umgesetzt werden. Bislang orientieren sich die politischen Vernetzungsstrategien im Ruhrgebiet noch zu eindimensional an ihrer lokalen Umwelt und vernachlässigen hierdurch die regionale Einbettung, die aber letztendlich entscheidend für die Wettbewerbsfähigkeit und Attraktivität der einzelnen Kommunen und der gesamten Region sein wird.

Nicht jeder Standort, der über gut positionierte Akteure (bspw. eine auch international vorzeigbare Kliniklandschaft), qualifizierte Arbeitskräfte, technologisches Know-How und eine Kompetenzfeldstrategie verfügt, erreicht daher auch zukunftsfähige Clusterbildungen. Denn gerade eine auf Wissensströme und Einbeziehung verschiedener gesellschaftlicher und wirtschaftlicher Akteure setzende Clusterpolitik kostet viel Zeit und erfordert Vertrauen. Der Blick über die Grenzen der eigenen Branche oder des eigenen Clusters hinaus wird gerade für die gesundheitswirtschaftlichen Akteure immer interessanter, um im nächsten Schritt Rekombinationen durch Netzwerke mit Akteuren aus unterschiedlichen Bereichen anzustreben.

> „In der Verschränkung der hiesigen produzierenden Wirtschaft mit den Anforderungen an neue Dienstleistungen und Produkte liegt der Weg in ein neues, nachhaltiges Wachstum für die Metropole Ruhr. [...] Der Motor für die Gesundheitswirtschaft sind Mikrotechnologien und neue Übertragungstechniken in Verbindung mit neuen präventiven Gesundheitsleistungen. Urbanes Bauen und Wohnen wird mit neuen Baustoffen, Maschinen und intelligenten Konzepten für ganze Stadtteile umgesetzt. In Verbindung mit dem innovativen Handwerk, hochwertigen Dienstleistern aus IT, Logistik und Ingenieurbüros entsteht eine herausragende nachhaltige Effizienzwirtschaft für den Wandel des urbanen Lebens in der Metropole Ruhr" (Wirtschaftsbericht Ruhr 2011, S. 71 f.).

Teile des Ruhrgebiets sind inzwischen – wie bereits gezeigt – auf dem Weg, ein bedeutender Gesundheitsstandort zu sein. Gerade in diesem Gestaltungsfeld hat sich in den letzten Jahren viel bewegt, auch weil das Ruhrgebiet über einen quantitativ mehr als soliden Gesundheitsmarkt verfügt.

> „Der Gesundheitssektor ist im Begriff, einer der wichtigsten Zukunftsmärkte überhaupt zu werden. Gleich mehrere starke Treiber führen zu einer steigenden Nachfrage nach Gesundheitsprodukten und -dienstleistungen, allen voran der wissenschaftlich-technische Fortschritt von Medizintechnik, Pharmazie und Biotechnologie. Ein Beispiel ist die Entwicklung der bildgebenden Verfahren in der Radiologie während der vergangenen Jahre: vom einfachen Röntgenbild hin zu computergestützten Schnittbildverfahren, die den gesamten Körper in kürzester Zeit detailliert abbilden. Was wird dann erst in zwei Jahrzehnten möglich sein? Individualisierten Therapieformen kommt eine Schlüsselposition bei der Entstehung neuer Wertschöpfungspotenziale zu. In der so genannten personalisierten Medizin zeigt sich das integrative Moment der zukünftigen Wertschöpfung besonders deutlich: eine Forschung, die die engen Grenzen der Einzeldisziplinen sprengt und Branchen, die sich nicht mehr fremd gegenüberstehen, sondern mehr und mehr interagieren. Dabei entstehen neue Angebote mit maßgeschneiderten Leistungen; Produkte und Services verschmelzen zu hybriden Systemangeboten. Auch hier ist es wieder die IuK-Technologie, die Wissensaustausch und Kooperation in bisher nicht gekannter Intensität ermöglicht" (Deutschland 2030, S. 40; vgl. auch die Beiträge in Goldschmidt und Hilbert 2010).

In der Wirtschaftsförderung des Ruhrgebietes gilt dieser Bereich inzwischen auch als zentraler Wachstumsleitmarkt, denn dieser dichtbesiedelte Raum verfügt über ein großes Nachfragepotenzial für gesundheitliche Versorgung. Für die wirtschaftliche Entwicklung gilt es hervorzuheben, dass das Wachstum des „schlafenden Riesen" Gesundheitswirtschaft nicht auf konjunkturellen und damit instabilen Einflüssen beruht, sondern hier wird ein relativ konjunkturunabhängiger Wachstumstrend deutlich, der auch in den nächsten Jahren nach allen wirtschaftlichen Prognosen anhält und sich auch gegenüber anderen Leitmärkten abzeichnet.

11.4 Zum Aufbau zukunftsfähiger Leitmärkte: Gestalten statt verwalten

Ein zentrales Zukunftsfeld und Laboratorium für eine innovative und kooperativ organisierte Steuerung liegt in der Bewältigung des demographischen Wandels. Durch die Alterung der Gesellschaft und die Ausbreitung moderner Informations- und Kommunikationstechnologien eröffnen sich neue Optionen, die bspw. unter dem Stichwort „vernetztes Wohnen" diskutiert werden. Die Chance, dass ein Land wie Deutschland mit einer der ältesten Bevölkerung der Welt zu einem Leitmarkt für wirtschaftlich-soziale Innovationen im Alter werden könnte, ist aufgrund der Potentiale durchaus realistisch. Die Fokussierung auf Leitmärkte (von der Gesundheit und der damit verbundenen Medizintechnik und neuen Versorgungssystemen, „intelligenten" Häusern und Wohnungen, effizienten Energie- und Mobilitätssystemen) hat auch starke beschäftigungspolitische Züge.

„Bei gezielter Nutzung neuer Technologien lassen sich die Belastungen auf vielfache Weise reduzieren: Die vollständige und richtige Datenerhebung und -interpretation mit Hilfe von Big-Data-Technologien etwa verbessert die Grundlage medizinischer Entscheidungen und damit die Qualität der Versorgung. Neue Technologien werden aber auch die Mitbestimmung und Selbsthilfe der Patienten stärken. Schon heute gibt es z. B. zu vielen Themen Online-Plattformen (z. B. www.patientslikeme.com), die Patienten und Angehörige vernetzen und den Austausch untereinander fördern. Fitness-und Gesundheits-Apps (z. B. Runtastic für Läufer oder Glooko für Diabetiker) erfreuen sich ebenfalls wachsender Beliebtheit" (McKinsey 2015, S. 44).

Vor dem Hintergrund des demographischen Wandels sind aktive Handlungsstrategien gefragt. Der **Wohnbereich** ist hier ein ganz zentraler Ort, denn mit steigendem Alter geraten die Wohnsphäre und Gesundheitsfragen immer stärker in den Mittelpunkt des individuellen Lebens. So verlagert sich bspw. die gesundheitliche Versorgung immer stärker in die häusliche Umgebung; der Haushalt entwickelt sich so zum „dritten" Gesundheitsstandort. Vernetzte Wohnlösungen breiten sich projektartig in verschiedenen Städten aus, nun gilt es, integrierte Versorgungssysteme auf breiter Basis aufzubauen und diese zunehmend als „Normallösungen" zu etablieren. Hier könnte das Ruhrgebiet in der Realisierung integrierter Versorgungsmodelle eine wichtige Leitbildrolle einnehmen, da es schon einige integrierte Versorgungslösungen in Kooperation mit niedergelassenen Ärzten, ambulanten Diensten, Pflegeeinrichtungen etc. gibt. Um die positiven wirtschaftlichen Effekte sowohl des demographischen Wandels als auch des Trends zu regenerativen Energien zu bündeln und weiteres Wachstum zu verschaffen, bedarf es allerdings weitergehender struktureller Verbesserungen.

Generell sind drei Faktoren für die positiven Beschäftigungsperspektiven der Gesundheitswirtschaft entscheidend:

- eine alternde und individualisierte Gesellschaft, welche die Nachfrage nach neuen Produkten und Dienstleistungen steigen lässt,
- der medizinische und medizintechnische Fortschritt, der die Aussichten auf ein langes gesundes Altern verbessert und
- ein verändertes Gesundheitsbewusstsein mit einer zunehmenden Bereitschaft der Bevölkerung, mehr private Mittel für Gesundheit und Lebensqualität einzusetzen.

Und dies gilt insbesondere für ältere Menschen; so wird folgerichtig als ein Teil der Gesundheitswirtschaft im weiteren Sinn oft die **Seniorenwirtschaft** thematisiert. Angesichts des kollektiven Alterns der Bevölkerung und ihrer stark gestiegenen Kaufkraft werden ältere Verbraucher künftig eine der wichtigsten Kundengruppen auf privaten Konsumgüter- und Dienstleistungsmärkten sein. Dadurch lassen sich – so die Erwartung – erhebliche ökonomische Potentiale für Wachstum und neue Arbeitsplätze erschließen. Tatsächlich besaßen – historisch betrachtet – Ältere noch nie eine größere Marktmacht als heute. Empirische Studien über Einkommenslage und -dynamik sowie über Vermögen und Verschuldung beschreiben diese Zielgruppe als außerordentlich bedeutsam für die private Nachfrage. So liegt das Geldvermögen älterer Menschen im Durchschnitt deutlich über dem Niveau aller Haushalte. Die Seniorenwirtschaft versteht sich dabei als ein Querschnittsmarkt, der zahlreiche Segmente umfasst. Dazu gehören u. a. der Gesundheits- und Pflegemarkt, soziale Dienste, Wohnen und Handwerk, Versicherungs- und Finanzdienstleistungen, die in den letzten Jahren stark gewachsenen Bereiche Freizeit, Tourismus (Ältere buchen über 50 Prozent aller Reisen), Kommunikation, Bildung, Unterhaltung und Kultur sowie Informationstechnik und der Neuen Medien (vgl. Heinze et al. 2011).

In der Gesamteinschätzung über die zentralen Zielsetzungen stellt sich das Ruhrgebiet als ein großer und aktiver Leitmarkt Gesundheit dar, in dem für seine weitere Entwicklung und Stärkung an vielen Baustellen gearbeitet wird. Die größten Pluspunkte der Gesundheitswirtschaft im Ruhrgebiet sind neben der Größe:

- eine engagierte Versorgungslandschaft, die breitflächig damit experimentiert, Versorgung durch bessere Zusammenarbeit zu optimieren;
- die Breite und Vielfalt des wissenschaftlichen Fundaments, das mit etlichen Exzellenzen überregional ausstrahlt und auf weitere Profilierung hinarbeitet;
- das Arbeiten einer Branchenorganisation, in der relevante Akteure aus nahezu allen Bereichen mitarbeiten.

In den letzten Jahren ist es dem Ruhrgebiet auch gelungen, einige wegweisende innovative Akzente zu setzen. Zwei Beispiele können dies exemplarisch erläutern:

- Bei der Medizininformatik gelang es nicht nur, einige Unternehmen bei der Unternehmensentwicklung zu unterstützen, sondern die Aktivitäten mehrerer Anbieter und Nutzer konnte sogar zu einem Teleradiologieverbund verknüpft werden. Er startete zunächst regional und ist mittlerweile als „Westdeutscher Teleradiologieverbund" mit über 150 angeschlossenen Unternehmen und Einrichtungen auf Expansionskurs.
- „PURE" – Protein Research Unit Ruhr within Europe – ist ein europäisches Proteinforschungskonsortium, das 2010 an der RUB gegründet wurde und renommierte Proteinforscher der RUB als auch der Uni Duisburg-Essen in einem neuen Forschungsbau für molekulare Protein-Diagnostik (ProDi) auf dem Gesundheitscampus NRW in Bochum zusammenbringt. Das fachliche Hauptaugenmerk gilt der Früherkennung von Krankheiten wie Alzheimer, Krebs oder Parkinson. „PURE" ist ein weiterer Beleg dafür, dass kontinuierlich moderierte Zusammenarbeit im Verbund auf regionaler Ebene nicht nur erfolgreich sein kann, sondern dann auch international ausstrahlt.

11.5 Das Ruhrgebiet als Vorreiterregion für integrierte Versorgungsstrukturen

Bereits heute ist der Altenquotient in vielen Teilen des Ruhrgebiets und v. a. in den Kernstädten der Region höher als im Landesdurchschnitt. Dieser Trend wird sich fortsetzen. Bei insgesamt sinkender Bevölkerung wird die Zahl der über 65-Jährigen bis 2030 gegenüber 2008 um etwa 20 % steigen und sich die Zahl der über 85-Jährigen mehr als verdoppeln. Deshalb gewinnt das **Quartier** als neuer „Ort" für vernetzte Politiken (etwa im Bereich des altengerechten Wohnens und der Pflege, aber auch im Feld der Energieversorgung mit der „Energiewende von unten" oder der urbanen Mobilität) an Bedeutung.

Aber auch generelle Umbrüche in der Wirtschaftslandschaft führen zu einem „Reset" des Quartiers: etwa der Rückgang der Industriearbeit, flexible Arbeitsverhältnisse, kleine projektförmige Unternehmen (z. T. Start-Ups) sowie generell die Durchsetzung neuer Technologien durch das Internet („Arbeiten zuhause") generieren neue Anforderungen an die Infrastruktur, das Wohnen und das Wohnumfeld.

Die Fokussierung auf integrierte, wohnquartiersbezogene Versorgungsstrukturen impliziert aber einen erheblichen politischen Handlungsbedarf, der auf den unterschiedlichen Ebenen des politischen Systems ansetzen muss. Nicht nur die Kommunen und die Wohnungswirtschaft müssen sich zukünftig den neuen Entwicklungen im Bereich der Haushaltsstrukturen und den Wohnwünschen älterer Menschen anpassen. Als entscheidender Faktor für Produkte und Dienstleistungen im Bereich Wohnen und Immobilien hat sich herausgestellt, dass das gesamte Wohnumfeld mit in die Betrachtung einbezogen werden muss. Ohne quartiersnahe Versorgungskonzepte und einen Welfare-Mix wären Ältere ansonsten alternativlos auf eine Heimunterbringung verwiesen. Einen Umzug in eine stationäre Einrichtung lehnt jedoch die große Mehrheit der älteren Generation ab. In lokalen, wohnquartiersbezogenen Projekten kann man den Verbleib in der eigenen Wohnung in vielen Fällen ermöglichen, aber nur dann, wenn sowohl technische Assistenz als auch soziale Betreuung (professionelle wie bürgerschaftliche Hilfen) eingesetzt werden.

Dabei kommt der Kooperation der Wohnungswirtschaft mit sozialen Diensten sowie Kostenträgern (Kranken- und Pflegeversicherung) eine wesentliche Rolle zu. Konkret geht es um ein neues, integriertes Schnittstellenmanagement. Neue integrative Versorgungsangebote stoßen allerdings auf zahlreiche institutionelle Hürden. Es existiert für sie häufig keine klare öffentliche Finanzierungsverantwortung und zudem bringen öffentliche Kostenträger neuen Akteuren oft Misstrauen entgegen. Vor diesem Hintergrund ist es keine leichte Aufgabe, auf lokaler Ebene kleinteilig vernetzte Versorgungsstrukturen zu etablieren, die es älteren Menschen möglich machen, notwendige Versorgungs- und Dienstleistungen einschließlich Pflege und Betreuung innerhalb ihres Quartiers in für sie erreichbaren Distanzen zu erhalten und so im Nahbereich um ihre Wohnung herum soziale Kontakte zu erleben und zu pflegen. Eine solche Neustrukturierung der sozialen Dienste in Richtung sozialintegrierter, vernetzter Versorgung setzt ein strategisches Umdenken der zentralen Akteure in diesem Politikfeld voraus.

Wichtige Grundlagen für eine Gestaltungsoffensive für vernetzte Versorgungsstrukturen sind im Ruhrgebiet gegeben:

- Die technische Infrastruktur verbessert sich laufend und netzwerkbasierte Technologien haben auch in privaten Haushalten längst Einzug gehalten, wenn auch das Problem der Interoperabilität informationstechnischer Einzellösungen besteht.
- Eine umfassende Gesundheitsinfrastruktur ist vorhanden.
- Das Ruhrgebiet verfügt über eine gut aufgestellte Landschaft von privaten und öffentlichen Anbietern, Institutionen, Forschungs-, Beratungs- und Transfereinrichtungen.
- Der Quartiersgedanke wird inzwischen in vielen Ruhrgebietskommunen aufgegriffen (und durch das Land NRW gestärkt).

- Im Ruhrgebiet spielt die kommunale Wohnungswirtschaft eine große Rolle. Die meisten ihrer Wohnungen liegen in Quartierszusammenhängen und sind für sektorenüberschreitende Versorgungsmodelle gut geeignet.

Für eine (Re)Aktivierung des sozialen Zusammenhalts „vor Ort" gibt es im Ruhrgebiet gute Anknüpfungspunkte, denn hier handelt es sich nicht nur um eine Ansammlung von Städten, sondern um eine Siedlungsstruktur mit einer Ansammlung innerstädtischer Dörfer mit teilweise sehr ausgeprägtem Eigenbewusstsein und Quartierscharakter. Bislang gibt es keinen zuverlässigen Überblick über die Breite und Vielfalt der einschlägigen Aktivitäten, Projekte und Initiativen. Eine – noch nicht vollendete, aber gleichwohl veröffentlichte – Datenbank zu altengerechten Quartieren in NRW weist das Ruhrgebiet als eine den aktivsten Regionen in Sachen Quartiersentwicklung aus. Allerdings macht der Blick in die Datenbank zu den altengerechten Quartieren nicht nur klar, dass es viel Engagement und eine Vielfalt an Projekten gibt; er verdeutlicht auch, dass Fragen der konkreten Gestaltung von gesundheitsorientierten Aktivitäten etwa im Sinne integrierter Versorgungsstrukturen bei den „Quartiersmachern" bislang nur begrenzte Aufmerksamkeit erhalten. Ähnlich steht es auch um Ansätze, die versuchen, die verschiedenen Dimensionen übergreifend anzugehen. Solche Vorhaben, die auf eine integrierte, an den Bewohnerbedürfnissen, an den Versorgungsnotwendigkeiten und an den sozialstrukturellen Spezifika orientierte Quartiersentwicklung abzielen, wie sie übrigens auch im „Masterplan altengerechte Quartiere.NRW" der Landesregierung gefordert werden, sind nach wie vor Ausnahme. In Fragen der Quartiersentwicklung ist das Ruhrgebiet zwar rege, mit Blick auf die dringend erforderliche Gesundheitsorientierung im engeren Sinne drängt sich aber der Ruf nach einer strategischen Weiterentwicklung auf.

Die Bedeutung der Wohnungswirtschaft in diesem Kontext liegt insbesondere in ihrer Gatewayfunktion sowie in der Erbringung der „kritischen Masse". Wohnungsunternehmen stellen in vielen Fällen die Schnittstelle zwischen den Akteuren bei der Bewältigung der demografischen Herausforderungen dar. Besonders ältere Menschen, die häufig von (Multi-)Morbidität betroffen sind und bedingt durch ihren eingeschränkten Aktivitäts- und Mobilitätsradius nicht mehr bzw. nur noch partiell am gesellschaftlichen Leben teilhaben, können über Wohnungsunternehmen angesprochen werden. In vielen Unternehmen sind bereits mehr als 30 % der Mieter über 65 Jahre alt; zudem bestehen über das (langjährige) Mietverhältnis häufig ein enger Kontakt und ein Vertrauensverhältnis zwischen Mietern und Wohnungsunternehmen. Dort lässt sich in räumlicher Nähe eine ausreichend große Nachfragergruppe für die Etablierung eines Netzwerkes im Rahmen einer integrierten Quartiersversorgung besser herstellen, als in dispersen Bestandsstrukturen.

Durch ein solches integriertes Versorgungsprojekt können die Wohnungsunternehmen nicht nur unmittelbar Vorteile realisieren (etwa durch die Verlängerung der Verweildauer ihrer Mieter in den Wohnungen), sondern gleichzeitig auch positive Effekte auf ihr Image erzielen und zudem bessere Vermarktungschancen ihrer Wohnungen realisieren.

Es ist unbestritten, dass für eine angemessene Bearbeitung des demografischen Wandels technische Produkt- und Marktinnovationen allein nicht ausreichen. Z. B. nutzt die neueste Technik im Bereich des Wohnens und/oder der Pflege älterer Menschen nichts, wenn sie nicht von den jeweils Betroffenen beherrschbar ist bzw. von der Zielgruppe nicht angenommen wird. Soziale Innovationen sind also abhängig vom **sozialräumlichen Umfeld** und kooperationsbereiten Akteuren. Die Innovationsoption, dass ein Land wie Deutschland mit einer der „ältesten" Bevölkerung der Welt zu einem „Leitmarkt" für wirtschaftlich-soziale Innovationen im Alter werden könnte, wird derzeit jedoch noch nicht breit diskutiert. Die Verknüpfung von selbstständigem Leben im Alter mit Medizintechnik und Telemedizin könnte exemplarisch ein interessantes Handlungsfeld für soziale Innovationen und für neue Wertschöpfungsallianzen im Zuge des demografischen Wandels werden. „Homecare" oder „Vernetztes Wohnen" gilt als innovative Zukunftstechnologie, allerdings findet diese Neuentwicklung bei den Anbietern immer noch zu wenig Beachtung, sodass Deutschland als einstmaliges Zentrum medizinischen Fortschritts und medizintechnischer Pionierarbeit im internationalen Maßstab zurückfällt. Das Altern der Gesellschaft könnte hier eine wesentliche Schubkraft für verschiedene Formen von „Welfare Technologies" entwickeln. Bislang gibt es allerdings in Deutschland aber nur „Insellösungen". Dies entspricht den generellen Erfahrungen mit Innovationsprozessen in der deutschen Gesundheitswirtschaft, die im internationalen Vergleich sehr viel Zeit benötigen, um in den „Markt" zu kommen (vgl. von Bandemer et al 2014, S. 277).

Die Fokussierung auf integrierte, wohnquartiersbezogene Versorgungsstrukturen impliziert also einen erheblichen politischen Handlungsbedarf, der auf den unterschiedlichen Ebenen des politischen Systems ansetzt. Für solche Aufgabenfelder wie das „vernetzte Wohnen", die quer zu den etablierten Strukturen liegen, ist es allerdings schwierig, adäquate Finanzierungsstrukturen aufzubauen. Im deutschen System der sozialen Dienste existiert ein hoher Regulierungsgrad entlang der Säulen der Sozialgesetzgebung, der häufig mit den etablierten Strukturen der Wohlfahrtsproduktion kongruent ist. Neue integrative Angebote stoßen in dieser Landschaft auf zahlreiche institutionelle Hürden. Es existiert für sie häufig keine klare öffentliche Finanzierungsverantwortung. Im Feld der etablierten Aufgaben finden sich zudem häufig geschlossene Märkte, da weiterhin bestehende korporatistische Routinen überwiegen und eine enge Verwobenheit zwischen Fachverwaltungen als Kostenträgern und etablierten Anbietern aus der Verbändelandschaft zu beobachten ist. Zudem bringen öffentliche Kostenträger neuen Akteuren oft Misstrauen entgegen. Die ausgeprägte institutionelle Segmentierung der Politikfelder mit spezifischen Spielregeln prägt den deutschen Wohlfahrtsstaat seit seiner Entstehung und erschwert eine sektorenübergreifende Aufgabenbewältigung, wie sie für eine nachhaltige Demografiepolitik notwendig wäre (vgl. die Beiträge in Evers und Heinze 2008). International vergleichende Wohlfahrtsstaatsanalysen sprechen auch mit Blick auf Deutschland generell von einer „frozen welfare state landscape" (Esping-Andersen 1999), die nun zugunsten einer Anerkennung telemedizinischer Leistungen in den Kranken- und Pflegeversicherungen „aufgetaut" werden muss.

Dennoch liegen sowohl mit Blick auf die Versorgung als auch in wirtschaftlicher Hinsicht Chancen im Ruhrgebiet in der Kombination von altengerechten Wohnformen und neuen Informations- und Kommunikationstechnologien (IuK). IuK-Technologien können...

- dazu beitragen, die vielfältigen Hilfsressourcen patientenorientiert zu koordinieren,
- genutzt werden, um Wohnungen sicher, gesundheitsfördernd, altengerecht und pflegefreundlich zu gestalten,
- helfen, gesundheitsbezogene Dienstleistungen – etwa ein Fern-EKG – direkt vom Patienten zu Haus oder von unterwegs zum Facharzt zu bringen.
- neue virtuelle Austauschmöglichkeiten schaffen, die den Menschen zum einen zu mehr Teilhabe, zum anderen zu mehr gesundheitsbewusstem Leben einladen.

Bei einem erfolgreichen Aufgreifen und Umsetzen dieser Potenziale böte sich die Option, von dem Engagement für mehr Gesundheit und Lebensqualität im Alter auch wirtschaftlichen Nutzen zu ziehen. Profitieren könnten nämlich nicht nur die Sozial- und Gesundheitsdienstleister, sondern auch das Handwerk, die Wohnungswirtschaft sowie die Anbieter von Haustechnik, Gesundheitsinformatik u. a. m. Dabei gibt es auch vielfältige Impulse für Anbieter aus anderen Leitmärkten der wirtschaftlichen Entwicklung im Ruhrgebiet. Zu nennen sind hier vor allen Dingen Unternehmen aus den Leitmärkten Urbanes Bauen & Wohnen und Digitale Kommunikation. Die Errichtung barrierefreier Badezimmer etwa erfordert die Zusammenarbeit unterschiedlicher Gewerke des Handwerks aus dem Ausbaugewerbe. Unternehmen aus den Bereichen Elektroinstallation, Gas-, Wasser-, Heizungsinstallation sowie Fußböden-, Fliesenlegerei sind hier u. a. zu nennen. Aber auch für den Leitmarkt Digitale Kommunikation gibt es Impulse (vor allem die Datenverarbeitungsgerätehersteller, die Produzenten von Telekommunikationsgeräten sowie die Softwareproduzenten).

Um anspruchsvolle Versorgungslösungen realisieren zu können, muss in Deutschland und speziell auch in den Kommunen noch ein Klima der Innovationsbereitschaft erzeugt werden.

> „Die Politik muss innovativer denken; die sozialwirtschaftlichen/sozialunternehmerischen Anbieter der Einrichtungen müssen die Möglichkeiten nicht-stationärer Konzepte als Modernisierung ihres nicht nur architektonisch-wohnkonzeptionellen Designs, sondern auch ihrer normativen Handlungslogik begreifen und willentlich akzeptieren" (Schulz-Nieswandt et al. 2012, S. 117 f.; vgl. auch Grohs et al. 2014).

Ohne neue Initiativen des Bundes und auch der Länder dürfte dieser Policywechsel kaum gelingen. Wenn auch die sozialräumliche Dimension sozialer Versorgung insbesondere bei älteren Menschen erkannt wird und „Community Building" ein Schlüsselwort für neue Kooperationen zwischen sozialen Diensten, Netzwerken, Kommunen und anderen Trägern (bspw. der Wohnungswirtschaft) geworden ist, bleiben noch viele Handlungsvorschläge im „Konzeptionellen" stecken.

11.6 Rückwirkungen auf die Wirtschaftsförderungspolitik

In den Wirtschaftsförderungsstrategien zeigen sich in den letzten Jahren durchaus kreative Problemlösungen in Richtung auf mehr Kooperation und Dialog. Mit einer regionalen Standortpolitik konnten auch Impulse für den Aufbau von neuen Produktions- und Dienstleistungsclustern gegeben werden. Hier kann wieder an die neuartigen Verschränkungen von Industrie und Dienstleistungen verwiesen werden, die sich in verschiedenen zukünftigen Leitmärkten wie etwa der „Gesundheit" zeigen. Die Förderung hybrider Wertschöpfungsnetze gehört inzwischen zum festen Arsenal der Wirtschaftsförderung in allen Regionen und Kommunen, allerdings ist es in den letzten Jahren fast zu einer Gleichsetzung von Wirtschaftsförderung mit Clusterförderung gekommen. Wenn allerdings jede Region meint, einzigartige Clusterkonzepte entwickeln zu können, droht die Gefahr der Inflationierung und tendenziell Entwertung.

Dies gilt auch explizit für das Cluster „Gesundheitswirtschaft", das in vielen Regionen inzwischen als Aushängeschild benutzt wird. Man kann durchaus davon sprechen, dass sich an einzelnen Standorten „wishfull thinking cluster" ausdehnen und sich eine Modewelle etabliert hat. Manche Beobachter sehen durch die Inflationierung und teilweise Mythosbildungen der Clusterkonzepte sogar eine inhaltliche Schwächung. „Die Clusterpolitik ist heutzutage sogar in jenen Regionen angekommen, die empirisch keine nennenswerten Cluster erkennen lassen können, mit großen Versprechungen, die so letztlich jeder Grundlage entbehren. Deshalb ist zu fragen, wie die Ressourcen der Wirtschaftsförderung auf solche Cluster beschränkt werden können, die auch ein begründetes Entwicklungspotential bieten." (Voelzkow 2014, S. 158 f.; sowie weitere Beiträge in Beck et al. 2014). Benötigt wird eine effiziente und sich selbst tragende Clusterorganisation, die im Ruhrgebiet in Abstimmung mit der Wirtschaftsförderung und MedEcon neue Akzente setzt. Sie könnten neben den bereits skizzierten Herausforderungen in der Entwicklung sektorenübergreifender Versorgungskonzepte (etwa im Bereich des selbstständigen Wohnens im Alter) auch in der Unterstützung der internationalen Zusammenarbeit in der Gesundheitswirtschaft liegen. Die Aufgabenpalette ist hier vielfältig: vom Einwerben von Investoren, über die Vermarktung der Angebote aus der Gesundheitsregion auf internationalen Märkten, über die Anbahnung und Unterstützung bei internationalen Kooperationsprojekten (z. B. Aufbau von Unfallchirurgien sowie dem Design von integrierten Versorgungsstrukturen) bis hin zum Einwerben von ausländischen Fachkräften. Umsetzen ließe sich das dadurch, dass man einschlägige Plattformen aufbaut und darauf Gemeinschaftsprojekte entwickelt und durchführt.

Gefordert wird also eine Abkehr von der symbolischen Politik, die sich dafür feiern lässt, alle möglichen Vernetzungen als zukunftsweisende Cluster zu verkaufen, um zu suggerieren, den wirtschaftlichen Umbauprozess zu steuern. Eine effiziente regionale Selbststeuerung ist demgegenüber nicht nur im wachsenden Maße auf Netzwerke und Kooperationen zwischen Forschungs- und Bildungseinrichtungen einerseits und der Wirtschaft andererseits angewiesen, sondern muss auch ein auf den Stärken basierendes professionelles Clustermanagement aufbauen. In diesem Sinn werden nur „lernende" Regionen im Standortwettbewerb die spezifischen Stärken entfalten können. Die Funktionsfähigkeit steht also in enger Abhängigkeit zu einer kollektiven regionalen Ordnung und Steuerung. Über die Interaktion und Kooperation verschiedenster regionaler Akteure, räumliche Nähe und Vertrauen hinaus, brauchen regionale Innovationssysteme effiziente Vermarktungsstrategien, um Wertschöpfungsnetzwerke in Zukunftsfeldern (etwa der Gesundheit) aufzubauen. Diese Aufgabe wird aber bei leeren Kassen im öffentlichen Sektor schwieriger und deshalb bemüht man sich um neue Partner, etwa die Hochschulen. Sie werden zunehmend zu wichtigen Partnern in ausgewählten Clustern.

Eine Orientierung an global agierenden Kompetenzclustern seitens der Universitäten und Innovationen auf regionaler Ebene brauchen sich nicht zu widersprechen. Auch kosmopolitisch aufgestellte Hochschulen können durchaus die Fähigkeit entwickeln, sich als Knotenpunkte von Wissensströmen zu profilieren. Gerade weil auf die institutionellen Wissenstransfereinrichtungen nicht mehr allein vertraut werden kann, ist jedoch ein sensibles und auf die Eigenarten von Wissensproduzenten zugeschnittenes Handeln erforderlich, um die Potentiale der

Hochschulen und Forschungseinrichtungen auch in den Regionen zu entfalten. Im Übergang zur Wissensgesellschaft sind auch die historisch gewachsenen Beziehungen zwischen Universitäten, Forschungseinrichtungen und der Wirtschaft in eine qualitativ neue Phase gekommen. Wirtschaftliche Wettbewerbsfähigkeit und ihre Auswirkungen auf den Standort werden somit stark von der Fähigkeit zur schnellen Interaktion in Form von Technologietransfer und Wissensteilung abhängen, in der die Unternehmen und ihre effiziente regionale Einbettung in eine leistungsfähige Forschungs- und Hochschullandschaft ein notwendiger Standortfaktor in Hightech-Branchen sein werden.

Leitende These für strategische Überlegungen ist also, inwieweit aus den traditionellen Wertschöpfungsketten im zunehmenden Maße **Wertschöpfungsnetze** werden, bei denen regionale Dimensionen trotz der Globalisierung eine gewichtige Rolle spielen. „Querschnitttechnologien" (wie etwa Vernetztes Wohnen im Alter "Ambient Assisted Living") können oft als „Treiber" für solche Innovationsschübe wirken. Benötigt wird aber mehr Dynamik in der Innovationskultur, um die „Möglichkeitsräume" zu nutzen. Hohes strategisches Vermögen im Standortmanagement und kreative Netzwerkbildungen reichen oft aber nicht aus, um potentielle Wachstumsfelder zu entfalten, wenn es an qualifizierten Arbeitskräften (dem „Humanvermögen") fehlt. Als ein zentrales Hemmnis für die weitere Wirtschafts- und Beschäftigungsentwicklung wird deshalb in fast allen Standortanalysen zur Gesundheitswirtschaft einerseits deren gewachsene Bedeutung hervorgehoben, andererseits aber auch ein **Fachkräftemangel** diagnostiziert, deren regionale Bearbeitung als eine zentrale Aufgabe der Wirtschaftsförderung gesehen wird.

Schon heute ist unbestritten, dass der Fachkräftemangel in den kommenden Jahren schon aufgrund der alternden Bevölkerung von einem bislang zumeist situativ und konjunkturellen zu einem strukturellen Problem wird. Dies gilt insbesondere für die Zeit nach 2020, wenn die „baby-boomer" in die Rente gegangen sind und zu wenig (qualifizierte) Jüngere nachrücken werden. Insgesamt spiegelt sich diese Entwicklung in künftig stark sinkenden Zahlen von Personen im sog. erwerbsfähigen Alter wider. Dieser äußert sich aber in den Branchen und Standorten sehr unterschiedlich, so dass pauschale Hinweise, wie sie in den Debatten um Fachkräftemangel bislang oft dominieren, nicht weiter helfen. Schaut man aber konkret in die Bedarfe, dann gibt es auch in einigen Zukunftsfeldern wie der Gesundheitswirtschaft schon heute Personalengpässe, die zudem für die Zukunft verstärkt erwartet werden. Hervorzuheben ist neben der besonderen „Branchenfärbung" der Hinweis auf die konjunkturelle Situation, die den Fachkräftebedarf zentral mit beeinflusst, allerdings nur begrenzt zu steuern ist. Viele Unternehmen (gerade kleinere) verhalten sich in dieser Frage zudem bislang passiv.

Schon der demographische Wandel führt zu einem hohen Ersatzbedarf an Qualifizierten. Das betrifft nicht nur den Pflegesektor, dessen Fachkräfteprobleme inzwischen auch öffentlich debattiert werden. Hier belegen alle vorliegenden Daten bspw. die steigende Bedeutung des Berufsfeldes „Pflege". (vgl. Evans et al. 2011, S. 29). „Auffallend ist jedoch, dass integrierte Projektaktivitäten zur quantitativen und qualitativen Fachkräftesicherung in den Gesundheitsregionen bislang lediglich eine untergeordnete Rolle spielen. Rheinland- Pfalz, Hessen und Bremen haben in der Vergangenheit bereits erfolgreich mit Instrumenten des (Regionalen) Fachkräftemonitorings gearbeitet. Aus Perspektive „Sozialer Gesundheitswirtschaft" ist zukünftig angesichts differenzierter gesundheitlicher Lagen und Versorgungsherausforderungen ein stärkerer Fokus auf regionalisierte Strategien der Fachkräftesicherung und -qualifizierung zu legen" (a. a. O., S. 30; vgl. auch Beck 2014).

Auch technologisch ambitionierte Sektoren wie die Medizintechnik leiden unter Fachkräftedefiziten, da die derzeit vorhandenen Berufsbilder nur unzureichend auf die zukünftigen Erfordernisse vorbereiten und die bislang vorgehaltenen Weiterbildungsmöglichkeiten die bevorstehenden technischen Innovationswellen kaum aufgreifen. Die Entfaltung der Potentiale der Gesundheitswirtschaft erfordert also ein rasches Umdenken in der Arbeitsorganisation sowie der Aus- und Weiterbildung. Dabei können innerbetriebliche und überbetriebliche Herangehensweisen unterschieden werden. Überbetrieblich geht es um eine verstärkte Ausbildung (wobei auch neue Zielgruppen erschlossen werden müssen), neue Qualifikationsleitbilder und Ausbildungsgänge, aber auch eine „Akademisierung" etwa in den Pflege- und Therapieberufen. Innerbetrieblich muss u. a. stärker auf die alternde Belegschaften eingegangen werden, familienfreundliche Arbeitszeiten realisiert sowie die vorhandenen Ressourcen durch eine bessere Arbeitsorganisation besser genutzt werden. Um den „Jobmotor" Gesundheitswirtschaft in allen Potentialen zu entfalten, ist ein regionalwirtschaftliches Clustermanagement und konkret ein Fachkräftemonitoring aufzubauen. Diese Erkenntnis setzt sich inzwischen, angestoßen durch politische Initiativen, immer stärker durch und entfaltet sich auch in regionalen Netzwerken im Revier.

11.7 Zusammenfassung

Die Gesundheitswirtschaft ist nicht nur der heimliche „Gewinner" des Strukturwandels im Ruhrgebiet, sondern bietet aufgrund des demographischen Wandels auch in den nächsten Jahren Entwicklungsimpulse. Diese positiven Entwicklungsperspektiven gilt es für das Ruhrgebiet zu entfalten: hier ist die Gesundheitswirtschaft bereits ein anerkanntes Kompetenzfeld und ein treibender Faktor für Beschäftigungswachstum und Innovation. In der Realisierung integrierter Versorgungsmodelle könnte das Ruhrgebiet eine wichtige Leitbildrolle einnehmen, zumal es einige integrierte Versorgungslösungen in Kooperation mit niedergelassenen Ärzten, ambulanten Diensten, Pflegeeinrichtungen etc. bereits gibt.

Für die Erschließung und Profilierung von Leitmärkten wie der Gesundheitswirtschaft gilt es aber darüber hinaus, neue **strategische Wertschöpfungsallianzen** zu schmieden. Die Initiierung und Moderation der Kooperation erfordert nicht nur Kommunikation, sondern es müssen konkrete Modellprojekte gemeinsam entwickelt werden, die auch eine Marktreife erlangen sollten. Hierfür werden „Scharnierpersönlichkeiten" benötigt, die Vertrauen in den jeweiligen Systemen haben – aber auch ein professionelles Schnittstellenmanagement, das sich um die Stärkung der Wettbewerbsfähigkeit kümmert.

Eine „Weiter-So-Strategie" stößt an Grenzen, entspricht zudem nicht den Ansprüchen an regionale Wirtschaftsförderung und deshalb müssen strategische Visionen und eine experimentelle Umsetzungsstrategie entwickelt werden, die sich lernbereit zeigt und neue Möglichkeitsräume erschließt. Eine solche Netzwerkstruktur zwischen Wirtschaft, Forschung und staatlicher Förderung mit regionalen Kompetenzzentren stellt sich inzwischen als zentrales Kennzeichen in fast allen zukünftig interessanten Wachstumsfeldern heraus. Für das Ruhrgebiet ist die Gesundheitswirtschaft in allen Varianten ein interessantes Zukunftsfeld – dies gilt insbesondere für das Wohnen im Alter. Haushalt und Wohnung sowie das Quartier haben als Handlungsorte pflegerischer und gesundheitlicher Leistungen bzw. entsprechender infrastruktureller Anpassungen unter der Überschrift „Gesundheitsstandort Haushalt" weiter an Bedeutung gewonnen. Ältere Menschen wünschen sich, länger im eigenen Haushalt zu verbleiben, aber dies erfordert infrastrukturelle Anpassungen, neue technische Assistenzsysteme und insgesamt eine bessere Verschränkung von Produkten und Dienstleistungen. Das Ruhrgebiet eignet sich besonders als Region für solche Modellprojekte, weil einerseits die demografische Entwicklung hier bereits weiter fortgeschritten ist als an vielen anderen Orten und weil hier auch eine gute Basis handlungsfähiger Akteure verfügbar ist. Durch einen Ausbau des Erfahrungsaustausches und durch mehr Mut zu strategischen Fokussierungen könnte sich aber die Breite, Tiefe und Qualität des Engagements in einigen Gestaltungsfeldern verbessern lassen.

Literatur

Bandemer, S. von, Dahlbeck, E., Evans, M., & Hilbert, J. (2014). Innovationen in der Gesundheitswirtschaft. In M. Mai (Hrsg.), *Handbuch Innovationen. Interdisziplinäre Grundlagen und Anwendungsfelder* (S. 269-298). Wiesbaden: Springer VS.
Beck, R. C. (2014). Regionale Fachkräftesicherung: Implikationen eines Paradigmenwechsels in der modernen Wirtschaftsförderung. In R. C. Beck, R. G. Heinze & J. Schmid (Hrsg.), *Zukunft der Wirtschaftsförderung*, a. a. O., (S. 397-414). Baden-Baden: Nomos Verlagsgesellschaft.
Beck, R. C., Heinze, R. G., & Schmid, J. (Hrsg.) (2014). *Zukunft der Wirtschaftsförderung*. Baden-Baden: Nomos Verlagsgesellschaft.
Bogumil, J, Heinze, R. G, Lehner, F., & Strohmeier, P. (2012). *Viel erreicht – wenig gewonnen. Ein realistischer Blick auf das Ruhrgebiet*. Essen: Klartext Verlagsgesellschaft.
Bogumil, J., & Heinze, R. G. (2015). *Auf dem Weg zur Wissenschaftsregion Ruhr. Regionale Kooperationen als Strategie*. Essen: Klartext Verlagsgesellschaft.
Deutschland 2030 – Zukunftsperspektiven der Wertschöpfung (2012). BDI Bundesverband der deutschen Industrie e. V. (Hrsg.), *BDI-Arbeitskreis Wertschöpfungsorientierte Innovationsstrategien*. Berlin.
Evans, M., Bräutigam, C., & Hilbert, J. (2011). *Arbeit und Qualifizierung in der Sozialen Gesundheitswirtschaft. Von heimlichen Helden und blinden Flecken*. WISO Diskurs – Gesprächskreis Arbeit und Qualifizierung. Bonn: Friedrich-Ebert-Stiftung.
Evers, A., & Heinze, R. G. (2008). *Sozialpolitik. Ökonomisierung und Entgrenzung*. Wiesbaden: VS Verlag für Sozialwissenschaften.
Gärtner, S. (2008). Entgrenzung der kommunalen Wirtschaftsförderung: Regionale Wirtschaftspolitik in der wissensintensiven Ökonomie. In: *RegioPol – Zeitschrift für Regionalwirtschaft* (01) (S. 83-93). Hannover Nord/LB.
Generali Altersstudie (2013). *Wie ältere Menschen leben, denken und sich engagieren*. Generali Zukunftsfonds (Hrsg.), Institut für Demoskopie Allensbach. Frankfurt am Main: Fischer Verlag GmbH.
Goldschmidt, A. J. W., & Hilbert, J. (Hrsg.) (2009). *Gesundheitswirtschaft in Deutschland*. Wegscheid: WIKOM GmbH.
Grohs, S., Heinze, R. G., & Schneiders, K. (2014). Mission Wohlfahrtsmarkt. Institutionelle Rahmenbedingungen, Strukturen und Verbreitung von Social Entrepreneurship in Deutschland. In R. G. Heinze, W. Sesselmeier & J. Schmid (Hrsg.), *Wirtschaft und Sozialpolitik* (Band 1). Baden-Baden: Nomos Verlagsgesellschaft.
Heinze, R. G., Naegele, G., & Schneiders, K. (2011). *Wirtschaftliche Potenziale des Alters*. Stuttgart: Kohlhammer Verlag.
McKinsey (2015). *Bayern 2025 – Alte Stärke, Neuer Mut*. McKinsey & Company Inc. (Hrsg.), München.
Noll, W. (2010). Nach dem Ende der industriellen Massenproduktion. Das Ruhrgebiet im globalen Strukturwandel. In J. Brautmeier et al. (Hrsg.), *Heimat Nordrhein-Westfalen. Identitäten und Regionalität im Wandel* (S. 263-276). Essen: Klartext Verlag.
Schulz-Nieswandt, F. et al. (2012). *Neue Wohnformen im Alter. Wohngemeinschaften und Mehrgenerationenhäuser*. Stuttgart: Kohlhammer Verlag.
Simon, H. (2011). *Die Wirtschaftstrends der Zukunft*. Frankfurt/New York: Campus Verlag.

Volezkow, H. (2007). *Jenseits nationaler Produktionsmodelle? Die Governance regionaler Wirtschaftscluster. International vergleichende Analysen.* Marburg: Metropolis Verlag.
Voelzkow, H. (2014). Regionale Wirtschaftscluster zwischen dem deutschen Produktionsregime und der Governance von Wirtschaftssektoren: Stand der Forschung zu den ‚Varianten des Kapitalismus' und einige Schlussfolgerungen für die Clusterpolitik. In R. Beck, R. G, Heinze & J. Schmid (Hrsg.), *Zukunft der Wirtschaftsförderung.* a. a. O., (S. 135 f..). Baden-Baden: Nomos Verlagsgesellschaft.
Wirtschaftsbericht Ruhr (2011). *Leitmärkte und regionale Zukunftsfelder.* Wirtschaftsförderung metropole ruhr GmbH, Mülheim.
Wirtschaftsbericht Ruhr (2012). *Leitmärkte und Beschäftigungsstrukturen.* Wirtschaftsförderung metropole ruhr GmbH, Mülheim.

Kontakt

Rolf G. Heinze, Lehrstuhl für Allgemeine Soziologie, Arbeit und Wirtschaft der RUB, Universitätsstr. 150, 44801 Bochum
Email: rolf.heinze@rub.de

Rasmus C. Beck, Wirtschaftsförderung metropoleruhr GmbH, Kronprinzenstr. 6, 45128 Essen

Gesundheitswirtschaft: Erfahrungen transplantieren

12

Interview mit Prof. Dr. med. Dr. h.c. (mult.) Horst Klinkmann und Lars Bauer

Manfred Hopfeld*

Frage

Nach Ihrer Definition umfasst die Gesundheitswirtschaft den gesamten Bereich der Betreuung und Vermarktung aber auch die wirtschaftliche Bedeutung der Gesundheit verbunden mit dem demographischen Wandel.

Wie erfolgreich hat sich der Anstoß in Richtung Gesundheitswirtschaft im Jahre 2002 durch den „Masterplan Gesundheitswirtschaft" in Mecklenburg-Vorpommern (MV) vollzogen?

Antwort

Bereits 2002 wurden in Mecklenburg-Vorpommern die Grundlagen für den ersten Masterplan Gesundheitswirtschaft mit der Bestandaufnahme „Zukunftsbranche Gesundheitswirtschaft" gelegt.

Richtungsweisend war dazu auch ein Beschluss des Landtages aus dem Jahr 2004. Mit BioCon Valley, der Initiative für Life Science und Gesundheitswirtschaft des Landes MV sowie der Einrichtung eines aus Akteuren von Politik, Wirtschaft und Wissenschaft bestehenden Kuratorium Gesundheitswirtschaft, als durch den Ministerpräsidenten berufenes Beratungsorgan der Landesregierung, entstanden sehr frühzeitig entsprechende Organisationsformen. Sie begleiteten die Umsetzung des für zehn Jahre angelegten Masterplanes mit dem erklärten Ziel, MV zum führenden Land der Gesundheitswirtschaft in der Bundesrepublik zu entwickeln. Hinzu kam, dass im Gefolge der Vorschläge des Beraterkreises Ost die Bundesregierung

---

* Manfred Hopfeld M.A., Healthconsulting und ehemaliger Referatsleiter für Gesundheitspolitik in der Staatskanzlei NRW führte das Interview mit Prof. Dr. med. Dr. h.c. (mult.) Horst Klinkmann, Berater und Botschafter der Landesregierung Mecklenburg-Vorpommern in der Gesundheitswirtschaft, und Lars Bauer, Geschäftsführer der BioCon Valley® GmbH.

Schröder den neuen Bundesländern die Möglichkeit einräumte, Zukunftskonferenzen für ihre Schwerpunktentwicklungen abzuhalten. MV entschied sich für die Gesundheitswirtschaft. Diese „Nationale Branchenkonferenz Gesundheitswirtschaft" organisiert von der BioCon Valley® GmbH als Einladungskonferenz des Bundes und des Landes für Experten hat in den zurückliegenden zwölf Jahren wesentliche Eckpunkte für die Entwicklung der Gesundheitswirtschaft erarbeitet. Sie wurden sie der Politik in Bund und Land zur Verfügung gestellt. Aus der 1. Nationalen Branchenkonferenz ging auch die heute europaweit akzeptierte und genutzte Definition der Gesundheitswirtschaft hervor:

„**Gesundheitswirtschaft umfasst die Erstellung und Vermarktung von Gütern und Dienstleistungen, die der Bewahrung und Wiederherstellung von Gesundheit dienen.**"[1]

Frage

Vor zwölf Jahren stand das Thema „Kostendämpfung" im Mittelpunkt der Gesundheitspolitik. Mit den vorgenannten Initiativen wurde deutlich gemacht, dass wir das Gesundheitswesen auch als Wirtschaftszweig mit großen Chancen für Wachstum und Beschäftigung sehen wollen.

Wo sehen Sie noch Verbesserungen bzw. dringenden Handlungsbedarf zum Wohle der Patienten und damit auch der Versorgungssicherheit in den ländlichen Regionen?

Antwort

Eine Beantwortung Ihrer Frage ergibt sich aus einer aktuellen Studie[2] des unabhängigen Wirtschaftsforschungsinstituts WifOR in Zusammenarbeit mit der BioCon Valley® GmbH.

Die Ergebnisse belegen sowohl die rasante Entwicklung als auch die wirtschaftliche Bedeutung der Gesundheitswirtschaft:

---

1 Ministerium für Wirtschaft, Bau und Tourismus Mecklenburg-Vorpommern (Hrsg.) (2012): Masterplan Gesundheitswirtschaft Mecklenburg-Vorpommern 2020. Fortschreibung des Masterplans Gesundheitswirtschaft 2010, Greifswald / Schwerin,

2 Ostwald, Dennis A.; Legler, Benno; Schwärzler, Marion C.; Tetzner, Simon (2015): Der ökonomische Fußabdruck der Gesundheitswirtschaft in Mecklenburg-Vorpommern, herausgegeben von der BioCon Valley® GmbH, Rostock / Darmstadt. Download der Studie unter www.bioconvalley.org.

Frage

Welche Bedeutung spielt die Gesundheitswirtschaft in MV?

Antwort

Die Gesundheitswirtschaft ist ein beachtlicher Wirtschaftsfaktor und der zur Zeit größte Jobmotor für Mecklenburg-Vorpommern. Die Branche hinterlässt deutliche Spuren im Land.

Es existiert in Mecklenburg-Vorpommern ein klares Bekenntnis des Landes zur Gesundheitswirtschaft als einem Schwerpunkt der Landesentwicklungspolitik. Sie bildet eine der Zukunftsbranchen mit überdurchschnittlichem Wachstumspotential.

Die in der Studie „Der ökonomische Fußabdruck der Gesundheitswirtschaft in MV"[3] vorgestellten neuesten Zahlen zur Gesundheitswirtschaft belegen diese positive Entwicklung. Die BioCon Valley® GmbH hat gemeinsam mit dem unabhängigen Wirtschaftsforschungsinstitut WifOR erstmals eine Abbildung und Branchenabgrenzung der Gesundheitswirtschaft in MV auf der Basis der sogenannten Gesundheitswirtschaftlichen Gesamtrechnung (GGR) für Deutschland vorgenommen.

Dabei haben wir die ökonomische Bedeutung der Gesundheitswirtschaft erfasst und in diesem Umfang als erstes Bundesland national vergleichbare Kennzahlen vorgelegt. Hinzu kommt die Einbeziehung innovativer Elemente wie die Einbeziehung des Mittelstandes und die Identifikation von Potentialfeldern. MV ist damit dem Anspruch seiner Vorreiterrolle in der Gesundheitswirtschaft erneut gerecht geworden. Es ist offensichtlich, dass der „Ökonomische Fußabdruck der Gesundheitswirtschaft" deutliche Spuren hinterlassen hat, wie die Fakten exemplarisch aufzeigen:

- Mehr als ein Viertel des landesweiten Bruttoinlandprodukts hängt von dieser Branche ab.
- Der Anteil an der gesamten regionalen Bruttowertschöpfung beträgt 14,6 Prozent und ist seit dem Jahr 2000 kontinuierlich gestiegen – mehr als jeder siebte Euro an Bruttowertschöpfung entsteht in der Gesundheitswirtschaft in MV.
- Sie erwirtschaftet direkt rund 5,1 Milliarden Euro und gilt seit Jahren als Beschäftigungsgarant und -motor.
- 136.600 Erwerbstätige arbeiten in der Branche. Dies entspricht etwa jedem fünften Arbeitsplatz.

---

3   Ostwald, Dennis A.; Legler, Benno; Schwärzler, Marion C.; Tetzner, Simon (2015): Der ökonomische Fußabdruck der Gesundheitswirtschaft in Mecklenburg-Vorpommern, herausgegeben von der BioCon Valley® GmbH, Rostock / Darmstadt. Download der Studie unter www.bioconvalley.org

- Weitere 102.700 Erwerbstätige stehen indirekt (51.900) und induziert (50.800) mit der Gesundheitswirtschaft in MV in Verbindung. Damit gibt es einen Gesamteffekt von 239.300 Erwerbstätigen.
- 46,1 Prozent der Bruttowertschöpfung in der Gesundheitswirtschaft werden durch den Mittelstand erwirtschaftet.
- Dies belegt, dass der Mittelstand ist ein wesentlicher Pfeiler der Gesundheitswirtschaft ist.

Die Zahlen verdeutlichen, die Gesundheitswirtschaft ist ein beachtlicher Wirtschaftsfaktor für den Nordosten. Belastbare Daten und Fakten zur Gesundheitswirtschaft in MV standen seit Jahren bei vielen Branchenakteuren auf dem „Wunschzettel".

Zudem wird gerade auf Bundesebene mit den Ländern diskutiert, inwiefern sich diese bewährte Struktur der Analyse auf andere Bundesländer übertragen lässt, um eine verlässliche Vergleichsbasis zwischen den einzelnen Bundesländern zu schaffen.

Frage

Meines Erachtens besteht die zentrale Funktion einer „Gesundheitswirtschaft" (unter anderem) darin, Angebot und Nachfrage so zu steuern, dass die Gesundheitsgüter so eingesetzt werden, dass die medizinisch bedarfsgerechte Versorgung der Bevölkerung optimal zu bester Qualität erreicht werden kann.

Wo sehen Sie Stellschrauben, um den Zielkonflikt

- einerseits das Konzept der Marktwirtschaft Steuerung von Angebot und Nachfrage erfolgt über den Preis
- andererseits die Herausnahme des Gesundheitsmarktes aus der Wettbewerbssteuerung somit hoheitliche Versorgung zu lösen?

Antwort

Es ist eine, zwar noch nicht von allen akzeptierte Tatsache, dass die Gesundheitswirtschaft auch der Schrittmacher für den Fortschritt im solidarfinanzierten Gesundheitswesen ist. Innovationen für das Gesundheitswesen aus Pharmazie und Medizintechnik haben bekanntermaßen einen langen und teuren Weg zurückzulegen bevor sie ihre Anwendung am Patienten finden. Es können nicht alle durch den hoheitlichen Versorgungsauftrag der Allgemeinheit zugänglich gemacht werden. Wir haben die wohl durchaus berechtigte Sorge, dass auf Grund der Kostenexplosion aber auch durch den rasanten Erkenntnisgewinn mit entsprechenden Innovationssprüngen, die Schere zwischen neuen diagnostischen und therapeutischen

Möglichkeiten und ihrer Finanzierbarkeit immer weiter aufgeht. Im Ergebnis wird dann die Entstehung eines zweiten Gesundheitsmarktes, der ausschließlich privat finanziert ist, vorangetrieben.

Frage

Die Steuerung des Gesundheitsmarktes erfolgt auf Staats- und Verbandsebene (zum Beispiel Kostendämpfungsgesetze, Krankenhausplanung, Gruppenverhandlungen, Kollektiv- und Selektivverträge, Richtlinien).

Wie und wo sehen Sie Innovationschancen bzw. -blockaden der Gesundheitswirtschaft auf Landesebene?

Antwort

Wir beobachten durchaus unterschiedliche Entwicklungen in den einzelnen Bundesländern. Das hat auch etwas mit der unterschiedlichen Gewichtung der Gesundheitswirtschaft innerhalb der Länder zu tun. MV betrachtet die Gesundheitswirtschaft als einen wirtschaftlichen Schwerpunkt mit großem Entwicklungspotential und hat sie deshalb im Wirtschaftsministerium verankert. Allerdings ist durch die im Kuratorium vertretenden Minister der anderen Ressorts selbst hier eine direkte Kooperation vorgegeben. Seit 1990 wurden etwa zwei Milliarden Euro in die Gesundheitswirtschaft des Landes investiert.

Frage

Jedes Jahr verdoppeln sich die Daten, als Stichworte seien „BigData" und „globale Datenwirtschaft", genannt. Allein im Jahr 2015 kamen so viele Daten wie in der gesamten Menschheitsgeschichte bis 2014 zusammen. Nach der „Automation der Produktion" folgt nun die „Automation der Gesellschaft". Singapur ist ein Musterbeispiel einer datengesteuerten Gesellschaft.

Wären Ihre Ideen und Erfahrungen mit Life Science mit der zukünftigen Rolle der Digitalisierung in Deutschland bzw. im internationalen Vergleich in Einklang zu bringen und/oder könnten die Bio- und Lebenswissenschaften sogar davon profitieren und somit die Bedeutung der Gesundheitswirtschaft entscheidend stärken?

Antwort

Niemand, der entwicklungsmäßig Schritt halten will, kann sich wohl dem Einfluss der Digitalisierung und der globalen Datenwirtschaft entziehen. Gleichzeitig wächst neben den neuen Fortschrittsmöglichkeiten auch die Sorge um unerwünschte

Nebeneffekte. In der Medizin ist zum Beispiel neben den positiven Möglichkeiten für ärztlich unterversorgte Flächenländer die berechtigte Sorge, um die Entpersonalisierung des für den Therapieerfolg so immens wichtigen Arzt-Patientenverhältnisses. Derzeit erscheint uns, dass eine für alle Seiten erfolgversprechende und nützliche Verhältnismäßigkeit noch nicht gefunden wurde. Zuversicht schöpfen wir daraus, dass derzeit zu diesem Themenkomplex eine breite Diskussion sowohl in der Öffentlichkeit als auch in der Fachwelt läuft. Auch unsere Nationale Branchenkonferenz Gesundheitswirtschaft 2016, die ja die dort erarbeiteten Ergebnisse sowohl der Bundes- als auch der Landesregierung zur Verfügung stellte, hatte die Datenverarbeitung in der digitalen Gesundheitswirtschaft als Schwerpunkt. Unter Federführung der BioCon Valley® GmbH ist zudem die Arbeitsgruppe „Digitalisierung in der Gesundheitswirtschaft" gegründet worden. Sie ist beim Kuratorium Gesundheitswirtschaft angesiedelt. In ihr sind Experten aus den Bereichen Wirtschaft, Wissenschaft und Politik sowie Vertreter des Gesundheitswesens vertreten. Sie soll als landesweite, interdisziplinär vernetzte Schnittstelle in der Gesundheitswirtschaft Lösungsangebote, konkrete Erkenntnisse und Handreichungen für die Praxis diskutieren und austauschen. Gerade Themen wie zukünftige Regulierungen und Standardisierungen, Technikoptionen und Infrastrukturen, neue gesellschaftliche und politische Rahmenbedingungen sowie konkrete Umsetzungen in MV sind Themen der Digitalisierung der Gesundheitswirtschaft die konsequent und interdisziplinär bearbeitet werden können.

Darüber hinaus ist die BioCon Valley® GmbH gemeinsam mit nationalen und internationalen Partnern an mehreren Projekten auf europäischer Ebene beteiligt. Beispielsweise im Bereich Aquakultur, also der kontrollierten Aufzucht von im Wasser lebenden Organismen, soll die wirtschaftliche Anwendung umweltfreundlicher Fischzuchtverfahren im südlichen Ostseeraum gestärkt werden. Ein weiteres Projekt zielt auf die Förderung der Marinen Biotechnologie ab. Dabei soll in den kommenden Jahren jungen Biotechnologieunternehmen und Forschern den Zugang zu Fachexpertise und Laborkapazitäten auf dem Gebiet der Marinen Biotechnologie im Ostseeraum erleichtert werden.

Frage

Das Thema „Gesundheitswirtschaft" spielt insbesondere auf kommunaler Ebene eine wichtige Rolle. Es müsste daher ein besonderes Interesse bei den Akteuren auf kommunaler Ebene (Leistungsanbietern, Wohlfahrtsverbänden, Handwerk, Industrie etc.) existieren, sich mit Blick auf die Gesundheitswirtschaft zu vernetzen bzw. Kooperationen zu bilden.

Wo sehen Sie Umsetzungschancen bzw. Blockaden?

Antwort

Die Vermittlung der Bedeutung der Gesundheitswirtschaft nicht nur für die gesundheitliche Betreuung und Versorgung – also als vordergründiger Kostenfaktor – sondern für die wirtschaftliche Entwicklung auf allen Ebenen hat vielerorts noch „Luft nach oben" auch durch die immer noch erfolgende Gleichsetzung Gesundheitswirtschaft = Gesundheitswesen.

Wir führen die erfolgreiche Entwicklung in MV vor allem darauf zurück, dass wir bei aller Verflechtung beider die unterschiedlichen Faktoren frühzeitig erkannten und nutzten. Erinnert sei nur an die im Lande geschaffenen Instrumente der Gesundheitswirtschaft wie Masterplan, Kuratorium, Branchenkonferenz usw. Ein für uns positives Signal für die Richtigkeit dieses Weges ist, dass Kommunen sich aktiv als Mitglieder in unserer Initiative für Life Science und Gesundheitswirtschaft, dem Netzwerk BioCon Valley einbringen.

Frage

In Nordrhein-Westfalen wird in der Altenpolitik unter anderem das politische Ziel verfolgt, die ambulante Versorgung zu Lasten der stationären Versorgung auszubauen. Mit dem Konzept „Masterplan altengerechte Quartiere NRW" wird zum Beispiel das Ziel verfolgt „ein möglichst langes und selbstbestimmtes Leben in der vertrauten Umgebung" zu führen.

Was sind Ihre Ideen und Erfahrungen für ein individuelles Wohnen im hohen Alter und worin unterscheiden sich Ihre Vorstellungen von den bisher bekannten und praktizierten Ansätzen?

Antwort

In der demographischen Entwicklung hat MV einen dramatischen Wandel erlebt. War das Land zum Zeitpunkt der deutschen Wiedervereinigung das jüngste Bundesland, so ist es heute in einem historisch kurzen Zeitraum zum Bundesland mit dem höchsten Altersdurchschnitt mutiert: Wir sind quasi das Experimentallabor für den zu erwartenden demographischen Wandel in der gesamten Bundesrepublik. Eine der großen Herausforderungen hierbei ist, dass von Ihnen angesprochene und von der überwiegenden Anzahl der Senioren gewünschte selbstbestimmte Leben in der vertrauten Umgebung. Für ein Flächenland wie MV mit der schrumpfenden Bevölkerung in den ländlichen Gebieten ist diese Herausforderung besonders vielschichtig. Wir versuchen mit Hilfe von Kommunen und wissenschaftlichen Projekten unserer Hochschulen, beispielhafte Lösungen zu erarbeiten.

So haben wir unter dem Schlagwort „Wohnzimmer" eine solche Projektidee mit der dörflichen Gemeinde Lohmen, der Universität Rostock, dem Netzwerk BioCon Valley und weiteren Partnern, z. B. aus der Wohnungswirtschaft in Angriff genommen. Individuelle, barrierefreie Wohneinheiten unterschiedlicher Größe können nach eigener Wahl und Bedarf ausgerüstet werden mit Assistenzsystemen wie Alarmmeldungen bei akuten gesundheitlichen Problemen. Zugang zum zentralen Versorgungszentrum, unterschiedlicher Digitalisierungsgrad usw. Mittelpunkt dieser dörflichen Wohngemeinschaft ist ein zentrales Versorgungszentrum, das Aufträge der Senioren aus allen Lebensbereichen entgegennimmt wie Einkäufe, Arztbesuche, Reinigungsanforderungen und Transportwünsche bis hin zur Gestaltung privater Feiern entgegennimmt und realisiert. Allerdings würden auch wir uns mehr Interesse und Unterstützung für diese Frage insgesamt aus der Politik wünschen, denn hier handelt es sich um ein Zukunftsproblem, das uns alle betrifft.

Frage

Der Gesundheitsmarkt boomt. Die Gesundheitswirtschaft leistet einen herausragenden Beitrag zum Wohlergehen der Bevölkerung, steht für eine Dynamik der Wertschöpfung und der Beschäftigung, sichert unabhängig vom Einkommen der Bevölkerung den Zugang zu medizinischen Versorgungsleistungen und leistet einen wesentlichen Beitrag zum gesundheitswirtschaftlichen Strukturwandel in ländlichen Regionen.

Welche Strategien, Weichenstellungen und Modelle sehen Sie, um den Auswirkungen des demografischen Wandels – der bereits eingesetzt hat – einschneidend auf regionaler Ebene zu begegnen und welche internationalen Vorbilder haben Sie hierbei im Blick?

Antwort

Wir dürfen in der Beantwortung dieser Frage auf einiges verweisen, was bereits in den vorherigen Antworten ausgeführt wurde. In der analytischen Rückschau für MV hat sich das frühzeitige Bekenntnis des Landes zur Gesundheitswirtschaft und die daraus abgeleiteten inhaltlichen und strukturellen Maßnahmen in der sonst im Tagesgeschehen nicht so oft anzutreffenden Trilogie aus Wirtschaft, Wissenschaft und Politik ausgezahlt, wie aus der bereits angeführten Studie zu entnehmen ist. Der anfangs vielfach belächelte Anspruch „Gesundheitsland Nr. 1" ist heute zumindest durch die Entwicklungszahlen der Gesundheitswirtschaft untersetzt. Wir sind überzeugt, dass vieles an strukturellen und inhaltlichen Beispielen, aus dem nicht immer ernst genommenen „Versuchslabor MV", sich auch in der Verallgemeinerung bewähren würde. Ebenso im internationalem Maßstab hat teilweise die Politik in einzelnen Ländern einschließlich der Europäischen Union (EU) das Problem des demographischen Wandels bisher nur unwillig und deshalb halbherzig zur Kenntnis genommen, aber auch in vielen Ländern die wirtschaftliche Bedeutung und damit verbundene Zukunftschancen vernachlässigt. Vorbilder sehen wir vereinzelt, etwa mit dem europäischen KIC-Projekt „Gesundes Leben und aktives Altern". Das Vorhaben zielt darauf ab, über die nächsten Jahre innovative Produkte und Dienstleistungen zu fördern und zur Marktreife zu führen, die dazu beitragen, die Gesundheit während des gesamten Lebens zu erhalten und ein aktives Altern erleichtern. An diesem Projekt, das wohl zu eines der größten, öffentlich geförderten Initiativen im Bereich Gesundheit gehört, ist ein internationales Konsortium aus mehr als 50 führenden Forschungseinrichtungen, Hochschulen und Unternehmen sowie 90 assoziierten Einrichtungen in neun Ländern der Europäischen Union (EU) beteiligt. Das Gesamtvolumen beträgt mehr als mehr als zwei Milliarden Euro.[4]

Der Mangel an qualifiziertem Pflegepersonal ist bekanntlich ein bundesweites Problem und wird sich auf Grund der demographischen Entwicklung und der damit einhergehenden höheren Lebenserwartung massiv verstärken. Auch die so dringend notwendige Klärung der finanziellen Vergütung und gesellschaftlichen Anerkennung für diesen Berufszweig wird sicherlich allein dieses Problem nicht lösen können. Gemeinsam mit vietnamesischen Partnern bemühen wir uns deshalb um eine qualitätsgerechte Ausbildung nach deutschem Standard und in deutscher Sprache von jungen Vietnamesen – kombiniert in Vietnam und in Deutschland – als langfristigen Beitrag zur Lösung dieser Frage. Die lange Kooperation mit Vietnam z. B. der Universität Greifswald ist hierfür eine wertvolle Voraussetzung.

Deutschland hat eine große Chance eine Führungsrolle auf einem Gebiet zu übernehmen von dem gesagt wird, dass der Demographiewandel ein viel akuteres Problem sei als der Klimawandel.

Eine Folge des demographischen Wandels wird sicherlich auch die wachsende Nachfrage nach gesundheitstouristischen Angeboten sein, für Mecklenburg Vorpommern als führende Tourismusregion in Deutschland, sowohl eine große Möglichkeit wie auch Herausforderung.

Als Ergebnis unserer langjährigen Zusammenarbeit mit Nordholland, u. a. im Rahmen der Nationalen Branchenkonferenz, planen wir in Anlehnung an den Jakobsweg einen grenzüberschreitenden Gesundheitspfad von Nordholland über Norddeutschland bis Polen. Da bietet es sich an, den Evangelisten Lucas als Patron

---

4 Vgl. ausführlich unter https://www.uni-heidelberg.de/presse/meldungen/2014/m20141212 _innolife-konsortium-erfolgreich-im-wettbewerb-gesundes-leben-und-aktives-altern. html

für die Gesundheit auch als Namensgeber zu verwenden. Das Interesse bei Gesundheitseinrichtungen und Beherbergungsstätten entlang dieser Route ist groß. Auf diesem Pfad werden wir Checkpoints mit speziellen Schwerpunkten anbieten, z. B. für Hauterkrankungen in Ostseenähe, Präventionsangebote in Reha-Kliniken und spezialisierte Medizin an den am Wege liegenden Universitäten, in MV Rostock und Greifswald.

MV hat ja Erfahrungen beim Angehen ungewöhnlicher Themen. So wurde z. B. die Idee der spezifischen Nutzung des Waldes als „Heilwald" ebenfalls auf einer Branchenkonferenz geboren. Diese medizinisch untersetzte Umgestaltung und Nutzung des Waldes ist inzwischen nicht nur innerhalb der EU von größtem Interesse, sondern hat auch seine gesundheitstouristische Wertigkeit in den Ostseebädern von MV unter Beweis gestellt als Modellprojekt für andere Regionen.

Regionale Gesundheitswirtschaft im internationalen Kontext am Beispiel des Ostseeraums

13

Wolfgang Blank und Thomas Karopka

13.1 Hintergrund

Der Ostseeraum zeichnet sich wie kaum eine andere Region Europas in den vergangenen beiden Jahrzehnten durch eine besonders große Entwicklungsdynamik aus. Die Region symbolisiert die politischen, wirtschaftlichen und sozialen Transformationen der jüngeren europäischen Vergangenheit ebenso wie das „Zusammenrücken" und die Vielfalt Europas. Die Länder der Ostseeregion wiesen im vergangenen Jahrzehnt die höchsten Wirtschaftswachstumsraten Europas auf. Wirtschaftliche Aufholprozesse der osteuropäischen Ostseeanrainerstaaten waren deutlich zu erkennen. Mittlerweile verfügt die Region über vielfältige Stärken in den Bereichen Innovation, Zusammenarbeit und Vernetzung. Nach einer Studie des HWWI leben alleine in den acht EU-Ländern mit direktem Zugang zur Ostsee rund 147 Mio. Menschen, was 29 % der EU-Bevölkerung entspricht. Diese Staaten erwirtschaften 29,3 % des Bruttoinlandsprodukts (BIP) der EU-Staaten (Stiller 2011).

Trotz der guten Entwicklung steht der Ostseeraum vor gewaltigen Herausforderungen, die seine Leistungskraft und zukünftige Entwicklung in zunehmendem Maße beeinflussen. So macht die demographische Entwicklung vor dem Ostseeraum nicht Halt und führt, wie in anderen europäischen Regionen, zu einem Anstieg der altersbedingten Erkrankungen und einer entsprechenden Belastung der Gesundheits- und Sozialsysteme. Gleichzeitig beeinflussen Fehlernährung, Bewegungsmangel und Stress den Lebensstil der Bevölkerung und manifestieren sich in einer Zunahme der modernen, nicht übertragbaren Krankheiten wie bspw. Adipositas oder auch Diabetes. Die zunehmende Abwanderung aus dem ländlichen Raum führt in Verbindung mit dem demografischen Wandel zu einer tiefgreifenden Strukturveränderung, die sich ganz besonders auf die entlegenen und eher wenig bevölkerten Räume fokussiert. Faktoren wie räumliche Nähe, Wohlstand oder Marktgröße und kritische Masse spielen hier eine Rolle, so sind in den wirtschaftlich meist schwach entwickelten Regionen in der Regel die Märkte zu klein, zu entlegen oder zu wenig dynamisch, um wirtschaftlich Produkte auf den Markt zu bringen. Gleichzeitig bestehen auf Grund der Entfernungen in der Regel Defizite in der Erreichbarkeit und in der Versorgung der Regionen, insbesondere auch im Bereich der Gesundheit.

Wie stellen sich die Räume den demografischen und strukturellen Veränderungen? Wie arbeiten Regionen im Ostseeraum in dieser und anderer Hinsicht zusammen?

Der Ostseeraum ist klassischerweise von einer engen Kooperation gekennzeichnet. Traditionell arbeiten die skandinavischen Länder eng zusammen. Die Hanse ist ein altes Beispiel für eine erfolgreiche, wirtschaftsbasierte Zusammenarbeit im Ostseeraum. Mit der 2009 auf dem EU-Gipfel in Brüssel verabschiedeten EU-Strategie für den Ostseeraum verfügt die Ostseeregion als erste „Makroregion" Europas über ein umfangreiches zusammenführendes Dokument, in dem grenzübergreifende Chancen, Potenziale und Herausforderungen dargestellt, gemeinsame Ziele und Handlungsfelder definiert sowie Handlungsempfehlungen und konkrete Maßnahmen formuliert werden (Europäische Kommission 2009). Im Kern geht es in der EU-Ostseestrategie darum, die Aktivitäten der verschiedenen Akteure und Institutionen der Ostseeregion auf den unterschiedlichen Ebenen zusammenzuführen, aufeinander abzustimmen und zu optimieren. Vorhandene Strukturen, Steuerungsinstrumente und Investitionsmittel sollen effizienter genutzt werden. Die EU förderte im Rahmen bestehender Programme, wie bspw. des Baltic Sea Programms 2007-2013 (INTERREG), Vorhaben zur Verbesserung der grenzüberschreitenden Zusammenarbeit innerhalb der Ostseeregion, wobei zusätzliche Finanzmittel zur Umsetzung der Ostseestrategie trotz deren ehrgeiziger Zielsetzung nicht zum Einsatz kamen.

Übergeordnetes Ziel der EU-Ostseestrategie ist es, den gesamten Ostseeraum in eine ökologisch nachhaltige, wohlhabende, zugängliche und attraktive sowie sichere Region weiterzuentwickeln. Richtungweisend sind dabei 15 Schwerpunktbereiche, die an Hand verschiedener Aktionen umgesetzt werden. Einige Aktionen haben dabei strategische Bedeutung für den gesamten Ostseeraum und zielen auf die Bewältigung konkreter, die Gesamtregion betreffende Probleme (z. B. Umweltbelastung, Erreichbarkeitsdefizite, gesundheitliche Probleme der Bevölkerung) ab.

Im Rahmen der Ostseestrategie hat das Thema Gesundheit hohe Relevanz und findet sich in einem eigenen Schwerpunktbereiche wieder. Der Schwerpunktbereich „Gesundheit" befasst sich im Wesentlichen mit Themen der klassischen Gesundheitsversorgung (Europäische Kommission 2010). Als Schwerpunkte sind die Eindämmung von übertragbaren Krankheiten, die Vorsorge vor den durch die Lebensführung bedingten, nicht übertragbaren Krankheiten und die Förderung der Gesundheitsvorsorge im Allgemeinen genannt. Koordinator des Schwerpunktbereichs ist das von den Anrainerstaaten gemeinsam mit der EU im Jahr 2002 ins Leben gerufene Sekretariat des „Northern Dimension Partnership in Public Health and Social Wellbeing" (NDPHS). Historisch gesehen kann der Gesundheitssektor in den nordischen Ländern auf eine jahrzehntelange Zusammenarbeit zurückblicken (Magnussen 2009). „Die Haupt-Herausforderungen im Bereich Soziales Wohlbefinden und Gesundheit, mit der die europäischen Länder derzeit konfrontiert sind, sind die gleichen: eine alternde Gesellschaft, Armut, soziale Ausgrenzung und Ungleichheiten im Gesundheitsbereich, die zunehmende Belastung durch nicht übertragbare Krankheiten und neue Gesundheitsgefahren. Folglich ist es nur logisch, die Antworten auf die Herausforderungen zu koordinieren, um (i) Ressourcen und Know-how zu bündeln, und (ii) den Austausch von Ideen und Wissen über effektive und weniger effektive Lösungen zu fördern – all dies, um Lücken zu überbrücken und Innovationsprozesse zu beschleunigen, um Doppelarbeit zu vermeiden und die begrenzten Ressourcen optimal zu nutzen, und schließlich eine gut informierte Politik und Entscheidungsfindung zu ermöglichen." (NDPHS 2011).

Das Themenfeld Gesundheit ist des Weiteren im Schwerpunktbereich „Innovation" als eigenes Leitprojekt verankert. Auf Initiative des Bundeslandes Mecklenburg-Vorpommern hat die Europäische Kommission im Oktober 2009 das Flaggschiff-Projekt „Gesundheitsregion Ostsee" in den Aktionsplan der EU-Ostseestrategie aufgenommen (Europäische Kommission 2009)[1]. Ziel des Vorhabens ist die Entwicklung des Ostsee-Raums zu einer „Modellgesundheitsregion", deren Stärken in stabilen, gewachsenen Gesundheitsstrukturen sowie einer starken Gesundheitsbranche mit anerkannt hoher Innovationskraft liegen (Frank 2009). Ein ausdrückliches Ziel ist es, überregionale Verbünde oder Konsortien von Anbietern zu formen, die ihre Leistungen über den Ostseeraum hinaus international vermarkten. Gleichzeitig bietet sich die Chance, eine Modellregion für die Implementation von telemedizinisch basierten Produkten, Verfahren und Dienstleistungen zu entwickeln und damit Vorreiter einer globalen Entwicklung zu werden, die sich nach einhelliger Meinung in vielen derzeit noch Wachstumsgesellschaften – ob Vietnam oder auch den aufstrebenden BRIC-Staaten – in ähnlicher Form abspielen wird.

---

1 Das Flaggschiff-Vorhaben „Gesundheitsregion Ostsee" wird von BioCon Valley®, der Landes-Initiative für Life Science und Gesundheitswirtschaft aus Mecklenburg-Vorpommern, gemeinsam mit Litauen sowie der Biotechnologie-Vereinigung ScanBalt federführend koordiniert. Die ScanBalt BioRegion repräsentiert mit knapp 70 regionalen Mitgliedern aus dem gesamten Ostseeraum sowie Russland, Norwegen und den Niederlanden mehr als 60 Universitäten, über 2.100 Life Science- und Biotech-Firmen, einschließlich etwa 700 forschungsbasierter KMUs.

13.2 Innovation in der Gesundheitswirtschaft

Innovation in den Gesundheits- und Lebenswissenschaften soll die Herausforderungen einer alternden Gesellschaft und die Belastung von nichtübertragbaren Krankheiten bewältigen, welche die größten Ursachen für vermeidbare Mortalität und Morbidität in der Europäischen Region der WHO geworden sind (WHO Europe 2006). Die Behandlung und die Bewältigung der Folgen und Begleiterscheinungen nichtübertragbarer Krankheiten soll bis 2030 schätzungsweise $ 47 Billionen im globalen Maßstab kosten. Ein ganzheitlicher Ansatz ist notwendig, um Verhaltensänderungen zu initiieren und neue innovative Gesundheitsmanagementverfahren zu entwickeln. Innovation in der Gesundheitswirtschaft ist somit ein Pflichtfeld für die Politikentwicklung und ein wichtiges Instrument für die Bewältigung der großen gesellschaftlichen Herausforderungen des 21. Jahrhunderts.

Innovation in der Gesundheitsversorgung kann definiert werden als: „...die Einführung eines neuen Konzepts, Idee, Dienstleistung, Prozesses, Produkt oder die Verbesserung der Behandlung, Diagnose, Bildung, Öffentlichkeitsarbeit, Prävention und Forschung, und zielt auf das langfristige Ziel der Verbesserung von Qualität, Sicherheit, Ergebnissen, Effizienz und Kosten " (Omachonu und Einspruch 2010). Die Gesundheits- und Lebenswissenschaften werden als hoch innovative Bereiche betrachtet. Der schnelle Fortschritt in den Gesundheits- und Lebenswissenschaften beeinflusst nicht nur das menschliche Wohlbefinden und die Lebensführung, sondern auch die Industrie- und Regionalentwicklung sowie die Zukunftsfähigkeit der gesamten Gesundheitssysteme. Schon jetzt betragen die Ausgaben des EU-Gesundheitssektors 5-11 % des regionalen BIP und es steht ein weiterer Anstieg aufgrund der demografischen Entwicklung und der Kostensteigerung z. B. in der Medikamenten- und Technologieentwicklung an. Innovation in den Gesundheits- und Lebenswissenschaften wird eine immer zentralere Rolle in der Zukunft spielen: Auf der einen Seite tragen Innovationen in der Gesundheitswirtschaft zu einer effektiveren und qualitativeren Gesundheitsversorgung bei und verbessern damit den Gesundheitszustand der einzelnen Personen und der Gesellschaft. Auf der anderen Seite bieten sich Chancen für die Industrie, insbesondere KMU, in stabilen und wachsenden Märkten zu profitieren und somit zum Wirtschaftswachstum beizutragen. In Zeiten der Finanzkrise blieb die Gesundheitswirtschaft ein stabiler Faktor in der Wirtschaft und wies sogar mäßige Wachstumsraten auf.

13.3 Soziale Innovation und neue Ansätze in der Innovationspolitik

Das neue Programm der EU für Forschung & Innovation, Horizon 2020, legt großen Wert auf Innovation, aber ebenso auf die Lösung gesellschaftlicher Herausforderungen wie z. B. die Alterung der Gesellschaft. Hier kommt eine andere Dimension der Innovation ins Spiel, die auch als soziale Innovation beschrieben werden kann. Soziale Innovationen sind schwerpunktmäßig auf die Lösung gesellschaftlicher Herausforderungen ausgerichtet – sie werden explizit auf ‚gesellschaftliche Ziele' orientiert. Sowohl in der wissenschaftlichen Literatur wie auch in vielen Studien von Wirtschaftsanalysten wird daher eine ganzheitliche Betrachtung gefordert. Als Beispiel sei hierzu die Arbeit von Porter und Kramer (2011) genannt.

Porter und Kramer argumentieren, dass Unternehmen in eine gemeinsame Wertschöpfung mit der Gesellschaft eingehen müssen, um wirtschaftliche Werte in einer Weise zu generieren, die auch Werte für die Gesellschaft erbringt. Porter und Kramer beschreiben diese ‚shared value creation' als „… Politik und Betriebspraktiken, die die Wettbewerbsfähigkeit eines Unternehmens verbessern, während gleichzeitig die Förderung der wirtschaftlichen und sozialen Bedingungen in den Gemeinden (Regionen), in denen sie tätig sind, adressiert werden" (Porter und Kramer 2011). Porter und Kramer stellen weiter fest: „Ein großer Teil des Problems liegt bei den Unternehmen selbst, die in einem überholten Ansatz zur Wertschöpfung, der sich in den letzten Jahrzehnten herausgebildet hat, verharren. Sie fahren fort, Wertschöpfung eng zu betrachten und die Optimierung auf kurzfristige finanzielle Performance auszurichten, während die wichtigsten Kundenbedürfnisse und die weiteren Einflüsse, die ihren langfristigen Erfolg bestimmen, ignoriert werden" (Porter und Kramer 2011, S. 4).

Die Gesundheitswirtschaft ist eng mit den jeweiligen Gesundheitssystemen verknüpft und muss daher entweder passfähige Produkte und Lösungen für die jeweiligen Gesundheitssysteme liefern, oder konstruktiv mit allen beteiligten Akteuren an einer Verbesserung der Systeme arbeiten.

Grenzübergreifende territoriale Zusammenarbeit oder die Kooperation in einer Makroregion bietet die Möglichkeit voneinander zu lernen, sich über die jeweiligen Vor- und Nachteile in anderen Gesundheitssystemen zu informieren und Anregungen für Verbesserungen des eigenen Systems zu bekommen. Es bietet aber auch kleinen Firmen die Möglichkeit, andere Märkte kennenzulernen, deren Besonderheiten und regionalen Eigenheiten ohne lokale Kooperationspartner oft nicht zu bewerkstelligen sind.

Nahezu alle Regionen im Ostseeraum haben im Zuge der Entwicklung ihrer Konzepte zur Regionalentwicklung der Beförderung der Gesundheitswirtschaft einen hohen Stellenwert eingeräumt. Eine Analyse der Gesundheitswirtschaft im Ostseeraum findet sich in einer aktuellen Studie der Nord/LB (Nord/LB 2013). Die Gesundheitswirtschaft umfasst definitionsgemäß die Erstellung und Vermarktung von Gütern und Dienstleistungen, die der Bewahrung und Wiederherstellung von Gesundheit dienen. Im EU-geförderten Vorhaben BSHR HealthPort (ScanBalt 2012) haben die Kooperationspartner aus sieben Ostseeanrainer-Staaten sich in den letzten Jahren zu den Engpässen im Bereich von Innovation und F&E verständigt. Auf Basis einer Bestandsaufnahme wurde eine Innovationsagenda formuliert, die ein „Innovations-Ökosystem für die Gesundheitswirtschaft" beschreibt, das aus branchen- und sektorenübergreifender Sicht wesentliche Eckpunkte für weitere Maßnahmen im Bereich Innovation und F&E vorschlägt, die die wirtschaftliche Entwicklung einer Region unterstützen sollen (Regionalmarketing). Der Begriff Regionalentwicklung bezieht sich dabei sowohl auf verschiedene inhaltliche Schwerpunkte als auch auf unterschiedliche räumliche Ebenen. Allgemein zielen die Empfehlungen zur Regionalentwicklung auf den Ausgleich regionaler Disparitäten ab, um gleichwertige Lebensbedingungen in allen Regionen und eine nachhaltige Raumentwicklung zu gewährleisten, und erfordert die gezielte Koordinierung von Regionalplanung und Regionalpolitik (Springer Gabler Verlag 2014).

13.4 Ein Ökosystem-Innovationsansatz für die Gesundheitswirtschaft

Damit Innovation stattfinden kann, ist ein gewisses „innovationsfreundliches Umfeld" notwendig. Im Rahmen des Projektes BSHR HealthPort wurde die Metapher eines „Innovations-Ökosystems" verwendet, um das komplexe Netzwerk von Entitäten und Beziehungen in einem Innovationssystem zu modellieren und den Aspekt hervorzuheben, dass in einem Ökosystem ein einzelner Akteur allein nicht erfolgreich sein kann und um die Vernetzung und gegenseitige Abhängigkeit aller Beteiligten zu berücksichtigen (Blank et. al. 2013, BSHR HealthPort 2013). In dem biologischen Vorbild für ein Ökosystem wird ein optimaler Zustand durch einen oder mehreren Gleichgewichtszuständen hergestellt, bei denen ein relativ stabiler Zustand entsteht, um eine Population oder einen Nährstoffaustausch auf einem gewünschten Niveau zu halten. In einem Ökosystem kann ein Akteur alleine nicht erfolgreich sein. In einem erfolgreichen Innovationssystem für die Gesundheit ist dies auch der Fall. Das Ökosystem ist ein komplexes Netzwerk von Forschern, Förderern, Unternehmen, Gesetzgebern und Endverbrauchern. Wenn eines der Teile nicht angemessen berücksichtigt wird, könnte die Innovation in Gefahr geraten, nicht erfolgreich zu sein. Die High Level Group on Innovation Policy Management (HLG), die vom EU-Rat eingesetzt wurde, schlussfolgerte, dass Europa ein radikales neues Innovations-Ökosystem braucht, um die notwendige Steigerung der Innovationsleistung zu erreichen (HLG 2013). „Eine radikale Änderung in der Innovationspolitik scheint unverzichtbar, um von einer Fragmentierung und einer engen Wissenschafts- und Technologieorientierung zu einer umfassenden, ganzheitlichen und kohärenten Strategie zu gelangen, die mehrere Politikbereiche umfasst und alle Akteure und Interessengruppen beteiligt. Dies ist es, was die HLG einen ‚Innovations Ökosystem-Ansatz' nennt" (HLG 2013).

Ähnliche Konzepte werden bei ‚User Driven Innovation' oder Mitarbeiterorientierung angewendet. In den nordischen Ländern wurden diese Konzepte in den letzten Jahren mehrfach erprobt und in der klinischen Welt in einzelnen Projekten bereits implementiert. Ein Beispiel ist die ‚Ideen-Klinik' am Aalborg University Hospital. Die Ideen-Klinik nutzt Open Innovation-Management-Tools und verwaltet systematisch den internen Prozess der klinischen Innovation. Die Ideen-Klinik des Aalborg University Hospitals wurde 2009 als regionale Initiative gegründet, um die Ideen der Mitarbeiter in erster Linie zur Lösung von Problemen und der Qualitätsverbesserung, aber gleichzeitig auch für kommerzielle Zwecke zu nutzen. Kurz nach einer Kooperation zwischen den Universitätskliniken in Oslo (Norwegen) und Sahlgrenska (Schweden) wurde ein Innovationsprogramm namens KASK Innovation (KASK 2012) initiiert, mit der Ideen-Klinik als Programm-Manager. In dem Projekt adressierten die drei Krankenhäuser gemeinsam eine Reihe von Fragen, die durch einen Open Innovation Prozess, sowie über ein Öko-System für den Austausch von Ideen, gelöst wurden. Die Ideen-Klinik ist heute in der Region Nord Dänemark die primäre Innovationsorganisation, die sowohl den Gesundheitssektor sowie andere Bereiche innerhalb der Region adressiert. Die Ideen-Klinik wurde im Jahr 2012 mit einer Reihe von nationalen und internationalen Preisen ausgezeichnet und gilt als eines der besten Beispiele für Innovation in der Gesundheitswirtschaft.

13.5 Mangelnde Bildung in „Entrepreneurship skills"

In einer Studie, die im Rahmen des Projektes BSHR HealthPort durchgeführt wurde, zeigten Kuura et. al., dass Innovations-Kurse im biowissenschaftlichen Bereich im Verhältnis zu anderen Technologie-Innovations-Kursen unterrepräsentiert sind. In Dänemark gibt es die Kompetenz, die aktuellen Bildungsprogramme an die spezifischen Anforderungen der Lebenswissenschaften anzupassen, während in Finnland, Schweden, Deutschland und Niederlande bereits Gesundheits- und Lifescience

Venture Creation- und Management-Programme existieren. In Estland und Polen ist die biowissenschaftliche Wissensbasis die niedrigste, und weitere praktische Kurse werden benötigt. In Litauen ist eine starke Basis für die klinische Prüfung vorhanden, aber in den anderen Bereichen fehlen Angebote (Kuura et al. 2012).

Im Vergleich zu den USA gibt es einen kleineren Pool von aktiven Venture-Capital-Investitionen in die Gesundheit und Lebenswissenschaften. Dies ist besonders wichtig für Start-ups, die Kapital in einem frühen Stadium benötigen. Es herrscht ein Mangel an Mechanismen für die frühzeitige Bewertung von Ideen. Viele Ideen scheinen innovativ aus wissenschaftlicher Sicht. Doch um eine Innovation zu werden, muss eine Idee auch in den geltenden Rechtsrahmen passen sowie die strenge Prüfung von Health Technology Assessment Verfahren überleben. Des Weiteren ist das Wissen über Regulierung, Zertifizierung und Beschaffung nicht notwendigerweise bei jungen Unternehmern vorhanden.

Verbreitung von Innovationen ist wichtig, um endlich Erfolg auf dem Markt zu haben. In einem transnationalen Kontext ist dies noch anspruchsvoller. Es fehlt häufig an einer Infrastruktur oder einem Netzwerk, das kleinen Start-up-Unternehmen erlaubt, ihre potenziellen Kunden auf der Nachfrageseite finden zu können. Meyer et al. (2011) beschreiben drei Innovationslücken: Die „Technologie-Entdeckungs-Lücke", die „Vermarktungs-Lücke" und die „Venture-Start-Lücke". Mit der erfolgreichen Entwicklung und Umsetzung von Lösungen, die diese Lücken schließen, sind Bildungsangebote verbunden, die die erforderlichen Kenntnisse und Fähigkeiten vermitteln. Kuura et al. (2013) beschreibt eine Bildungsplattform für die Entwicklung des Unternehmertums, die die oben genannten Fähigkeiten vermitteln.

Aus einer Ökosystem-Perspektive trägt nicht jede Erfindung zum endgültigen Ziel bei, intelligente, nachhaltige und integrative Lösungen zu entwickeln. Systematisches Innovationsmanagement ist erforderlich, beginnend mit einer frühen Ideenbewertung, um die vielversprechendsten Ideen herauszufiltern. Eine konsequente Auswertung von einem ganzheitlichen Blickwinkel in einer frühen Phase kann eine Menge Geld, Zeit und Frustration sparen, wenn es große Hindernisse oder starke Argumente gibt, die gegen die weitere Entwicklung der Idee oder der Untersuchung sprechen. Methoden, dies zu erreichen wurden im Rahmen des HealthPort Projektes entwickelt und getestet und umfassen Ideenwettbewerbe, interdisziplinäre Expertenteams, die Nutzung von Innovations-Trainer oder Innovationsmanagement-Plattformen. Weiterhin wurde ein Verfahren zur Auswahl und Unterstützung innovativer Life-Science-Geschäftsideen entwickelt (Kuura 2013). Erfahrung und Methoden aus dem Bereich des Health Technology Assessment (HTA) könnten auch einen wertvollen Beitrag zur Bewertung von Lösungen in einem frühen Stadium liefern.

13.6 Die Rolle des öffentlichen Sektors im Innovationsmanagement

Aufgrund des Großteils der Ausgaben im Gesundheitssektor (bis zu 85 % der Gesundheitskosten in den nordischen Ländern werden von der öffentlichen Hand ausgegeben), kann der öffentliche Sektor als potenzieller Treiber für Innovation und Unternehmergeist gesehen werden (Norden 2011, S. 8).

Der öffentliche Sektor erfordert einen großen Anteil von Produkten und Dienstleistungen, die in Europa zusammen rund 16 % des BIP ausmachen (Europäische Kommission 2005, S. 10). In den nordischen Ländern werden 80 bis 85 Prozent der Gesundheitsausgaben aus öffentlichen Quellen finanziert. Daher wurden Behörden als „große Marktteilnehmer" mit „wirkungsvollem Potenzial, um private Investitionen in Forschung und Innovation zu stimulieren" beschrieben (Norden 2011). Folglich hat der öffentliche Sektor eine starke Kaufkraft, die, wenn sie entsprechend gehandhabt wird, Innovation fördern kann. Öffentliche Beschaffung von Innovationen (Public Procurement of Innovations, PPI) soll die Nachfrage nach Innovation unterstützen.

Öffentliche Beschaffung von Innovationen ist ein Werkzeug für den öffentlichen Sektor, um die Innovationstätigkeit in Europa zu verbessern. Erhöhte Innovation ist ein zentraler Bestandteil der Lissabon-Strategie der EU um Europa zum dynamischsten und wettbewerbsfähigsten wissensbasierten Wirtschaftsraum der Welt zu machen. Wenn eine öffentliche Organisation ein Produkt bestellt, das gegenwärtig noch nicht existiert, nennt man dies öffentliche Beschaffung von Innovationen. Dies bedeutet, dass der öffentliche Sektor aktiv innovative Produkte verlangt, die zur Steigerung von Investitionen in Forschung und Innovation in den Life-Science-Sektor beitragen können. Eine umfassende Übersicht über das Gebiet der öffentlichen Beschaffung von Innovationen findet sich in (Rolfstam 2008).

Pre-Commercial Procurement (PCP) ist die Beschaffung von (erwarteten) Forschungsergebnissen, wo keine Produktentwicklung beteiligt ist. Es wird oft als Innovations-Beschaffung bezeichnet und erhält immer mehr Aufmerksamkeit von der Europäischen Kommission. PCP ist ein Mittel für die F&E-Finanzierung, d. h. es ist ein Angebotspolitik-Instrument in Bezug auf Innovation. Im Jahr 2009 veröffentlichte VINNOVA, die schwedische Innovationsagentur, einen Bericht, der zu dem Schluss kam, dass die politischen Entscheidungsträger weitere Möglichkeiten erkunden sollten, um die Nutzung der öffentlichen Beschaffung von Innovationen in der Gesundheitsversorgung zu erhöhen (Lundvall 2009).

13.7 Accelerace Life – Eine Nordisch-Baltische Initiative für die Unterstützung von Life-Science-Start-ups

Der Ostseeraum ist führend in der Forschung im Bereich Lebenswissenschaften und Medizintechnik. Allerdings gibt es einen Mangel an einer guten Umsetzung der Forschungsergebnisse in Produkte und Dienstleistungen. Eine hohe Barriere für Start-ups ist der Mangel an unternehmerischen Fähigkeiten und Zugang zu Kapital in der Frühphase. Das „Accelerace Life"- Modell ist ein potenzielles Instrument, um diese Probleme anzugehen und die Finanzierung von Life Science Start-ups in der Frühphase zu unterstützen. Das Modell basiert auf „Accelerace Dänemarks" langjähriger Erfahrung in der Methodik. Diese grenzüberschreitende „Beschleunigungs"-Initiative mit gemeinsamer Methodik, Netzwerke, Know-how und Ressourcen, ermöglicht die Betrachtung einer Region als De-facto-Ökosystem mit Vorteilen für alle Beteiligten, die an dem Beschleunigungsvorgang teilnehmen. Die bemerkenswertesten Vorteile sind auf jeden Fall ein breiteres Spektrum für Finanzierung, Austausch von Erfahrungen und die Möglichkeit, Prototypen in mindestens vier verschiedenen Märkten zur gleichen Zeit zu testen (Piispanen und Pikani 2013).

13.8 Regulierung und Zertifizierung

Regulierung und Zertifizierung ist ein weiterer wichtiger Bereich, der in einem Ökosystem-Ansatz adressiert werden muss. Klinische Studien und Überprüfungen sind zwingend erforderlich, um die Wirksamkeit und Sicherheit von Medikamenten, medizinischen Interventionen und Geräten, Diagnostik und e-Health-Anwendungen zu beweisen. Aufgrund der komplexen rechtlichen, organisatorischen und auf Erfahrung basierenden Anforderungen, können sich viele KMUs oder Start-ups keine klinische Forschung leisten. Daher ist die klinische Prüfung und Verifizierung einer der wichtigsten Engpässe im medizinischen Technologietransfer. NordForsk, eine Organisation unter dem Nordischen Ministerrat hat im Jahr 2013 die Nordic Trial Alliance gegründet (Nordic Trial Alliance 2013), um gemeinsame Lösungen für NO, SE, DK, FI und IS zu entwickeln.

13.9 Zusammenarbeit & Kommunikations-Infrastruktur

In den nordischen Ländern gibt es einen Konsens über das Potenzial der öffentlich-privaten Zusammenarbeit in Bezug auf Innovation in der Gesundheitswirtschaft. In der Studie „Health Innovation in the nordic countries – Public Private Collaboration" (Norden 2010, S. 47) werden die folgenden externen Barrieren für eine fruchtbare Zusammenarbeit genannt:

- Mangelnde Flexibilität in Gesetzen und Verordnungen
- Widerstand der Nutzer sich zu ändern
- Mangelnde Anreize beim Projekt, wenn zu viele Partner eingebunden sind
- Vertragliche Regelungen behindern die Zusammenarbeit mit Lieferanten
- Fehlende Kompetenzen bei den öffentlichen Partnern
- Fehlende Kompetenzen bei den privaten Partnern
- Fehlende Fähigkeit des Hauptlieferanten innovative Lösungen anbieten zu können.
- Fehlender (oder zu kleiner) Markt für die Lösung

Innovation ist heute einer der wichtigsten Faktoren für intelligentes und nachhaltiges Wachstum. Regionen rund um den Globus haben das Potenzial der Entwicklung von Innovations- und Unternehmertums-Clustern und ihren Beitrag zur Regionalentwicklung und Wirtschaftswachstum erkannt.

13.10 Zusammenfassung und Ausblick

Nahezu alle Regionen im Ostseeraum haben die regionale Gesundheitswirtschaft als einen Schwerpunkt ihrer jeweiligen regionalen Entwicklungsstrategien definiert. Auch existiert traditionell eine enge Zusammenarbeit, sowohl auf regionaler als auch auf makroregionaler Ebene. Die Zusammenarbeit wird von regionalen Zusammenschlüssen der Gesundheitsakteure (Unternehmen, Versorgung, Verwaltung) sowie auch von international agierenden Verbünden befördert. Beispiele dafür sind im Bereich der klassischen Gesundheitsversorgung die NDPHS (Northern Dimension Partnership in Public Health and Social Wellbeing, Stockholm) sowie im Bereich der innovativen Gesundheitswirtschaft die ScanBalt Initiative (ScanBalt fmba, Kopenhagen)(Blank et al. 2003, Blank et al. 2003b, Samuelsson 2005).

Der Stellenwert der regionalen Gesundheitswirtschaft ist in den einzelnen Regionen teilweise unterschiedlich ausgeprägt. Auch existieren von Region zu

Region unterschiedliche Gesundheits- und Sozialsysteme mit jeweils anderen Vergütungssystemen und teilweise sektoral getrennten Zuständigkeitsbereichen. In allen Regionen wird ein hoher Bedarf in der Etablierung eines sektoren-übergreifenden Innovations-Ökosystems gesehen, dass von einem gesamtheitlichen Innovationsbegriff ausgeht. Neben technologisch getriebenen Innovationen wird der Innovation im Dienstleistungs- sowie auch im sozialen Bereich hohe Bedeutung beigemessen. Großer Handlungsbedarf wird in allen Regionen im Bereich der Finanzierung von Innovationen im Gesundheitsbereich gesehen. Hier sind komplementäre Finanzierungsinstrumente gefragt, die auch neue Finanzierungsformen beinhalten (Beispiel Crowd Funding). Die Finanzierung spielt insbesondere für die KMU-basierte Gesundheitswirtschaft eine wesentliche Rolle. Ein weiterer Flaschenhals in der Markteinführung von Innovationen wird im Bereich des Procurement gesehen. Einzelne Regionen haben erfolgreich Systeme etabliert, die die Einführung von Innovationen im Sinne eines pre procurement erleichtern und damit die regionalen Akteure aus der Gesundheitsversorgung sowie der Gesundheitswirtschaft stärken.

Die regionale Gesundheitswirtschaft wird eine wichtige Rolle bei der Ausgestaltung der zukünftigen Ostseezusammenarbeit spielen. Das Thema Gesundheit hat sich zu einem wesentlichen Schwerpunkt der Ostseestrategie (EUSBSR) entwickelt und wird daher in den regionalen EU-Strukturfondsprogrammen in der anstehenden Fördermittelperiode 2014 – 2020 einen Schwerpunkt bilden. Die Ostseestrategie komplementiert damit vorhandene Ansätze auf EU Ebene (vgl. Innovation Union) sowie auch auf Ebene der Nationalstaaten (vgl. HighTech Strategie der Bundesregierung). Fur Akteure der Gesundheitswirtschaft existieren im Ostseeraum attraktive Chancen zur Zusammenarbeit, sei es im grenzüberschreitenden Bereich oder im gesamten Ostseeraum.

Literatur

Blank, W., Samuelsson, B., & Frank, P. (2003). ScanBalt BioRegion – a model case for Europe. *Journal of Commercial Biotechnology* No 2, Vol 10, (S. 147-153).

Blank, W., Diderichsen, B., Podhajska, A., & Samuelsson, B. (2003b). Borderless Biotech: Europe's First Meta-Region Taking shape. *Euro Biotech News* No 3, Vol. 2 (S. 22-25).

Blank, W., Frank, P., & Karopka, T. (2013). Health and Life Sciences as Drivers for Regional Development and Prosperity in the Baltic Sea Region. *Journal of East-West Business* 19 (1-2) (S.122-37). doi:10.1080/10669868.2013.780531.

BSHR HealthPort (2013). Driving cross-sectoral innovation in health and life sciences – An Innovation Agenda for the Baltic Sea Regions Health Economy, http://www.scanbalt.

13 Regionale Gesundheitswirtschaft im internationalen Kontext

org/files/graphics/Illustrations/HealthPort%20Innovation%20Agenda.pdf. Zugegriffen: 24. November 2014.
Europäische Kommission (2005). Public Procurement for Research and Innovation. Developing procurement practices favourable to R&D and innovation. Expert group report. Directorate General for Research, ISBN 92-894-9472-7.
Europäische Kommission (2009). Communication from the Commission to the European Parliament, the Council, The European Economic and Social Committee and the Committee on the Regions concerning the EU strategy for the Baltic Sea Region. Brussels 10 June 2009.
Europäische Kommission (2010). Commission Staff Working Document Accompanying the Communication from the Commission to the European Parliament, The Council, The European Economic and Social Committee and the Committee of the Regions concerning the European strategy for the Baltic Sea Region. Updated version May 2010.
Frank, P. (2009). The EU Baltic Sea Region Strategy. *Biotech og Diagnostik* 5 (S. 16-17).
HLG (2013). Report & Recommendation. Brussels, HLG Secretariat. http://www.highlevelgroup.eu/sites/default/files/download/file/130088%20EPPA_HLG%20REPORT.pdf. Zugegriffen: 24. November 2014.
KASK (2012). KASK Innovation, http://www.kask-innovation.eu. Zugegriffen: 24. November 2014.
Kuura, G., Pihlakas, P., & Edgar, B. (2012). BSHR HealthPort Report: Education to promote Innovation.
Kuura, G., Wolter, K., Graage, F., Simonsen, G., & Edgar, B. (2013). Dedicated entrepreneurial education will boost the growth in the Baltic Sea Region, http://www.scanbalt.org/files/graphics/ScanBalt%20member%20documents/For%20all%20members/Dedicated%20Entr%20education%20will%C5%A0HP%20report_%20edited.pdf. Zugegriffen: 24. November 2014.
Lundvall, K., Okholm, H., Marcussib, M., Jespersen, S., & Birkeland, M. (2009). Can public procurement spur innovations in health care? http://www.vinnova.se/upload/epistorepdf/canpublicprocurementspurinnovations.pdf. Zugegriffen: 24. November 2014.
Magnussen, J., Vrangbaek, K., & Saltman, R. B. (2009). Nordic Health Care Systems: Recent reforms and current policy challenges. In *Nordic Health Care Systems*. (S.1-344). London: Open University Press.
Meyer, A. D., Aten, K., Krause, A. J., Metzger, M. L., & Holloway, S. S. (2011). Creating a university technology commercialization program: Confronting conflicts between learning, discovery, and commercialization goals. *International Journal of Entrepreneurship and Innovation Management*. 13 (2): 179-198.
NDPHS (2011). The Northern Dimension Partnership in Public Health and Social Well-being. Raising the profile of health and social well-being, http://www.ndphs.org/internalfiles/File/Strategic%20political%20docs/Post-2013_European-Programmes--Raising_Profile_of_Health_and_Social_Well-being_%28NDPHS_position_paper%29.pdf. Zugegriffen: 24. November 2014.
Norden (2010). Health Innovation in the Nordic countries – Public Private Collaboration. Copenhagen 2010.
Norden (2011). Nordic Council of Ministers, Innovative Public Procurement and Health Care – Nordic Lighthouse Project. Copenhagen 2011.
Nordic Trial Alliance (2013). http://www.nordforsk.org/ Zugegriffen: 17. März 2013.

NORD/LB (2013). The Health Economy in the Baltic Sea Region – Challenges and Opportunities. Market-Analysis in the scope of the project ScanBalt HealthPort, http://scanbalt.org/files/graphics/Illustrations/BSR%20Health%20Economy.pdf. Zugegriffen: 24. November 2014.

Omachonu, V. K., & N. G. Einspruch (2010). Innovation in healthcare delivery systems: A conceptual framework. *Innovation Journal* 15, no. 1 (S. 1-20).

Piispanen, T., & Pikani, J. (2013). Accelerace Life: Promoting new Health Tech Start-Ups in ScanBalt BioRegion, http://www.scanbalt.org/press/news+archive/view?id=3027, Zugegriffen: 24.November 2014.

Porter, M., & Kramer, M. (2011). Creating Shared Value. *Harv Bus Rev.* 89 (1/2) (S. 62–77).

Samuelsson, B. (2005). Metaregioner i et Nordisk Perskektiv: ScanBalt BioRegion som modell for Europa, Mot en nordisk biopolitikk?, Rapport fra seminar om bioteknologi og bioetikk, Nordisk Råd, 26.

Rolfstam, M. (2008). *Public Procurement of Innovation. Centre for Innovation, Research and Competence in the Learning Economy (CIRCLE) and Department of Design Sciences.* PhD Thesis.

ScanBalt (2012). BSHR HealthPort, http://www.scanbalt.org/projects/scanbalt+health+region/bshr+healthport. Springer Gabler Verlag (Hrsg.) (2014). Gabler Wirtschaftslexikon, Stichwort: Regionalentwicklung, online im Internet: http://wirtschaftslexikon.gabler.de/Archiv/13338/regionalentwicklung-v8.html

Stiller, S., & Wedemeier, J. (2011). Zukunft Ostseeraum: Potenziale und Herausforderungen. *HWWI Policy Report* 16, Hamburg.

WHO Europe (2006). Gaining health – The European Strategy for the Prevention and Control of Noncommunicable Diseases; ISBN 92-890 2179 9, http://www.euro.who.int/__data/assets/pdf_file/0008/76526/E89306.pdf. Zugegriffen: 24.11.2014.

Kontakt

Wolfgang Blank, WITENO GmbH, Walther-Rathenau-Str. 49a,
17489 Greifswald
Email: blank@witeno.de

Thomas Karopka, BioCon Valley GmbH, Walther-Rathenau-Str. 49a,
17489 Greifswald
Email: tk@bcv.org

Soziale Gesundheitswirtschaft als Motor regionaler Entwicklung: Chancen und Voraussetzungen

14

Saskia Hynek, Monika Roth, Gwendolyn Schmitt, Ulf Werner und Helmut Hildebrandt

14.1 Einleitung

Der Gesundheitsbereich ist eine der beschäftigungsstärksten und für die Lebensqualität und die gesellschaftliche Zukunftsentwicklung wichtigsten Themenfelder in Deutschland. Die Bedeutung wird in den kommenden Jahrzehnten weiter zunehmen, weil die gesundheitlichen Versorgungs- und Reorganisationsbedarfe im demografischen Wandel wachsen. Gleichzeitig verstärken sich die Belastungsfaktoren im Rahmen einer sich verändernden Arbeitswelt, durch die Herausforderungen der Globalisierung, durch eine „neue Unübersichtlichkeit" (Habermas 1985, S. 1-14) inmitten von riskanten Umgebungen und dem damit einhergehenden notwendigen austarieren von Individualität, Sozialem und Gesellschaft. Gleichzeitig wird der Innovationsbedarf des Gesundheitsbereichs in hohem Maße steigen, um diese Herausforderungen bei sinkendem Erwerbspersonenpotenzial und steigender Komplexität zu bewältigen. Im Kinzigtal in Südbaden wird seit zehn Jahren eine sehr innovative Entwicklungsarbeit unternommen, um inmitten dieser Herausforderungen den Gesundheitsstatus der regionalen Bevölkerung zu verbessern, die Versorgung interdisziplinär und mit neuen Berufsrollen zu optimieren und gleichzeitig kostengünstiger zu organisieren. In diesem Beitrag wird beschrieben, wie dieses vielfach als Leuchtturmprojekt apostrophierte Modell funktioniert, wie eine regionale Entwicklung damit angestoßen werden kann und welche Voraussetzungen gegeben sein müssen, damit analoge Entwicklungen andernorts möglich werden.

14.2 Gesundes Kinzigtal – Funktionsbedingungen

Im Rahmen des regionalen Versorgungsmodells „Gesundes Kinzigtal" wird seit Anfang 2006 bezogen auf eine definierte Region in Südbaden eine integrierte gesundheitliche Vollversorgung entwickelt. Gesundheit wird hierbei sehr breit als Teil eines regionalen Entwicklungsprozesses in einem Konzert multipler Akteure verstanden. Integrierte gesundheitliche Vollversorgung meint dabei die Übernahme der vertraglich in § 140b SGB V geregelten Versorgungs- und Ergebnisverantwortung für alle ca. 31.000 Versicherten von zurzeit zwei Krankenkassen (AOK Baden-Württemberg und Sozialversicherung für Landwirtschaft, Forsten und Gartenbau (SVLFG, ehemals LKK). Die Management- und Trägergesellschaft ist die „Gesundes Kinzigtal GmbH", eine Gemeinschaftsgründung des Medizinischen Qualitätsnetzes Ärzteinitiative Kinzigtal (MQNK) e. V. und der auf integrierte Versorgung spezialisierten OptiMedis AG aus Hamburg mit spezieller Expertise in Public Health.

14.2.1 Konzept und Organisation des Versorgungsmodells

Die Managementgesellschaft trägt die Organisationsverantwortung für den Aufbau und den Ablauf des Projekts, die Aktivierung der Versicherten und der regionalen Akteure und für die Optimierung der Versorgungssteuerung der eingeschriebenen Versicherten. Sie verhandelt mit den regionalen Leistungspartnern, schließt Leistungserbringerverträge ab und arbeitet an der Weiterentwicklung der beteiligten Praxen. Auch plant sie die einzelnen Projekte, wie z. B. die diversen Präventions- und Gesundheitsförderungsangebote, und organisiert dazu Kooperationen mit Dritten, wie Vereinen, Kommunen, Stiftungen oder auch Unternehmen. Sie überwacht den Aufbau und die reibungslose Funktionalität der elektronischen Kommunikation und sorgt für die notwendige begleitende wissenschaftliche Evaluation.

Dabei ist sie Bindeglied zwischen den verschiedenen Berufsgruppen genauso wie zwischen Patient, Leistungserbringer, Kassen und der lokalen Öffentlichkeit. Die Managementgesellschaft Gesundes Kinzigtal übernimmt bisher jedoch nicht die Funktion der Krankenkassen als Kostenträger. Die klassischen Abrechnungswege werden nicht verlassen, sondern ergänzt: Die beteiligten Ärzte erhalten Zusatzvergütungen für genau definierte Leistungen, um die ambulante vor der stationären Leistungserbringung zu begünstigen und um ein besseres Gesundheitsergebnis zu erreichen.

14.2.2 Finanzierung des Versorgungsmodells

Der Versorgungsvertrag von „Gesundes Kinzigtal" beinhaltet eine Reihe von Innovationen; die außergewöhnlichste ist das Finanzierungsmodell. Der wirtschaftliche Ertrag der GmbH entsteht nicht aus der Anzahl der erbrachten Leistungen, sondern aus dem erzielten Gesundheitsnutzen für die Bevölkerung der Region. Entscheidend ist die Entwicklung des Deltas der Versorgungskosten der beteiligten Krankenkassen für alle Versicherten der Region gegenüber den Einnahmen der Krankenkassen für diese (Zuweisungen aus dem Gesundheitsfonds entsprechend der Populationszusammensetzung). Dieses Delta wird mit der Zeit vor der Intervention verglichen. Der wirtschaftliche Antrieb für Leistungserbringer und Trägergesellschaft besteht insofern in der Entwicklung geringerer Gesundheitsversorgungskosten (z. B. weniger stationär zu behandelnde Entgleisungen) als sie sich deutschlandtypisch entwickeln. Investitionen in die Verbesserung der Gesundheit der Bevölkerung, sei es durch medizinische oder soziale Aktivitäten, durch Aufklärung, Bewegungskampagnen oder Programme für besonders benachteiligte Bevölkerungsgruppen, werden damit zu lohnenden Maßnahmen (Hildebrandt et al. 2010, S. 1-15). Entscheidend ist, möglichst treffsicher und preiswert in Primär- und v. a. Sekundärprävention zu investieren, um einen langfristigen Nutzen zu erreichen. Eine wesentliche Voraussetzung dafür ist die unbefristete Laufzeit des Vertrags zwischen der Gesundes Kinzigtal GmbH und den Krankenkassen. Durch die langfristige Ausrichtung des Vertragsschlusses ist ein Anreiz gegeben, in die Nachhaltigkeit des Gesundheitsnutzens zu investieren und nicht nur eine kurzsichtige Kostensenkungspolitik zu betreiben.

14.2.3 Versorgung eingeschriebener Patienten

Patienten, die sich in das Versorgungsmodell „Gesundes Kinzigtal" einschreiben, können einen von 65 teilnehmenden Ärzten und Psychotherapeuten auswählen, der für sie als Arzt des Vertrauens die Behandlung koordiniert. Nach dem salutogenetischen Prinzip (Antonovsky und Franke 1997) werden die Patienten bei der Einschreibung zu ihren gesundheitlichen Zielvorstellungen und ihren Erfahrungen mit der Bewältigung von Einschränkungen befragt. Zusätzlich erfolgt bei Risikopatienten eine erweiterte Check-Up-Untersuchung, um schließlich gemeinsam das individuelle Entwicklungspotenzial und entsprechende Behandlungsziele herauszuarbeiten. Die teilnehmenden Ärzte wurden dazu in der Shared-Decision-Making (SDM)-Methode (Härter et al. 2005; Scheibler und Pfaff 2003) geschult. Zum Erreichen dieser (Ziel)-Vereinbarungen zwischen Arzt und Patient werden

u. a. die für die Teilnehmer entwickelten Gesundheitsprogramme der Gesundes Kinzigtal GmbH genutzt:

- Starkes Herz – Gezielt gegen Herzschwäche
- Gesundes Gewicht – Jetzt gehe ich es an
- Gute Aussichten – Vorsorgeangebote für Kinder
- Im Gleichgewicht – Meinen Blutdruck im Griff
- Starke Muskeln – Feste Knochen
- Beweglich bleiben – Rheuma frühzeitig behandeln
- Starker Rückhalt – Mein gesunder Rücken
- Besser gestimmt – Die Depression im Griff
- ÄrztePlusPflege
- Gut beraten – Hilfe, Rat und Unterstützung in kritischen Zeiten
- Psycho Akut
- Disease-Management-Programme (DMP)
- RiO – Rauchfrei in den OP
- Sozialer Dienst
- Rauchfreies Kinzigtal
- Befreiende Töne – Im Einklang mit Musik

Das medizinische Gesamtkonzept orientiert sich am „Integrated Chronic Care Model", das seinerseits wiederum eine Erweiterung des „Chronic Care-Model" (CCM) darstellt (Hildebrandt und Goodwin 2014), so dass eine gezielte Aktivierung und Kompetenzsteigerung des Patienten bezüglich seiner Erkrankung mit einem Organisationsentwicklungsprozess in den Arztpraxen, einer Kompetenzentwicklung für das medizinische Fachpersonal, einer Einwirkung auf das Umfeld und einem gesamtgesellschaftlichen Entwicklungsansatz verbunden wird.

Inzwischen nehmen insgesamt über 250 Partner – Ärzte und Psychotherapeuten, Kliniken, Physiotherapeuten, ambulante Pflegedienste, Pflegeheime, Apotheken, sozialpsychiatrische Einrichtungen, Sportvereine und Fitnessstudios sowie Selbsthilfegruppen – an dem Versorgungsmodell teil, mit dem gemeinsamen Interesse, die Gesundheitsversorgung im Kinzigtal zu verbessern.

Mehr als 9.500 Versicherte der AOK Baden-Württemberg und der LKK Baden-Württemberg wurden seit Beginn des Modells als Mitglieder mit definierten Mitbestimmungsrechten eingeschrieben.

14.2.4 Evaluation des Versorgungsmodells

Die Integrierte Versorgung Gesundes Kinzigtal (IVGK) wird seit Vertragsbeginn, 1.11.2005, umfassend intern sowie extern evaluiert. Die interne Evaluation wird zum einen von den beiden Vertragspartner-Kassen, der AOK Baden-Württemberg (AOK BW) und LKK (heute der Krankenkassenzweig der 2013 neu organisierten SVLFG) selber, zum anderen von der OptiMedis AG in Hamburg durchgeführt.

Für die externe Evaluation wurde eigens eine Evaluations-Koordinierungsstelle an der Abteilung für Medizinische Soziologie der Universität Freiburg eingerichtet (EKIV), die u. a. ein Evaluationsmodell zur Über-, Unter- und Fehlversorgung in der IVGK koordiniert, das die Forschungsgruppe Forschungsgruppe Primärmedizinische Versorgung (PMV)an der Universität zu Köln verantwortet, anderseits aber auch eigene Studien durchführt (www.ekiv.org). Weitere Evaluationsmodule der externen Evaluation der IVGK befassen sich mit der Umsetzung von Shared-Decision-Making (SDM), dem Coaching der Funktionsträger der Integrierten Versorgung und der Prozessevaluation aus Sicht der Leistungserbringer (COPE). Zusätzlich wurden Einzelprojekte evaluiert.

14.2.5 Leitbild Triple Aim

Leitbild und Legitimationsgrundlage der IVGK bildet der von Berwick et al. entwickelte Triple Aim-Ansatz (Berwick et al. 2008), wonach ein verantwortliches und nachhaltiges Versorgungssystems folgende Anforderungen erfüllen soll:

- Der Gesundheitsstatus einer Population soll verbessert werden.
- Der individuelle Patient soll eine bessere Versorgung erleben.
- Diese Ziele sollen unter bestmöglichem, effizientem Ressourceneinsatz erreicht werden.

Die drei Zielsetzungen sind nicht unabhängig voneinander zu verwirklichen, sondern beeinflussen sich wechselseitig. Es wird eine Balance dieser drei Zielsetzungen angestrebt.

Verbesserung des Gesundheitsstatus

Am Beispiel des Versorgungs- und Sekundärpräventionsprogramms „Starke Muskeln – feste Knochen" lässt sich zeigen, wie die Verbesserung der Gesundheit von chronisch kranken Patienten erreicht werden kann. Das Programm richtet sich an Patienten, die ein erhöhtes Osteoporose-Risiko besitzen oder bereits unter Osteoporose leiden. Schon kurz nach dem Start von Gesundes Kinzigtal fiel die Entscheidung, sich dieser in Deutschland bis dato selten richtig beachteten Erkrankung besonders anzunehmen. In der Folge wurde gemeinsam mit den Haus- und Fachärzten ein eigenes Screening-Programm geschaffen, zwei Knochendichtemessgeräte angeschafft und mit Physiotherapeuten sowie Sportvereinen spezielle Trainingskurse aufgelegt. Diese dienen dazu, die Muskulatur zu stärken und die Knochenbildung anzuregen. Innerhalb des Versorgungsprogramms werden zudem Ernährungskurse angeboten und auf die Medikation geachtet. Der Erfolg gibt dieser Methode Recht. Werden die Jahre 2004 bis 2011 bezüglich der Frakturraten betrachtet, lässt sich feststellen, dass im Kinzigtal bereits 2004 eine niedrigere Frakturrate gegenüber der Stichprobe aus Baden-Württemberg bestand: 22,5 Prozent im Vergleich zu Baden-Württemberg (27 Prozent). Damit lagen die Kinzigtäler bereits damals um 4,5 Prozentpunkte niedriger in der Prävalenz von Frakturen. Im Verlauf der Jahre entwickelte sich die Häufigkeit dahingehend weiter, dass die Kinzigtäler auch 2011 mit 26 Prozent weiter niedriger liegen als die Baden-Württemberger (33 Prozent). Dabei hat sich die Spanne zwischen den gemessenen Werten von 4,5 auf 7 Prozentpunkte vergrößert. Zwar ist auch im Kinzigtal die Häufigkeit von Frakturen bei Osteoporosepatienten im Kinzigtal leicht angestiegen, jedoch deutlich langsamer als im Rest Baden-Württembergs (Köster et al. 2014). Insgesamt erfolgen zurzeit im Kinzigtal zeitgleich 14 Versorgungs- und Sekundärpräventionsprogramme bzw. Interventionen für zumeist chronische Erkrankungen, ca. 14.000 Patienten haben in den letzten Jahren an Vorträgen und Übungen zur besseren Bewältigung von Krankheiten bzw. zur Prävention von Folgeerkrankungen teilgenommen.

Bessere Versorgung erleben

Jedes dritte Mitglied von Gesundes Kinzigtal gibt an, seit seiner Einschreibung in die Integrierte Versorgung gesünder zu leben. Dies ist ein Ergebnis der zweiten „Gesundes Kinzigtal-Mitgliederbefragung" (GeKiM), die vom Lehrbereich Allgemeinmedizin am Universitätsklinikum Freiburg durchgeführt wurde. Die erste Mitgliederbefragung wurde 2014 veröffentlicht. Die Befragung zur zweiten Studie fand zwischen Januar und Mai 2015 statt. Es wurden insgesamt 3.471 Fragebögen an Mitglieder von Gesundes Kinzigtal verschickt. Die Rücklaufquote lag bei 24,9 Prozent. Die Befragung erfasst die Zufriedenheit, die gesundheitsbezogene Lebensqualität sowie die Einschätzungen des Gesundheitsverhaltens oder des gesundheitsbezogenen Wissens der eingeschriebenen Versicherten (Mitglieder) von Gesundes Kinzigtal.

30,7 Prozent der Mitglieder sagen, dass sie jetzt gesünder leben als vor der Einschreibung. Ein Anstieg von – alters- und geschlechtsadjustiert – 5,2 Prozentpunkten gegenüber der ersten Befragung. 58,1 Prozent der Mitglieder teilten mit, über mehr Gesundheitswissen als vor der Einschreibung zu verfügen. Die Frage, ob sie sich gesundheitlich besser betreut fühlen, bejahten 41,5 Prozent der Mitglieder. 91,8 Prozent der Befragten gaben außerdem an, sie würden die Mitgliedschaft auch Freunden oder Verwandten bestimmt oder wahrscheinlich weiterempfehlen; 2014 waren dies 92,0 Prozent. Die Hauptgründe für die Weiterempfehlungsbereitschaft sind die gesundheitliche Betreuung im Kinzigtal und das erworbene Gesundheitswissen der Mitglieder und deren Zufriedenheit mit ihrem Arzt.

Effizienter Ressourceneinsatz: Deckungsbeitragsverbesserung

Der Deckungsbeitrag für die gesamte Kinzigtal-Population der AOK BW hat sich seit dem Interventionsstart über alle Jahre positiv entwickelt. Für das Jahr 2014, das aktuellste Jahr, das aufgrund der Verfügbarkeit der Daten ausgewertet werden kann, erzielt die IVGK mittlerweile ein Deckungsbeitrags-Plus von ca. 5,5 Mio. € für die 32.999 Versicherten der AOK und LKK. Jeder Kinzigtaler Versicherte kostete somit durchschnittlich gut 166 Euro weniger als im Bundesdurchschnitt. Der Deckungsbeitragsgewinn ergibt sich aus der Differenz zwischen den zu erwartenden Kosten und den tatsächlichen Kosten der Versicherten im Kinzigtal, bei der die gesamte Versichertenpopulation der beiden Krankenkassen zugrunde gelegt wird.

14.2.6 Langfristige Versorgung in der Region sichern

Dem langfristigen Charakter des Modells wird Gesundes Kinzigtal dadurch gerecht, dass es sich mit dem Förderprogramm Allgemeinmedizin „Praktische Zukunft – Junge Ärzte im Kinzigtal" aktiv gegen den sich abzeichnenden Ärztemangel in der Region stemmt. Das im Jahr 2009 gestartete Angebot hat das Ziel, schon während der Facharztweiterbildung junge Ärztinnen und Ärzte in die Region zu holen, um diese anschließend für bestehende Praxen als Nachfolger gewinnen zu können. Hierdurch wird langfristig die medizinische Versorgung des Kinzigtals gesichert und dadurch ein wesentlicher Beitrag zur Attraktivität dieser ländlichen Region für seine Bevölkerung geleistet. Optimale Weiterbildungsbedingungen in Kombination mit der Einbindung der jungen Ärzte in ein bestehendes Netzwerk stellen einen Erfolgsfaktor dieses Angebots dar, wodurch es bis heute gelungen ist, sechs Nachfolger und Nachfolgerinnen für zunächst nicht wieder zu besetzende Arztplätze zu finden und somit einen spürbaren Beitrag für die jeweilige Kommune und darüber hinaus zu leisten.

Die Reorganisation der Arbeit in den Praxen und die Erweiterung des Tätigkeitsspektrums der Medizinischen Fachangestellten stellen einen weiteren Schwerpunkt der Versorgungssicherung dar. Die knappe Zeitkapazität der Ärzte kann dadurch zielgerichteter in die Versorgungsoptimierung investiert werden. Seit kurzem rückt auch die fachärztliche Versorgungssicherung in den Fokus. Insbesondere die psychiatrische, aber auch die gynäkologische, augenärztliche und hautärztliche Versorgung in dem ca. 60 km umspannenden Raum des Kinzigtals erweist sich als Herausforderung. Als Lösung wird zurzeit an einer interdisziplinären MVZ-Lösung gearbeitet, die es ermöglichen soll, auch in Teilzeitanstellung oder über Kooperationsverträge mit Kliniken jüngere Fachärzte hinzuzuholen, da die Übernahme von Einzelsitzen insbesondere für jüngere Fachärzte nur bedingt attraktiv ist.

14.2.7 Regionalentwicklung – jenseits des engeren Kerns der medizinischen Versorgung

Die Mitarbeiter der Managementgesellschaft Gesundes Kinzigtal engagieren sich, insbesondere mit den teilnehmenden Ärzten und Therapeuten, auch über die Verbesserung der medizinischen Versorgungsprozesse hinaus, für die Region. Ziel ist die Zusammenarbeit mit Vereinen, Betrieben und Kommunen aus der Region, um auf diesem Weg frühzeitig die Bevölkerung zu motivieren, selber aktiv für ihre Gesundheit zu werden. Kooperationen mit Betrieben aus der Region im Rahmen des Betrieblichen Gesundheitsmanagements stellen hierbei einen spürbaren Mehrwert für Betriebe und deren Mitarbeiter dar. Mit der Gesundheitsakademie wird langfristig u. a. durch die Fort- und Weiterbildungsangebote in Angestellte aus dem Gesundheitsbereich, aber auch in alle an der Gesunderhaltung der Region Interessierten, investiert. Durch den Bau der Gesundheitswelt wurde hierfür ein Gebäude geschaffen, das darüber hinaus auch ein Bewegungszentrum, eine Arztpraxis und die Gesundes Kinzigtal Geschäftsstelle unter einem Dach zusammenfasst. Darüber hinaus stellen regelmäßige Aktionen und Veranstaltungen mit Schulen, Betrieben und Kommunen sicher, dass das Thema Gesundheit für die Bevölkerung der Region präsent ist und vor allem bestehende Angebote von Gesundes Kinzigtal und seiner Kooperationspartner wahrgenommen werden.

1) „Gesundheitswelt Kinzigtal" – Alles was gesund macht

Mit dem Bau einer „Gesundheitswelt Kinzigtal" wurde Ende 2015 ein Zentrum für Bewegungs-, Gesundheits- und Lernerfahrungen mit vielfältigen Angeboten für Menschen jeden Alters geschaffen. In der Gesundheitswelt Kinzigtal soll der Mensch und seine Gesundheit im Fokus stehen, nicht ein einzelnes Symptom und dessen Behandlung. Die Gesundheitsvorsorge betrifft viele Lebensbereiche. Deshalb verfolgt die Gesundheitswelt Kinzigtal einen sektorenübergreifenden Ansatz und baut auf verschiedenen Säulen auf.

a) Gesundheitsakademie Kinzigtal

Der Bedarf an Fort- und Weiterbildungen im Gesundheitswesen ist groß: Zum einen gibt es einen Fachkräftemangel im Gesundheitswesen, zum anderen legen Unternehmen immer mehr Wert auf besser qualifizierte Mitarbeiter. Um die Gesundheitsversorgung einer Region – unabhängig von Bundesland und anderer Indikatoren – mehr als aufrecht zu erhalten, müssen alle Beteiligten ins Boot geholt werden. Aus diesem Grund richtet sich das Angebot der Gesundheitsakademie Kinzigtal auch an alle, die an diesem Prozess aktiv als Multiplikatoren oder konkret mitarbeiten möchten. Sie bietet praxisnahe Fort- und Weiterbildungen für die ca. 17.500 im Bereich Gesundheits- und Sozialwesen Tätige der Region Ortenau und darüber hinaus.

Vor dem Hintergrund eines drohenden Ärztemangels liegt ein Schwerpunkt des Angebots der Gesundheitsakademie insbesondere auch auf einer Weiterqualifizierung der Medizinischen Fachangestellten (MFA) zur Entlastung der Ärzte. Aus diesem Grund richtet sich eine Vielzahl der Angebote der Gesundheitsakademie an die PraxismitarbeiterInnen. In der Vergangenheit wurden spezielle Schulungen zum Case-Management bei Herzinsuffizienz, Depression und chronische Wunden angeboten und finanziell gefördert. Außerdem wurden die MFA bei Schulungen zu gesundheitsbezogenen Themen wie Diabetes-Prävention, Raucherentwöhnung etc. involviert. Die Inhalte dieser Schulungen waren sowohl fachlicher als auch organisatorischer Art (EBM, Heil- und Hilfsmittel, etc.).

Neben den „eigenen Schulungen" zu den Versorgungsprogrammen der Gesundes Kinzigtal GmbH wird seit Januar 2017 auch die Fortbildung zur „Nichtärztlichen Praxisassistentin" nach dem gleichnamigen Fortbildungscurriculum der Bundesärztekammer über die Gesundheitsakademie angeboten. Schwerpunkte dieser Weiterbildung sind beispielsweise geriatrische Syndrome, Arzneimittelversorgung, Wundpflege, Patientenschulungen aber auch Kommunikation und Dokumentation und Notfallmanagement.

Die Nicht-ärztliche Praxisassistentin (NäPa) entlastet den Hausarzt. Sie absolviert nach Delegation des Arztes selbständig Hausbesuche, bei denen der direkte Arztkontakt nicht medizinisch erforderlich ist. Sie sichert so die qualitativ hochwertige ambulante Versorgung.

b) Trainings- und Kurswelt gesund+aktiv

Das Konzept der Trainings- und Kurswelt gesund+aktiv unterscheidet sich von herkömmlichen Fitnessstudios dadurch, dass das Training auf Prävention und

Rehabilitation ausgerichtet ist. Hier wird ein ganzheitliches Gesundheitstraining unter persönlicher Anleitung angeboten. Die terminierten Trainingseinheiten finden unter der kompetenten Betreuung von Sporttherapeuten statt. Außerdem ist es in das bereits etablierte Netz von Gesundheitsanbietern der Region eingebunden. Mitglieder werden also unter anderem über die Bekanntmachungen, z.b. in Arztpraxen, bei Sportvereinen und bei den Betrieben gewonnen, die zum Netz von Gesundes Kinzigtal gehören. Geplant ist es, mit diesem neuen Geschäftsfeld jährlich ca. 1.100 Besucher zu erreichen. Die Kursräume ergänzen das gerätegestützte Training durch Gymnastik-, Bewegungs- und Yogakurse sowie spezielle Angebote wie Rehasport, Kurse für Mütter mit Kleinkindern oder Rückenschule.

2) Netzwerk Gesunde Betriebe

Im ländlichen Raum stehen die dort vorwiegend ansässigen klein- und mittelständischen Unternehmen (KMU) vor der Herausforderung, trotz geringer personeller, zeitlicher und finanzieller Ressourcen ein Betriebliches Gesundheitsmanagement (BGM) umzusetzen. Deshalb bietet die Gesundes Kinzigtal GmbH eine Mitgliedschaft im Netzwerk „Gesunde Betriebe Kinzigtal" an, die eine enge Zusammenarbeit der Unternehmen im Bereich des BGM und die gemeinsame Nutzung von gesundheitsfördernden Angeboten anstrebt.

Das Netzwerk beinhaltet die drei Bausteine: „Aktives" (Präventionskurse, Vorträge, Workshops), „Netzwerk" (Fachvorträge, Diskussionsrunden, Netzwerktreffen) und „Image" (Pressearbeit, Newsletter, Gesundheitsplakate). An diesen Angeboten können alle Mitgliedsunternehmen und deren Mitarbeiter teilnehmen. Die Kooperation ermöglicht eine individuelle Preisgestaltung dadurch, dass die Kosten der einzelnen Maßnahmen auf alle teilnehmenden Unternehmen umgelegt werden. Der Mitgliedsbeitrag ist gestaffelt nach Unternehmensgröße, sodass eine Mitgliedschaft auch für kleinere Unternehmen attraktiv ist.

Das Netzwerk bietet die Lösung für die KMU, die trotz Mangels an Ressourcen den Anspruch an ein effizientes und nachhaltiges BGM haben. Die KMU haben somit die Möglichkeit, ihren Mitarbeitern und Führungskräften passgenaue Maßnahmen anzubieten, trotz geringem Budget und obwohl ihre eigene Mitarbeiteranzahl für spezielle Kursangebote zu verschiedenen Gesundheitsthemen nicht ausreichend ist. Sie profitieren darüber hinaus von dem Imagefaktor als „Gesunder Betrieb", ein nicht zu unterschätzender Faktor vor dem Hintergrund des Fachkräftemangels im ländlichen Raum.

3) Kommunale Versorgungsplanung

Mit der Ortschaft Fischerbach im Kinzigtal gibt es eine Zusammenarbeit im Rahmen der „ortsnahen Versorgungssicherung", mit weiteren Ortschaften befindet sich eine derartige Kooperation in Entwicklung. Ziel ist die Entwicklung von Angeboten und Dienstleistungen, die langfristig zur Versorgungssicherheit für die Bevölkerung beitragen. Zielgruppe der verschiedenen Dienstleistungsangebote sind dabei die älteren und beeinträchtigten Personen in Fischerbach. Systematisch sollen hierzu mit der Management-Expertise von Gesundes Kinzigtal folgende Entwicklungen umgesetzt werden:

- Angebot und Nutzung technischer Monitoringsysteme zur Sicherung der Auffindbarkeit bei akuten Ereignissen zu Hause, insbesondere wenn Personen (auch zeitweise) alleine leben
- Wohnen mit Versorgungsangeboten in einem geplanten „Mehrgenerationenhaus", entweder in eigener Wohnung oder in einer Wohngemeinschaft
- Angebote zur bürgernahen Versorgung. Dazu gehören tage- und stundenweise die Anwesenheit eines Allgemeinarztes, Fachärzten, Physiotherapeuten, Apotheke etc. in einem Multifunktionsraum im neuen Mehrgenerationenhaus

Die Umsetzung ist allerdings von der Förderung des Projekts abhängig.

4) Länger selbstständig zu Hause leben

Das Projekt SELBSTBESTIMMT UND SICHER verfolgt einen Ansatz, der die Begleitung von pflegebedürftigen Menschen nicht mehr als alleinige Aufgabe von Institutionen begreift, sondern zivilgesellschaftliche und kommunale Akteure in der Verantwortung sieht, den Pflegebedarf aufzufangen.

Mithilfe technischer Assistenzsysteme wurde ein Modell entwickelt, das nicht nur räumliche Entfernungen überbrückt und Pflegekräfte entlastet, sondern das Potenzial zivilgesellschaftlicher Hilfe ausschöpft und so eine bedarfsgerechte ambulante Versorgung sicherstellt und die Lebensqualität der Betroffenen erhöht. Das Projekt wurde vom Bundesministerium für Bildung und Forschung im Rahmen des Schwerpunkts „Assistierte Pflege von morgen – ambulante technische Unterstützung und Vernetzung von Patienten, Angehörigen und Pflegekräften" gefördert und Anfang diesen Jahres abgeschlossen.

5) Integration von sozialer Versorgung und medizinischer Versorgung: Case Management

Mit den Programmen „Gut beraten" und „Sozialer Dienst" bietet Gesundes Kinzigtal über die üblichen Versorgungsprogramme hinaus ein Fallmanagement an, das den Fokus auf den aktuellen Versorgungsbedarf von Mitgliedern richtet, die mit multiplen Belastungen konfrontiert sind, beispielsweise nach schwerwiegenden medizinischen Diagnosen oder in einer krisenhaften Lebenslage. Gemeinsam wird die Situation besprochen, sortiert und analysiert, um sie dann – nach und nach mit Unterstützung weiterer Partner – anzugehen.

14.3 Ausblick

Die Organisation und Finanzierung der Gesundheitsversorgung ist vor dem Hintergrund einer „Gesellschaft des längeren Lebens" und der „neuen Unübersichtlichkeit" eine der größten gesellschaftlichen und ökonomischen Herausforderungen. Ländliche und sozial benachteiligte städtische Gegenden, in zunehmendem Maße aber auch die Stadtrandlagen, sind davon aufgrund der zunehmenden Mobilität und des ausgeprägten Fachkräftemangels in besonderem Maße betroffen.

International sind integrierte populationsorientierte Versorgungssysteme wie Gesundes Kinzigtal längst kein Einzelfall mehr. Accountable Care Organizations (ACO) in den USA, Clinical Commission Groups (CCG) in England oder die regionalen Versorgungsnetze in der Schweiz sind Modelle vergleichbarer Ausprägung. In den USA existierten im Jahr 2014 606 öffentliche und private ACOs mit ca. 18 Mio. Leistungsempfängern (Muhlestein 2014), in England gibt es im Jahr 2015 211 CCGs (NHS 2015) und in der Schweiz waren rund 2 Millionen (oder 24 Prozent) Versicherte zum Jahresbeginn 2014 einem der 75 Ärzte- und Praxisnetze angeschlossen (fmc 2014).

Diese und Modelle in andern europäischen Ländern lassen zwei grundlegende Trends erkennen:

a. Regionalisierung der Versorgung und Übernahme von regionaler Budgetverantwortung,
b. Orientierung der Versorgung und der Vergütung an der Qualität (Schrappe 2014).

Eine im Februar 2015 vorgelegte Studie der in London ansässigen und auf das Gesundheits- und Sozialwesen spezialisierten Denkfabrik „King's Fund" kristallisiert folgende Elemente als minimale Voraussetzungen für die Entwicklung von „Population Health Systems"

- "pooling of data about the population served to identify challenges and needs
- segmentation of the population to enable interventions and support to be targeted appropriately pooling of budgets to enable resources to be used flexibly to meet population health needs, at least between health and social care but potentially going much further place-based leadership, drawing on skills from different agencies and sectors based on a common vision and strategy
- shared goals for improving health and tackling inequalities based on an analysis of needs and linked to evidence-based interventions effective engagement of communities and their assets through third sector organisations and civil society in its different manifestations
- paying for outcomes that require collaboration between different agencies in order to incentivise joint working on population health." (Alderwick, Ham, Buck 2015, S. 27)

Die Herausforderungen in den westlichen Ländern gleichen sich weitgehend, die oben benannten Elemente geben einen guten Einblick in die notwendigen Veränderungen im Selbstkonzept der Akteure auf der Seite der Leistungserbringer und -organisierer wie auch der Kostenträger. Letztlich wird die Durchsetzungsfähigkeit einer Lösung nach dem eingangs erwähnten Modell des "triple aim" entscheidend dadurch beeinflusst, ob es gelingt, die ökonomischen Anreizmechanismen im Gesundheitswesen dafür positiv zu gestalten. Die fortgesetzte Parzellierung von Leistungsangeboten bzw. die anreizgesteuerte Mengenentwicklung der bisherigen Finanzierungsmechanismen kann keine nachhaltige und sozial akzeptable Lösung generieren. Angesichts der Bedeutung einer für jedermann zugänglichen und bezahlbaren Gesundheitsversorgung auch für die soziale Kohäsion der deutschen Gesellschaft wird die Produktion einer solcherart geeigneten Marktordnung die größte gesundheitspolitische Herausforderung. Ein Entwurf für eine solche Ordnung liegt vor (Böll Stiftung 2013), in den nächsten Jahren wird es sich zeigen, ob in diese Richtung weitere Arbeiten erfolgen werden. Mit der Gründung des Instituts für Qualitätssicherung und Transparenz im Gesundheitswesen (IQTIG) sowie einigen weiteren Elementen des GKV-Versorgungsstärkungsgesetzes (GKV-VSG) hat der Gesetzgeber schon reagiert.

Literatur

Alderwick H., Ham C., & Buck D. (2015). *Population Health Systems. Going beyond integrated care*. The King's Fund, London.
Antonovsky A., & Franke A. (1997). *Salutogenese: Zur Entmystifizierung der Gesundheit.* Tübingen: dgvt- Verlag.
Berwick D. M., Nolan T. W., & Whittington J. (2008). The triple aim: care, health, and cost. *Health Affairs* 27(3) (S. 759-769).
Böll Stiftung (Hrsg.) (2013). *Wie geht es uns morgen? Wege zu mehr Effizienz, Qualität und Humanität im Gesundheitswesen*. Berlin.
fmc – Schweizer Forum für Integrierte Versorgung (Hrsg.) (2014). *Denkstoff.* Trendszenarien Integrierte Versorgung Schweiz, Neuägeri.
Habermas, J. (1985). Die Neue Unübersichtlichkeit. Die Krise des Wohlfahrtsstaates und die Erschöpfung utopischer Energien. *Deutsche Zeitschrift für europäisches Denken* 29 (S. 1-14). Stuttgart: Klett-Cotta Verlag.
Härter M., Loh A., & Spies C. (Hrsg.) (2005). *Gemeinsam entscheiden, erfolgreich behandeln. Neue Wege für Ärzte und Patienten im Gesundheitswesen.* Köln: Deutscher Ärzteverlag.
Hildebrandt H., Hermann C., Knittel R., Richter-Reichhelm M., & Witzenrath W. (2010). Gesundes Kinzigtal Integrated Care: Improving population health by a shared health gain approach and a shared savings contract. *International Journal of Integrated Care* 10 (S. 1-15).
Hildebrandt H., & Goodwin N. (2014). Adopted and advanced from: Barr V, Robinson S., Marin-Link B., Underhill L., Dotts A., Ravensdale D. (2002), The Expanded Chronic Care Model: An Integration of Concepts and Strategies from Population Health Promotion and the Chronic Care Model. *Hospital Quarterly 7 (1)* (S. 73-82). Itself advancing: Wagner E., Austin B., von Korff M. (1996). Organizing Care for Patients with Chronic Illness. *Milberg Quarterly 74 (4)* (S. 511-544).
Köster I., Ihle P., & Schubert I. (2014). *Evaluationsbericht 2004-2011 für Gesundes Kinzigtal GmbH*. Köln.
Muhlestein, D. (2014). Accountable Care Growth. In: *A Look Ahead. Health Affairs Blog.* http://healthaffairs.org/blog/2014/01/29/accountable-care-growth-in-2014-a-look-ahead/ Zugegriffen: 23. Februar 2015.
NHS National Health Service England (2015). Clinical commissioning group details. http://www.england.nhs.uk/ccg-details/ Zugegriffen: 20. Februar 2015.
Scheibler F., & Pfaff H. (Hrsg.) (2003). *Shared Decison-Making. Der Patient als Partner im medizinischen Entscheidungsprozess*. Weinheim: Juventa.
Siegel A., & Stößel U. (2014). Patientenorientierung und Partizipative Entscheidungsfindung in der Integrierten Versorgung Gesundes Kinzigtal. In J. Pundt (Hrsg.), *Patientenorientierung: Wunsch oder Wirklichkeit?* (S. 195-230). Bremen: Apollon University Press.
Schrappe M. (2015). *Qualität 2030. Die umfassende Strategie für das Gesundheitswesen.* Berlin: Medizinisch Wissenschaftliche Verlagsgesellschaft.
Wagner E. H. (1998). Chronic disease management: What will it take to improve care for chronic illness? *Eff Clin Pract 1(1)* (S. 2-4).

Kontakt

Saskia Hynek, Gesundes Kinzigtal GmbH, Eisenbahnstraße 17, 77756 Hausach
Email: s.hynek@gesundes-kinzigtal.de

Monika Roth, Vinzentiushaus Offenburg GmbH, Prädikaturstraße 3, 77652 Offenburg
Email: m.roth@vinzog.de

Gwendolyn Schmitt, Gesundes Kinzigtal GmbH, Eisenbahnstraße 17, 77756 Hausach
Email: g.schmitt@gesundes-kinzigtal.de

Ulf Werner, OptiMedis AG, Burchardstraße 17, 20095 Hamburg
Email: u.werner@optimedis.de

Helmut Hildebrandt, Gesundes Kinzigtal GmbH, Eisenbahnstraße 17, 77756 Hausach
Email: info@gesundes-kinzigtal.de

Autorenverzeichnis

Lars Bauer, M.A. ist Geschäftsführer der BioCon Valley® GmbH (www.bcv.org). Er studierte Politikwissenschaften und Soziologie an der Universität Rostock. Bevor er zur BioCon Valley® GmbH, einer Gesellschaft des Landes Mecklenburg-Vorpommern (MV) mit dem Schwerpunkt Gesundheitswirtschaft wechselte, arbeitete er im PR- und Medienbereich für Unternehmen, Verbände und Verwaltungen. Er ist Sekretär des Kuratoriums Gesundheitswirtschaft des Landes MV und im Strategierat Wirtschaft-Wissenschaft MV, Leiter des Zukunftsfeldes Gesundheit / Life Sciences.

Rasmus C. Beck, M.A. (geb. 1980) studierte an der Universität Tübingen Politikwissenschaft mit Schwerpunkt Politische Ökonomie (2002 bis 2006). Von 2007–2012 war er Projektleiter bei der Wirtschaftsförderung Dortmund und im dortmund-project tätig; von 2012 bis Ende 2013 war er Bereichsleiter und zuletzt stellv. Geschäftsführer bei der hannoverimpuls GmbH. Seit November 2013 ist er Vorsitzender der Geschäftsführung der Wirtschaftsförderung metropoleruhr GmbH. Er ist zudem Lehrbeauftragter an den Universitäten Tübingen und Bochum; seine Forschungsschwerpunkte liegen dort in der vergleichenden Analyse regionalwirtschaftlicher Wettbewerbsfähigkeit. Er ist in zahlreichen wissenschaftlichen Beiräten vertreten und Verfasser von Beiträgen und Bänden zu innovativer regionaler Wirtschaftsförderung. Homepage: www.rasmus-beck.de

Wolfgang Blank, Dr. Dipl.-Biol., ist Geschäftsführer der WITENO GmbH (Wissenschafts + Technologiepark Nord°Ost°). Er beschäftigt sich mit dem Transfer von Ideen aus der Wissenschaft in die unternehmerische Praxis und berät Start-ups und KMU's, insbesondere mit technologieorientierter, wissensbasierter Ausrichtung, u. a. mit dem Schwerpunkt auf Biotechnologie, Biomedizin und Bioökonomie. Herr Dr. Blank nimmt diverse Positionen im Ehrenamt ein: Präsident der IHK

Neubrandenburg für das östliche Mecklenburg-Vorpommern, Vice Chairman der ScanBalt fmba Kopenhagen (www.scanbalt.org), Vorstandsmitglied des Institutes für Marine Biotechnologie e. V. Greifswald, Vorstandsmitglied der Stiftung ANE Akademie für nachhaltige Entwicklung M-V.

Michael Böckelmann, Dr. med., ist Vorsitzender der Geschäftsführung der Schüchtermann-Schiller'sche Kliniken Bad Rothenfelde GmbH & Co. KG (www.schuechtermann-klinik.de). MBA. Studium der Humanmedizin in Berlin und Hamburg. Zunächst Tätigkeit als Assistenzarzt und Oberarzt in der Anästhesiologie in Münster und Bad Rothenfelde. Seit 2007 ist er Geschäftsführer der Schüchtermann-Schiller'sche Kliniken mit Einrichtungen in Bad Rothenfelde, Bad Iburg und Osnabrück. Zudem ist er Mitglied im Vorstand von regionalen und überregionalen Netzwerken der Gesundheitswirtschaft.

Malte Bödeker studierte Health Communication (B.Sc) und Public Health (M.Sc) an der Universität Bielefeld und war anschließend als wissenschaftlicher Mitarbeiter an der Fakultät für Gesundheitswissenschaften in Bielefeld tätig. Im Rahmen seiner Lehr- und Forschungstätigkeiten in der Arbeitsgruppe Prävention und Gesundheitsförderung (Lehrstuhl Prof. Dr. Kolip) befasste er sich insbesondere mit den Bereichen Qualitätsmanagement, Evaluation sowie Bewegungsförderung und spezialisierte sich auf das Setting Kommune/Gemeinde. Als wissenschaftlicher Mitarbeiter betreut er seit April 2016 die Fachliche Leitstelle der Gesundheitsregionen[plus] am Bayerischen Landesamt für Gesundheit und Lebensmittelsicherheit (LGL), Sachgebiet Versorgungsqualität, Gesundheitsökonomie, Gesundheitssystemanalyse (GE 6).

Uwe Borchers, Diplom-Soziologe, ist geschäftsführender Vorstand des ZIG – Zentrum für Innovation in der Gesundheitswirtschaft Ostwestfalen-Lippe in Bielefeld, das im Jahr 1999 als eines der ersten regionalen Unternehmensnetzwerke der Gesundheitswirtschaft gegründet wurde. Er ist stv. Vorstandsvorsitzender des Netzwerks Deutsche Gesundheitsregionen e. V. Diverse Lehraufträge, Arbeitsschwerpunkte: Regionale Clusterentwicklung und Netzwerkmanagement, strategische Organisationsentwicklung, Gesundheitsökonomie und Versorgungsgestaltung.

Claudia Braczko, Diplom-Ökonomin, studierte Wirtschaftswissenschaften an der Ruhr-Universität Bochum und arbeitete als Redakteurin bei den Ruhr-Nachrichten und der Deutschen Presse-Agentur. Seit 1995 ist sie als Pressereferentin des IAT direkte Ansprechpartnerin für Journalisten, informiert über die Forschungsarbeiten des Instituts und vermittelt Pressekontakte zu Wissenschaftlerinnen und Wissenschaftlern.

Arno Brandt, Dr., Diplomökonom, promovierte im Bereich Wirtschaftswissenschaften. Institutsleiter des CIMA Institut für Regionalwirtschaft GmbH (www.cima.de/regionalwirtschaft) und Lehrbeauftragter am Institut für Umweltplanung der Leibniz Universität Hannover; Redaktionsmitglied der Zeitschrift „Neues Archiv für Niedersachsen". Zuvor war Dr. Brandt als Dozent an der Akademie der Handwerkskammer, als wissenschaftlicher Mitarbeiter im Fachbereich Wirtschaftswissenschaften an der Leibniz Universität Hannover sowie in der Regionalwirtschaftlichen Abteilung der Nord/LB, die er zuletzt leitete, tätig. Seine Forschungs- und Arbeitsschwerpunkte liegen in den Bereichen regionale Branchenanalysen, Cluster- und Innovationskonzepte, ökonomische Effekte von Infrastrukturmaßnahmen, Strukturpolitik sowie Wirtschaftsförderung.

Tanja Bratan, Dr. (PhD) promovierte im Bereich e-Health und Telemedizin an der britischen Brunel University und leitet das Geschäftsfeld „Innovationen im Gesundheitssystem" am Fraunhofer-Institut für System- und Innovationsforschung ISI in Karlsruhe. Sie ist außerdem Sprecherin des Wissenschaftlichen Beirats des Innovation Zwanzig20 Medizintechnikkonsortiums RESPONSE. Zu ihren Forschungsschwerpunkten gehören die Entstehung und Diffusion von Gesundheitsinnovationen, u. a. innerhalb von Gesundheitsregionen, sowie in ausgewählten Bereichen der Diagnostik, Therapie und Pflege. Auch beschäftigt sie sich mit dem Zusammenspiel der unterschiedlichen Akteure des Gesundheitswesens und dessen Weiterentwicklung.

Elke Dahlbeck, Diplom-Sozialwissenschaftlerin ist wissenschaftliche Mitarbeiterin am Institut Arbeit und Technik (www.iat.eu) der Westfälischen Hochschule Gelsenkirchen – Bocholt – Recklinghausen und dort für den Bereich Gesundheit und Raum verantwortlich. Hier beschäftigt sie sich mit der Entstehung und Entwicklung von Gesundheitsregionen, der regionalwirtschaftlichen Bedeutung der Gesundheitswirtschaft, der (sektorübergreifenden) Vernetzung regionaler Akteure in der Gesundheitswirtschaft sowie dem Arbeitsmarkt Gesundheit. Ein weiteres wichtiges Forschungsthema ist das Thema soziale und gesundheitliche Ungleichheit auf regionaler Ebene bzw. Quartiersebene.

Timo Deiters studierte B.A. Public Health / Gesundheitswissenschaften und M.A. Public Health / Pflegewissenschaften mit den Schwerpunkten Gesundheitsförderung und Prävention sowie Gesundheitsplanung und Gesundheitsmanagement an der Universität Bremen. Seit 2013 ist er als wissenschaftlicher Mitarbeiter im Sachgebiet Versorgungsqualität, Gesundheitsökonomie, Gesundheitssystemanalyse (GE 6) am Bayerischen Landesamt für Gesundheit und Lebensmittelsicherheit (LGL) in Nürnberg tätig. Tätigkeitsschwerpunkt sind die Gesundheitsregionen[plus].

Albert Eicher, Leitender Ministerialrat, stellvertretender Leiter der Abteilung Gesundheitspolitik, ambulante Versorgung und Krankenversicherung. Er studierte Verwaltungswissenschaften und Politikwissenschaft. Nach verschiedenen Tätigkeiten in der Staatsverwaltung ist er seit 2009 Leiter des Referats Grundsätze Gesundheitspolitik im Staatsministerium für Umwelt und Gesundheit und nun im Staatsministerium für Gesundheit und Pflege.

Andreas J. W. Goldschmidt, Prof. Dr., Gesundheitswirtschafts- und Humanwissenschaftler. Der Gesundheitsökonom, Medizininformatiker und Biostatistiker kam aus der Industrie als Quereinsteiger in die Medizin. Seit 2003 lehrt und forscht er im Bereich Gesundheitsmanagement und Logistik an der Universität Trier, hat dort die gleichnamige Professur inne und ist geschäftsführender Leiter des Internationalen Health Care Management Instituts (IHCI) in den Informatikwissenschaften sowie Vorstandsvorsitzender des interdisziplinären Zentrums für Gesundheitsökonomie (ZfG) im Fachbereich IV (Wirtschafts- und Sozialwissenschaften, Mathematik und Informatikwissenschaften). In seinen Forschungsprojekten geht es vor allem um die Zukunft der Gesundheitsversorgung und deren Optimierung. Er wirkt in verschiedenen nationalen und internationalen Fachgesellschaften, Gremien und Verlagen mit.

Maren Grautmann, Dr. phil., MBA, ist nach ihrer geisteswissenschaftlichen Promotion in der Regionalentwicklung tätig gewesen und hat dort maßgeblich am Aufbau und der Etablierung eines sektoren-übergreifenden Gesundheitsclusters mitgewirkt. Parallel erwarb sie einen Abschluss im Health Management (MBA). Nach verschiedenen Leitungspositionen in der Gesundheitsbranche berät sie heute Organisationen (u. a. NDGR e. V., www.ndgr.de) zu aktuellen Fragestellungen der Gesundheitsökonomie und ist als Lehrbeauftrage und Moderatorin tätig. Ihre Arbeitsschwerpunkte liegen in den Bereichen deutsches Gesundheitssystem, regionale Versorgungsstrukturen, Netzwerkmanagement und Personalmanagement in Gesundheitsunternehmen.

Katharina Gudd, Dr., Wirtschaftswissenschaftlerin, ist Mitarbeiterin am Lehrstuhl für Gesundheitsmanagement der Friedrich-Alexander-Universität Erlangen-Nürnberg und hierbei verantwortlich für das BMBF-Projekt „Begleitforschung Gesundheitsregionen der Zukunft". Ihr Forschungsschwerpunkt ist die Versorgungsforschung in der Geriatrie. Sie promovierte zum Thema der potenziell inadäquaten Medikation älterer Menschen. Sie ist zudem Studiengangkoordinatorin für den Master in Gesundheitsmanagement und Gesundheitsökonomie an der FAU.

Lena Guth, M.A. Referentin der Geschäftsführung Schüchtermann Schiller'sche Kliniken Bad Rothenfelde GmbH & Co. KG. (www.schuechtermann-klinik.de). Sie studierte Politik- und Kommunikationswissenschaft an der TU Dresden, Betriebswirtschaft und Management im Gesundheitswesen an der Hochschule Osnabrück und absolvierte ein Auslandssemester an der Edinburgh Napier University. Als Stabstelle des Vorsitzenden der Geschäftsführung erstellt sie Konzepte zur Unternehmensentwicklung und unterstützt die Weiterentwicklung nationaler und internationaler Kooperationen.

Nina Heinecke, Diplom Geographin, war von 2012 bis 2016 Beraterin am CIMA Institut für Regionalwirtschaft. Zuvor wissenschaftliche Mitarbeiterin am Niedersächsischen Institut für Wirtschaftsforschung (NIW) in Hannover. Zu ihren Arbeitsschwerpunkten zählten regionale Entwicklungskonzepte, Bildungsmonitoring sowie Sozial- und Gesundheitswirtschaft.

Rolf G. Heinze, Prof. Dr. soz. wiss. (geb. 1951) studierte an der Universität Bielefeld (1977 Diplom in Soziologie, dort auch 1979 Promotion). Von 1977–1984 Wiss. Assistent an den Universitäten Hamburg und Paderborn (1984 Habilitation an der Universität Paderborn), von 1986 bis 1988 Professor für Soziologie an der Universität Paderborn. Seit 1988 ist er Lehrstuhlinhaber für Allgemeine Soziologie, Arbeit und Wirtschaft an der Ruhr-Universität Bochum (RUB) und seit 1994 geschäftsführender Wissenschaftlicher Direktor des Instituts für Wohnungswesen, Immobilienwirtschaft, Stadt- und Regionalentwicklung (InWIS) an der RUB. Seine Forschungsschwerpunkte liegen im Wandel zur Dienstleistungsökonomie, neuen Sektoren und Governancestrategien sowie Entwicklungsperspektiven moderner Wohlfahrtsgesellschaften. Er ist in zahlreichen wissenschaftlichen Beiräten vertreten und betreibt wissenschaftliche Politikberatung (derzeit u. a. Mitglied der Sachverständigenkommission der Bundesregierung für den Siebten Altenbericht). Homepage: www.sowi.rub.de/heinze/.

Josef Hilbert, Prof. Dr., Soziologe, promovierte im Bereich Wirtschafts- und Verbändesoziologie, habilitierte sowohl in Berufsbildungsforschung als auch in Gesundheitsökonomie. Geschäftsführender Direktor des Instituts Arbeit und Technik (IAT; www.iat.eu) der Westfälischen Hochschule Gelsenkirchen – Bottrop – Recklinghausen sowie Honorarprofessor an den Fakultäten Medizin und Sozialwissenschaft der Ruhr-Universität Bochum (RUB); Vorstand bei MedEcon-Ruhr, der Gesundheitswirtschaftsinitiative der Metropole Ruhr (www.medeconruhr.de) und Sprecher des Netzwerk Deutsche Gesundheitsregionen (NDGR e. V.) (www.ndgr.de). Seine Forschungsschwerpunkte liegen im Bereich der Gesundheitswirtschaft, insbesondere mit Blick auf innovative Wege der Arbeits- und Versorgungsgestaltung sowie der Regionalentwicklung.

Helmut Hildebrandt, Dr. h. c., approbierter Apotheker, ist Vorstand der OptiMedis AG und Geschäftsführer der Gesundes Kinzigtal GmbH. Sein Schwerpunkt liegt im Aufbau und Management regionaler populationsbezogener IV-Systeme. So ist er seit 2005 neben seiner Vorstandstätigkeit bei der OptiMedis AG Geschäftsführer der Gesundes Kinzigtal GmbH, die die Integrierte Versorgung im Ortenaukreis in Baden-Württemberg verantwortet. Er verfügt über langjährige Erfahrungen in qualitativer Forschung (Medizinsoziologie) und konzeptioneller Arbeit in Gesundheitsförderung und Organisationsentwicklung. Er hat viele Jahre für die Weltgesundheitsorganisation an Präventionsprojekten mitgearbeitet und über 20 Jahre Krankenkassen, Verbände, Unternehmen und Einrichtungen der Gesundheitswirtschaft in Organisation, Strategie und Systementwicklung beraten.

Alfons Hollederer, Prof. Dr., ist als Leiter des Sachgebiets Versorgungsqualität, Gesundheitsökonomie, Gesundheitssystemanalyse (GE 6) am Bayerischen Landesamt für Gesundheit und Lebensmittelsicherheit (LGL) seit 2011 in Nürnberg tätig. Er promovierte und habilitierte in Public Health und absolvierte die Studiengänge Dipl.-Gesundheitswissenschaften und Sozialwesen. Von 2003 bis 2011 arbeitete er als Dezernatsleiter am Landesinstitut für Gesundheit und Arbeit NRW. Zuvor war er als wissenschaftlicher Mitarbeiter am Institut für Arbeitsmarkt und Berufsforschung von 2001 bis 2003 und am Institut für Präventive Pneumologie von 1996 bis 2001 in Nürnberg beschäftigt.

Manfred Hopfeld, M.A. war zuletzt als Referatsleiter in der Staatskanzlei NRW für die Bereiche Gesundheitswesen, Gesundheitswirtschaft, Pflege- und Altenpolitik tätig. Als Experte für Gesundheitsberufe sowie Akademisierung der Gesundheitsberufe engagierte er sich nicht nur als Initiator und Treiber für den Gesundheitscampus

NRW und der Hochschule für Gesundheit in Bochum, sondern auch Mitautor und Mitglied der Expertenkommission der Robert Bosch Stiftung „Kooperation der Gesundheitsberufe" sowie „Gesundheitsberufe neu denken, Gesundheitsberufe neu regeln". Heute ist er Gesundheitsberater und Gesundheitsnetzwerker (www.hopfeld-healthconsulting.de), Senior Advisor im Team von public affairs & communication GmbH (www.ernst-martin-walsken.de) und Stellv. Vorsitzender des Vereins zur Förderung eines nationalen Gesundheitsberuferates (NGBR) (www.nationalergesundheitsberuferat.de). Er verfügt über exzellente Erfahrungen mit und in der erfolgreichen Zusammenarbeit in der Regierungsarbeit auf Landes-, Bundes- und Europaebene, mit Ärztekammern, Kassenärztlichen Vereinigungen, Krankenhausgesellschaften, Krankenkassen, Unternehmen aus der Gesundheitswirtschaft, also den verschiedensten Akteuren und Verbände im Gesundheitssystem.

Saskia Hynek, Germanistin M.A., ist seit 2011 bei der Gesundes Kinzigtal GmbH, einer Managementgesellschaft für Integrierte Versorgung, tätig. Dort leitet sie die Abteilung für Kommunikation & Information und ist verantwortlich für Öffentlichkeitsarbeit und Marketing. Zuvor war sie als Referentin für Gesundheit in der Landespolitik Baden-Württemberg sowie in der Karriereberatung der Universität Freiburg tätig.

Hans-Ulrich Jung, Prof. Dr., Diplom Geograph, promovierte mit einer Arbeit zum Regionalen Wachstum und zur räumlichen Verteilung von Bevölkerung und wirtschaftlichen Aktivitäten. Mitglied des wissenschaftlichen Beirats des CIMA Institut für Regionalwirtschaft, welches er bis Mitte 2016 leitete. Honorarprofessor am Institut für Wirtschafts- und Kulturgeographie an der Leibniz Universität Hannover. Zuvor war Prof. Jung wissenschaftlicher Mitarbeiter bei der Deutschen Stadtentwicklungs- und Kreditgesellschaft mbH in Frankfurt am Main, wissenschaftlicher Assistent an der Freien Universität Berlin sowie an der Leibniz Universität Hannover sowie wissenschaftlicher Mitarbeiter im Niedersächsischen Institut für Wirtschaftsforschung (NIW) in Hannover. Zu seinen Forschungs- und Arbeitsschwerpunkten zählen die Gesundheitswirtschaft, Bildungsökonomie, Regionalmonitoring, Förderprogrammevaluierungen sowie regionale Strukturpolitik und Wirtschaftsförderung.

Thomas Karopka, Diplomingenieur für Nachrichtentechnik ist Projektmanager bei der BioCon Valley GmbH und dort für den Bereich Gesundes Alter(n) und eHealth verantwortlich. Nach zehn Jahren in der Telekommunikationsindustrie wechselte Herr Karopka in die Forschung und war dort in der Bioinformatik und der Medizininformatik aktiv. Ein besonderes Interesse gilt der Verwendung von Free and Open Source Software im Bereich Gesundheit. Thomas Karopka ist Vorsitzender der Open Source Health Informatics Working Group der International Medical Informatics Association (IMIA) sowie der Libre Free/Open Source Software Working Group der European Federation for Medical Informatics.

Horst Klinkmann, Prof. Dr. med. Dr. h.c. (mult), international anerkannter Mediziner und Forscher auf dem Gebiet der Nierenheilkunde und des Organersatzes. Der 14-fache Ehrendoktor bzw. Ehrenprofessor war 20 Jahre Lehrstuhlinhaber für Innere Medizin an der Universität Rostock und anschließend als Dekan der Internationalen Fakultät für künstliche Organe an der Universität Bologna/Italien tätig. Als Präsident des Netzwerkes BioCon Valley, des Kuratoriums Gesundheitswirtschaft des Landes Mecklenburg-Vorpommern und der Nationalen Branchenkonferenz Gesundheitswirtschaft begleitete er viele Jahre den Aufbau und die Entwicklung der Gesundheitswirtschaft im In- und Ausland. Neben seiner Funktion als Berater und Botschafter der Landesregierung Mecklenburg-Vorpommern sowie als Ehrenpräsident des Kuratoriums Gesundheitswirtschaft, hält er Ehrenmitgliedschaften in 17 internationalen Wissenschaftsgesellschaften inne.

Nicole Kuhn ist Diplom-Pflegewirtin (FH) und Ökonomin (M.A.). Seit 1994 ist sie in unterschiedlichen Funktionen im Krankenhauswesen im Ausland und in Deutschland tätig. Ihr Arbeitsschwerpunkt liegt auf dem Risikomanagement und der strategischen Weiterentwicklung von Krankenhäusern. Seit 2010 forscht sie als externe Doktorandin zum Thema „Reputation im Gesundheitswesen" am Internationalen Health Care Management Institut (IHCI) der Universität Trier. Sie ist Lehrbeauftragte im Fachbereich Pflegewissenschaft der Universität Trier. Seit 2015 ist sie Abteilungsleiterin Qualitätsmanagement und Organisationsentwicklung am Klinikum Mutterhaus der Borrmäerinnen in Trier.

Mirja Meyborg, Dr., studierte Wirtschaftswissenschaften (Diplom) an der Universität Wuppertal und der University of Birmingham (UK), bis März 2008. Von September 2008 bis Februar 2013 wissenschaftliche Mitarbeiterin in Forschung und Lehre am Institut für Wirtschaftspolitik und Wirtschaftsforschung am Karlsruher Institut für Technologie (KIT). 2013 Promotion über die Rolle von deutschen Universitäten in wissensintensiven Netzwerken unter besonderer Berücksichtigung der räumlichen Komponente. Seit Februar 2013 wissenschaftliche Mitarbeiterin im Competence Center Politik – Wirtschaft – Innovation des Fraunhofer-Instituts für System- und Innovationsforschung ISI in Karlsruhe. Zu ihren Forschungsgebieten gehören die Analyse regionaler Innovations- und Technologiepolitik, regionale Innovationssysteme, insbesondere die Erforschung der Beziehungen zwischen Hochschule und Wirtschaft sowie die Analyse sozialer Netzwerke mittels regionaler Innovationsindikatoren.

Stefan Müller-Mielitz ist Diplom-Volkswirt und Zertifikatsinhaber „Medizinische Informatik" von GMDS e. V. und GI e. V. Seit 2011 ist er Geschäftsführer des IEKF Institut für Effizienz Kommunikation Forschung GmbH, Ibbenbüren. Als Wissenschaftler tätig insbesondere zum Themenkomplex Wirtschaftlichkeit von E-Health. Verantwortlich bei der DMI GmbH & Co. KG für den Bereich Angewandte Forschung. Mitglied bei IHE, BVMI, GMDS und dggö. Tätig als Lehrbeauftragter an der Hochschule Fresenius und als Dozent an der HHL in Leipzig. Gründer des dggö-Ausschusses „Gesundheitswirtschaft und E-Health". Herausgeber des Buches „E-Health-Ökonomie".

Marc Neu, Dr. rer. soc., Diplom-Sozialwissenschaftler, promovierte an der Ruhr-Universität Bochum zur Soziologie der Sozialpolitik. Er war zwischen 2008 und 2015 wissenschaftlicher Mitarbeiter am Zentrum für interdisziplinäre Regionalforschung (ZEFIR) an der Fakultät für Sozialwissenschaft der Ruhr-Universität Bochum (http://www.zefir.rub.de) und bei Faktor Familie GmbH – Familienforschung und Familienpolitik lokal (http://www.faktorfamilie.de). Derzeit beschäftigt er sich mit soziapolitischen und familiensoziologischen Fragestellungen am Sozialwissenschaftlichen FrauenForschungsinstitut (SoFFI F.) im Forschungs- und Innovationsverbund an der Evangelischen Hochschule Freiburg e. V. (FIVE) (http://www.soffi-f.de).

Florian Pfister, Dr., studierte mit den Schwerpunkten Finanzwissenschaft und Wirtschaftspolitik an der Universität Bamberg, der Ludwig-Maximilians-Universität München und der University of Warwick (England). Nach Abschluss als Diplom-Volkswirt war er zunächst wissenschaftlicher Mitarbeiter am Lehrstuhl für Volkswirtschaftslehre, insbesondere Gesundheitsökonomik, dann Consultant am Institut für Gesundheitsökonomik. Er promovierte im Bereich Gesundheitsökonomik zum Thema Duales Krankenversicherungssystem bei Professor Günter Neubauer. Seit 2010 war er als Grundsatzreferent zunächst im Bayerischen Staatsministerium für Umwelt und Gesundheit, ab 2013 im Bayerischen Staatsministerium für Gesundheit und Pflege tätig. Seit Ende 2016 ist er der Vertreter für Angelegenheiten des Bayerischen Staatsministeriums für Gesundheit und Pflege in der Vertretung des Freistaates Bayern beim Bund in Berlin, Bayerische Staatskanzlei.

Petra Rambow-Bertram, Dr. med., Ärztin für Physikalische und Rehabilitative Medizin sowie Dipl. Gesundheitsökonomin (BI) hat im Bereich Frühgeborenenmedizin promoviert und wissenschaftlich im Themenfeld „Lebensqualität" gearbeitet. Sie ist in der Klinikum Region Hannover GmbH (www.krh.eu) für das Kooperationsmanagement verantwortlich und Vorstandsvorsitzende des Netzwerks Gesundheitswirtschaft Hannover e. V. (www.gesundheitswirtschaft-hannover.de) sowie stv. Vorstandsvorsitzende des Netzwerks Deutsche Gesundheitsregionen e. V. (NDGR e. V., www.ndgr.de). Ausgehend von ihren leitenden Positionen in verschiedenen Einrichtungen des Gesundheitswesens hat sie Lehraufträge im Schwerpunkt „neue Versorgungsmodelle" an mehreren Bildungseinrichtungen.

Dieter Rehfeld, PD Dr., promovierte im Bereich Politikwissenschaft und habilitierte an der wirtschafts- und sozialwissenschaftlichen Fakultät der TU Braunschweig mit einer Arbeit über Cluster im Rahmen der regionalen Strukturpolitik. Er ist Privatdozent an der sozialwissenschaftlichen Fakultät der Ruhr-Universität Bochum, Vorsitzender des Instituts für beratende Sozial- und Wirtschaftswissenschaften Gerhard Weisser-Institut und stellvertretender Vorsitzender der Gesellschaft für Strukturpolitik. Seit Januar 2017 ist er Research Fellow am Institut Arbeit und Technik/Westfälische Hochschule Gelsenkirchen und leitet dort eine Studiengruppe Industriepolitik.

Thomas Reiß, Dr. rer. nat. promovierte im Bereich Molekularbiologie an der Universität Freiburg und leitet das Competence Center „Neue Technologien" am Fraunhofer-Institut für System- und Innovationsforschung ISI in Karlsruhe. Am Karlsruhe Institut für Technologie (KIT) hält er regelmäßig Vorlesungen zum Management neuer Technologien. Er ist Mitglied des Peer Review Panel der European Science Foundation und war von 2014 bis 2016 Mitglied des Executive Board des Graphen Flagship der Europäischen Kommission. Zu seinen aktuelle Forschungsschwerpunkte zählen die Analyse von Innovationssysteme, die Entwicklung und Anwendung von ganzheitlichen Ansätzen zur Technikbewertung, die Analyse und Bewertung von Key Enabling Technologies (KETs), Foresight zu Schlüsseltechnologien sowie Innovationspolitik und Politikevaluation.

Monika Roth, Dr. sc. hum., besetzt eine Stabsstelle der Geschäftsführung mit der Aufgabe der strategischen Unternehmensentwicklung in der Vinzentiushaus Offenburg GmbH, einem Altenhilfeanbieter mit verschiedensten Versorgungsangeboten für Menschen. Sie ist promoviert in Gesundheitswissenschaften mit den Schwerpunkten Gesundheitspolitik und Gesundheitsökonomie. Als Grundlage besitzt sie ein Diplom der Katholischen Hochschule Freiburg als Pflegewirtin im Bereich „Pflegemanagement" mit den Vertiefungsfächern „Krankenhausmanagement und Gerontologische Pflege". In der Gesundes Kinzigtal GmbH arbeitete sie von 2008 bis 2016 u. a. als Leitung der Abteilung Versorgung, Vernetzung und Forschung an der Entwicklung und Weiterentwicklung neuer Versorgungsangebote über die Regelversorgung hinausgehend und an deren wissenschaftlicher Evaluation. Ebenso begleitete sie dort erfolgreich Forschungsprojekte des BMBF sowie der EU. An verschiedenen Hochschulen ist sie als Lehrbeauftragte für Gesundheitsökonomie, BWL und VWL im Gesundheitswesen tätig.

Gwendolyn Schmitt studierte Sportwissenschaften (M.A.) und Gesundheitsmanagement (M. Sc.). Seit 2007 arbeitet sie bei der Gesundes Kinzigtal GmbH. Ihre beruflichen Arbeitsschwerpunkte bestehen u. a. im Projektmanagement, Forschung und Weiterentwicklung von Konzepten im Bereich Integrierte Versorgung, Betriebliches Gesundheitsmanagement und Gesundheitsförderung.

Thomas Stahlecker, Dr. promovierte im Bereich Wirtschaftsgeographie zum Thema „Regionale Bindungen im Gründungs- und Entwicklungsprozess wissensintensiver Dienstleistungsunternehmen" und leitet das Geschäftsfeld „Regionale Innovationssysteme" beim Fraunhofer-Institut für System- und Innovationsforschung ISI Karlsruhe. Weiterhin ist er als Dozent beim Karlsruhe Institut für Technologie (KIT) tätig, wo er regelmäßig Lehrveranstaltungen zu ausgewählten Themen der (regionalen) Innovationsforschung hält. Seine derzeitigen Forschungsschwerpunkte umfassen die Themen systemische, innovationbasierte Regionalentwicklung, Cluster und Netzwerke, regionale Innovationsindikatorik, Evaluierung von Förderprogrammen sowie Innovations- und Technologiepolitik.

Kerstin Steenberg absolvierte einen MBA mit Schwerpunkt Human Resources Management. Sie ist Beraterin im Bereich Fach- und Führungskräfte beim Sparkassenverband Baden-Württemberg. Dort berät und begleitet sie Sparkassen in allen personalwirtschaftlichen Fragestellungen, von der Personalstrategie, über Arbeitgeberattraktivität bis hin zum Talent- und Change-Management. Durch ihre nebenberufliche Tätigkeit in unterschiedlichen Hilfsorganisationen, unter anderem im Rettungsdienst, spezialisierte sie sich in ihrer Forschung auf den Bereich des Personalrisikomanagements im Gesundheitswesen.

Ulf Werner, Diplom-Sozialwissenschaftler, ist seit 2011 bei der auf innovative Versorgungsformen spezialisierten OptiMedis AG, Hamburg, tätig. Dort ist er als Senior Manager Integrated Care für integrierte regionale Versorgungskonzepte und -projekte verantwortlich. Zuvor war er langjährig als Kommunikationsberater für verschiedene Organisationen aus dem Gesundheits- und Sozialwesen sowie in der Landes- und Kommunalpolitik von Nordrhein-Westfalen tätig.

Manfred Wildner, Prof., Dr. med, MPH, Studium der Humanmedizin an der Ludwig-Maximilians-Universität München. Im Anschluss an klinische Tätigkeiten in Großbritannien, den USA und Deutschland (Facharztabschluss) 1994/95 Public Health-Studium an der Harvard-Universität, Boston, Massachussetts. Wissenschaftlicher Geschäftsführer des Bayerischen Forschungsverbunds Public Health-Öffentliche Gesundheit von 1997-2002. Habilitation am Institut für Medizinische Informatik, Biometrie und Epidemiologie der Universität München für Public Health und Epidemiologie, Zertifikat Epidemiologie der GMDS/DGSMP. Seit 2003 Tätigkeit am Bayerischen Landesamt für Gesundheit und Lebensmittelsicherheit in Oberschließheim, dort Leitung des Bayerischen Landesinstituts für Gesundheit. Seit 2008 Hauptschriftleitung der Fachzeitschrift „Das Gesundheitswesen".

Printed by Printforce, the Netherlands